Das Kommunalabgabengesetz

vom 14. Juli 1893.

Für den praktischen Gebrauch
mit
einer geschichtlichen Einleitung und Erläuterungen versehen,
sowie mit einem
die Ausführungsanweisung berücksichtigenden Nachtrag

von

F. Adickes,
Oberbürgermeister in Frankfurt a. Main.

Berlin.
J. Guttentag, Verlagsbuchhandlung.
1894.

Vorwort.

Dieser Kommentar soll den Bedürfnissen der Praxis dienen. Um diese Aufgabe erfüllen zu können, durfte er nicht auf eine Erläuterung des Gesetzes aus den Materialien beschränkt, mußte vielmehr auf breiterer Grundlage ausgearbeitet werden. Denn das neue Kommunalabgabengesetz, welches seine eigentliche Bedeutung erst durch die Art seiner Ausführung erhalten wird (S. 177—180), bedarf vor Allem einer sicheren und völligen Erfassung seiner leitenden Gedanken und Absichten, und da diese Gedanken und Ideen bereits eine längere und wechselvolle Geschichte haben, so kann das richtige Verständniß nicht wohl ohne eine geschichtliche Darlegung gewonnen werden, welche überdies um so nothwendiger erscheint, als diese Geschichte in den parlamentarischen Erörterungen zwar mehrfach gestreift, aber nirgends eingehend behandelt und auch von der Wissenschaft bislang nur in einzelnen Theilen, wie z. B. von Frhr. v. Reitzenstein in Conrad's Jahrb. N. F. Bd. 8 (1884) S. 7, dargestellt ist.

Der Kommentar beginnt daher mit einer Geschichte der im Kommunalabgabengesetz in Verbindung mit dem Gesetz über die Aufhebung direkter Staatssteuern durchgeführten Ideen, wie sie von 1863 bis zur Ernennung des Finanzministers Dr. Miquel (1890) sich gebildet, entwickelt und Anhang gewonnen haben (S. 1—109, vgl. auch die Skizze auf S. 162—164), während das große Steuerreformwerk selbst S. 109—165 zur Darstellung gebracht ist und die Grundgedanken des Kommunalabgabengesetzes auf S. 165—180 übersichtlich und in ihrem Zusammenhang mit Geschichte und Wissenschaft entwickelt sind.

Daß dabei wichtigere Stellen aus den parlamentarischen Verhandlungen, wie z. B. aus dem Bericht der Budgetkommission von 1865, und aus den Kommissionsberichten von 1878/1880 u. a. m. ebenso wie aus den Verhandlungen der volkswirthschaftlichen Kongresse und des Vereins für Sozialpolitik zum Wiederabdruck gebracht sind, wird besonderer Rechtfertigung kaum bedürfen, da durch bloße Verweisungen auf diese nicht überall bequem zugänglichen Quellen ein voller und leichter Einblick nicht wohl gegeben werden konnte. Auch aus den eindringenden Ausführungen der Denkschrift von 1892 sowie den Begründungen des Kommunalabgabengesetzes und des Gesetzes wegen Aufhebung direkter Staatssteuern ist das Wesentliche in wörtlichem Auszuge (S. 123—158) mitgetheilt.

Im zweiten Theil der Arbeit — den Erläuterungen — ist gleichfalls das Hauptgewicht auf eine zusammenhängende Darstellung der einzelnen leitenden Gedanken gelegt und die größte Ausführlichkeit denjenigen Bestimmungen gewidmet, welche wie die Vorschriften über Gebühren, Beiträge und Mehrbelastungen wesentlich neues Recht enthalten. Leider reichte der Raum nicht aus, um auch die gerade für die nächsten Jahre der Neugestaltung der Gemeindefinanzen auf Grund der neuen Gesetze besonders wichtigen Fragen der zweckmäßigsten Art der Weiterbildung indirekter Gemeindesteuern und der Ausgestaltung besonderer Realsteuern einer ausführlicheren Erörterung zu unterziehen. Ich muß daher bitten, an dieser Stelle lediglich auf meine hierauf bezüglichen im Frühjahr und Sommer 1894 in der Tübinger Zeitschrift für die gesammte Staatswissenschaft erscheinenden Aufsätze über diese Gegenstände verweisen zu dürfen.

Eigene theoretische Ausführungen mußten als außerhalb des Rahmens dieser Arbeit liegend zwar vermieden werden, doch ist überall auf Klarlegung und Festhaltung des Zusammenhanges mit der Wissenschaft thunlichst Bedacht genommen. Hierbei bitte ich zu S. 92 flg. noch den versehentlich unerwähnt gebliebenen Aufsatz von G. Schmoller über „Theorie und Praxis der deutschen Steuerreform in Reich, Staat und Gemeinde" in seinem Jahrb. 1881, S. 859 flg. zu vergleichen. Auch er spricht sich für eine kommunale Liegenschaftssteuer mit jährlicher Einschätzung, falls es gelingt, die Staats-, Grund- und Gebäudesteuer für den Staat überflüssig zu machen (S. 869, 883), aber gegen die Bitter'schen Ueberweisungsgesetze aus (S. 881 flg).

Frankfurt a. M., Sylvester 1893.

Adickes.

Abkürzungen.

1. A. = Anmerkung.

   Abs. = Absatz.

   A.H. Komm. red. Pl. I. II. III. = Haus der Abgeordneten, Kommission, redaktionelle Aenderung, Plenum 1., 2., 3. Lesung.

   B.G.Bl. S. = Bundesgesetzblatt, Seite.

   Begr. = Begründung zum Entwurf des Kommunalabgabengesetzes.

   Bem. = Bemerkung.

   Eink.St.G. = Einkommensteuergesetz vom 24. Juni 1891.

   G.S. S. = Gesetzsammlung, Seite.

   H.H. Komm.-Ber. = Herrenhaus, Kommissionsbericht.

   K.A.G. = Kommunalabgabengesetz.

   L.G.O. = Landgemeindeordnung.

   O.V.G.E. = Oberverwaltungsgericht; Entscheidungen.

   R. = Regierungsentwurf.

   St.O. = Städteordnung.

   Die Zeichen R., A.H., H.H. bei den einzelnen Paragraphen verweisen auf den Regierungsentwurf und die Landtagsverhandlungen, durch welche der Entwurf Veränderungen erfahren hat.

2. Literaturnachweise.

   Gutachten = Die Kommunalsteuerfrage. 10 Gutachten und Berichte, veröffentlicht vom Verein für Sozialpolitik. 1877.

   Oertel, St.O. = Die Städte-Ordnung für die 6 östlichen Provinzen vom 30. Mai 1853 mit Ergänzungen und Erläuterungen. 2. Auflage. 1893.

   Strutz = Das Komm.-Abg.-Ges. von Landrath Dr. Strutz. 1893.

   Ueber die ohne weiteren Zusatz angezogenen Werke über Finanzwissenschaft vgl. S. 165 A. 1 und über die Verweisungen auf die parlamentarischen Verhandlungen vgl. S. 59. A. 3. S. 123. 159. 161. 162.

Inhaltsverzeichniß.

Die Inhaltsangabe des Kommunalabgabengesetzes befindet sich auf S. 181. 182.

A. Einleitung.

Das Kommunalabgabengesetz vom 14. Juli 1893 bildet in engstem Zusammenhange mit dem Gesetz wegen Aufhebung direkter Staatssteuern von demselben Tage einen Theil des großen Werkes der Neugestaltung der direkten Staats- und Kommunalsteuern, welches in den Jahren 1890/93 seine gesetzliche Begründung erhalten hat.

Der Verzicht des Staates auf die Objektsteuern (Grund-, Gebäude-, Gewerbe- und Bergwerkssteuer) und die Ausbildung der Einkommensteuer nebst der sie ergänzenden Vermögenssteuer zu den alleinigen direkten Staatssteuern sind Voraussetzung und Grundlage des neuen Kommunalabgabengesetzes, welchem die aus dieser Neugestaltung der Staatssteuern entspringenden Konsequenzen sein Gepräge gegeben haben, und welches sich in Folge dessen wesentlich von den früheren, in den Jahren 1876—1880 unternommenen Versuchen einer Regelung des Gemeindeabgaben-Wesens ohne gleichzeitige Reform der direkten Staatssteuern unterscheidet.

Trotzdem ist eine vergleichende Betrachtung dieser früheren Versuche auch heute noch von Interesse. Vor Allem aber ist ein Rückblick auf die denselben vorhergehenden und nachfolgenden wissenschaftlichen und publicistischen Erörterungen geradezu unentbehrlich, um den vollen Einblick in die Bedeutung der jetzt vollzogenen Reform im Ganzen und in ihren Einzelheiten zu gewinnen. Erst hierdurch kommt die Stellung des neuen Kommunalabgabengesetzes und der von ihm geschaffenen Neubegründung des kommunalen Abgabewesens in dem Gange der geschichtlichen Entwicklung zur rechten Geltung, wie auch die in ihm enthaltenen Gedanken und Ideen nur dann fruchtbringend weiter entwickelt werden können, wenn ihre Entstehung und ihre Schicksale in ihrem langjährigen und abwechslungsreichen Kampfe um das Dasein vor Augen gestellt und sie selbst in ihrem Zusammenhange mit den allgemeinen geistigen und wirthschaftlichen Strömungen klar erfaßt und begriffen werden.

I. Zur Vorgeschichte des Kommunalabgabengesetzes.

1. Die Anfänge theoretischer Erörterung. 1863—1867.

Nachdem das Kommunalabgabenwesen bis in den Anfang der sechsziger Jahre hinein sowohl in der Wissenschaft als in der praktischen Politik ein wenig beachtetes Stillleben geführt hatte[1]), wurde es um die angegebene Zeit von verschiedenen Seiten aus zu einer der „brennenden Fragen" erhoben. Die Hinweisungen, welche zuerst Gneist in seinen großen bahnbrechenden Werken über englisches Selfgovernment auf die eigenartige und bedeutsame Entwicklung der englischen Kommunalverfassung und Kommunalbesteuerung — vgl. besonders Geschichte der englischen Kommunalverfassung oder des Selfgovernment, Berlin 1863, I. Bd. — gegeben hatte, lenkten die allgemeine Aufmerksamkeit in hervorragendem Maße auf dieses Gebiet, welchem sodann von den thätigen und gewandten Männern der in den „volkswirthschaftlichen Kongressen" sich zusammenfindenden sog. Freihandelsschule eine Fülle lebendiger und anregender Arbeit zugewendet wurde. Den Reigen eröffnete Jul. Faucher mit seiner viel besprochenen Abhandlung über Staats- und Kommunalbudgets (Vierteljahrsschrift für Volkswirthschaft und Kulturgeschichte, Bd. II 1863 S. 184 bis 224), in welcher er die Gemeinde, „wie die Volkswirthschaft sie

[1]) Die Einführung der kommunalen Einkommensteuerpflicht der juristischen Personen, zu denen insbesondere die Aktiengesellschaften gehörten, durch die Städteordnungen von 1853 und 1856 hatte allerdings die Aufmerksamkeit der betheiligten Kreise lebhaft erregt. Vgl. C. Dietzel, Die Besteuerung der Aktiengesellschaften in Verbindung mit der Gemeindebesteuerung. Köln 1859 und unten S. 12.

auffaßt", als eine Ansammlung von Menschen bezeichnet, welche „den Vortheil haben, in größerer Anzahl zusammenzuwohnen und in Folge dessen die Arbeit unter sich theilen können, ohne sich mit Transportkosten zu belasten" und welche daher auch nicht eigentlich „Steuern, sondern . . . Beiträge oder Gebühren . . ., die ihren Namen von dem Zwecke ableiten, für den sie erhoben werden", zu zahlen haben: „in der Gemeinde zahlt der Einzelne einfach für den Vortheil des bewußten Zusammenwohnens und nach Maßgabe des Vortheiles den er . . . aus der Thätigkeit der Gemeinde zieht". Ihm folgen O. Wolff, welcher auf dem volkswirthschaftlichen Kongresse in Hannover 1864 (Vierteljahrsschrift, Bd. VII S. 159 ff.) alle Kommunalsteuern verwirft, welche von den Kommunalangehörigen ohne Rücksicht auf das Verhältniß, in welchem ihnen die Leistungen der Kommunen zum Vortheil gereichen, erhoben werden, und dagegen den Grundsatz aufstellt, daß die Leistung der Gegenleistung so viel als möglich anzupassen sei; ferner O. Michaelis, welcher in der sich anschließenden Debatte diese Lastenvertheilung nach dem Grundsatz von Leistung und Gegenleistung als eine der Gerechtigkeit der Volkswirthschaft entsprechende bezeichnet, K. Braun (Staats- und Gemeindesteuern, Vierteljahrsschrift Bd. XIV 1866 S. 1—50), Alexander Meyer (Das Princip der Kommunalsteuer, Preuß. Jahrbücher Bd. 18 1866, S. 164—177) und Andere[1]).

Freilich blieben diese Auffassungen nicht ohne Widerspruch; und auf diesem Kongreß in Hannover wie auf den folgenden in Nürnberg (1865) und Hamburg (1867) traten Emminghaus, Grumbrecht und Andere gegen die Einseitigkeit einer solchen wirthschaftlichen Betrachtung auf, welche die der Gemeinde obliegenden Aufgaben staatlicher und kultureller Natur durchaus verkenne. In der That war diese Einseitigkeit gar nicht so ernstlich gemeint; wenigstens erklärt es Alex. Meyer a. a. O. S. 175 für

---

[1]) Aehnlich bereits C. Dietzel a. a. O. S. 100, 102: „Kommunalsteuer . . Gegenleistung . . . für die Nutzungen und Vortheile . . aus dem Gemeindeverbande, den von denselben hergestellten Werken und getroffenen Einrichtungen" . . 119: „Daß alle Steuer eine Gegenleistung gegen Leistungen eines Gemeinwesens ist, und daß ein direktes Verhältniß der Gleichmäßigkeit zwischen diesen Leistungen und Gegenleistungen bestehen muß . ."

„selbstverständlich", „daß die Steuern für Kirchen-, Armen- und Schulwesen ihre abgesonderte Behandlung erheischen".

Bedeutsamer als diese theoretischen Deduktionen waren die praktischen Forderungen, welche die Freihandelsschule aufstellte. Nachdem Faucher[1]) a. a. O. im Anschluß an die vorher schon von Gneist als Muster empfohlene englische Armensteuer die Miethssteuer als die eigentlich allein zu rechtfertigende und Jeden nach dem Maß seines Interesses an den Leistungen der Gemeinde treffende Gemeindesteuer bezeichnet hatte, wurden von andrer Seite die Immobiliar-, die Grund- und Gebäudesteuer als die alleinige oder doch vorzugsweise Kommunalsteuer in Anspruch genommen. Schon auf dem Kongreß in Hannover (1864) stellte O. Michaelis den Satz auf, daß die Grundsteuer eigentlich der Gemeinde gehöre, und der Staat, welcher dieselbe mit Beschlag belegt habe, sich deshalb mit ihr auseinandersetzen müsse, ebenso fordert K. Braun (a. a. O.) für die Landgemeinden die Grund- und für die Städte die Häusersteuer, und auch Alex. Meyer findet es nur gerecht (S. 175), „die ganze Last der Kommunalsteuer auf den Grundbesitz zu legen", da gerade ihm alle Leistungen der Gemeinde zu Gute kämen; ob man übrigens diese Steuer direkt dem Vermiether oder aber dem Miether als Miethssteuer auferlege, scheint ihm „ziemlich unerheblich", da auch der Miether die Steuer zweifellos auf den Vermiether abwälze[2]).

---

[1]) Ueber und gegen seine — überaus künstlichen — Ausführungen vgl. Friedberg, Die Besteuerung der Gemeinden, 1877 S. 51—61. — Ueber Gneist vgl. unten S. 59.

[2]) Alex. Meyer a. a. O. S. 168. „Die Gemeinde ist eine rein wirthschaftliche Schöpfung." 170. „Auf den Preis keines andern Gegenstandes (übt) das Zusammenleben vieler Menschen einen so durchgreifenden Einfluß aus, wie auf den des Grund und Bodens ... Was hat der Eigenthümer gethan, seinem Besitzthum einen so hohen Werth zu verleihen? er selbst ... nicht das geringste. Aber hunderttausend fleißige Menschen haben sich rings umher angesiedelt, arbeiten und verzehren, kaufen und verkaufen und machen sich diesen Raum streitig, um auf demselben zu wirken ... Eben der Umstand, der den Ertrag erhöht hat, verursacht nun aber Kosten zur Abwendung von Schädlichkeiten und Gefahr, zur Erhöhung des Nutzens, und ich sollte mich weigern, von dem auf das Hundertfache gestiegenen Ertrage den zehnten Theil zur Bestreitung

In schroffem Gegensatz hierzu wollten Andere, wie W. Werenberg (Der gegenwärtige Stand der Steuerreformfrage, Preuß. Jahrb. Bd. 17 1866, S. 303—320) die Einkommensteuer als die gerechteste Steuer auch für Gemeinden angesehen wissen, wobei Werenberg freilich wieder für gewisse Lasten, wie Deichlasten, Flurschutz u. dergl. ebenso Ausnahmen zuließ (S. 320), wie Alex. Meyer entgegengesetzte Ausnahmen von seinem Prinzip zugestanden hatte (oben S. 3), noch Andere sagten mit dem Harburger Bürgermeister Grumbrecht, daß „theils die Steuerkraft der Gemeinde-Angehörigen, theils ihr Verhältniß zu dem durch die Mittel zu erreichenden Zwecke die erforderliche Berücksichtigung" finden müsse. Bei diesem Widerstreit der Meinungen kam es, daß — während man sich über die Verwerflichkeit städtischer Octrois 1864 in Hannover alsbald geeinigt hatte — die anderen Fragen zu weiterer Berathung zurückgestellt wurden. Doch auch in Nürnberg 1865 war die Verständigung noch nicht wesentlich weiter gefördert, vielmehr beschloß man dort zunächst die Sammlung von Material über die Gemeindesteuerverfassung der einzelnen Bundesstaaten, welche auch erfolgte und in der Vierteljahrsschrift Bd. X XIII, XVII — u. a. Grumbrecht über Hannover X, S. 200 bis 204, 1865, C. Scholz über Nassau XIII, S. 194—198, 1866 — veröffentlicht wurde.

Ihren Abschluß erhielten die Verhandlungen 1867 in Ham-

---

dieser Kosten wieder herzugeben? ... Gemeindesteuern sind die Voraussetzung des örtlichen Gemeindeverbandes, der örtliche Gemeindeverband ist die Voraussetzung lohnender Arbeit, lohnende Arbeit ist die Voraussetzung hohen Grundwerthes. Die Gemeindesteuern kommen in überwiegendem Maße dem Grundbesitzer zu Statten." 175. „Die Kosten für Anstalten, durch deren Grundbesitz ohne Zuthun seines Besitzers ein hoher Werth zuwächst, auf die Schultern Anderer als der Grundbesitzer legen, ist allerdings, gelinde ausgedrückt, eine kommunistische Einrichtung. Städtische Octrois, Kommunaleinkommensteuer sind kommunistische Institutionen, und der Kampf für die kommunale Miethssteuer ist der Kampf gegen den Kommunismus ... Und uns fehlt nicht die gewichtige Stimme der Erfahrung. Das System, für welches wir kämpfen, besteht in England, und mit Recht sagt Gneist: ein System, welches beinahe zwei Jahrhunderte hindurch ohne gesetzliche Deklaration bestand ... ein solches System der Kommunalsteuern ist die größte Autorität, die dafür in irgend einem Staate Europas gefunden werden kann."

burg. Der Referent Dr. K. Braun hatte folgende Resolution beantragt:

„1. Bei der wesentlichen Verschiedenheit der Zwecke des Staates und der Gemeinde erscheint grundsätzlich eine Identifizirung der Staats- und Gemeindesteuern nicht gerechtfertigt; vielmehr ist

2. bei der Aufbringung der für den Staat nothwendigen Mittel die Leistungsfähigkeit der Steuerpflichtigen, dagegen bei der Beschaffung der für Gemeindezwecke erforderlichen Mittel das Verhältniß zwischen der Leistung der Kommunalsteuerpflichtigen und der Gegenleistung der Kommune maßgebend; und daher

3. Prinzip und Distributionsmodus der erforderlichen Gemeindesteuern hauptsächlich abhängig von dem Zweck, für welchen die betreffende Steuer verwendet wird; so daß

4. in Stadtgemeinden der städtische, in Landgemeinden der ländliche Grundbesitz zur Besteuerung heranzuziehen, im Uebrigen aber die Regelung der Frage in jedem konkreten Falle von den besonderen lokalen Verhältnissen und Bedürfnissen abhängig zu machen ist."

Indessen wurde die Resolution nur unter Streichung des zweiten Absatzes und Einfügung des Wortes „vorzugsweise" im letzten Absatz hinter „Stadtgemeinden" angenommen. Um jedoch die Tragweite dieser Beschlüsse und der ihnen vorangehenden Erörterungen richtig zu verstehen, müssen wir uns zunächst die thatsächliche Entwicklung des Kommunalsteuerwesens wenigstens im Umriß vor Augen stellen.

2. Rechtliche Grundlagen, parlamentarische Erörterungen und thatsächliche Entwicklungen. 1865—1876.

Das deutsche Gemeindewesen ist so verschiedenartig und mannigfach entwickelt, daß auch die entgegengesetztesten theoretischen Anschauungen Belege aus der thatsächlichen Gestaltung der Dinge für sich anführen können. In diesem Sinne ist auch die Entstehung der Lehre von dem rein wirthschaftlichen Charakter der Gemeinde (oben S. 2—4), so sehr sie auf den ersten Blick mit Rücksicht auf die heutige Thätigkeit vieler Gemeinden auf den Gebieten allgemeiner Kulturaufgaben, wie Armenpflege und Schulwesen, in Erstaunen setzt, wohl zu verstehen, und Strackerjahn (Oldenburg) konnte auf dem volkswirthschaftlichen Kongresse von Nürnberg (1865) mit gutem Grunde darauf hinweisen, daß Versuche zur Einführung einer Einkommensteuer in den Marschgemeinden für die — meist mit besonderen Kassen ausgestatteten — Verwaltungen des Deichwesens, der Entwässerung u. s. w. durchaus fehlgeschlagen seien (Vierteljahrsschrift für Volkwirthschaft Bd. II S. 239).

Dieser lediglich oder doch ganz überwiegend wirthschaftliche Charakter der Gemeinde ist insbesondere für diejenigen ländlichen Gemeinden, zu deren Obliegenheiten Armenpflege und Schulwesen nicht gehören, weil hierfür besondere Verbände bestehen, auch heute noch vielfach zutreffend, wie er es in viel höherem Maße und allgemeinerem Umfange in der Väter Zeiten war. In der That geht — mutatis mutandis — auch heute das Arbeitsfeld mancher Gemeinden nicht über das hinaus, was das Allg. Landr., Th. II Tit. 7 § 37 unter diejenigen „Gemeinarbeiten und anderen nachbarlichen Pflichten, zu welchen ein jedes Mitglied der Gemeinde Dienste und Beiträge leisten muß", „der Regel nach" rechnet, nämlich:

„1. die Ausbesserung der gemeinschaftlichen Wege und Brücken;
2. die Räumung der Dorf- und gemeinen Feldgräben;
3. die Einhegung der Nachtkoppeln und Viehtriften;
4. der Bau und die Besserung gemeinschaftlicher Dorfgebäude, Schmieden, Hirtenhäuser, Brunnen u. s. w.
5. die Versorgung der Dorfhirten und anderer im Dienste der Gemeinde stehender Personen;
6. die Versehung der Nachtwachen, oder die Versorgung des Nachtwächters;
7. die Anhaltung und Bewachung der Verbrecher;
8. der Transport und die Begleitung der nach Landes-Polizeigesetzen von einem Orte zum andern zu bringenden Verbrecher oder Landstreicher;

9. die sogenannten Deserteurwachen;
10. das Herbeiholen und Zurückführen des Gerichtshalters und anderer zur gehörigen Besetzung des Gerichtes, ingleichen bei Kriminal-Untersuchungen nöthigen Personen;
11. die Unterhaltung des Dorfbullen und Zuchtebers;
12. die Unterhaltung der Dorfspritzen und anderer gemeinschaftlichen Feuerlösch-Instrumente;
13. das Feuerlöschwesen im Dorfe und den dazu gehörigen Waldungen."

Es kann daher nicht Wunder nehmen, daß für derartige Gemeinden die Besteuerung nach dem Vortheil, wie sie von Alters her üblich war, sich bis in die Gegenwart hinein behauptet hat; und wie nach dem Allg. Landr., Th. II Tit. 7 § 44: „Unangesessene Dorfeinwohner zu solchen Gemeinlasten, wovon blos die angesessenen Wirthe den Vortheil ziehen, beizutragen nicht schuldig" sind, so spricht auch die in den vormals Großherzoglich hessischen Landestheilen noch jetzt geltende Gemeindeordnung für das Großherzogthum Hessen vom 30. Juni 1821 den Grundsatz aus, daß die Gemeindelasten nach dem Vortheil umzulegen seien, welchen die Steuerpflichtigen von dem Zweck der Umlagen genießen (Mot. S. 552), und für die hannoverschen Landgemeinden ist durch Bekanntmachung vom 28. April 1859 (Ges.S. S. 409) vorgeschrieben, daß bei der Lastenvertheilung das Interesse einzelner „Mitglieder oder Klassen von Mitgliedern an den Zwecken der Last" mit berücksichtigt werden solle. Aehnliche Bestimmungen finden sich in der Landgemeinde-Ordnung für die sechs östlichen Provinzen vom 14. April 1856 (§ 12) und — wörtlich hiermit übereinstimmend — in der Verordnung für die schleswig-holsteinschen Landgemeinden vom 22. September 1867 (§ 25)[1]).

In noch höherem Maß als bei Landgemeinden findet sich dieser Grundsatz bei den besonderen wirthschaftlichen Interessentenverbänden, als Deichverbänden und Meliorationsgenossenschaften durchgeführt (Neumann a. a. O. S. 56–58).

---

[1]) Weitere Nachweise über andere Bundesstaaten bei Neumann, Die progressive Einkommensteuer 1874, S. 49, 50.

Es war indessen nicht lediglich dieser Gedanke, dessen Konsequenzen den Grundbesitz in den Landgemeinden zum Hauptträger der kommunalen Lasten machten, vielmehr folgte diese seine prinzipale Heranziehung ebenso sehr aus der herkömmlichen Gemeindeverfassung und der allgemeinen Entwicklung des gesammten Steuerwesens, wie aus der verhältnißmäßig geringen Bedeutung des beweglichen Vermögens. Für die Vertheilung der Lasten unter die einzelnen Grundeigenthümer waren aber die verschiedenen Abstufungen des Grundbesitzes herkömmlicher Weise ebenso entscheidend, als sie es für die Bemessung der Antheile an den Gemeindenutzungen waren. Und diese herkömmliche Lastenvertheilung hat sich bis in die neueste Zeit hinein vielfach in kleinen Gemeinden des Ostens, wie in Schleswig-Holstein und Hannover erhalten (Mot. von 1877/78 zu § 2 und Komm.-Ber. von 1879/80 zu § 6).

Die zuletzt angeführten allgemeineren Gründe hatten von Alters her — neben Gebühren und indirekten Steuern — den Grundbesitz — und Gewerbebetrieb — auch in den Städten zum Hauptträger der Gemeindelasten gemacht[1]), und wenn zu Anfang des Jahrhunderts die Gesetze der Rheinbundstaaten und andre, wie übrigens vorher auch schon das Allg. Landr. Th. II Tit. 7 § 43, die Vertheilung der Gemeindelasten nach dem Maßstab der Staatssteuern vorschrieben, so änderte das hieran zunächst wenig, da auch diese Staatssteuern damals wesentlich auf Grundbesitz und Gewerbebetrieb ruhten.

Für die weitere Entwicklung des Gemeindesteuerwesens aber mußten nun alle diejenigen Momente von entscheidendem Einflusse sein, welche jene alten Grundlagen der Gemeinde- und Staatssteuerverfassung untergruben, und von denen hier wenigstens folgende erwähnt sein mögen: die Umgestaltung der Agrarverfassung, die Gemeinheitstheilungen und die freie Theilbarkeit der Bauerstellen, die Freizügigkeit und die Begründung der Einwohnergemeinde, die Entwicklung der Großindustrie und die

1) R. Gneist, Die Preußische Finanzreform durch Regulirung der Gemeindesteuern, 1881 S. 17—20.

ausgedehnte Bildung größerer und kleinerer Mobiliarvermögen, die wachsende Bedeutung der Geld- und der Kreditwirthschaft, sowie die Verschuldung des Grundbesitzes, die diesen Bildungen folgende, der Verwirklichung des Prinzips der Besteuerung nach der Leistungsfähigkeit zustrebende Gesetzgebung über Klassen- und klassifizirte Einkommensteuer (1820, 1851, 1873), die mangelhafte Entwicklung der staatlichen Objektsteuern und — seit 1861 — die Neugestaltung der staatlichen Grund- und Gebäudesteuer, und vor Allem das Wachsen des Steuerbedarfes in Folge der industriellen Entwicklung, der mit der Wohlhabenheit steigenden Bedürfnisse und der Ausdehnung der Thätigkeit der Gemeinden über weite Gebiete des modernen Kulturlebens.

Fast alle diese Umstände wirkten zusammen, um die alte Begründung der kommunalen Steuern auf Grundbesitz und Gewerbebetrieb mehr und mehr in den Hintergrund zu drängen und die Personalbesteuerung in den Vordergrund zu schieben[1]). Schon das Gesetz über die Einrichtung des Abgabenwesens vom 30. Mai 1820 (§ 13) stellt die Zuschläge zur Klassen-, resp. Mahl- und Schlachtsteuer als die Regel und „andere Auflagen" als Ausnahme hin; zu letzteren bedarf es landesherrlicher Genehmigung, zu den ersteren nur der Zustimmung der Regierung, und nachdem in der Instruktion zur revidirten Städteordnung (von 1831) vom 18. Februar 1834 gestattet war, daß die Zuschläge zur Klassensteuer bei den oberen Steuerklassen nach erhöhtem Prozentsatz erfolgen können, wurde in dem Rescripte des Ministers des Innern und der Polizei und des Finanzministers vom 3. August 1835 „geradezu darauf gedrungen, daß nicht blos ein Minimum vom Einkommen freigelassen, sondern daß auch unter möglichster Schonung der untersten Einwohnerklassen der Prozentsatz mit dem steigenden Einkommen steigen müsse, weil durch einen gleichen Prozentsatz eine verhältnißmäßige Vertheilung der Steuern nicht bewirkt werde, und zwar wurde eine sehr schnell steigende Scala empfohlen" (E. Meier, Gutachten S. 92 vgl. unten S. 40). Auf der andern Seite sollten nach der eben erwähnten Instruktion vom

---

1) Hierüber besonders Gneist a. a. O. S. 28—42.

18. Februar 1834 Zuschläge zur Gewerbesteuer, von welcher stets anerkannt wurde, daß sie zum Theil auf polizeilichen Gesichtspunkten beruhe und die Gewerbe ungleich träfe (E. Meier a. a. O. S. 96) nur da erhoben werden dürfen, wo besondere örtliche Gründe dafür sprechen und Zuschläge zur Grundsteuer nur, wo dieselbe nach gleichen Grundsätzen für alles Grundeigenthum veranlagt ist. „Die gesetzliche Regelung der Grundsteuer und die Neueinführung einer ansehnlichen Staatsgebäudesteuer endlich ergab eine so erhebliche, sichtbare Belastung des Grundbesitzes in so ansehnlichen Posten, daß jede Beschwerung gerade dieses Besitzes als eine Ueberbürdung erscheinen konnte. War früher die Ungleichheit der Kontributionen, Giebelschosse u. s. w. in den einzelnen Landestheilen und Städten ein Hinderniß neuer Zuschläge: so war jetzt nach gleichmäßiger Durchführung dieser Objektbesteuerung die Schwere der Staatsbelastung zum Hinderniß geworden, und zwar am meisten in den Städten, die mit der Gebäudesteuer von 4 % neu belastet waren oder sich doch als neu belastet ansahen" (Gneist a. a. O. S. 40, 41).

Die äußerste Konsequenz aber wurde aus diesem neuen Prinzip der vorzugsweisen Heranziehung der Klassen- und klassifizirten Einkommensteuer gezogen, als man zum Theil schon in der Gemeindeordnung vom 11. März 1850, dann in der Städteordnung von 1853[1]) und den folgenden Städteordnungen in den entscheidenden Paragraphen:

> „Wer ohne in dem Stadtbezirk zu wohnen, daselbst Grundbesitz hat oder ein stehendes Gewerbe betreibt, ist dennoch verpflichtet, an denjenigen Lasten Theil zu nehmen, welche auf den Grundbesitz oder das Gewerbe oder das aus jenen Quellen fließende Einkommen gelegt sind. Dieselbe Verpflichtung haben juristische Personen u. s. w.",

die gesperrt gedruckten Worte einfügte und dadurch die bisher

---

[1]) Gneist a. a. O. S. 139, 143 nennt irriger Weise die Städteordnung von 1853 als ersten Sitz solcher Bestimmung. Hinsichtlich der Forensen enthielt schon der § 3 der Gemeindeordnung vom 11. März 1850 dieselbe Bestimmung.

lediglich zu den Objekt- oder Ertragssteuern pflichtig gewesenen Forensen und juristischen Personen auch bezüglich ihres Einkommens aus Grundbesitz oder Gewerbebetrieb der kommunalen Einkommensteuer unterwarf (E. Meier a. a. O. S. 102—106).[1]) Die Einträglichkeit dieser neu erschlossenen Steuer-

[1]) Hiergegen wendet sich die oben S. 2 erwähnte Schrift von C. Dietzel, Die Besteuerung der Aktiengesellschaften, 1859 (163 S.), welche durch einen Auftrag „des Centralvereins . . ., die Frage wegen der Heranziehung der rheinisch-westfälischen Aktiengesellschaften zu Kommunalsteuern einer eingehenden Prüfung zu unterziehen", veranlaßt wurde. — Auch der Landtag wurde in Folge von Petitionen mit der Frage befaßt. U. A. war in einer aus Essen datirten Vorstellung vom 26. März 1860 von Seiten mehrerer niederrheinisch-westfälischer Gewerken an das Haus der Abgeordneten der Antrag gerichtet:

> Dasselbe wolle der Staatsregierung empfehlen, einen Gesetzentwurf einzubringen, daß für die Zukunft industrielle Unternehmungen, insbesondere Bergwerke und Hütten, in ihrem Bezirke nur in dem Verhältnisse zu den Kommunalsteuern, dieselben mögen sich unter welchem Namen immer einführen, herangezogen werden, als sie zur Erhöhung des Kommunal-Ausgabe-Etats Veranlassung geben.

In dem darüber erstatteten Berichte der Petitionskommission (Drucksachen Nr. 163) wurde hierüber Folgendes bemerkt: Die geltenden Bestimmungen über Steuerpflicht gingen dahin, „daß durchgehends die Kontribuabeln nach ihrem Vermögen und ihrem Einkommen, nach ihrer Steuerkraft zu den Kommunallasten herangezogen werden. Die Anforderung der Petenten, daß bei der Besteuerung der Berg- und Hüttenwerke in Zukunft nur die durch ihren Betrieb herbeigeführte Erhöhung des Kommunal-Ausgabe-Etats als Maßstab zu Grunde zu legen sei, würde somit ein ganz neues System für die Aufbringung der Kommunalbedürfnisse in Aussicht stellen und in konsequenter Anwendung auf den andern Theil der zur Deckung der Gemeindebedürfnisse Verpflichteten, nämlich auf die physischen Personen, eine jedesmalige Voruntersuchung und Feststellung der Frage bedingen, ob und eventl. in welchem Betrage jedes einzelne Gemeindeglied zu dem einen oder andern Kommunal-Ausgabeposten mit Rücksicht auf sein eigenes Verhalten zu diesem Ausgabeposten und der Veranlassung zu demselben im Wege der Besteuerung heranzuziehen sei. Daß eine folgerichtige Durchführung dieses Systems, abgesehen von der Schwierigkeit der Ermittelung der richtigen Verhältnißzahl, zuletzt dahin führen würde, daß der Hagestolze oder kinderlose Ehemann nicht ferner zu den Kosten der Schule, der Lahme nicht mehr zu den Kosten des Pflasters, der Reiche nicht zu den Kosten der Armenpflege und zuletzt der Blinde nicht fernerhin zu den Kosten der Straßenbeleuchtung herangezogen werden könnte, liegt zu Tage und bedarf keiner weiteren Ausführung."

quelle erhellt, allerdings für eine etwas spätere Zeit, am leichtesten[1]) aus den Ziffern, welche Oberbürgermeister Wegner in seinem unten (S. 41) zu erwähnenden Bericht (S. 53 flg.) über eine Anzahl rheinischer und westfälischer Städte gegeben hat und nach welchen in den Jahren 1873—1877/78 die Forensen und juristischen Personen an der aufzubringenden Kommunalsteuer mit folgenden schwankenden Prozentsätzen Theil nahmen:

		schwankend zwischen					
in Barmen	6,23 %	in	1876	und	12,90	in	1875
„ Crefeld	8,28 %	„	1875	„	10,17	„	1877/78
„ Düsseldorf	6,75 %	„	1877/78	„	19,19	„	1873
„ Duisburg	25,46 %	„	1877/78	„	37,10	„	1874
„ München-Gladbach	16,96 %	„	1876	„	23,27	„	1874
„ Oberhausen	33,31 %	„	1877/78	„	68,37	„	1874
„ Steele	30,14 %	„	1877/78	„	47,40	„	1875

u. s. w.

Freilich mußte die weitere Ausbildung dieser neuen Besteuerungsart, insbesondere auch bei dem als juristische Person steuerpflichtig gemachten Fiscus, zu erheblichen inneren und äußeren Schwierigkeiten führen, da sowohl die Feststellung des Einkommens in den einzelnen Gemeinden, als auch die Vertheilung der Steuer — jede Forensalgemeinde schätzte für sich ein — eine Fülle zweifelhafter Fragen entstehen ließ, deren Entscheidung von der Ministerial-Instanz als schwere Last empfunden wurde[2]).

Das Ergebniß aber dieser ganzen, die Personalbesteuerung in den Vordergrund schiebenden Entwicklung ist, daß „1876 in der Rheinprovinz 110 Gemeinden 200—250 %, 66 zwischen 250—300 %, 34 über 350 % Zuschläge an Personalsteuern erhoben" und daß nach der Zusammenstellung der größeren Ortschaften für 1876 „bereits 44 Millionen Personalsteuern 9 Millionen Realsteuern gegenüberstehen" (Gneist a. a. O. S. 109, 110).

---

[1]) Ausführlichere Angaben in L. Herrfurth „Beiträge zur Statistik der Gemeindeabgaben in Preußen". Zeitschr. d. kgl. stat. Bureaus, 1878 S. 34—52.

[2]) Gneist a. a. O. S. 143—150. Nasse, Gutachten S. 283 flg. (vgl. unten S. 40).

Wenn man diesen Gang der Entwicklung sich vor Augen hält, so erscheint das Votum des volkswirthschaftlichen Kongresses von 1867 in der That als ein überaus kühnes, indem es geradezu eine völlige Umkehr fordert. Und so siegreich auch sonst auf zahlreichen Gebieten (Gewerbefreiheit, Freizügigkeit u. s. w.) die Ideen dieser volkswirthschaftlichen Vereinigung sich in Wirklichkeit umsetzten, so kann es nicht Wunder nehmen, daß auf dem Gebiete des Kommunalsteuerwesens ihnen rasche Erfolge von Bedeutung in dieser Richtung nicht beschieden waren.

Dennoch finden wir bald, und zwar schon fast von Beginn der Erörterungen an, zahlreiche Spuren, welche der Fortgang dieser neuen Ideen über die vorzugsweise Begründung der Gemeindesteuern auf die Realsteuern in den parlamentarischen Verhandlungen und in den publicistischen Erörterungen hinterlassen hat[1]). Es wird von Interesse sein, wenigstens einzelne derselben hier nachzuweisen.

In den parlamentarischen Verhandlungen begegnen wir diesem Gedanken schon zu Anfang des Jahres 1865, also kurze Zeit nach den Verhandlungen des volkswirthschaftlichen Kongresses zu Hannover (oben S. 4), und zwar in eigenthümlicher Verbindung mit gewissen Strömungen und Forderungen, wie sie damals — in der Konfliktszeit — zu Tage traten.

In dem von der Budgetkommission erstatteten sehr ausführlichen „Allgemeinen Bericht über den Entwurf zum Staatshaushaltsplan für 1865" vom 27. Februar 1865, welcher in diesem Theil von O. Michaelis selbst — vgl. oben

---

[1]) Auch der im zweiten Absatz der angenommenen Resolution (oben S. 6) enthaltene Satz, daß der Zweck der Ausgabe für die Art der Besteuerung wesentlich mitbestimmend sein müsse, gelangt vielfach in den Verhandlungen über die Kreisordnung und bei anderen Anlässen zum Ausdruck. Seine Bedeutung und Berechtigung erhellt indessen aus den oben angedeuteten verschiedenartigen Gestaltungen unserer Gemeindeverhältnisse — ob zu dem Aufgabenkreise der Gemeinden einerseits zugleich auch Schul- und Armenwesen und andererseits z. B. Deichwesen gehören oder ob hierfür besondere Verbände bestehen — so unmittelbar, daß es nicht erforderlich erscheint, diesen Gedanken geschichtlich weiter zu verfolgen.

S. 4 — herrührt[1]), wird auf die Grund- und Gebäudesteuer näher eingegangen, ihre Ungeeignetheit für die staatliche und ihre Unentbehrlichkeit für die kommunale Besteuerung näher ausgeführt und daran der Vorschlag geknüpft, zunächst die Gebäudesteuer auf den ursprünglich in Aussicht genommenen Ertrag (von 2 843 260 Thlr.) zu kontingentiren. Ein entsprechender Antrag der Budgetkommission (Nr. V) wurde vom Abgeordneten-Hause am 27. März 1865 nach kurzer Debatte, in welcher Faucher bemerkte, daß diese Grund- und Gebäudesteuer eine für den Staatszweck vorweg genommene Kommunalsteuer sei, angenommen. Aus der Begründung aber seien folgende Ausführungen hier wiedergegeben:

Die Grundsteuer ist „für die Repartition wenigstens eines großen Theiles der Kreis- und Provinzialabgaben die geeignetste Grundlage. Je mehr der Staat an Grundsteuer in Anspruch nimmt, um so mehr beeinträchtigt er den Kreisen die Möglichkeit aus derselben Quelle zu schöpfen, um so mehr beengt er ihnen die finanzielle Grundlage der Selbstverwaltung . . . sollte daher die allgemeine Finanzlage eine Herabsetzung des Grundsteuer-Kontingents ermöglichen, so wäre die abgesetzte Summe einfach der nach lange geltendem Bedürfniß zu organisirenden Kreisverwaltung zu überweisen und es würde hierdurch einer gesunden Entwicklung der Selbstverwaltung ein günstiger Boden geschaffen" (S. 448).

„Der Miethswerth der Gebäude, von welchem die Gebäudesteuer abhängig ist, steigt in den Städten nach dem Verhältniß der Ansammlung der Bevölkerung und der öffentlichen auf Kommunalkosten hergestellten Anlagen, welche das Leben in der Stadt angenehmer und den Gewerbebetrieb in derselben vortheilhafter machen. Eben weil der Miethswerth von den Leistungen der Kommune abhängig ist, bildet er in vielen größeren Kommunen eine unentbehrliche Grundlage für die Vertheilung der Kommunallasten. Je mehr das kommunale Leben sich entwickelt, um so weniger wird es dieser Steuerquellen entrathen können. Für den Staat

[1]) Nach dem Zeugniß des Abg. Rickert (Verhandl. des Abg.-H. vom 18. Novbr. 1893 S. 30).

dagegen ist eine Gebäudesteuer eine höchst ungeeignete Steuer; denn dieselbe ist in ihrer Vertheilung auf die verschiedenen Landestheile die denkbar ungleichmäßigste, sie besteuert weder nach dem Maß des Einkommens, noch nach dem Maß des Vermögens, noch nach dem des Aufwandes, noch ist sie in ihrer Lastenvertheilung kongruent mit der Vertheilung der Leistungen des Staates. Indem der Staat durch die Gebäudesteuer den Miethswerth in so hohem Maße heranzieht, erschöpft er den Gemeinden die für sie geeignetste Steuerquelle. Auch hier tritt der Staat durch die Besteuerung der kommunalen Selbstverwaltung in den Weg, während er gleichzeitig bestrebt ist und bestrebt sein muß, der kommunalen Selbstverwaltung neue Aufgaben zuzuschieben. Es empfiehlt sich daher dringend eine Reform der Gesetzgebung, dahin gehend, daß der Ausbildung des Uebels für die Zukunft durch eine Fixirung der Gebäudesteuer auf einen bestimmten Betrag vorgebeugt, das Uebel für die Gegenwart durch Reduktion des Fixums auf den ursprünglich geforderten Betrag und Ueberweisung des Ueberschusses an die Gemeinden vermindert werde (S. 449). Gerade die Gebäudesteuer erschwert, weil sie eine kommunale Steuerquelle erschöpft, den Uebergang von der Mahl- und Schlachtsteuer zur Klassensteuer."

Diese Anregung blieb jedoch zunächst ohne Erfolg. Erst bei der Berathung des ersten am 8. Oktober 1869 eingebrachten Entwurfes einer Kreisordnung kam die Frage wieder zur Verhandlung, und zwar aus Anlaß der Bestimmung des § 9 — jetzt § 10 — durch welche die direkten Staatssteuern bezw. Mahl- und Schlachtsteuer als einzig zulässiger Maßstab für die Vertheilung der Kreisabgaben, und zwar mit der Maßgabe zugelassen waren, daß die Grund- und Gebäudesteuer mindestens mit der Hälfte und höchstens mit dem vollen Betrage des Prozentsatzes der Klassen- und klassifizirten Einkommensteuer und die Gewerbesteuer nie höher als Grund- und Gebäudesteuer belastet werden durfte. Hierzu bemerkte am 16. Oktober (Ber. S. 77) der Abg. Miquel, daß er diesen Vorschlag für prinzipiell falsch halte, und führte dies weiter dahin aus: „Im Grundgedanken wird hier die Klassen- und klassifizirte Einkommensteuer als die eigentliche Kreissteuer hingestellt; um dieselbe herum und in einem bestimmten Verhältniß zu derselben sollen stehen die Grund- und die Gebäudesteuer, resp. die Gewerbesteuer. Nach meiner Meinung muß es gerade umgekehrt sein. Die Grund- und Gebäudesteuer ist die wahre Kreissteuer. M. H., Sie haben ohne Bedenken — weil es allerdings die östlichen Provinzen nicht berührte — im vorigen Jahre beim Gesetz wegen Veranlagung der Wegeumlagen in der Provinz Hannover für die dortigen Wegeverbände diesen Grundsatz gebilligt. Sie haben dort beschlossen, daß die Grund- und Häusersteuer stets mit dem vollen Betrage, die Klassen- und klassifizirte Einkommensteuer mit der Hälfte und die Gewerbesteuer mit $^{3}/_{5}$ heranzuziehen seien. Das haben Sie beschlossen für die Provinz Hannover; wahrscheinlich wird es also ebenso richtig sein für den Osten der Monarchie. Aber, m. H., ich werde Ihnen auch sonstige Gründe dafür anführen. Ich behaupte, daß die wesentlichen kommunalen Ausgaben des Kreises fast ohne Ausnahme von der Beschaffenheit sind, daß sie zwar die Annehmlichkeit, die Sicherheit, die Leichtigkeit, sich zu bewegen und niederzulassen, für alle Kreisangesessenen gleichmäßig befördern, — daß sie aber daneben noch die besondere Eigenschaft haben, den Werth des Grundbesitzes dauernd zu erhöhen" ... Hiergegen wandte sich der Abg. v. Brauchitsch (Ber. S. 103), der zwar zugab, daß der Grundbesitzer manche Vortheile des Kreisverbandes dauernder genieße als der Unangesessene, aber über den Regierungsentwurf, der mit Recht die Besteuerung nach der Steuerfähigkeit zur Grundlage mache, nicht hinausgehen wollte; von größerem gegenwärtigen Interesse sind indessen besonders einige Bemerkungen des Grafen v. Wintzigerode (Ber. S. 136), welcher zunächst anerkennt, daß in der Miquel'schen Forderung ein berechtigter Kern, die in dem Kommunalverbande nicht unberechtigte Besteuerung nach dem Prinzip des Interesses enthalten sei, daß aber eine solche Behandlung, ohne gleichzeitige Berücksichtigung des Staatssteuersystems, in dem jedenfalls das Prinzip der Besteuerung nach der Leistungsfähigkeit maßgebend sein müsse, nicht wohl angängig sei. Denn hiernach sei die Grundsteuer als Staatssteuer durchaus unzulässig.

Nur bei einer gleichzeitigen richtigen Reform des Staatssteuersystems könne also die Grund- und Gebäudesteuer zur Trägerin der Kommunallasten gemacht werden. „Man wird vielleicht zu einem richtigen Prinzip der Besteuerung kommen, wenn man die jetzige Grundsteuer als Staatssteuer nicht wegwirft, sondern ermäßigt, wenn man sie dann zur wesentlichen Grundlage der Kommunalbesteuerung macht, wenn man ferner die Klassen- und Einkommensteuer, anstatt sie jetzt voll heranzuziehen, nur in mäßigem Grade heranzieht, im Vergleich zur Heranziehung der Grundsteuer."

Bei der Spezialdiskussion über den, die Vertheilung der Kreissteuern regelnden § 10 kam man auf diese Gedanken zurück. Der konservative Abg. Dr. Glaser meinte, daß der Finanzminister gleichzeitig mit der Kreisordnung eine Vorlage über theilweise Ueberweisung der Grund- und Gebäudesteuer hätte machen sollen (11. Novbr. 1869 S. 449), und der Abg. Grumbrecht bezeichnete die Ueberweisung der gesammten Grund- und Gebäudesteuer an die unteren Verwaltungskörper als wünschenswerth: „ich würde das für den allerglücklichsten Ausweg halten und würde glauben, daß wir durch nichts die Selbstverwaltung mehr förderten, als wenn wir im Stande wären, aus diesen Grund- und Gebäudesteuern diejenigen Ausgaben zu bestreiten, die die Selbstverwaltung mit sich führt. M. H., das ist aber ein frommer Wunsch; der Staat kann die Grund- und Gebäudesteuer nicht entbehren" (a. a. O. S. 449).

Im Uebrigen gingen die Anschauungen über die richtigste Gestaltung der Kreissteuern weit auseinander, und es lagen zahlreiche Abänderungsanträge vor, von welchen zwei — allerdings in entgegengesetzter Tendenz — die Zwecke der Ausgaben für bestimmend erklärten (v. Lingenthal: in der Regel Zuschläge nur zur Klassen- und Einkommensteuer, zur Grund- und Gebäudesteuer nur für Wegeanlagen und dann auch höchstens zur Hälfte, und Grumbrecht: Ausgaben für Verwaltung des Kreises, Sorge für Personen und Kriegsleistungen durch Zuschläge zur Klassen- und Einkommensteuer, alle übrigen Ausgaben durch Zuschläge zur Grund- und Gebäudesteuer, in gewissem Maß auch zur Gewerbesteuer zu decken). Angenommen wurde schließlich der oben (S. 16) erwähnte Vorschlag des Entwurfes. Bekanntlich kam die Kreisordnung indessen zunächst noch nicht zu Stande.

Zu erwähnen ist hier noch Gneist's Schrift: Die Preußische Kreisordnung (Berlin 1870), in welcher er (S. 54—66) seinen Reformplan für das Gemeindeabgabewesen im Anschluß an frühere Ausführungen darlegt und als Ziel die Durchführung der dem Wesen des Nachbarverbandes allein entsprechende „reale Hausstandssteuer" nach dem Muster der englischen Armensteuer hinstellt.

Der der Kreisordnung, wie allen damaligen Erörterungen über die Reorganisation der inneren Verwaltung zu Grunde liegende Gedanke, daß ein Theil der bisherigen Staatsverwaltungsausgaben auf Selbstverwaltungskörper zu übertragen sei und daß letztere für diese neue Belastung in anderer Weise schadlos zu halten seien, veranlaßte noch in derselben Session (am 20. Januar 1870) die freikonservativen Abg. Graf v. Wintzigerode, v. Behr (Greifswald), v. Wedell und Nasse zu dem Antrag (Drucksache Nr. 275): „Das Haus der Abgeordneten wolle beschließen, die Kgl. Staatsregierung aufzufordern, bei der zu gewärtigenden Revision des gesammten Besteuerungssystems, wie solches theils der Kompetenz des Norddeutschen Bundes, theils der Preußischen Landesgesetzgebung unterliegt, auf eine theilweise Ueberweisung der Preußischen Grund- und Gebäudesteuer an die kommunalen Verbände Bedacht zu nehmen." In der Begründung war insbesondere darauf hingewiesen, daß die bestehenden Staatssteuern ungeeignet seien, um bei erheblicher Steigerung der kommunalen Bedürfnisse der kommunalen Besteuerung zu Grunde gelegt zu werden; von der Gewerbesteuer sei dies anerkannt; die Grundsteuer als Staatssteuer sei von sehr zweifelhaftem Werth, namentlich sei eine gleichmäßige Veranlagung derselben unmöglich; trotzdem solle die Grundsteuer nicht ganz aufhören; es solle die den Finanzpolitikern geläufige Meinung nicht bestritten werden, daß sich der Grundbesitz für den Schutz und die Steigerung seines Werthes durch eine Steuer noch besonders zu bedanken habe. Einseitige Ermäßigung der Grund- und Gebäudesteuer aber sei unmöglich, daher eine, die wissenschaftlichen und praktischen Erfahrungen benutzende Reform des ganzen Staatssteuersystems erforderlich. — Der Antrag gelangte jedoch nicht mehr zur Verhandlung.

Dann kam der Krieg und die Gründung des Deutschen Reiches, und die künftige Gestaltung der Reichs-, Staats- und Gemeindefinanzen mußte die politischen Kreise um so lebhafter beschäftigen, als die allgemeine günstige Finanzlage eine gute und sichere Grundlage für Reformen zu bieten schien. So legte der Abg. Sombart, wie er auch bei der ersten Berathung des Kommunalabgabengesetzes am 26. Novbr. 1892 (Ber. S. 249) erwähnte, bereits am 7. Novbr. 1871 dem Landesökonomiekolleg, dessen Mitglied er war, ein ausführliches Exposé[1]) vor, nach welchem Grund- und Gebäudesteuer den Kommunen, die Einkommensteuer mit Selbsteinschätzung dem Staate und die Verbrauchssteuern und Zölle dem Reiche überwiesen werden sollten (vgl. unten S. 29).

Wenige Monate vorher hatte die Berathung des Ausführungsgesetzes zum Bundesgesetz über den Unterstützungswohnsitz[2]) v. 6. Juni 1870 — welche sich allerdings unter störenden äußeren Verhältnissen im Winter 1870/71 vollzog — bei Gelegenheit der Frage, wie die Armenlasten in Gesammtarmenverbänden unter die einzelnen Gemeinden und Gutsbezirke zu vertheilen seien, einen besonderen Anlaß gegeben, das Maß der dem Grundbesitz aufzuerlegenden Belastung von Neuem zu erörtern. Während der Reg.-Entw. nur Grund- und Gebäudesteuer, das Abgeordnetenhaus zunächst am 11. Febr. 1871 (Verh. S. 641) sämmt-

---

[1]) Vgl. Landwirthschaftliche Jahrbücher von v. Nathusius und v. Salviati. Bd. I, 1872 S. 170—178.

[2]) Dieses Bundesgesetz ist ein interessanter Beleg dafür, wie sehr damals die vorwiegend volkswirthschaftliche Auffassung von Leistung und Gegenleistung die herrschenden Gedankenströmungen durchdrang: Die Unterstützungspflicht des Ortsarmenverbandes ist in dem für das Gesetz Grund legenden Kommissionsbericht als Aequivalent für die — seitens des Verbandes früher von dem Verarmten — genossenen wirthschaftlichen Vortheile konstruirt. Vgl. hierüber und hiergegen Adickes, Die Vertheilung der Armenlasten in der Zeitschr. für die gesammte Staatswissenschaft, 1881 S. 273—281.

liche direkte Staatssteuern hatte berücksichtigen wollen, war letzteres später, am 17. Febr. 1871, um das Gesetz zum Abschluß zu bringen, dem Beschluß des Herrenhauses, welcher dem Gesetz die jetzige Fassung gab — Vertheilung nach Maßgabe der gesammten Klassen- und Einkommensteuer, der halben Gewerbesteuer und der halben Grund- und Gebäudesteuer — beigetreten. In der Berathung bemerkte u. A. der Abg. v. Benda am 11. Februar 1871 (Verh. S. 627): es sei gewiß richtig, daß der Grundbesitz ein Präcipuum übernehmen müsse bei den Gemeindelasten, aber dem stehe einmal die hohe Verschuldung entgegen und andererseits der Umstand, daß der Staat den Grundbesitz schon so hoch besteuere. Die Staatsregierung müsse sich entschließen, einen Theil dieser Grundsteuer zur Befriedigung ihrer kommunalen Bedürfnisse an die Kommunen abzugeben und letztere dadurch wieder prästationsfähig zu machen zu kommunalen und Kreisleistungen, was sie in vielen Landestheilen nicht mehr seien. Der Ausfall aber sei durch schärfere Heranziehung zur Staatseinkommensteuer zu ersetzen.

Eine weitere Gelegenheit bot sich bei der Spezialberathung des zweiten, am 21. Dezember 1871 vorgelegten Entwurfes einer Kreisordnung. Die Kommission hatte dem oben (S. 16 und 19) erwähnten § 10 einen — demnächst allerdings im Herrenhause wieder gestrichenen — Zusatz: „Die Vertheilung der Kreisabgaben darf bis zum Erlaß eines allgemeinen Gesetzes über kommunale Besteuerung" hinzugefügt und der Bestimmung dadurch der Charakter des Provisorischen gegeben[1]), und hierzu bemerkte u. A. am 18. März 1872 (Ver. S. 1327) der Abg. Miquel, nachdem er auf

[1]) Nach dem Ber. der H. H. Komm. vom 10. Juni 1872 zu § 10 führte der Reg.-Komm. aus, daß allseitig im Abgeordnetenhause anerkannt sei, daß gegen die Bestimmungen des § 10 manches geltend gemacht werden könne; der Minister des Innern habe erklärt, daß in dem neuen Kommunalabgabengesetz „diese unabhängig von dem Staatssteuersystem geordnet werden sollten, worauf vom Abgeordnetenhause Gewicht gelegt werde. Die definitive Ordnung sei aber zur Zeit noch nicht möglich". Die Kommission des Herrenhauses hielt aber diese Momente nicht für genügend, um die Bestimmungen „mit dem Makel des Unzutreffenden" zu behaften.

die bevorstehende Reform der Staatssteuern hingewiesen und die in § 10 getroffenen — im Wesentlichen dem Entwurf (vgl. oben S. 16) entsprechenden — Bestimmungen als provisorische für annehmbar erklärt hatte: „ich persönlich bin sogar der Meinung, daß wir niemals in Preußen zu einer solchen befriedigenden Regelung des Kommunalsteuerwesens kommen, solange nicht die Grund- und Gebäudesteuer wesentlich den Kommunen übertragen ist."

Ziemlich gleichzeitig kam diese Frage bei den Erörterungen über den regierungsseitig vorgelegten Entwurf eines Gesetzes zur Aufhebung der Mahl- und Schlachtsteuer zur Erörterung. Nachdem das Abgeordnetenhaus schon in der Sitzung von 1867/68 (Bd. II S. 469) die Regierung zur Vorlage eines derartigen Entwurfes aufgefordert hatte und nunmehr 1871 ein solcher Entwurf, zugleich mit einigen Abänderungen der Klassensteuer vorgelegt war, führte die Frage, wie den Gemeinden Ersatz für die bisher von ihnen erhobenen Zuschläge zu dieser Steuer geschafft werden sollte, in der Kommission zu eingehenden Erörterungen über die Ueberweisung von Grund- und Gebäudesteuer, welche man nach dem Kommissionsberichte „mehrseitig in dem Kommunalsteuer-System überhaupt richtiger am Platze fand, wie in dem System der Staatssteuern", an die kommunalen Verbände. Das Gesetz kam nicht zu Stande, weil das Abgeordnetenhaus dem Vorschlage seiner Kommission entsprechend die von der Regierung geforderte fakultative Aufrechterhaltung der Schlachtsteuer ablehnte und auch statt der Abänderung einzelner Bestimmungen der Klassensteuer eine Revision der gesammten Klassen- und klassifizirten Einkommensteuer wünschte. Ihren Abschluß fanden diese Verhandlungen erst in den Gesetzen vom 25. Mai 1873 wegen Aufhebung der Mahl- und Schlachtsteuer (in welchen eine fakultative Forterhebung der Schlachtsteuer als Kommunalsteuer zwar zugelassen, aber von erschwerenden Bedingungen abhängig gemacht war), und wegen Abänderung des Gesetzes vom 1. Mai 1851 betr. Einführung einer Klassen- und klassifizirten Einkommensteuer.

Was aber die, von der Kommission mit großer Majorität beantragte, am 23. Februar 1872 (Verh. S. 955) nach kurzer Empfehlung des Grafen Wintzigerode[1]) angenommene Aufforderung an die Regierung, „auf die Ueberweisung von Grund- und Gebäudesteuer an die kommunalen Verbände Bedacht zu nehmen", anlangt, so erklärte der Finanzminister Camphausen, „daß für die Staatsregierung die Annahme oder Nichtannahme der Resolution keine weitgreifende Bedeutung hat. Es ist eine ganz andere Sache, Resolutionen anzunehmen und eine ganz andere Sache, darauf Gesetzentwürfe zu begründen und durchzubringen".

Um indessen diese durchaus ablehnende Haltung der Staatsregierung gegenüber der Frage der Ueberweisung der Grund- und Gebäudesteuer richtig zu würdigen, darf man nicht übersehen, wie wenig diese Frage damals überhaupt zur Reife gelangt war. Es mögen daher hier auch die Aeußerungen Platz finden, welche im Gegensatz zu dem Abgeordneten Rickert, die Abgeordneten Lasker und Richter am 21. und 22. Februar 1872 (Verh. S. 885, 912, 925) bei der Berathung des erwähnten ersten Gesetzentwurfes

[1]) Graf Wintzigerode, welcher neben Sombart vom landwirthschaftlichen Centralverein der Provinz Sachsen gewähltes Mitglied des Landes-Oekonomie-Kollegiums war, legte seine Anschauungen gleichzeitig ausführlicher in den Preußischen Jahrbüchern dar (Bd. 30. 1872. Ein Beitrag zur Grundsteuerfrage). Die Grundsteuerfrage habe so lange ihre Berechtigung, bis „ein vollständiges Kommunalsteuergesetz die gänzliche Beseitigung der jetzigen Grundsteuer ermöglicht" (S. 574). Mit der Gewährung von Provinzialfonds werde diese Frage nur vertagt. Das Ziel sei: Aufhebung der staatlichen Grund- und Gewerbesteuer und möglichst ausschließliche Heranziehung derselben zu den Gemeindeabgaben. „Dies wird zur zwingenden Nothwendigkeit, wo die Aufhebung der Mahl- und Schlachtsteuer so erhebliche finanzielle Bedrängniß im Gefolge hat (S. 586). Zuschüsse des Staates können keine Grundlage für die Verwaltung der kommunalen Verbände bilden, die Naturkraft, die Steuerquellen selbst müssen zu ihrer Verfügung gestellt werden. Ueberweisung eines Theiles jener Steuern könne nur eine Etappe sein. Wir legen Werth darauf, daß eine solche Reform des Einkommensteuergesetzes" — wie sie gleichzeitig von der Kommission gefordert war — „dem Erlaß des Kommunalsteuergesetzes und der gänzlichen Beseitigung der Staats-, Grund-, Gebäude- und Gewerbesteuer vorausgehe, um auf diese Weise dem immer möglichen Argwohn vorzubeugen, als könne es sich um eine Erleichterung Vermögender handeln und als ob man nicht bestrebt sei, ausschließlich der Gerechtigkeit zu dienen, Leistung und Leistungsfähigkeit in Einklang zu bringen" (S. 587).

über Aufhebung der Mahl- und Schlachtsteuer machten, und zwar einerseits Rickert: „Die ganze Natur der Gebäudesteuer — und wie ich zugebe — auch der Grundsteuer, ist eine solche, daß sie in der That sich zu Staatszwecken schlecht und zu Kommunalzwecken vorzugsweise eignet, und ich glaube, daß in dem Augenblicke, wo der Staat $2^1/_2$ Millionen disponibel hat, er sehr gegründete Veranlassung hätte, das Unrecht — wenigstens wie ich es ansehe — was die sogenannte Grundsteuerausgleichung mit sich geführt hat, und was die Gebäudesteuereinführung mit sich gebracht hat, wieder gut zu machen. M. H., wenn der Staat diese eigentlichen Kommunalsteuern fortdauernd und in erhöhtem Maße — ich mache nur aufmerksam auf den erhöhten Betrag, welchen die Gebäudesteuer nach Ablauf der im Gesetz fixirten 15 Jahre haben wird — für sich in Anspruch nimmt, so schädigt er die ganze kommunale Entwickelung. Es ist unmöglich, die Steuerschraube dort so anzuziehen, daß man den Grundbesitz noch viel stärker heranzieht."

Andererseits Lasker:

„Die Forderung, daß ein Theil der Gebäudesteuer und der Grundsteuer den Gemeinden überwiesen werde, ist für mich eine absolute Unzulässigkeit, ich kann an eine solche Ueberweisung von Staatssteuern nur denken, wenn mir nachgewiesen wird, welche neue Pflichten die Gemeinden übernehmen, und in welcher Weise sie den Staat zu entlasten beginnen. Ich würde aber protestiren gegen eine Zerbröckelung der Staatssteuern lediglich zu dem Zwecke, daß man Gemeinden entlaste, und namentlich, daß man nur einzelnen Gemeinden zu Hülfe komme";

und Eugen Richter:

„Ich will ebensowenig auf die Uebertragung der Grund- und Gebäudesteuer zurückkommen. Ich bin allerdings der Meinung, daß Steuergesetze von organischer Bedeutung aus der Initiative der Regierung hervorgehen müssen und daß namentlich, was die Grund- und Gebäudesteuer betrifft, die Vorbedingungen zu dieser Uebertragung an Provinzen, Kreisen und Kommunen noch nicht erfüllt sind und in dieser Session auch nicht erfüllt werden können."

In der nächsten Session (1872/73) brachte der Gesetzentwurf über die Dotation der Provinzialverbände die Frage von Neuem wieder zur Erörterung. In der ersten Lesung (11. Dezember 1872, Verh. S. 309) meinte Dr. Friedenthal, daß an sich zwar fraglich sein könne, ob diese Dotation „in Form einer Rente oder in Form der Ueberweisung einer bestimmten Steuerkategorie, namentlich der Grund- und Gebäudesteuer" erfolgen solle, es sei dies aber eine Frage der Steuerreform und die vorliegende Frage sollte damit nicht bepackt werden. Und gegenüber der in der Kommission (Bericht vom 15. Februar 1873, Nr. 197 S. 922) abgegebenen Erklärung des Finanzministers Camphausen, „daß die Staatsregierung die Forderung der Ueberweisung von Grund- und Gebäudesteuer durch die Vorlage ... erfüllt zu haben glaube. Es liege nicht in der Absicht der Königlichen Staatsregierung, darüber hinaus die Grund- und Gebäudesteuer den kommunalen Verbänden zu überweisen" — konstatirte Dr. Friedenthal als Berichterstatter in der zweiten Lesung am 20. Februar 1873 (Verh. S. 1082), daß nach der Auffassung der Kommission der Frage der Ueberweisung durch dieses Gesetz nicht präjudizirt werden solle.

Thatsächlich war diese Ueberweisung in Folge der Haltung der Staatsregierung indessen zunächst bei Seite geschoben.

Dagegen stellte sich die Frage der Kommunalsteuerreform als solche mehr und mehr in den Vordergrund, und zwar kam der Anlaß dazu von mehreren Seiten. Einmal drängten die wachsenden Uebelstände, welche die Einkommenbesteuerung der Forensen und juristischen Personen wegen der Mangelhaftigkeit der bestehenden Bestimmungen mit sich brachte, sodann wurden die Beamten-Privilegien vielfach lästig empfunden, und endlich trat ein allgemeines Bedürfniß nach Regelung des kommunalen Steuerwesens bei der Fortführung der Neugestaltung der inneren Verwaltung hervor.

In Bezug auf den erstgenannten Punkt hatte die Staatsregierung früher — Motive zu §§ 12 und 13 des zweiten Entwurfs der Kreisordnung von 1871/72 und Erklärungen des Ministers des Innern vom 15. Februar 1871 und 5. Februar 1872 — selbst die Absicht gehabt, eine für alle kommunalen Verbände gültige Regelung eintreten zu lassen, diesen Plan dann aber aufgegeben, als es sich unthunlich erwies, diesen einzelnen Punkt herauszugreifen. Trotzdem legte der Abg. von Eynern am 11. März 1873 (Drucksachen Nr. 293) und ferner am 19. Dezember 1873 (Drucksachen Nr. 143) der Abg. Hagen Gesetzentwürfe über Heranziehung der Forensen, juristischen Personen, Aktiengesellschaften u. s. w. zu den Kommunallasten vor, welche jedoch zu weiterer Behandlung nicht gelangten. Ebensowenig kamen die von dem Abg. Hagen am 5. Januar 1871 (Nr. 46) und 16. Dezember 1873 (Nr. 107) gestellten Anträge wegen Aufhebung der Bevorzugung der Beamten zu weiterer Erörterung.

Je weniger aber in diesen Richtungen die Staatsregierung den vorgebrachten Wünschen glaubte entsprechen zu können, um so bereitwilliger erklärte sie, nachdem das Abgeordnetenhaus bei Berathung der Provinzialordnung am 17. April 1875 die Vorlage eines Gesetzes über Kommunalbesteuerung in Anregung gebracht hatte, ihre Zustimmung zur Ausarbeitung eines solchen Gesetzentwurfes, welcher auch bereits 1876 aufgestellt wurde, und nachdem er zahlreichen Behörden zur Begutachtung zugegangen, auch der Oeffentlichkeit zugänglich gemacht war, zu lebhaften Diskussionen Anlaß gab[1]).

Inzwischen hatten sich im Lande die wirthschaftlichen Verhältnisse wesentlich geändert. Die große Krisis des Jahres 1873 mußte auch den Haushalt zahlreicher Gemeinden auf das Empfindlichste treffen, und nun zeigte sich in Folge des starken geschäftlichen Rückganges die üble Wirkung der überwiegenden Bevorzugung des Einkommensteuersystems, indem die großen Einnahmeausfälle der industriellen Unternehmungen auch deren Einkommensteuern arg schmälerten oder gar ganz zum Ausfall brachten und dadurch die Prozentsätze der übrigen Steuerzahler stark in die Höhe trieben.

In der Arbeit von L. Herrfurth: „Beiträge zur Statistik

---

[1]) Veröffentlicht in Stolp's Deutscher Gemeindezeitung, 1876 Nr. 36—39 und von O. Koze, Berlin 1877 (F. Vahlen). Vgl. dazu die unten S. 40 genannten 10 Gutachten und die Verhandlungen des Vereins für Sozialpolitik von 1877, ferner R. Friedberg, Die Besteuerung der Gemeinden, 1877 S. 96—107.

der Gemeindeabgaben in Preußen" (Zeitschr. des Kgl. Preußischen stat. Bureaus, Jahrg. 18. (1878) S. 1—60) finden sich u. A. auch vergleichende Ziffern über die Belastung an Gemeindesteuern in den Jahren 1849, 1869 und 1876 (S. 14—23), von denen hier nur in der Anmerkung eine Tabelle mitgetheilt werden soll[1]).

Der Druck der direkten Steuern mußte sich um so fühlbarer machen, als die Aufhebung der Schlacht- und Mahlsteuer das Gebiet derselben sehr ausgedehnt hatte.

Die von dem volkswirthschaftlichen Kongreß ausgegangene Bewegung gegen die Oktrois hatte nicht nur in der Landesvertretung, sondern auch in den kommunalen Körperschaften starke Wirkungen erzielt, und so wurden — wie erwähnt — zunächst im Abgeordnetenhause bei der Berathung des gedachten Gesetzes, in dessen § 2 in Abs. 2 u. 4 mehrere Bestimmungen eingefügt, welche „darauf gerichtet waren, das Fortbestehen der Schlachtsteuer als

1)

Provinz — Staat	Die Belastung mit Gemeindesteuern pro Kopf der Bevölkerung betrug in den Städten			Die Belastung mit Gemeindesteuern pro Kopf der Bevölkerung im Jahre 1876 ist gestiegen			
				gegen 1869 um		gegen 1849 um	
	1849 Mk.	1869 Mk.	1876 Mk.	Mk.	Proz.	Mk.	Proz.
1. Preußen	6,07	6,29	8,59	2,30	36,6	2,52	41,5
2. Brandenburg . . .	5,65	9,26	14,00	4,74	51,2	8,35	147,8
3. Pommern	3,06	4,47	5,91	1,44	32,2	2,80	91,9
4. Posen	1,89	4,36	5,39	1,04	23,9	3,51	185,7
5. Schlesien	3,39	5,35	7,77	2,42	45,2	4,38	129,2
6. Sachsen	1,89	3,66	6,13	2,47	67,5	4,24	224,3
7. Schleswig-Holstein .	—	8,96	10,84	1,88	21,0	—	—
8. Hannover	—	3,84	4,94	1,10	28,6	—	—
9. Westfalen	2,07	5,36	7,77	2,42	45,2	5,71	275,8
10. Hessen-Nassau . . .	—	8,46	11,52	3,06	36,2	—	—
11. Rheinland	3,77	7,47	12,05	4,58	61,3	8,28	219,6
Staat (ohne Hohenzollern)	3,77	6,47	9,58	3,11	48,1	5,98	158,6
						in den 8 älteren Provinzen	

Gemeindeabgabe möglichst zu erschweren", und dem entsprach es, daß die städtischen Verwaltungen demnächst nur in geringem Maß von dem ihnen gegebenen Recht der Forterhebung der Schlachtsteuer Gebrauch machten.

Während im Jahre 1869 76 (bezw. 79) Städte aus der Mahl- und Schlachtsteuer Einnahmen bezogen, durch welche die Gemeindebedürfnisse zu einem erheblichen Theile zuweilen fast vollständig gedeckt wurden, haben von denselben nur folgende 6 (bezw. 8) Städte: Breslau, Potsdam, Posen, Gnesen, Koblenz mit Ehrenbreitstein und Aachen mit Burtscheid die Forterhebung der Schlachtsteuer bezw. die Einführung oder Beibehaltung einer Wildpretsteuer beschlossen. In den übrigen 70 Städten, welche im Jahre 1869 ca. 2 340 000 Thaler an Mahl- und Schlachtsteuer vereinnahmten, ist diese Steuer durch direkte Gemeindeabgaben, und zwar durch Zuschläge zu den direkten Staatssteuern und durch Gemeindeeinkommensteuern, nur ausnahmsweise durch besondere Gemeindeabgaben (zum Beispiel in Halle an der Saale durch Mieths- und Haussteuer) ersetzt worden (Mot. zum Ges.-E. von 1877/78).

Der den Gemeinden aus der Mahl- und Schlachtsteuer — in Folge der Ueberweisung eines Dritttheils des Rohertrages der Mahlsteuer und der Möglichkeit von Zuschlägen — zufließende Ertrag — „belief sich 1869 in der ganzen Monarchie auf 17,55 Prozent und in den 8 älteren Provinzen auf 20,95 Prozent der sämmtlichen städtischen Kommunalsteuern. Diese Steuer lieferte in Berlin mit 959 903 Thaler ca. 30 Prozent, in Breslau mit 225 415 Thaler, Köln mit 157 167 Thaler, Königsberg mit 112 974 Thaler und Danzig mit 80 255 Thaler 31 bis 32 Prozent, in Charlottenburg und Brandenburg über 44 Prozent, in Potsdam $46^1/_2$ Prozent, in Magdeburg fast 48 Prozent, in Guben $53^1/_2$ Prozent, in Frankfurt a. O. und Spandau 55 Prozent, in Thorn $61^1/_2$ Prozent des gesammten Steueraufkommens. In einzelnen Städten war die Mahl- und Schlachtsteuer (abgesehen von der mit derselben in Verbindung stehenden Wildpretsteuer und von der Hundesteuer) die einzige zur Erhebung gelangende Steuer (z. B. in Rathenow, Gnesen, Torgau, Wittenberg)."

Die Klagen über unerträglichen Druck der Gemeindesteuern wurden daher bald laut vernehmbar, und nachdem von der Stadt Berlin die erste Anregung gegeben war, richteten unter dem 4. August 1874 880 Städte an das Staatsministerium eine Petition, in welcher um Ueberweisung der halben Gebäudesteuer zu kommunalen Zwecken gebeten wurde (Herrfurth, Beiträge zur Finanzstatistik, 1879 S. 134).

Kaum mindere Klagen wurden indessen gleichzeitig von Seiten der, unter der billigeren ausländischen Konkurrenz leidenden Landwirthschaft erhoben.

In Folge der oben (S. 20) erwähnten Sombart'schen, sowie anderer von verschiedenen Seiten ausgehenden Anregungen, hatte das Landesökonomie-Kolleg in der achtzehnten Sitzungsperiode im März 1872 sich dahin ausgesprochen, daß

„die bestehende Besteuerung des Einkommens aus Grundbesitz, theils durch die Klassen- und klassifizirte Einkommensteuer, theils durch die Grund- und Gebäudesteuer im Widerspruch steht mit dem Prinzip einer gleichmäßigen Besteuerung aller Staatsbürger und daher die Beseitigung solcher Doppelbesteuerung zu erstreben ist", und

ferner eine Enquete zur Erörterung dieser Steuerfragen beantragt.[1]) Der Finanzminister Camphausen lehnte jedoch diese vom Minister für Landwirthschaft (v. Selchow) empfohlene Enquete am 18. Juni 1872 ab, weil er sich „von der Begutachtung dieses Gegenstandes durch eine Versammlung von Interessenten keinen Nutzen zu versprechen" vermöge (Verh. der 19. Sitzungs-Periode, 1873 S. 102).

In der neunzehnten Sitzungsperiode gelangte der Gegenstand am 13. März 1873 zur erneuten Verhandlung. Insbesondere wurde dabei auch wiederum die Belastung des Grundbesitzes durch die Kommunalzuschläge zur Grundsteuer hervorgehoben und auf den

---

[1]) Ueber die verschiedenen Anträge und Ausführungen über die Steuerreformfrage, wie sie im Landes-Oekonomie-Kollegium bei diesem Anlaß hervortraten vgl. Landwirthschaftl. Jahrbücher von v. Nathusius und v. Salviati. Bd. I, 1872, S. 170—241. (Der abschließende Bericht findet sich S. 238—240.)

durch die Neueinführung der preußischen Realsteuern in den neuen Provinzen hervorgerufenen Steuerdruck hingewiesen. Man beschloß jedoch nur, die in der achtzehnten Sitzungspriode ausgesprochenen Wünsche und Beschwerden bei der weiter in Aussicht gestellten Steuerreform zur Erwägung und möglichsten Berücksichtigung zu bringen (a. a. O. S. 47, 77, vgl. S. 78—80 Dissens-Voten von Graf v. Borries und v. Lenthe-Celle).[1])

Auch andere landwirthschaftliche Vereinigungen beschäftigten sich lebhaft mit den Steuerfragen, und nach mehrjährigen Vorverhandlungen beschloß der fünfte landwirthschaftliche Kongreß zu Berlin am 26. Februar 1874 nach lebhaften Debatten, in welchen u. A. Prof. A. Wagner die Unentschlossenheit des Finanzministers in Bezug auf durchgreifende Reformen beklagte, folgende Resolutionen (Hirth's Annalen des Deutschen Reiches 1874 S. 985—988):

I. Die Steuerfrage kann nur dann eine befriedigende Lösung finden, wenn in der gesammten Steuergesetzgebung das Prinzip der strengsten Gerechtigkeit zur Durchführung kommt.

II. Die bei der direkten Besteuerung in fast allen deutschen Staaten bestehende Ueberlastung des Einkommens aus Grundbesitz gegenüber dem sonstigen Einkommen, ganz besonders aber gegenüber dem Einkommen aus Kapitalvermögen widerstreitet dem Prinzip der Gerechtigkeit und ist daher zu beseitigen. Besonders verwerflich erscheint die im preußischen Staate, in welchem bereits eine allgemeine Einkommensteuer (die Klassen- und klassifizirte Einkommensteuer) besteht, im Widerspruch mit den Art. 4 und 101 der Verfassungsurkunde noch bestehende besondere Besteuerung einzelner Klassen der Bevölkerung durch die Grund-, Gebäude-, Gewerbesteuer u. s. w.

III. Vor allen anderen Steuern widerstreitet die Grundsteuer richtigen Grundsätzen der Besteuerung, da es weder eine

[1]) Vgl. Landwirthschaftliche Jahrbücher. Bd. II, 1873, S. 510, 511, 540 bis 544, 566.

Bodenrente giebt, welche nicht das Produkt von Arbeit und Kapital wäre, noch einen feststehenden Reinertrag des Grund und Bodens, viele Grundstücke sogar überall keinen Reinertrag liefern, da ferner diese Steuer niemals namentlich für größere Bezirke und auf längere Zeitdauer gleichmäßig veranlagt werden kann; und da der Prozentsatz, welchen diese Steuer von dem reinen Einkommen des Steuerzahlers hinwegnimmt, mit der zunehmenden Verschuldung, also mit der abnehmenden Steuerfähigkeit, steigt. Ganz bedeutend vermehrt werden die Härten der Grundsteuer da, wo dieselbe neben anderen Steuern, welche gleichfalls schon das Einkommen aus Grundbesitz belasten (z. B. Klassen- und klassifizirte Einkommensteuer) und bei welchen dieses letztere schon schärfer getroffen wird, als das Einkommen aus Kapital, allen Arten von Kommunallasten ohne Rücksicht auf die etwaigen besonderen Vortheile des Grundbesitzes zum Maßstabe dient. Am deutlichsten tritt dies hervor in denjenigen kleinen Landstädten, wo den Grundbesitzern entweder überhaupt kein Vortheil oder wenigstens kein entsprechender Vortheil aus dem Kommunalverbande erwächst und dennoch die Grundsteuer neben der Personalsteuer und noch dazu mit einem weit höheren Prozentsatz als die letztere der Kommunalbesteuerung zu Grunde gelegt wird.

IV. Die Einführung einer Reichsgewerbesteuer, durch welche die in mehreren Staaten des Deutschen Reichs noch bestehende Doppelbesteuerung einzelner Klassen der Bevölkerung eine neue Stütze erhalten würde, kann nicht befürwortet werden.

V. In gerechter Weise kann der Ersatz für die bei Modifikation des Steuersystems nach den obigen Grundsätzen sich ergebenden Ausfälle nur durch eine allgemeine alle Einnahmequellen in gerechter Weise treffende Einkommensteuer beschafft werden. Dabei ist das unfundirte aus körperlicher und geistiger Arbeit entspringende Einkommen (z. B. Beamtengehalte) mit einem geringeren Prozentsatz heranzuziehen, als das fundirte, aus Grundbesitz und Kapital herrührende Einkommen. Für dasjenige Einkommen, welches sich der zutreffenden Einschätzung durch Einschätzungskommissionen entzieht, ist die Selbsteinschätzung mit erheblicher Bestrafung unrichtiger Angaben einzuführen.

VI. Als selbstverständlich erscheint es, daß da, wo für die Heranziehung früher befreiter oder bevorzugter Grundstücke zur Grundsteuer Entschädigungen gezahlt sind, dies Verhältniß bei einer unter Wegfall der Grundsteuer erfolgenden Steuerreform in angemessener Weise berücksichtigt werde, etwa durch Rückzahlung der Entschädigungen oder deren Verzinsung."

Als dann am 22. Februar 1876 die „Vereinigung der Steuer- und Wirthschaftsreformer" (sog. Agrarier) sich konstituirte, nahm sie in ihr Programm insbesondere die Sätze auf:

„1. Es ist auf eine gleichmäßige Vertheilung aller Steuern hinzuwirken, damit der bis jetzt überbürdete Grundbesitz und die redliche Arbeit in allen Berufszweigen entlastet werde.

2. Die Doppelbesteuerung, welche in der Grund-, Gebäude- und Gewerbesteuer liegt, ist zu beseitigen. Das Renten-Einkommen ist höher zu besteuern, als das Arbeitseinkommen . . ." (abgedruckt u. A. bei L. Parisius, Deutschlands politische Parteien und das Ministerium Bismarck, Berlin 1878, S. 216, 217).

Hiermit war die Steuerreformfrage in den Kampf der politischen Parteien hineingezogen, und bei der immer schrofferen Gegenüberstellung derselben, insbesondere unter dem Einfluß des bald entbrennenden leidenschaftlichen Kampfes um Freihandel und Schutzzoll — auch für die landwirthschaftlichen Produkte — mußte eine objektive Behandlung mehr und mehr erschwert werden[1]).

---

[1]) Charakteristisch ist folgende Stelle in einem gemäßigten Blatte (Preuß. Jahrbücher 1876, Bd. 38. S. 213, Pol. Korr. W. W.), in welcher von der neuen Partei der Agrarier gesprochen wird, welche, um den Landmann zu gewinnen, die Grundsteuer erlassen haben wollen und „zur besseren Deckung" Gebäude- und Gewerbesteuer beigegeben haben. „Ob unsere Gutsbesitzer bei Beseitigung der Grundsteuer auch ihren Antheil an den 10 Mill. Thalern zurückbezahlen

Und es zeigte sich bald die eigenthümliche Verschiebung der Rollen, daß die von der Freihandelsschule (vgl. oben S. 4, 15 flg., 48) ausgegangene Idee der Ueberweisung der staatlichen Realsteuern an die Gemeinden gerade von den freihändlerischen Parteien bei Seite geschoben oder gar bekämpft wurde.

3. Die Kommunalsteuerfrage und der Verein für Sozialpolitik. 1873–1877.

Je mehr die Steuerfragen nach den Ausführungen des vorigen Abschnittes in Gefahr geriethen, einerseits einseitig vom Standpunkt der geldbedürftigen Gemeinden aus angesehen, andererseits in den Streit der wirthschaftlichen Interessenparteien hineingezogen zu werden, um so erfreulicher war es, daß der in Folge der Eisenacher Versammlung zur Besprechung der sozialen Frage vom 7. Oktober 1872 begründete Verein für Sozialpolitik, welcher im Gegensatz zu der „manchesterlichen" Theorie von der unbedingten Harmonie der unbeschränkt waltenden Einzelinteressen ein wohlerwogenes Eingreifen des Staates in das Walten dieser theilweise entgegengesetzten und ungleich starken Interessen für eine der höchsten Aufgaben unserer Zeit und unserer Nation erklärte, die Steuerfragen in den Kreis seiner Erörterungen hineinzog und denselben eine ebenso vertiefte wie objektive Behandlung zu Theil werden ließ.

„Die Reform der Personalbesteuerung" war einer der ersten Gegenstände, welcher vom Verein überhaupt der Bearbeitung unterzogen wurde, und zwar zunächst (1873) durch die um Gutachten angegangenen Professoren Nasse und Held in Bonn, Handelskammer-Sekretär Gensel[1])-Leipzig, Graf v. Wintzingerode-Bodenstein und Prof. Const. Rößler-Berlin, deren — theilweise sehr eingehende, den Zusammenhang des ganzen Steuer-

wollen, die sie durch das Gesetz vom 21. Mai 1861 erhielten ... das haben sie bis jetzt noch nicht verrathen." Vgl. unten S. 68 die Bemerkungen des Fürsten Bismarck.

[1]) Zugleich Mitglied des Ständigen Ausschusses des volkswirthschaftlichen Kongresses.

wesens berücksichtigende — Arbeiten (Schriften des Vereins für Sozialpolitik, Bd. III. 1873) auch heute noch, und gerade jetzt wieder in erhöhtem Maße von Interesse sind. Ihnen folgte 1874 ein sechstes sehr ausführliches Gutachten von Prof. Fr. J. Neumann (Tübingen) unter dem Titel: Die progressive Einkommensteuer im Staats- und Gemeindehaushalt (Schriften des V. f. Soz.-Pol. Bd. VIII. 238 S.), in welchem die Unhaltbarkeit der staatlichen Ertragssteuern und die „Siegesaussichten der personalen Steuern vom Einkommen und Vermögen" eingehend begründet wurden. Die so vorbereitete Frage der „Einkommensteuer" wurde am 10. Oktober 1875 in Eisenach von der dritten Generalversammlung des Vereins für Soz.-Pol. verhandelt und durch Annahme folgender Resolution abgeschlossen:

1. Die bisher noch in einer Mehrzahl deutscher Staaten bestehenden sogenannten Ertragssteuern erweisen sich bei gesteigertem Bedarf als unzureichend;
2. es empfiehlt sich daher, eine in den unteren Stufen progressive allgemeine Einkommensteuer in Verbindung mit einer allgemeinen Vermögenssteuer[1]) zur hauptsächlichsten direkten Steuer zu machen;
3. bei jeder Steuerreform ist auf die geschichtlich gegebenen Verhältnisse Rücksicht zu nehmen. Insbesondere ist da, wo Steuern auf unbewegliches Vermögen seit langer Zeit in einer die übrigen Ertragssteuern wesentlich übersteigenden Höhe bestanden haben, die einfache Ausebnung dieses Unterschiedes unzulässig, weil sie ein ungerechtfertigtes Geschenk an die derzeitigen Besitzer auf Kosten der anderen Steuerzahler in sich schließen würde[2]) (Verh. Bd. XI d. Schriften S. 15—70).

---

[1]) Der Referent Prof. Held bemerkte ausdrücklich: „Ich halte es gegenüber der Literatur über die Steuerfrage und gegenüber vielen bisherigen Verhandlungen und Besprechungen für ein Verdienst, wenn wir die Vermögenssteuer betonen. Das ist das Neue, was wir in die öffentliche Diskussion einführen", Verh. S. 63.

[2]) Der am Kongreß Theil nehmende „Agrarier" M. A. Niendorf (Herausgeber der Deutschen Landeszeitung) hatte beantragt, an Stelle des zweiten

Aus den Gutachten glaube ich folgende, den Zusammenhang der Staatssteuern mit den Kommunalsteuern näher erörternde Ausführungen hier vollständig zum Abdruck bringen zu sollen.

Prof. Nasse (a. a. O. S. 15—17):

„Die Nothwendigkeit, dem Einkommen aus Vermögensnutzungen eine größere Last aufzulegen als dem aus Arbeitsleistungen haben wir eingehender zu begründen gesucht. Es kann dieser Forderung in einem Steuersystem dadurch genügt werden, daß man in der allgemeinen Personalsteuer zwischen fundirten und unfundirten Einkommen unterscheidet und das erstere höher besteuert, oder so, daß zwar in der Einkommensteuer alles Einkommen ohne Unterschied gleichmäßig herangezogen wird, aber die Vermögensnutzungen noch außerdem durch eine oder mehrere besondere Steuern getroffen werden. Der letztere Weg ist der von der preußischen Steuergesetzgebung eingeschlagene. Bei weitem der größte Theil des Volksvermögens unterliegt in seinem Ertrage außer der Einkommensteuer noch anderen Steuern, nämlich der Grundsteuer, Gebäudesteuer, Gewerbesteuer, Eisenbahnsteuer, Bergwerksteuer. Dies neben der Einkommensteuer bestehende System der Ertragssteuern leidet aber an leicht erkennbaren, oft hervorgehobenen Mängeln. Einmal ist es ja klar, daß

Absatzes von Nr. 6 zu setzen: Alle immobilen Steuern sind demgemäß in die allgemeine Vermögenssteuer überzuführen — während Prof. Neumann an Stelle von Nr. 3 folgende ausführlichere Darlegung setzen wollte: „Grund- und Gebäudesteuern, welche lange Zeit in relativ bedeutender Höhe bestanden haben, werden von den jeweiligen Grund- und Gebäudeeigenthümern nicht in ihrer ganzen Höhe als Steuer empfunden und sind deshalb bei Ersetzung der Ertragssteuern durch persönliche Steuern nicht ganz und gar zu beseitigen.

Wie hoch der aufrecht zu erhaltende Theil derselben ist, hängt insbesondere ab

a) von dem Alter und der gegenwärtigen und früheren Höhe der Grund- und Gebäudesteuer;
b) von dem Vorhandensein und der Höhe anderer Ertragssteuern;
c) von den Graden der Mobilisirung des Besitzes und
d) von dem Maße der Parzellirung des Bodens und anderen auf die Nachfrage nach letzterem bezüglichen Umständen" (a. a. O. S. 69).

die ausgeliehenen Kapitalien von dieser Besteuerung ganz frei bleiben. Da könnte man nun freilich von den an Grundbesitzer und Gewerbetreibende gemachten Darlehen sagen, daß sie in dem Grundbesitze und Gewerbebetriebe des Schuldners besteuert würden, und daß der Staat sich an dies sichtbare Vermögen halten müsse und keinen Beruf habe der Verschuldung des Vermögens in alle Verzweigungen zu folgen, aber von den Darlehen an den gar nicht besteuerten Staat, an die verschiedenen kommunalen Verbände und die nach der wirklich vertheilten Dividende besteuerten Eisenbahngesellschaften läßt sich auch das nicht behaupten. Sie sind auch nicht einmal indirekt durch den Schuldner besteuert. Der Verfasser dieser gutachtlichen Aeußerung hat früher geglaubt durch Vervollständigung des Ertragssteuersystems mittels einer Kapitalrentensteuer nach süddeutschem Muster könne dieser sichtbaren Ungerechtigkeit am einfachsten abgeholfen werden, und im Jahre 1861 einen dahin gehenden Vorschlag veröffentlicht, aber ein genaueres Studium der Kommunalbesteuerung hat ihn überzeugt, daß die Reform doch auf einem anderen Wege angestrebt werden muß. Die Kommunalbesteuerung nämlich gewinnt zusehends eine früher ungekannte Bedeutung. Nicht nur die Organisation der Selbstverwaltung in Kreisen und Provinzen führt dazu, sondern noch viel mehr der Umstand, daß gerade diejenigen öffentlichen Bedürfnisse, welche durch die kommunalen Verbände erfüllt werden, sich mit immer größerer Dringlichkeit geltend machen, und daß von ihrer Erfüllung unsere Kulturfortschritte fast noch mehr abhängen, als von den Staatsausgaben. Wir denken dabei an die Verwendungen der Gemeinden für das Schulwesen, für eine gute Armenpflege im weitesten Sinne des Wortes, für Wege und Straßen, für Gesundheitspolizei u. s. w. Schon jetzt haben in vielen Städten die Kommunalsteuern eine die direkte Staatsbesteuerung überschreitende Höhe erreicht und zahlreiche andere Gemeinden befinden sich auf dem besten Wege zur Erhebung von ähnlichen Beträgen. Nun ist aber gerade für die kommunale Besteuerung eine stärkere Heranziehung des im Gemeindeverbande fixirten oder im Gewerbebetrieb thätigen Vermögens gegenüber dem blos aus Arbeitsleistungen erworbenen Einkommen dringend nothwendig. Denn außer den anderen Gründen, welche für eine Unterscheidung der Vermögensnutzungen und Arbeitsleistungen bei der Besteuerung sprechen, kommt hier in Betracht, daß ein großer Theil der kommunalen Verwendungen entweder dem im kommunalen Bezirk liegenden oder werbenden Vermögen vorzugsweise zu Gute kommt, oder durch dasselbe besonders verursacht wird. Für die Erhebung von Kommunalsteuern ist aber das bestehende System der Ertragssteuern ganz besonders ungeeignet. Der verschiedene Steuerfuß der Grundsteuer, der Steuer von bewohnten und gewerblichen Gebäuden und vor allem der Gewerbesteuer, sowie die unvollkommene Art der Einschätzung zu diesen Steuern bewirken, daß fast überall die entschiedenste Abneigung gegen bedeutende kommunale Zuschläge zur Grund-, Gebäude- und Gewerbesteuer besteht. Dieser Unbrauchbarkeit der Ertragssteuern für kommunale Zwecke wird durch eine Reform derselben schwerlich abgeholfen werden, es wird vielmehr nothwendig sein in den Gemeinden neben der Einkommensteuer eine eigene kommunale Steuer von allen im Gemeindebezirk liegenden oder gewerblich thätigen Vermögen zu erheben. Hat man so besondere Steuern sowohl für die persönlichen Beziehungen aller Einwohner wie für die realen des im Gemeindebezirk fixirten oder werbenden Vermögens zur Gemeinde, so vermeidet man eine Menge von Widersprüchen und Schwierigkeiten, die aus der Besteuerung der Forensen und juristischen Personen gegenwärtig entstehen und bekanntlich ein wahres Kreuz der gesetzgebenden und verwaltenden Behörden sind. Vor allem aber wäre dann in dem

Theile der direkten Besteuerung der Forderung nach einer besonderen Heranziehung der Vermögensnutzungen genügt, in welchem dieselbe am meisten vernachlässigt und doch am meisten berechtigt ist. Bewährt sich diese von uns befürwortete kommunale Vermögenssteuer und ist es möglich die kommunalen Verbände zur Bestreitung ihrer Bedürfnisse großentheils auf dieselbe anzuweisen, so wäre es u. E. am richtigsten, auf das unvollkommene Ertragsbesteuerungs-System auch für den Staat gänzlich zu verzichten, dagegen bei der Einkommensteuer, ungefähr so wie es der Gesetzentwurf von 1847 beabsichtigte, das gesammte fundirte Einkommen mit einem etwas höheren Steuerfuß heranzuziehen. Die kommunale Vermögenssteuer würde für eine solche besondere Veranlagung des fundirten Einkommens vortreffliche Unterlagen gewähren, wenn auch die Schätzung des steuerpflichtigen Vermögens für den Staat und die Gemeinde nicht zusammenfallen würden. Denn die Gemeinde würde auf das in ihrem Bezirk fixirte oder werbende Vermögen angewiesen sein, der Staat aber das ganze Vermögen des Steuerpflichtigen zur Besteuerung heranziehen. — Allerdings würde es schwerlich möglich sein durch eine solche höhere Besteuerung des fundirten Einkommens, selbst wenn dieselbe mit strengeren Veranlagungsformen der Einkommensteuer verbunden würde, den ganzen Ausfall der fünf Ertragssteuern zu decken. Nur ein günstiger Zustand der Staatsfinanzen, auf den wir ja aber doch für die nächsten Jahre zu rechnen Ursache haben, würde daher eine solche weitere Reform gestatten. — Man sieht, wir kommen im wesentlichen auf den viel besprochenen, von der Staatsregierung aber immer entschieden zurückgewiesenen[1]) Vorschlag einer Ueberweisung der Grund- und Gebäudesteuer an die Gemeinden hinaus. Nur möchten wir nicht auf überwiesene Quoten von an sich höchst mangelhaften, ver-

[1]) Vgl. oben S. 23, 25.

alteten Staatssteuern die Gemeinden anweisen, sondern auf ein selbstständiges, den eigenthümlichen Verhältnissen der kommunalen Verbände angepaßtes Steuersystem und andererseits dem Staat für die Einnahmeverluste, die er durch Aufgeben der Ertragssteuern erleidet, einen Ersatz in höherer Besteuerung des fundirten Einkommens gewähren."

Graf Wintzigerode (a. a. O. S. 65, 66):

„Eine Einkommensteuer, welche unter Anlehnung an die in Preußen bestehenden Gesetze sich die im Vorstehenden vorgeschlagenen Reformen aneignete, dürfte diejenigen Garantien einer nach heutigen Begriffen und nach unseren wirthschaftlichen Verhältnissen gerechten Steuervertheilung bieten, welche sie fähig macht, bei steigendem Bedürfnisse auch gesteigerte Erträge oder den Ersatz für solche Spezialsteuern zu liefern, welche als fehlerhaft oder als ein Hemmniß wirthschaftlichen Aufschwungs anerkannt sind. Daß beispielsweise die Grundsteuer in ihrer heutigen Höhe und als Unterlage für immer steigende Kommunalzuschläge als solches Hemmniß wirkt, ist von Wissenschaft und Praxis vielfach anerkannt worden. Von ihr darf unzweifelhaft gesagt werden, daß sie auf die landwirthschaftliche Produktion als Erhöhung der Herstellungskosten wirkt, dieselbe in der Konkurrenzfähigkeit gegenüber dem Auslande schwächt und manche Kräfte von ihr fern hält, welche sich minderbesteuerten Produktionszweigen zuwenden. Soweit durch Ueberweisung der Grundsteuer an die kommunalen Verbände oder durch ihre Ermäßigung Ausfälle in der Staatskasse entstehen, würde der Ersatz ohne Druck in Zuschlägen zu einer in Veranlagung und Erhebung verbesserten Einkommensteuer gefunden werden können."

Prof. Konst. Rößler (a. a. O. S. 89):

„Die Aufgabe der Einkommensteuer im preußischen Staatshaushalt würde speziell die sein, die Ueberlassung der Grund- und Gebäudesteuer an die Gemeinden zu ermöglichen, d. h. an den dreifachen Verband des

Orts, des Kreises und der Provinz. Man kann ohne Uebertreibung behaupten, daß aus dieser Maßregel der Segen in vollen Strömen fließen würde."

Wie man sieht, hatten die Verhandlungen über die Personalbesteuerung im Staate mit Nothwendigkeit auf die Erörterung der Kommunalsteuerfrage hingeführt, und man beschloß daher am 10. Oktober 1875 zugleich, nunmehr diese letztere Frage eingehend und besonders zu behandeln. Die über dieselbe zunächst eingezogenen 10 Gutachten — darunter 5 aus Preußen — (Bd. XII der Schriften des Vereins für Soz.-Pol. 302 S.) vom Stadtkämmerer Hoffmann-Königsberg i. Pr., E. Bruch-Breslau, Prof. E. Meier-Halle, A. Samter-Königsberg i. Pr. und Prof. Nasse-Bonn enthalten eine große Fülle, auch heut noch lehrreicher und anregender Gedanken und bildeten so eine vorzügliche Vorbereitung der Verhandlung, welche am 8. Oktober 1877 in Berlin, und zwar wie es seit Jahresfrist vereinbart war, in Gemeinschaft mit dem Volkswirthschaftlichen Kongreß abgehalten wurde.[1]) Der Referent Prof. A. Wagner, dessen Referat auch in erweiterter Form (Die Kommunalsteuerfrage. 1878) erschienen ist, gab von sozialpolitischen Grundgedanken ausgehend eine scharf prinzipiell gehaltene Darstellung seiner Anschauungen, welche er in ausführlichen Thesen (I. Allgemeine Grundsätze [zur Abstimmung], II. Hauptgrundsätze für die Ausführung der Kommunalbesteuerung, III. Skizze eines Programms zur Ausführung der Kommunalbesteuerung im Einzelnen, Verh. S. 22—26) zusammenfaßte. Er geht davon aus, daß Wesen und Aufgaben von Staat und Gemeinde zwar theilweise, aber auch nur theilweise zusammenfallen, und daß deshalb ein einfaches System von Zuschlägen zu den Staatssteuern ebenso unzulässig, als andererseits eine gute Ordnung der Gemeindesteuer ohne rationelle Ordnung der Staatssteuer unmöglich sei, weshalb auch letztere gleichzeitig der Reform bedürfe. Das Prinzip der Leistungsfähigkeit sei zwar auch in der Gemeinde vorwaltend,

[1]) Unter den 125 Theilnehmern waren 41 Mitglieder des volkswirthschaftl. Kongr. als stimmberechtigte Gäste. (v. Holtzendorff-Brentano's Jahrb. 1877 S. 791.) Vgl. über die Gutachten: Fr. J. Neumann. ebenda S. 133—152.

doch müsse daneben das Prinzip der Besteuerung nach Maßgabe des Interesses thunlichster Ausdehnung verwirklicht werden. Die Ausgaben seien nach ihren Zwecken — allgemeine und besondere, Einzelnen besonders zu Gute kommende — zu sondern, und zu ihrer Deckung die Steuern zum Theil nach der Leistungsfähigkeit (progressive Einkommensteuer mit höherer Besteuerung des fundirten Einkommens), zum Theil nach dem Interesse (durch Gebühren und Beiträge, Ertrags- und Vermögenssteuern, sowie Extrabesteuerung des Werthzuwachses bei Grund und Boden, durch Besitzwechselabgaben, Erbschaftssteuer und Baustellensteuer), nach näherer gesetzlicher Vorschrift heranzuziehen. Die indirekte Verbrauchsbesteuerung sei zulässig in Form von Zuschlägen zu den betreffenden Staatssteuern; auch zumal in größeren Städten nicht unbedingt verwerflich in Form altbestehender Steuern (Oktrois), dagegen als neu einzuführende Kommunalsteuer im Allgemeinen nicht räthlich; die kommunale Miethssteuer sei eine besonders schlechte Verbrauchssteuerreform, wo sie bestehe, müsse sie wenigstens progressiv sein. Von direkten Ertragssteuern empfehle sich in den Städten besonders jährlich zu veranlagende städtische Grund- und Gebäudesteuer, in Verbindung mit einer Baustellensteuer: aus dieser sei der Haupttheil der „wirthschaftlichen Ausgaben" (Wegewesen, Straßenreinigung, Be- und Entwässerung, Beleuchtung u. s. w.) zu decken.

Der Korreferent Oberbürgermeister Wegner-Duisburg, jetzt Barmen (Verh. S. 27—52) erkannte zwar, „soweit überwiegend theoretische Erwägungen Platz greifen", die in den Thesen des Referenten enthaltenen Forderungen „im großen Ganzen als berechtigte" an, beschränkte sich jedoch „aus vorwiegend praktischen Gründen" darauf, unter den obwaltenden Verhältnissen Zuschläge zu den Staatssteuern für empfehlenswerth zu erklären, wobei er jedoch als eine für die Kommunalsteuerreform unerläßliche Vorbedingung eine Reform der Einkommensteuer mit Deklarationszwang und Kontingentirung — um die hierdurch bei steigendem Erträgniß von der Staatsbesteuerung frei werdenden Beträge der Kommunalsteuer um so ergiebiger unterwerfen zu können — forderte.

Die in der Debatte laut werdenden Ansichten gingen einerseits in prinzipieller Hinsicht (Wagner — Braun), dann auch in Bezug auf das zur Zeit Wünschenswerthe und Erreichbare (Wegner, Seyffardt — Held, Nasse) nicht unerheblich auseinander; doch wurden die Seyffardt'schen Thesen, welche das entscheidende Gewicht auf Zuschläge zur Klassen- und Einkommensteuer gelegt haben wollten,[1]) abgelehnt und die von A. Held vorgeschlagenen Resolutionen mit Ausnahme nur eines — abgelehnten — Satzes, welcher indirekte Verbrauchssteuern in großen Städten an Stelle der Personalsteuern für zulässig erklärte, in folgender Fassung angenommen:

I. Es ist durch Staatsgesetz und zwar mit Rücksicht auf gleichzeitig nothwendige Staatssteuerreformen zu bestimmen, welche Arten von Abgaben in den verschiedenen Gemeinden erhoben werden dürfen.

II. In Städten und Landgemeinden sollen hauptsächlich erhoben werden:

1. besondere Beiträge von nachweislichen Interessenten;
2. Realsteuern, namentlich von Grund und Boden und Gebäuden,
3. Personalsteuern von allen in der Kommune lebenden, ökonomisch selbständigen physischen Personen.

III. Das Staatsgesetz soll das Verhältniß, in welchem diese verschiedenen Hauptausgabearten benutzt werden dürfen, mit Rücksicht auf die Hauptzweige der kommunalen Verwaltung und die betreffenden Kommunal-Ausgabeposten feststellen, so daß der Ertrag der Realsteuern die Ausgaben der Kommunen für wirthschaftliche Verwaltung ungefähr deckt.

---

[1]) Seyffardt führte (Verhandl. S. 81. 82) als Gründe gegen die Zuschläge zu den staatlichen Realsteuern besonders folgende an: Die Gewerbesteuer sei eine absolut schlechte Steuer, da sie die kleinen Gewerbetreibenden im Verhältniß zu den größeren ganz übermäßig belaste (vgl. hierzu E. Meier in s. Gutachten S. 96); die Grundsteuer eigne sich wegen der in der That schlechten Lage der durch auswärtige Konkurrenz schwer getroffenen und durch Schutzzölle nicht zu schützenden Landwirthschaft nicht zu Zuschlägen und die Gebäudesteuer ebenfalls nicht, da die Zuschläge auf die Miether überwälzt würden.

IV. Beiträge und Realsteuern sollen unabhängig von ähnlichen Staatssteuern, Kommunal-Personal-, insbesondere Einkommensteuern im Anschluß an die entsprechenden Staatssteuern eingeschätzt werden.

Held selbst sieht die positive Bedeutung dieser Thesen „vor Allem darin, daß nach denselben die Gemeinde, weder einfach als ein Organ der Staatsregierung, noch ausschließlich (nach Analogie der früheren Ansichten der älteren Freihandelsschule) als Wirthschaftsgemeinschaft betrachtet wird. Vielmehr erscheint nach den Resolutionen die Gemeinde, entsprechend den vom Referenten und den meisten Rednern entwickelten Ansichten, als eine Gemeinschaft, welche qualitativ dieselben Aufgaben hat wie der Staat, in der aber die wirthschaftlichen Zwecke quantitativ von größerer Bedeutung sind, so daß bei der Besteuerung das Prinzip von Leistung und Gegenleistung nicht zu ausschließlicher, wohl aber zu größerer Anwendung gelangen muß als im Staat. Aus dieser Anschauung allein erklärt sich das Postulat, daß neben der Personalsteuer in den Kommunen Beiträge Einzelner und Realsteuern und zwar ohne Anschluß an ähnliche Staatssteuern erhoben werden sollen;" und „indem Dr. Braun den angenommenen Thesen zustimmte, bewies er, daß auch er und seine Gesinnungsgenossen auf dem Boden der Thatsachen und der praktischen Reform keineswegs schroff an dem alten exklusiven Prinzip von Leistung und Gegenleistung festhalten." (Held in v. Holtzendorff-Brentano. Jahrbuch. 1877. S. 153, 154, 155.)

Die Unterschiede zwischen den Wagner'schen Thesen und den seinigen erläutert Held (Verh. S. 87—90) dahin, daß er die Progression der Einkommensteuer weggelassen habe, weil ihre Forderung ohne Erörterung des Maßes derselben nicht wohl angehe; die Vermögenssteuer habe er nicht erwähnt, weil sie zunächst vom Staat als Ergänzung seiner Einkommensteuer auszubilden sei, außerdem in den Gemeinden in dem gleichzeitigen Bestehen kommunaler Ertragssteuern gewisse Schwierigkeiten liegen und nicht wohl Beides einfach nebeneinander bestehen könne; endlich fehle die Extrabesteuerung des unverdienten Gewinnes, weil eine solche eventuell nicht nur für Grundstücke, sondern allgemein eingeführt werden müsse und dies nicht angängig sei.

A. Wagner wies (Verh. S. 100) in Bezug auf den letzten Punkt auf die ganz besondere Stellung des städtischen Grund und Bodens hin, welche eine besondere Besteuerung des Werthzuwachses desselben sehr wohl rechtfertige, und gab sowohl hinsichtlich dieses Punktes als in Betreff der übrigen Abschwächungen der prinzipiellen Ausprägung seiner Thesen eine ausführlichere Erwiderung in seiner oben (S. 40) erwähnten Schrift: Die Kommunalsteuerfrage. S. 39, 40, 42, 43, 62 flg.

Die in den Gutachten von 1873 so scharf hervorgehobene Frage der Ueberweisung der Realsteuern an die Gemeinden war trotz ihres engen Zusammenhanges[1]) mit der jetzt aufgestellten Forderung besonderer Gemeinde-Realsteuern von den erklärten Anhängern der Ueberweisung, wie Prof. Nasse, wohl

[1]) E. Meier, S. 85: „selbst dann, wenn die Grundsteuer theoretisch in viel erheblicherem Maße, als das wirklich der Fall ist, die richtige Kommunalsteuer wäre, so könnte doch von einer vorzugsweisen Heranziehung des Grundbesitzes zu den Kommunallasten so lange nicht die Rede sein, als derselbe zu den Staatslasten gleichfalls vorzugsweise herangezogen wird"; und 86: „Jedenfalls ist doch so viel vollkommen klar, daß es nicht angeht, die Grundsteuer als ideale Kommunalsteuer zu postuliren, ohne die mindeste Rücksicht darauf zu nehmen, daß dieselbe, und zwar in sehr bedeutender Höhe, vom Staate bereits in Beschlag genommen ist. Wenn es also schon als ein Unrecht bezeichnet werden muß, daß zu den allgemeinen Staatslasten der Kapitalist blos 3 Prozent Einkommensteuer, der Grundbesitzer aber außer den 3 Prozent Einkommensteuer noch 10 Prozent Grundsteuer zu entrichten hat, und wenn dies Unrecht noch dadurch gesteigert wird, daß bei der Einkommensteuer nur das schuldenfreie, bei der Grundsteuer aber das mit Schulden belastete Einkommen besteuert wird, so würden sich doch diese Ungerechtigkeiten noch ins Unendliche steigern, wenn nun auch bei der Kommunalbesteuerung der Grundbesitz in erster Linie herangezogen werden sollte .... Man muß eben von vornherein davon Abstand nehmen, ein Kommunalsteuersystem rein auf prinzipiellen Grundlagen — und wären dieselben noch so unanfechtbar — aufzubauen, wenn daneben ein staatliches Steuersystem besteht, welches ohne rationelle Ueberlegung rein historisch sich gebildet hat. So lange man also nicht gewillt ist, das bestehende staatliche Steuersystem im Sinne einer Ueberlassung der Grund- und Gebäudesteuer an die Kommunen von Grund aus zu reformiren, kann von der Grundsteuer als spezifischer Kommunalsteuer keine Rede sein." Vgl. S. 96—98 und Verhandlungen von 1877. (S. 42 Wegner und S. 81, 82 Seyffardt.)

nicht wieder aufgenommen, weil sie bei der ablehnenden Haltung der Staatsregierung ihre Lösung zur Zeit für ausgeschlossen hielten. Vielleicht war auch die inzwischen stärker gewordene agrarische Agitation hierauf nicht ohne Einfluß, welche die Beseitigung der Doppelbesteuerung des Grundbesitzes auf ihre Fahnen geschrieben hatte (S. 32). Der Korreferent legte auf diese Ueberweisung, welche er übrigens auch für unwahrscheinlich hielt, weil der Staat für die aufzugebenden Summen bis jetzt wenigstens keine Deckung habe, kein besonderes Gewicht, da dieselbe — wenigstens für die rheinischen Städte — in keiner Weise wesentlich entlastend wirken, im Großen und Ganzen vielmehr nur etwa ausreichen würde, um die jährlichen Provinzialumlagen zu decken. (Verh. S. 36, 37.)

Unter den Gutachtern hatten sich mehrere gegen die Ueberweisung der staatlichen Realsteuern an die Gemeinden ausgesprochen, so Bruch (S. 50, 51: „ich bin der Ansicht, daß der Staat darauf nicht eingehen kann und darf. Einmal giebt es glücklicher Weise noch einige Kommunen, die mit diesem Geschenke nichts anzufangen wissen würden . . . . Dann wird der Staat schwerlich geneigt sein, die Einschätzung und Fortschreibung lediglich kommunalsteuerpflichtiger Steuerobjekte in der bisherigen Weise fortzuführen — eine einheitlich, nach großen Grundsätzen durchgeführte Besteuerung des Grund und Bodens des gesammten Staates ist die wesentlichste Grundlage jeder staatlichen Steuerpolitik . . . .") und E. Meier (S. 85, 86: „die staatliche Grundsteuer ist einfach historisch zu erklären. Niemand würde auf den Einfall kommen, sie heutzutage neu aufzulegen; sie stammt eben aus einer Zeit, wo das Nationalvermögen wesentlich im Grundeigenthum aufging, alles Einkommen in der Hauptsache dieser Quelle entsprang; sie ist im Grunde ein mittelalterlicher Anachronismus. Die Grundsteuer als historische Größe soll respektirt werden; ich meinerseits vermag mich den auf Abschaffung derselben gerichteten Bestrebungen selbst dann nicht anzuschließen, wenn sie ohne jeden agitatorischen Beigeschmack nur von der wissenschaftlichen Tendenz nach Abschaffung der sog. Ertragsteuern getragen werden. Ein derartiger Schritt wäre einfach zu radikal.

Das ist gewiß in der That ein erheblicher, aber in der That auch der einzige Grund. Dagegen vermögen die aus der angeblichen Natur der Grundsteuer als Reallast hergenommenen Erwägungen ebensowenig etwas zu beweisen, wie die aus demselben Arsenal gegen die Aufhebung der Grundsteuerbefreiung entlehnten Argumente etwas Ueberzeugendes hatten"). Auch Samter meint, daß die Grundsteuer viel zu sehr mit dem allgemeinen Staatsinteresse verknüpft sei, als daß der Staat auf dieselbe verzichten könne, wenn er auch eine theilweise Ueberweisung derselben sowie der Gebäudesteuer — event. auch eine völlige Ueberweisung der letzteren — im Interesse der Entwickelung der Gemeinde-Realsteuern für zweckmäßig erklärt (S. 261, 267), und v. Reitzenstein fürchtet, daß ein „größeres Resultat" der Kommunalsteuerreform durch eine gleichzeitige Umgestaltung des Staatssteuersystems — Ersatz der staatlichen Ertragssteuern durch eine Vermögenssteuer — und theilweise Ueberweisung der Grundsteuer an die Gemeinden „zur Zeit kaum im Bereich der Ausführbarkeit zu liegen scheine." (S. 174, 176.)

Aus dem übrigen Inhalt der Gutachten und Verhandlungen mögen hier nur folgende Punkte herausgehoben werden:

1. Gegen die Zulassung neuer Miethssteuern erklären sich Bruch (S. 46), E. Meier (S. 89), ebenso wie auf dem Kongreß Ad. Wagner (S. 20), Wegner (S. 30) und Seyffardt (S. 80, 81).
2. Gegen Schlachtsteuern und Oktrois sprach sich auf dem Kongreß besonders Nasse (S. 97, 98) aus, der „die jetzt um sich greifende Bewunderung der französischen Art indirekter Besteuerung nicht theilen" kann, während Gensel und Held (Verh. S. 75, 76) Konsumsteuern in großen Städten zulassen wollen. Unter den Gutachtern tritt Bruch (S. 40—44) für die Schlachtsteuer und Biersteuer ein, und Zürn-Würzburg rühmt lebhaft den Segen der kommunalen Verzehrungssteuern in Bayern (S. 200—206).
3. Die Nothwendigkeit der Ausbildung eines ausgiebigen Systems von Gebühren, Beiträgen und Vorausbelastungen zur thunlichsten Verwirklichung des Grund-

satzes von Leistung und Gegenleistung wird allgemein anerkannt, besonders eingehend von Bruch (S. 18—40) und v. Reitzenstein (S. 167—173) — vgl. Hoffmann (S. 3—6) —, wenn auch manche, wie E. Meier (S. 84), aus einer konsequenten Anwendung des Gebührensystems die größten Unbequemlichkeiten fürchten, und andere, wie Wegner (Verh. S. 40) und Seyffardt (S. 80) an die Möglichkeit einer erheblichen Ausdehnung solcher Gebühren u. s. w. über das bisherige Maß nicht glauben.

4. Ueber die Nothwendigkeit und die Gestaltung besonderer kommunaler Realsteuern verbreiten sich von den Gutachtern am eingehendsten Bruch S. 46—50 und besonders Nasse S. 269—302, welcher S. 275—279 die Untauglichkeit der bestehenden preußischen Ertragssteuern zur Auflegung rationeller Gemeindezuschläge im einzelnen erörtert.

5. Die Einkommenbesteuerung der Forensen, juristischer Personen u. s. w. wird besonders von Nasse (Verh. S. 94 flg.) bekämpft und ihre Heranziehung lediglich zu den entsprechend auszubildenden Realsteuern gefordert, wogegen beide Referenten diese Einkommenbesteuerung an sich für zulässig halten. Seyffardt (S. 84) giebt zu, daß die letztere auf die Dauer wohl nicht haltbar sei und in eine Ertragsbesteuerung verwandelt werden müsse.

Ueberblickt man die Gesammtheit der Beschlüsse des Vereins für Sozialpolitik in Steuersachen, so ist unverkennbar, daß die 1877 in der Kommunalsteuerfrage gefaßten Beschlüsse ein zunächst unrealisirbares Ideal aufstellen, insofern besondere, von ähnlichen Staatssteuern unabhängige Realsteuern (IV) verlangt werden, während doch Alle, Freunde wie Gegner der vorzugsweisen Realbesteuerung (Nasse, Meier, Seyffardt) darin übereinstimmen, daß die bestehenden staatlichen Realsteuern der Ausbildung besonderer Gemeinde-Realsteuern durchaus hindernd im Wege stehen. Ebenso klar ist, daß an die in II, 3 geforderte Beseitigung der Einkommenbesteuerung der juristischen Personen jedenfalls nicht vor genügender Ausbildung dieser Realsteuern gedacht werden könnte.

Die Verwirklichung dieses Ideales kann hiernach erst dann

erfolgen, wenn den Gemeinden hinsichtlich der Realsteuerquellen freie Verfügung gegeben ist, d. h. wenn der Staat auf seine Realsteuern verzichtet.

Die Erfüllung der Thesen von 1875 (oben S. 34) ist hiernach Voraussetzung der Verwirklichung der 1877 aufgestellten Forderungen, wenngleich dieser Zusammenhang bei den letzteren kaum oder doch nur verschleiert zum Ausdruck gebracht ist¹). Das Unklare und Unbefriedigende in der Gesammtlage der Steuerfragen konnte aber kaum schärfer als gerade hierdurch vor Augen gestellt werden.

Fast gleichzeitig mit den Verhandlungen des Vereins für Sozialpoltik erschienen zwei Schriften, die hier noch kurz zu berühren sind: R. Friedberg, Die Besteuerung der Gemeinden. Berlin 1877, und L. v. Bilinski (Lemberg), Die Gemeindebesteuerung und deren Reform. Leipzig 1878.

Auch Friedberg will in der Gemeinde neben der — prinzipalen — Besteuerung nach der Leistungsfähigkeit (durch progressive Einkommensteuer) eine Besteuerung nach dem Interesse, vor Allem eine besondere Besteuerung des Grundbesitzes im Verhältnisse der ihm durch die wirthschaftlichen Gemeindeleistungen gewordenen Ertrags- und Wertherhöhung (S. 10—17) und zwar durch eine besondere städtische Haus- und Grundsteuer, welche namentlich auch die Baustellen zu erfassen hätte (S. 86—93). Eine besondere Steuer vom Konjunkturgewinn für Grundstücke scheint ihm alsdann ungerechtfertigt (S. 15), ein Antheil an der Immobiliar-Besitzwechsel-Steuer aber angemessen (S. 77). Er verwirft in ausführlicher Polemik gegen Faucher und Gneist die Richssteuer (S. 22, 44, 56, 65), spricht sich aber für Zulassung indirekter Steuern aus (S. 85). Der „von Schriftstellern der Freihandelsschule" gemachte Vorschlag einer Ueberweisung der Grund- und Gebäudesteuern an die Ge-

¹) Wie A. Wagner in seinen ausführlicheren und mehr prinzipiell gehaltenen Thesen diesen Zusammenhang zwischen Staats- und Kommunalsteuersystem nur im Allgemeinen betont hatte, so enthalten auch die Resolutionen unter I nur einen sehr unbestimmten Hinweis auf „gleichzeitig nothwendige Staatssteuerreformen".

meinden wird von ihm bekämpft, weil sie ein Glied der gesammten staatlichen Ertragssteuern seien und sich auch ihrer Veranlagung nach für die Gemeinde nicht eigneten (S. 87, 88).

Zu anderen Ergebnissen gelangt die erst nach Veröffentlichung der 10 Gutachten erschienene Schrift v. Bilinski's. Zwar will auch er ein System, welches aus einer für Großstädte, Mittelstädte und Landgemeinden verschieden abgestuften Kombination von Personal- und Realsteuern besteht, auch denkt er sich die Realsteuer als eine besondere städtische Grund- und Gebäudesteuer (S. 253 bis 274), dagegen vermag er an die gerechte Durchführung einer Einkommenbesteuerung nicht zu glauben und empfiehlt als Personalsteuer für Groß- und Mittelstädte eine progressive Miethssteuer (S. 275—313) nebst Luxussteuern für Großstädte, dagegen für Landgemeinden eine klassifizirte Kopfsteuer. Die Ueberlassung der staatlichen Realsteuern an die Gemeinden verwirft er schon deshalb, weil der Staat sie nicht entbehren könne (S. 247).

Es wird nunmehr von Interesse sein, die Gesetzentwürfe von 1877—1879 darauf hin zu prüfen, inwieweit sie Gedanken aus diesen wissenschaftlichen Erörterungen in sich aufgenommen haben.

4. Vergebliche Versuche einer Kommunalsteuerreform ohne gleichzeitige Reform der direkten Staatssteuern. 1876 — 1880.

Die in den Verhandlungen des Vereins für Sozialpolitik von 1877 mehrfach geäußerten Befürchtungen, daß der Staat schwerlich in der Lage sein werde, den Gemeinden die Grund- und Gebäudesteuer ganz oder theilweise zu überweisen, erwiesen sich für die nächste Zeit als nur zu begründet.

Nachdem die staatliche Einkommensteuer erst 1873 und 1875 eine neue Gestalt erhalten hatte, war an eine erhebliche und einträgliche Reform derselben, obwohl sie wiederholt und dringlich genug gefordert wurde (vgl. z. B. S. 31, 34), um so weniger zu denken, als die Steuerideale des Fürsten Bismarck nach einer andern Seite hin lagen. Wie er bereits am 21. Mai 1869 bei Gelegenheit der Reichstagsverhandlung über die Besteuerung der Schlußscheine als „das natürliche Ziel" hinstellte, die „Steuern so einzurichten, daß dieselbe Summe mit dem geringsten Druck für die Steuerpflichtigen aufgebracht wird" und dazu weiter bemerkt: „es sind im Ganzen, wenigstens für die unvermögenden Klassen, nicht die direkten" und „die gegebene Grundlage einer Steuer in den heutigen civilisirten Staaten sind m. E. diejenigen Genüsse, die massenhaft genug verbraucht werden, um einen finanziellen Ertrag zu geben, der sich über den Ertrag der sogenannten Luxussteuern erhebt", und dann Bier, Branntwein, Wein, Tabak, Thee, Kaffee als solche Gegenstände bezeichnete, so kam er auch in seinem langjährigen, erst 1879 erfolgreichen Kampf für die ergiebige Ausgestaltung der indirekten Steuern[1]) immer wieder auf diese Gedanken zurück, und während Manche sogar die Reichsbedürfnisse zum Theil durch eine Reichseinkommensteuer oder Reichsgewerbesteuer — vgl. Hirth's Annalen, 1874, S. 987 flg. und 1875, S. 115 bis 145 — decken wollten, erschien ihm die Einkommensteuer für die kleineren Einkommen unter 3000 Mk. ganz verwerflich und nur für die höheren, namentlich die fundirten Einkommen als Anstandssteuer angemessen, so daß er ihren Ertrag im Ganzen verringert sehen wollte. (Reichstagsrede vom 2. Mai 1879.)

Offenbar konnte hiernach nur die Weiterentwicklung der indirekten Reichssteuern und Zölle die Möglichkeit bieten, die Grund- und Gebäudesteuer den Gemeinden zu überweisen, und in der That bezeichnete Fürst Bismarck selbst in der ebenerwähnten Rede vom 2. Mai 1879[2]) auch als eines der Ziele der durch Erhöhung der indirekten Steuern herbeizuführenden Steuerreform: behufs Beseitigung der bestehenden Überlastung des Grundbesitzes die 60 Millionen Grund- und Gebäudesteuer „der Provinz, dem Kreise und der Gemeinde zu überweisen und diese dadurch von der Nothwendigkeit zu entbinden,

---

[1]) Vgl. besonders die Reden vom 22. Nov. 1875 (Gesetzentw. betr. Erhöhung der Brausteuer), 10. März 1877 (bei der Berathung des Reichshaushaltsetats) und 22. Febr. 1878 (Gesetzentwurf wegen höherer Besteuerung des Tabaks).

[2]) Bereits am 2. Novbr. 1877 hatte der Abg. Frhr. v. Zedlitz die Erhöhung der indirekten Steuern behufs Ueberweisung eines Theiles der Grund- und Gebäudesteuer Namens der Freikonservativen für erforderlich erklärt.

in der sie sich befinden, gerade zu dieser Steuer und anderen ähnlichen Zuschläge zu zahlen, die in einzelnen Gemeinden mehrere hundert Prozent betragen."

Der weiteren Entwicklung dieser Gedanken und den Versuchen ihrer Verwirklichung werden wir unten noch wieder begegnen; hier war nur auf die Sachlage hinzuweisen, wie sie sich gestaltet hatte, als man 1877 den ersten Versuch einer Kommunalsteuerreform machte: die Gewinnung genügender Mittel zur Überweisung von Grund- und Gebäudesteuer aus den noch nicht bewilligten indirekten Reichssteuern und Zöllen war äußerst zweifelhaft; die vom Fürsten Bismarck angestrebte Beseitigung der Staatsklassensteuer begegnete starkem und fast allseitigem Widerstande, und eine Einigung über die Reform der gesammten direkten Staatssteuern schien schon deshalb in weiter Ferne zu liegen; in Folge dessen erhielt auch die Ueberweisung von Grund- und Gebäudesteuer ein ganz anderes Gesicht, als früher. Indem sie nämlich nicht mehr als Theil einer gleichzeitigen organischen Reform der gesammten direkten Staatssteuern, sondern wesentlich nur als ein Mittel zur Erleichterung der überbürdeten Grundbesitzer und Kommunalverbände erschien, erhoben sich gewichtige Bedenken, welche von Herrfurth (Beiträge zur Finanzstatistik, in der Zeitschr. des Königl. Preuß. Stat. Bureaus. Ergänzungsheft VI. 1879, S. 135—140) eingehend dargelegt sind. Abgesehen davon, daß seiner Meinung nach „auch aus allgemeinen finanzpolitischen Gründen der Staat auf die feste und sichere Einnahme der Gebäude- und Grundsteuer, von welcher ein Theil bereits faktisch zur Reallast geworden ist und Steuer zu sein aufgehört hat, nicht vollständig wird verzichten können", erscheint ihm vom Standpunkt einer gerechten Vertheilung aus die einfache Ueberweisung nicht angemessen, da sie den reichen Gemeinden viel und den armen wenig gebe und so den eigentlich überbürdeten Gemeinden gar nicht abhelfe. Wolle man aber etwa prinzipiell das Gemeindesteuerwesen lediglich auf die Realsteuern gründen — wie wohl vorgeschlagen sei — und damit die Ueberweisung dieser staatlichen Steuern rechtfertigen, so sei dem gegenüber darauf hinzuweisen, daß in allen schwer belasteten Gemeinden eine ausschließliche Heranziehung der Realsteuern völlig undurchführbar sei, da sie zu einer geradezu unerträglichen Belastung des Grundbesitzes führen würde.[1]) Es bleibe also immer eine angemessene Kombinirung von Personal- und Realsteuern unentbehrlich, und diese sei auch ohne die bedenkliche Maßregel der Ueberweisung von Grund- und Gebäudesteuern an die einzelnen Gemeinden durchführbar. Am wenigsten bedenklich würde die Ueberweisung von Quoten der Realsteuern an die Provinzen sein, da alsdann die Ungleichheiten mehr ausgeglichen und weniger groß sein würden; auch würde hiedurch und durch gleichzeitige Feststellung von Verwendungszwecken — insbesondere für das einen Hauptgrund der Ueberlastung bildende Volksschulwesen — sowie von Hülfsfonds zur Gewährung von Bedürfnißzuschüssen den überbürdeten Gemeinden vielleicht am sichersten abzuhelfen sein.

Auch der Vorschlag des Abg. Richter (Verhandl. d. Abg.-H. vom 14. Novbr. und 7. Dezbr. 1877), den Mehrertrag der Gebäudesteuer in Folge der für 1880 bevorstehenden Neueinschätzung den Gemeinden zu überweisen[2]), sowie die geplante Aufhebung bezw. Ermäßigung der untern Stufen der Klassensteuer wird von Herrfurth a. a. O. S. 139 als geeignet bezeichnet, um für die Gemeinde einerseits die stärkere Heranziehung des Realbesitzes und andererseits die ausgiebigere Ausnutzung der Personalsteuern zu ermöglichen.

Daneben empfiehlt er Wiedereinführung indirekter Steuern, weitere Ausbildung des Systems der Gebühren, besondere Abgaben und Beiträge und die gesetzliche Reform der Bestimmungen über Besteuerung der Forensen und juristischen Personen, durch welche vielen Gemeinden neue Steuerquellen erschlossen werden könnten.

---

1) Nach S. 137, 138 belaufen sich die Kommunalsteuern (mit Einschluß der Schulsteuern) bei der Hälfte der 170 größeren Gemeinden auf mehr als 700 % der Grund- und Gebäudesteuer, nur bei dem vierten Theil auf weniger als 500 %, bei dem fünften Theil dagegen auf mehr als 1000 %.

2) Der Vorschlag knüpft in gewissem Sinn an den im Komissionsbericht vom 1865 (oben S. 15) enthaltenen Gedanken an.

Auf diesen Grundlagen beruhen auch die Gesetzentwürfe betreffend die Aufbringung der Gemeindeabgaben, welche in den Jahren 1877, 1878 und 1879 von der Kgl. Staatsregierung, deren Mitglieder gerade in diesen Jahren einem starken Wechsel unterworfen waren[1]), im Hause der Abgeordneten eingebracht wurden.

Der Entwurf von 1877, welcher in den Motiven als eine unter Benutzung der in den Verhandlungen des Vereins für Sozialpolitik und in wissenschaftlichen und anderen Schriften und Gutachten niedergelegten Kritiken des Entwurfes von 1876 (oben S. 26) in zahlreichen Einzelnheiten verbesserte Umarbeitung des letzteren bezeichnet wurde, veranlaßte im Abgeordneten-Hause am 4., 6. und 9. Dezember 1877 (Verh. S. 694 flg.) eine eingehende Generaldebatte. Von verschiedenen Seiten (Nasse S. 759, Miquel S. 767) wurden die Detailbestimmungen über Forensen, Vermeidung der Doppelbesteuerung und anderes durchaus beifällig beurtheilt, dagegen die Gesammtheit des Entwurfes, welcher die Kommunalsteuern eng an das Staatssteuersystem anschloß, für unannehmbar erklärt.

Gneist und Sombart bezeichnen die Realsteuern als die natürlichen Gemeindesteuern,[2]) und als Geh. Rath Herrfurth hervorhebt, daß auch nach dem Entwurf die Entwickelung besonderer Realsteuern durchaus zulässig sei, erwidert Nasse (S. 761), daß

---

[1]) Die Gesetzentwürfe wurden von folgenden Ministern eingebracht: 1877: Camphausen und Friedenthal (im Allerhöchsten Auftrage für den Minister des Innern); 1878: Graf zu Eulenburg und Hobrecht; 1879: Graf zu Eulenburg und Bitter. An den Kommissionsberathungen nahmen nur Ministerialkommissarien Theil, u. a. 1877 und 1879 Generalsteuerdirektor Burghart, und in allen Jahren Geh. R. Herrfurth für das Min. d. Innern.

[2]) Auch bei Berathung des S. 52 A. 2 erwähnten Antrages Richter am 14. Novbr. 1877 hatte der Abg. Miquel den Grundbesitz wiederum das Objekt genannt, „von welchem alle Welt anerkennt, daß es sich vorzugsweise zu Kommunalsteuerzwecken eignet"; ebenso bezeichnete er später, am 8. Novbr. 1879, „die Heranziehung des mit der Kommune unzertrennlich auf Gedeih und Verderb verbundenen, durch fast alle Maßregeln der Kommune in seinem Werth vermehrten oder verminderten Grundbesitzes" als die natürlichste Steuer innerhalb der Kommune. (Verh. S. 80.)

diese bloße Zulassung nicht genüge, denn thatsächlich schließe die Belastung durch die staatlichen Realsteuern jede Möglichkeit solcher Entwickelung aus. Gneist (S. 697—703) entwickelt insbesondere die Idee, diese kommunalen Realsteuern dadurch zu fördern und zugleich die Frage der Ueberweisung der staatlichen Realsteuern dadurch zu lösen, daß man — gewissermaßen als Prämie — Anrechnung dieser städtischen Realsteuern auf die zu zahlenden staatlichen Grund- und Gebäudesteuern statuire. Die Realsteuer gebühre den Kommunalverbänden, die Einkommensteuer dem Staate, die Zölle und großen Verbrauchssteuern dem Reich![1]) Richter (S. 762) ist zwar einverstanden damit, daß mehr als bisher der Kommunalhaushalt auf die Realsteuern gestützt würde, hält aber die Ueberweisung der Grund- und Gebäudesteuern für ganz verkehrt, weil sie den belasteten Städten wenig nütze.

Die Kommission (Dr. Braun, Vorsitzender, Dr. Meyer-Breslau, Berichterstatter), welcher der Entwurf überwiesen wurde, arbeitete zwar einen sehr eingehenden Bericht aus, doch kam derselbe nicht mehr zur Verhandlung.

Der Entwurf von 1878, im Wesentlichen eine Wiederholung des Entwurfes von 1877 — unter Aufnahme von gewissen Seitens der Kommission gewünschten Aenderungen — veranlaßte am 10. Dezember 1878 nur eine kurze Generaldebatte, aus welcher eine, seine veränderte Stellung zur Sache (vgl. oben S. 4) charakterisirende Aeußerung des Abg. Dr. Meyer (Verh. S. 268, 269):

„Ich kann den Herren, welche es sich zur Aufgabe gemacht haben, die Realsteuern als einzig richtige Kommunalsteuer zu empfehlen, zugeben: Ja, eine Realsteuer müßte es sein; aber nicht unsere Realsteuer, nicht unsere Grund- und Gebäudesteuer, die ist viel zu schwach, eine solche Last zu tragen. Es ist mit dieser Grund- und Gebäudesteuer ein eigenes Ding, wir können sie nicht mehr abschaffen, wir können sie nicht mehr wesentlich revidiren, denn sie ist viel zu tief verwachsen mit allen unsern

---

[1]) Die Rede ist auch besonders erschienen unter dem Titel: R. Gneist, Zur Steuerreform in Preußen. 1878. Zustimmend L. Brentano in Holtzendorff-Brentano's Jahrbuch. 1878. Jahrg. II, S. 248. — Vgl. oben S. 20.

bürgerlichen Verhältnissen, wir können sie auch nicht den Kommunen übertragen, der Staat muß sie in der Hand behalten, wir können darum eine Realsteuer nach englischer Art bei uns nicht einführen, (aber) den wachsenden Baustellenwerth in einer richtigen und angemessenen Steuer zu treffen, halte ich für eine der schwierigsten, aber würdigsten Aufgaben der städtischen Finanzpolitik,"

und eine Ausführung des Abgeordneten Miquel hervorzuheben ist (S. 270, 271), in welcher er den Zusammenhang der Frage der Ueberweisung der Realsteuern mit der Kommunalsteuerfrage festhält,[1]) die vorgeschlagene Beschränkung der Gemeinde-Autonomie bekämpft und eine Beschränkung des Gesetzes auf die Spezialpunkte (juristische Personen, Fiskus, Forensen) empfiehlt.

Die Kommission, welcher der Bericht überwiesen wurde, und welche dieselben Personen zum Vorsitzenden und Berichterstatter wählte, beschränkte sich auf die Behandlung der streitig gebliebenen oder neu hervorgetretenen Fragen. Der Bericht (vom 9. Jan. 1879 Nr. 100) bezeichnet sich selbst gewissermaßen als Supplement zum vorjährigen: „hinsichtlich der großen Prinzipienfragen aber, welche streitig geblieben seien, müsse die Entscheidung des Plenums abgewartet werden" — zu den letzteren gehörte namentlich die Wiedereinführung von Schlachtsteuer und Oktrois, (§ 7) und die Besteuerung der Dienstwohnungen, sowie die Steuerpflicht der Beamten. (§§ 10. 14.) — Die Entscheidung blieb aber auch dieses Mal aus.

Der Entwurf von 1879, welchem „vollständig umgearbeitete" Motive beigegeben waren, um die in zwei Regierungsvorlagen und zwei Kommissionsberichten zerstreuten Materialien zusammen zu fassen und die schon erledigten Punkte (Steuerpflicht des Fiskus — vgl. S. 84—88 u. a. —) auszuscheiden, gelangte am 14. Novbr. 1879 zur ersten Lesung (Verh. d. H. d. Abg. S. 174—197), in

[1] Auch der Abg. Löwe bemerkt: „Ich neige mich auch dem Standpunkte zu, daß die Kommunalsteuern mehr auf den Realbesitz gelegt werden sollten." (S. 254.)

welcher neben warmer Empfehlung des Gesetzes von verschiedenen Seiten, andererseits (u. A. v. Huene) auch wiederum Beschränkung auf die Regelung der dringlichen Punkte (juristische Personen, Gesellschaften u. s. w) empfohlen wurde.

Die Kommission (Vorsitzender: Schmidt-Sagan, Berichterstatter: Dr. Meyer-Breslau) beschränkte sich auch dieses Mal auf die Abänderung von Einzelnheiten, namentlich von denjenigen, bezüglich welcher noch keine Einigung mit der Staatsregierung erfolgt war, (Schlachtsteuer und Dienstwohnungen).

Auch dieses Mal kam der Bericht (vom 8. Jan. 1880) nicht zur Berathung im Plenum. Die Gründe, welche einer ernstlichen und abschließenden Behandlung entgegenstanden, lagen zum Theil — wie bereits angedeutet (vgl. oben S. 53 flg.) — darin, daß man in weiten Kreisen in den Entwürfen nur eine Uniformirung, aber keine Reform sah, zum Theil lagen sie auch in den noch im Fluß befindlichen Verhandlungen über die Umgestaltung der inneren Verwaltung, sowie in der mangelnden Ordnung der ländlichen Verhältnisse der Monarchie.

Charakteristisch aber ist sowohl in den Motiven als Berichten die resignirte und ablehnende Haltung gegenüber den großen, Staats- und Kommunalsteuer zugleich umfassenden Reformprojekten,[1]) obwohl die letzteren, wie wir

[1]) In den Motiven des Entwurfes von 1877 ist dieser Zusammenhang mit den Fragen der Staatssteuerreform gar nicht berührt, dagegen ist die Frage dieses Zusammenhanges in der Kommission zur Erörterung gekommen, aber nicht als präjudiziell angesehen. Nach dem Komm. Ber. machte „ein Mitglied darauf aufmerksam, daß man an die Steuerreform keine hohen Erwartungen in Betreff des Haushalts der Gemeinden knüpfen möge. So wenig bestimmte Umrisse das Projekt einer Steuerreform bisher auch angenommen habe, so sei doch eines klar: sie solle ihren Ausgangspunkt davon nehmen, daß das Reich den Ertrag seiner Zölle erhöhe. In Folge dessen rechne man auf eine Erleichterung der einzelnen Staaten durch Herabsetzung der Matrikularbeiträge und diese Erleichterung solle denselben die Mittel gewähren, die für Rechnung des Staates erhobene Grund- und Gebäudesteuer den Gemeinden ganz oder theilweise zu überweisen. Ein weiteres Resultat werde sich für die Gemeinden nicht ergeben. Nun sei Folgendes festzuhalten:

1. Es werde nicht möglich sein, die Grund- und Gebäudesteuer

sahen, in den ersten Lesungen (oben S. 53—55) und auch bei anderen Anlässen noch immer entschiedene Vertheidiger fanden. Unter

---

in ihrer gegenwärtigen Gestalt, wie große Fehler man an derselben auch rügen möge, aufzuheben. Die Grund- und Gebäudesteuer habe für unser öffentliches Leben eine Bedeutung gewonnen, welche über den Kreis der Staatsfinanzen weit hinausreiche. sie sei ein Theil unseres öffentlichen Rechtes geworden. Durch die Katastereinrichtung sei sie auf das Engste mit unserem Grundbuchwesen verwachsen; sie liefere eine schwer zu entbehrende Unterlage für statistische Aufnahmen. 2. Daraus folge, daß der Staat niemals im Stande sein werde, gänzlich auf den Betrag der Grund- und Gebäudesteuer für sich zu verzichten. In dem Augenblicke, wo er die Beträge dieser beiden Steuern an die Gemeinden vollständig abzuliefern hätte, würde sein Interesse an der Verwaltung dieser beiden Steuern wenigstens sehr gelähmt werden. Man könne also nicht mehr in Aussicht nehmen, als daß der Staat eine Quote der Grund- und Gebäudesteuer, höchstens die Hälfte, den Gemeinden überweise. Eine solche Ueberweisung würde aber das Problem, wie die Gemeindeabgaben zu beschaffen seien, nicht lösen. Die Hälfte der Grund- und Gebäudesteuer reiche bei Weitem nicht aus, um die Gemeindebedürfnisse im ganzen Umfange der Monarchie zu decken. Man möge ruhig den gegenwärtigen Entwurf berathen; komme derselbe zu Stande und werde alsdann den Gemeinden eine Quote der Grund- und Gebäudesteuer überwiesen, so werde nur Weniges an dem durch das vorliegende Gesetz geschaffenen Zuständen zu ändern sein."

In gleichem Sinne bemerkten die Motive zum Entwurfe von 1878: „Auch wird die Frage, ob ungeachtet dieses Bedürfnisses im Hinblick auf die in Aussicht genommene Reform der Reichs- und Staatssteuergesetzgebung und wegen deren Rückwirkung auf die Finanzverhältnisse der Gemeinden die Regelung des Kommunalsteuerwesens überhaupt vorläufig zu vertagen, und demnächst auf einer anderen, von dem Staatssteuersystem unabhängigen Grundlage zu gestalten sein möchte, verneint werden müssen. Die Möglichkeit, in Folge einer Reform der Reichs- und Staatssteuergesetzgebung eine Erleichterung der finanziellen Lage der Gemeinden, sei es in direkter oder in indirekter Weise herbeizuführen, wird den Erlaß eines Kommunalsteuergesetzes und die durch dasselbe beabsichtigte gerechtere und gleichmäßigere Vertheilung der Gemeindesteuerlast innerhalb der Einzelgemeinden nicht entbehrlich machen. Der bei den Berathungen des bezeichneten Gesetzentwurfs von mehreren Seiten in den Vordergrund gestellte Gedanke, das Gemeindesteuerwesen unter Abstandnahme von dem „Zuschlagsystem" ausschließlich auf die Realsteuern zu basiren, würde sich auch für den Fall, daß ein erheblicher Theil der Staats-, Grund- und Gebäudesteuer für die Gemeinden zur Verfügung gestellt werden könnte, als unausführbar erweisen. Denn da durch den Gesammtbetrag dieser Staatsrealsteuern nur etwa 1/4 der sämtlichen Gemeindeabgaben, bezw. 2/5 der eigent-

diesen ist hier vor Allem Gneist noch einmal zu erwähnen, der in der mehrfach angeführten Schrift: Die Preußische Finanzreform durch Regulirung der Gemeindesteuern (1881) seine öfter vorgetragenen Anschauungen über die Nothwendigkeit einer großen und

---

lichen Kommunalsteuern im engeren Sinne, in einzelnen Gemeinden aber oft nur der 10., 15. oder 20. Theil der letzteren gedeckt werden könnte, so wird es stets unvermeidlich bleiben, auch auf die Personalbesteuerung zur Deckung der Gemeindebedürfnisse zurückzugehen. Soweit diese Personalbesteuerung in Form einer Kommunaleinkommensteuer zur Erhebung gelangt, wird dieselbe aus den in den Motiven des bezeichneten Gesetzentwurfs Seite 26 ff. und Seite 36 angeführten Gründen, im Interesse einer gerechten und gleichmäßigen Steuervertheilung lediglich im Anschluß an die Veranlagung und den Tarif der Staatspersonalsteuer gestattet werden dürfen. Nur in Betreff der unmittelbar auf das Einkommen gelegten direkten Gemeindeabgaben ist aber im § 6 des Gesetzentwurfs das Zuschlagsystem obligatorisch vorgeschrieben worden, während nach § 1 Absatz 2 an Stelle der Zuschläge zur Staats-, Grund-, Gebäude- und Gewerbesteuer besondere Abgaben vom Grundbesitz und Gewerbetriebe, und nach §§ 6 und 7 sonstige besondere direkte und indirekte Gemeindeabgaben sowohl beibehalten als auch — unter gewissen Kautelen — neu eingeführt werden können. In Uebereinstimmung mit den Ausführungen des bezeichneten Kommissionsberichtes Seite 3 wird deshalb davon auszugehen sein, daß die in Aussicht genommene Reichs- und Staatssteuerreform weder eine Verschiebung der Vorlegung des Gesetzentwurfs wegen Aufbringung der Gemeindeabgaben noch eine Veränderung der Grundlagen desselben bedingen würde." —

Die Kommission (1878) äußerte sich wiederum in gleicher Weise:

„Was die allgemeine Steuerreform des Staates anbetrifft, so wurde von neuem hervorgehoben, daß, wenn dieselbe durchgeführt sein werde, kaum eine Veranlassung vorliegen könne, auch nur einen einzigen Paragraphen des gegenwärtigen Entwurfes zu ändern. Diese Steuerreform werde neue direkte Staatssteuern voraussichtlich nicht schaffen, ihr ganzer Einfluß auf das Gemeindeabgabenwesen werde sich voraussichtlich darauf beschränken, einen Theil der Grund- und der Gebäudesteuer den Kommunalverbänden zu überweisen. Auch hier sei es noch zweifelhaft, ob diese Ueberweisung in der That direkt an die Kommunen erfolgen werde oder ob man sich nicht darauf beschränken müsse, den weiteren Kommunalverbänden, insbesondere den Kreisen, diese Mittel zu beschaffen, die voraussichtlich dienen würden für die Tragung derjenigen Lasten, welche durch die bevorstehende Unterrichtsgesetzgebung den Kommunalverbänden auferlegt werden müssen. Sollte aber auch eine Ueberweisung an die einzelnen Gemeinden selbst erfolgen, so werde das keine weitere Folge haben, als daß die Grenzen, innerhalb deren die Gemeinden die Realsteuern heranzuziehen haben, einer Aenderung unterliegen."

umfassenden organischen Reform, durch welche das Kommunal-steuer-System auf eine, bei getheiltem Besitz vom Eigenthümer und Pächter je zur Hälfte zu zahlende, Liegenschaftssteuer unter Ergänzung derselben durch einen Einkommensteuerzuschlag von höchstens 40 Prozent für Schulzwecke gegründet und mittels einer besonders gestalteten Ausführung der Ueberweisung der Grund- und Gebäudesteuer an die Gemeinden — System der Prämien, vgl. oben S. 54 — zugleich diese Liegenschaftssteuer durchgeführt und die Frage der östlichen Gutsbezirke[1]) gelöst würde, in eindringlicher und ausführlicher Darstellung zur Geltung zu bringen versucht. Und wenn auch seine positiven Vorschläge, sowohl in Bezug auf die Liegenschaftssteuer, welche in großem Umfange thatsächlich eine Miethssteuer sein würde[2]), als in Bezug auf die Lösung der Frage der Gutsbezirke nur wenig Anhänger fanden, so hat doch seine einschneidende Kritik der in den Entwürfen enthaltenen schematischen Art der Regelung der Kommunalsteuerfrage wesentlich dazu beigetragen, daß dieser — eigentlich keine Partei befriedigende — Weg nicht weiter verfolgt wurde.

An dieser Stelle aber wird es zunächst noch erforderlich sein, die Stellung der Entwürfe zu einzelnen Hauptfragen näher in das Auge zu fassen.[3])

Daß dieselben nicht in der Lage sein konnten, die Klagen über die drückende Höhe der Gemeindeabgaben zu beseitigen oder zu vermindern, ergab sich schon daraus, daß mit ihnen – abgesehen von der Verleihung des Besteuerungsrechtes in Bezug auf Forensen, juristische Personen u. s. w. an diejenigen

---

[1]) Die Gutsbezirke sollten die Grund- und Gebäudesteuer nur im Fall ihres Anschlusses an einen kommunalen Verband überwiesen erhalten.

[2]) Ueber und gegen Gneist's Auffassung von der englischen Armensteuer und deren Anwendbarkeit auf deutsche Zustände vgl. E. Meier in den 10 Gutachten S. 86—89, Nasse, ebenda S. 297—299, R. Friedberg, Die Besteuerung der Gemeinden 1877 S. 18—23, 61—68.

[3]) Die Entwürfe von 1877, 1878 und 1879 sind nebst Begründungen und Kommissionsberichten wieder abgedruckt in der „Zusammenstellung von Drucksachen des Hauses der Abg. betr. die Aufbringung der Gemeindeabgaben" (B. zu Nr. 128. 1892/93. Anlagen Bd. V, S. 2561—2826.

Gemeinden, welche nach Lage der sehr buntscheckigen gesetzlichen Bestimmungen dieses Recht zur Zeit noch nicht hatten — eine Ueberweisung neuer Einnahmen in keiner Weise verbunden war. Der Kommissionsbericht von 1878, welcher hierauf näher eingeht, bemerkt dazu, „daß die Linderung des sogenannten Druckes der Kommunalsteuern von einer Gesetzgebung über das Gemeindeabgabenwesen überhaupt nicht erwartet werden könne; seien die Kommunalabgaben gegenwärtig um Vieles drückender als sie vor Jahrzehnten gewesen, so liege das daran, daß in diesem Zeitraum die Gemeinden sich ihrer Aufgabe, gemeinsame Einrichtungen im öffentlichen Interesse auf öffentliche Kosten zu schaffen, in viel umfassenderer Weise bewußt geworden, als dies früher der Fall gewesen. Noch vor einem halben Jahrhundert hätten sich in großen und heute sehr blühenden Städten die Einrichtungen für die öffentliche Erleuchtung, für die Pflasterung, für die Beschaffung gesunden Trinkwassers u. s. w. in einem wahrhaft primitiven Zustand befunden; die Gemeindelasten seien damals allerdings gering gewesen, aber in demselben Maße seien auch die Leistungen, welche der Einzelne von der Kommune erhalten, hinter den berechtigsten Erwartungen zurückgeblieben. Inzwischen hätten die Kommunen fast überall und namentlich in großen und industriereichen Städten umfangreiche und kostspielige Einrichtungen geschaffen. So weit sie sich dabei in berechtigten Grenzen gehalten, drücke der Satz von dem vermeintlichen Kommunalsteuerdrucke nichts anderes aus, als die allgemeine und unabwendliche Wahrheit, daß große wirthschaftliche Erfolge nicht ohne große wirthschaftliche Anstrengungen zu erreichen seien. Vielfach seien allerdings die Kommunen in der Beschaffung derartiger öffentlicher Anstalten über das rechte Maß hinausgegangen, sie seien, ohne die erforderliche Rücksicht auf die vorhandenen Mittel zu nehmen, dazu übergegangen, nicht allein das Nothwendige, sondern auch das bloß Nützliche und das Angenehme zu schaffen; so weit hierdurch berechtigte Klagen über Ueberbürdung der Gemeindeeingesessenen hervorgerufen würden, könne denselben in keiner Weise abgeholfen werden, als dadurch, daß der Staat vermöge seines Aufsichtsrechtes die Kommunen in den Schranken, welche sie sich bei Bemessung ihrer Ausgaben stellen müssen, zurückzuhalten habe" (a. a. O. S. 2669).

In Bezug auf die allgemeine Begründung der kommunalen Steuerpflicht schlossen die Entwürfe und ihre Motive sich im Wesentlichen an die oben S. 40 flg. wiedergegebenen wissenschaftlichen Ausführungen an[1]): Besteuerung nach der Leistungsfähigkeit unter gleichzeitiger Berücksichtigung des Grundsatzes von Leistung und Gegenleistung, so weit Ausgaben zu wirthschaftlichen Zwecken in Frage sind. Indessen wird — im Gegensatz zu jenen Ausführungen — in § 1 der Anschluß an das Staatssteuersystem als Regel hingestellt, wobei allerdings nicht ausgeschlossen sein soll, daß an Stelle der Zuschläge

---

1) Es erscheint der Grundsatz, daß in ähnlicher Weise, wie dies hinsichtlich der Kreis- und Provinzialabgaben durch die Kreisordnung vom 13. Dezember 1872 und die Provinzialordnung vom 29. Juni 1875 angeordnet worden ist, die Vertheilung der direkten Gemeindeabgaben in der Regel nach dem Verhältnisse der direkten Staatssteuern zu erfolgen habe, deshalb als gerechtfertigt, weil die Aufgaben des Staats und der Gemeinden, wenn auch nicht identisch, doch wesentlich gleichartig sind. Die mehrfach aufgestellte Behauptung, daß der Staat zur Beschaffung der Mittel behufs Erfüllung der ihm gestellten öffentlichen Aufgaben die Steuern nach dem Maßstabe der Leistungsfähigkeit der Steuerpflichtigen zu vertheilen, die Gemeinde dagegen als eine im Wesentlichen wirthschaftliche Genossenschaft die erforderlichen Abgaben ausschließlich nach dem Grundsatze von „Leistung und Gegenleistung" aufzubringen habe und deshalb sich an das Staatssteuersystem nicht anschließen könne, geht von einer unrichtigen Voraussetzung aus. Denn einerseits hat der Staat neben den eigentlich öffentlichen Aufgaben auch eine nicht geringe Reihe wirthschaftlicher Bedürfnisse zu befriedigen, andererseits bildet die Gemeinde keineswegs einen ausschließlich wirthschaftlichen Verband, vielmehr ist derselben ein Theil der wichtigsten Zweige der öffentlichen Thätigkeit des Staats, namentlich auf dem Gebiete der Armenpflege, der Polizei, des Unterrichts 2c. überlassen. Dagegen wird allerdings ein erheblicher Theil der Gemeindeausgaben vorzugsweise zu wirthschaftlichen Zwecken verwendet, und es wird daher bei der Aufbringung der Gemeindeabgaben der Grundsatz von „Leistung und Gegenleistung" nicht gänzlich unberücksichtigt bleiben dürfen. Eine genaue Berechnung der Höhe des bezüglichen Antheils der Gemeindeabgaben behufs gesonderter Aufbringung derselben durch Grundabgaben ist zwar bei der gemischten Natur der Ersteren nicht ausführbar, es rechtfertigt sich aber durch diese Rücksicht die im § 2 aufgestellte Regel der Mitheranziehung der Grund- und Gebäudesteuer bei der Aufbringung der Gemeindebedürfnisse (a. a. O. S. 2575, 2576).

zur Grund-, Gebäude- und Gewerbesteuer — mit staatlicher Genehmigung — besondere Gemeinde-, Liegenschafts- und Gewerbesteuern eingeführt werden, bei denen die wechselnden Jahreserträge entsprechende Berücksichtigung finden können, während besondere Kommunaleinkommensteuern mit selbständigen Einschätzungs- und Veranlagungsgrundsätzen, oder besonderen Stufen und Tarifen für unzulässig erklärt werden, da ein Bedürfniß hierfür nach Erlaß des, eine stärkere Progression und Entlastung der unteren Stufen vorsehenden Einkommensteuergesetzes vom 25. März 1873 nicht mehr vorliege[1]), vielmehr jetzt nur noch dafür zu sorgen sei, daß die zur Staats-Einkommensteuer gar nicht oder nicht voll veranlagten physischen und juristischen Personen und Erwerbsgesellschaften nach gleichen Grundsätzen wie die staatlich veranlagten zur Kommunalsteuer herangezogen werden könnten.

Zur Durchführung des Grundsatzes von Leistung und Gegenleistung soll zunächst — vgl. unten S. 74 flg. — die Mitheranziehung der Grund- und Gebäudesteuer dienen, hinsichtlich welcher im § 2 folgende nähere Bestimmungen getroffen waren:

„Zuschläge zur Klassen- und klassifizirten Einkommensteuer dürfen nicht ohne gleichzeitige Heranziehung sowohl der Grundsteuer als der Gebäudesteuer, Zuschläge zur Grund- und Gebäudesteuer nicht ohne gleichzeitige Heranziehung der Klassen- und klassifizirten Einkommensteuer erhoben werden.

Hierbei ist in den Landgemeinden die Grundsteuer, in den Stadtgemeinden die Gebäudesteuer mindestens mit der Hälfte und höchstens mit dem vollen Betrage, in den Landgemeinden die Gebäudesteuer, in den Stadtgemeinden die Grundsteuer mindestens mit einem Viertheile und höchstens mit drei Viertheilen desjenigen Prozentsatzes heranzuziehen, mit welchem die Klassen- und klassifizirte Einkommensteuer belastet wird.

---

[1]) Mit gleicher Begründung haben bereits die Min.-Reskr. vom 5. Juli 1873 und 20. August 1874 die Bestätigung von Einkommensteuertarifen, welche von der Staatssteuer abweichen, abgelehnt. Vgl. über die entgegengesetzte ältere Praxis oben S. 10.

Unter Zustimmung der Aufsichtsbehörde kann jedoch die Heranziehung der Grundsteuer und der Gebäudesteuer bis auf die Hälfte des in Absatz 2 bezeichneten Minimalantheils ermäßigt und für diejenigen Gemeinden, in welchen die Vertheilung der Gemeindeabgaben bisher ausschließlich oder vorzugsweise nach dem Verhältnisse der genannten Steuern oder nach einem ähnlichen Maßstabe stattgefunden hat, um die Hälfte des daselbst bezeichneten Maximalantheils erhöht werden.

Unter Hinzutritt der stets widerruflichen Genehmigung des Oberpräsidenten kann eine gänzliche Freilassung der Grund- und Gebäudesteuer erfolgen.

Im Falle der Erhebung besonderer Gemeindeabgaben vom Grundbesitze (§ 1 Absatz 2) ist deren Prozentverhältniß zur Staats-Grund- beziehungsweise Gebäudesteuer der Vertheilung der Gemeindeabgaben nach den vorstehenden Bestimmungen zum Grunde zu legen."

zu deren Erläuterung, namentlich bezüglich der Abweichungen von den Bestimmungen der Kreisordnung vom 13. Dezember 1872, „welche auf den sorgfältigsten Erwägungen beruhen" und „ein Kompromiß zwischen den verschiedenartigsten Interessen" darstellen, folgende Stellen aus den Motiven hier mitgetheilt werden mögen:

„Es ist zunächst davon ausgegangen, daß der Regel nach in den Stadtgemeinden nur die Gebäudesteuer, in den Landgemeinden nur die Grundsteuer als das maßgebende Kriterium für die Vertheilung und die Präſtationsfähigkeit des Grundbesitzes anzusehen ist, während die Gebäudesteuer in den Landgemeinden, die Grundsteuer in den Stadtgemeinden von untergeordneter Bedeutung zu sein pflegt. Es würde deshalb ungerechtfertigt sein, wenn man eine gleichmäßige Heranziehung beider Steuern bei der Vertheilung der Gemeindeabgaben obligatorisch vorschreiben wollte.

Dazu kommt, daß die Gemeindeausgaben für die Interessen der Grundbesitzer in den Städten überwiegend den

Gebäudebesitzern, dagegen in den Landgemeinden den Landbesitzern, theils unmittelbar, theils mittelbar zu Gute zu kommen pflegen, und daß es deshalb auch nur der Billigkeit entspricht, die Möglichkeit einer geringeren Belastung der Grundsteuer in den Städten, der Gebäudesteuer in den Landgemeinden zu gestatten. Es ist hiergegen allerdings das Bedenken erhoben worden, daß der Unterschied zwischen den Stadt- und Landgemeinden keineswegs ein unbedingt durchgreifender ist, vielmehr die Grenze dieses Unterschiedes als eine fließende erscheint und neben Dörfern mit rein städtischem Charakter (Villenkolonien, Badeorten, Dorfschaften mit Großindustriebetrieb 2c.) sich eine große Anzahl von Ackerstädten befindet, deren Bewohner sich überwiegend vom Betriebe der Landwirthschaft ernähren. Dieses Bedenken erledigt sich aber dadurch, daß eine gleichmäßige Heranziehung der Grund- und der Gebäudesteuer keineswegs ausgeschlossen wird, vielmehr dem Beschlusse der Gemeinden überlassen bleibt.

Mit Rücksicht hierauf sind die Grenzen, innerhalb deren die Gemeindebehörden autonomisch Beschlüsse über Aufbringung der Gemeindeabgaben zu fassen berechtigt sind, in etwas anderer Weise normirt worden, als dies in der Kreisordnung für die Vertheilung der Kreisabgaben geschehen ist. Während im § 10 Absatz 2 der Kreisordnung vom 13. Dezember 1872 für die Heranziehung der Grund- und Gebäudesteuer zu den Kreis- und Provinzialabgaben die Minimalgrenze auf 50 Prozent, die Maximalgrenze auf 100 Prozent desjenigen Betrages, mit welchem die Klassen- und klassifizirte Einkommensteuer belastet wird, festgesetzt worden ist, werden in dem vorliegenden Entwurfe die gleichen Grenzen nur für die Grundsteuer in den Landgemeinden und die Gebäudesteuer in den Stadtgemeinden, festgehalten. Dagegen wird für die Heranziehung der Gebäudesteuer in den Landgemeinden, der Grundsteuer in den Stadtgemeinden die Maximalgrenze auf 75 Prozent, die Minimalgrenze auf 25 Prozent ermäßigt." (a. a. O. S. 2576.)

Sodann sollen unter Zustimmung der Aufsichtsbehörden in größerem Umfange Ausnahmen zulässig sein, um einerseits einer herkömmlichen stärkeren Belastung der Realsteuern — wie vielfach in Landgemeinden der östlichen Provinzen, namentlich aber in den Provinzen Hannover und Schleswig-Holstein — und andererseits einer in Folge lokaler Verhältnisse besonderen Leistungsunfähigkeit des Grundbesitzes Rechnung tragen zu können. Eine gänzliche Freilassung der Grund- und Gebäudesteuer soll jedoch nur ganz ausnahmsweise statthaft sein.

„Zwar läßt sich nicht in Abrede stellen, daß abgesehen von den etwa zur Hebung gelangenden direkten Gemeindeabgaben die Klassen- und Einkommensteuer vorzugsweise das Fundament der Kommunalbesteuerung zu bilden habe, da nur auf diese Weise der Grundsatz einer Betheiligung sämmtlicher Gemeindeangehörigen an der Tragung der Gemeindelasten allgemein verwirklicht werden kann. Es wird deshalb im Allgemeinen die Mitheranziehung der Grund-, Gebäude- und Gewerbesteuer mehr aushilfsweise hinsichtlich der Ausgaben zu wirthschaftlichen Zwecken und zur Beseitigung der Härten einzutreten haben, welche aus einer ausschließlichen Belastung der Personalsteuern entstehen können. Andererseits muß ein besonderes Gewicht darauf gelegt werden, daß bei der Aufbringung der Gemeindebedürfnisse wenigstens ein Theil auf die Realsteuern gelegt, und dadurch einestheils dem Prinzipe von „Leistung und Gegenleistung" entsprechende Anwendung gesichert, anderntheils die in dem Staatssteuersystem enthaltene stärkere Heranziehung des fundirten Einkommens auch bei der Repartition der Gemeindeabgaben festgehalten werde. — Auch erscheint es bedenklich, durch eine Gestattung der gänzlichen Freilassung der Grund- und Gebäudesteuer bei Aufbringung der Gemeindeabgaben den Grund- und Hausbesitzern die Möglichkeit zu geben, das ihnen häufig zustehende Uebergewicht in den Gemeindevertretungen dazu zu benutzen, sich der Belastung mit Gemeindeabgaben thunlichst zu entziehen, während ein großer Theil der Gemeindeausgaben vorzugsweise dieser Klasse von Gemeindeangehörigen zu Gute kommt, und dazu dient, den Werth und den Ertrag des Grundbesitzes zu erhöhen." (a. a. O. S. 2577, 2578.)

In der Kommission wurde zwar von einem hannoverschen Mitgliede der Versuch gemacht, den Grundsatz der hannoverschen Städteordnung, daß die Gemeinden ihre Steuerverhältnisse unter Zustimmung der Aufsichtsbehörden selbst regeln, zur Geltung zu bringen. Indessen hielt die Kommission eine gesetzliche Regelung der Steuervertheilung für durchaus geboten, und stimmte der Grundlage des Entwurfes: dem Anschlusse an das Staatssteuersystem bei.

Der Bericht (a. a. O. S. 2604 bis 2606) giebt über die Verhandlungen folgende, noch heute interessirende Einzelheiten:

„Durch die Bestimmungen, welche im § 1 getroffen sind, war der Gedankenkreis, in welchem sich die Berathungen der Kommission bewegten, vollkommen abgesteckt. Von keiner Seite her wurde der Versuch gemacht, ein neues, drittes System aufzustellen, welches der Kommunalbesteuerung zu Grunde zu legen sei. Innerhalb dieses Gedankenkreises aber gingen die Ansichten der Kommissionsmitglieder recht weit auseinander. Während von einer Seite her das System der Zuschläge als das prinzipiell erwünschte streng festgehalten wurde, so daß der Wunsch auftauchte, die durch Kommunalbeschlüsse einzuführenden besonderen Abgaben gänzlich zu beseitigen, wurde von der anderen Seite der Wunsch laut, den Keim für das System selbständiger Kommunalabgaben, welcher in den Absatz 2 des § 1 gelegt sei, möglichst zu pflegen und auszubilden und auf diese Weise das System der Zuschläge möglichst einzuschränken. Es muß dabei aber hervorgehoben werden, daß unter denjenigen Mitgliedern, welche sich im Prinzip für das System der Zuschläge aussprachen, einige doch darauf hinwiesen, daß innerhalb dieses Prinzips die Besteuerung des Realbesitzes, namentlich des Grundbesitzes, möglichst stark zu betonen sei, da es der Billigkeit entspreche, daß der Grundbesitz, der von den Kommunaleinrichtungen den überwiegenden Vortheil habe, auch einen dem entsprechenden Theil der Lasten trage.

Die Frage, ob die Kommunalbesteuerung mehr auf Zuschläge zu den Staatssteuern oder mehr auf selbständige für den Bedarf der Kommunen geschaffene Gemeindeabgaben zu basiren sei, hängt auf das Engste zusammen mit der Vorstellung, die man sich von dem gegenseitigen Verhältniß zwischen Staat und Kommune macht. Von der einen Seite betonte man auf das Stärkste den Unterschied zwischen den Aufgaben des Staats und der Gemeinde. Das Wesen des Staats beruhe in seinen politischen, dasjenige der Gemeinde in ihren wirthschaftlichen Aufgaben, der Staat sei ein Träger politischer Macht, die Gemeinde ein wirthschaftlicher Nachbarverband. Von diesem Gesichtspunkt aus ist man zu der Anschauung gekommen, daß die Staatssteuerpflicht auf das Prinzip der Steuerfähigkeit, die Gemeindesteuerpflicht auf das Prinzip von Leistung und Gegenleistung zu begründen sei.

Dem gegenüber hat man von anderer Seite die nahe Verwandtschaft zwischen Staat und Gemeinde betont. Der absolute schroffe Gegensatz zwischen den beiderseitigen Aufgaben bestehe nicht. Auch der Staat habe wirthschaftliche, auch die Kommune politische Aufgaben zu lösen. Die Einwohner des Staates bildeten eine große Wirthschaftsgemeinde; man spreche von der Wirthschaft des Staates, des Volkes; der Staat selber treibe bei uns Land- und Forstwirthschaft, Bergbau und Fabrikation; andererseits seien die Gemeinden politische Organe des Staates, von ihm zur Lösung gewisser Aufgaben verpflichtet, welche rein der politischen Machtsphäre angehören.

In der Kommission herrschte Einstimmigkeit darüber, daß die erstere Anschauung in ihrem vollen Umfange nicht aufrecht erhalten werden könne, ebenso wenig die daraus in volkswirthschaftlichen Schriften gezogene Schlußfolgerung, daß die Gemeindewirthschaft ausschließlich auf die Abgaben vom Grundbesitze zu basiren sei. Wenn auch unleugbar viele kommunale Einrichtungen vorzugsweise dem Grundbesitze zu Statten kämen, wie namentlich Wegebau, Pflasterung, Kanalisation u. s. w., so fehle es doch auch nicht an solchen kommunalen Einrichtungen, welche ihre Wohlthaten über alle Einwohner und Angehörigen der Gemeinde verbreiten. Dies gelte vom Schulwesen, von den kirchlichen Einrichtungen und werde selbst für die Armenpflege nicht gänzlich bestritten werden können.

Für das Prinzip selbständiger Realsteuern, die von den Gemeinden zu erheben seien, haben sich bereits bei der ersten Lesung im Plenum drei Redner in sehr umfassender und gründlicher Weise ausgesprochen[1]) und die Ausführungen derselben wurden von einzelnen Kommissionsmitgliedern wieder aufgenommen. Dieselben bezeichneten es als selbstverständlich, daß, wenn man von einer selbständigen, kommunalen Realabgabe spreche, damit nicht gemeint sein könne, lediglich die Staatsgrundsteuer und die Staatsgebäudesteuer in ihrer gegenwärtigen Gestalt dem Staate abzunehmen und auf die Gemeinden zu übertragen; denn diese Steuern, wie sie durch die Gesetzgebung von 1865 geordnet seien, entsprächen nicht den Anforderungen, welche an eine dem lebendigen Flusse der Dinge folgende Kommunalsteuer zu richten seien. Die Grundsteuer sei in jener Gesetzgebung vollständig zur Rente geworden und keiner Entwickelung fähig; die Gebäudesteuer entwickele sich nicht organisch von Jahr zu Jahr mit dem Anwachsen der Gemeinden, mit der Vermehrung ihrer Bevölkerung und Bedürfnisse, sondern es trete stoßweise, in Zwischenräumen von 15 Jahren eine neue Einschätzung ein, die selbstverständlich der Regel nach eine Erhöhung sei und in ihren Wirkungen vollständig wie eine Belastung durch eine neue Steuer empfunden werde; sie sei unfähig, dem von Jahr zu Jahr wechselnden Bedürfniß der Gemeinden sich anzuschließen. Grund- und Gebäudesteuer in ihrem Zusammenhang wiesen aber auch Lücken auf, welche steuer-

---

[1]) Vgl. oben S. 53.

fähige Objekte ganz außer Betracht lassen. Insbesondere gelte dies von Baustellen auf städtischem Terrain, die trotz ihres zu Zeiten gewaltig steigenden Werthes von einer höheren Steuerpflicht nicht betroffen würden, so lange man sie der Bebauung vorenthalten könne. Hierin sei ein besonderer Anreiz zur Baustellenspekulation, zur Zurückhaltung in dem Aufbau neuer Gebäude geboten, worauf dann periodisch eine Ueberproduktion in Gebäuden folge, so daß der Keim für die einander abwechselnd folgenden Epochen der Wohnungsnoth und der städtischen Grundkreditnoth, der Bedrängniß der Miether und der Bedrängniß der Vermiether gegeben sei. Der Begriff einer Realsteuer bringe es mit sich, daß man die Steuerlast nicht allein auf den unbeweglichen, sondern auch auf den beweglichen werbenden Besitz, auf Handelsvorräthe, auf Maschinen und andere Fabrikationseinrichtungen lege. Nach dieser Richtung hin die Steuerkraft der Gemeindeeinwohner zu treffen, sei die Staatsgewerbesteuer in ihrem gegenwärtigen Zustande ebenso wenig fähig, wie die Grund- und Gebäudesteuer dem Grundbesitze gegenüber. Wer sich also für eine selbständige kommunale Realabgabe ausspreche, der könne nicht einfach verlangen, daß diese Abgabe nach demselben Maßstabe erhoben werde, wie jene drei Steuern, sondern er müsse den Wunsch hegen, daß eine selbständige Kommunalabgabe vollständig neu geschaffen werde.

Zu diesem Behufe sei es nothwendig, die Kennzeichen sorgfältig zu sammeln, aus denen ermittelt werden könne, in welchem Maße jeder Einzelne durch den Umfang seines Besitzes in die Lage gesetzt werde, Theil zu nehmen an denjenigen Vortheilen, welche die Kommune biete. Mit Recht habe man mehrfach die für Wohnung und gewerbliche Räume gezahlte Miethe als eines dieser Kennzeichen geltend gemacht; es gäbe indessen deren noch andere.

Der sichtbare Aufwand, welchen Jemand treibe, sein Personal an Dienstboten für den häuslichen Dienst, der

Besitz von Wagen und Pferden, könnte gleichfalls dazu dienen, den „Ellbogenraum“, welchen der Einzelne innerhalb der Kommune einnehme, zu ermitteln.

Von anderer Seite her wurden diese Ausführungen lebhaft bestritten. Was in der bezeichneten Steuer etwa als gesund betrachtet werden könne, sei in der Berliner Miethssteuer vollständig gegeben. Jede Art von sogenannter Luxussteuer habe indessen die schwersten Bedenken gegen sich. Dienstboten und Equipagen seien auf dem Lande nicht ein Luxus, sondern eine Last. Man müsse darauf Bedacht nehmen, den Grundbesitz, der ja vielfach mit Verschuldung zu kämpfen habe, nicht zu überlasten und ihm keine besonderen Steuern zuzumuthen, sofern nicht nachgewiesen werden könne, daß ihm aus den Gemeindeeinrichtungen Vortheile erwachsen, die den nicht angesessenen Einwohnern nicht zu Gute kämen. Das System der Zuschläge zu den Staatssteuern habe gerade den großen Vortheil, dahin zu wirken, daß die einzelnen Klassen der Bevölkerung mit annähernd gleichem, mindestens aber mit billigem Maße zu den Lasten der Kommune herangezogen werden. Schaffe man neben jenem System der Zuschläge besondere Abgaben vom Besitze, dem unbeweglichen oder dem beweglichen, so verliere man den Maßstab für eine gleichmäßige Belastung und setze sich der Gefahr aus, den Grundbesitz oder den Gewerbebetrieb zu überbürden. Eine allgemeine kommunale Realsteuer, die den vielen Besonderheiten von Leistung und Gegenleistung Rechnung trage, sei praktisch schwer durchzuführen und würde den größten Hader und Zwiespalt in die Gemeinde hineintragen. Von diesem Gesichtspunkte aus möge es sich sogar empfehlen, den 2. Absatz des § 1 vollständig zu streichen und es vorbehaltlich des Fortbestehens einzelner jetzt schon bestehender Abgaben bei dem Prinzipe der Staatssteuerzuschläge zu belassen.

Für das Prinzip der Zuschläge lasse sich anführen, daß sich dasselbe in Preußen streng historisch, und zwar auf

Grundlage der Autonomie der Gemeinde entwickelt habe. Niemand habe die Gemeinden zur Annahme dieses Prinzipes gezwungen, aus freien Stücken hätten sie sich dazu entschlossen, mehr und mehr die bei ihnen bestehenden besonderen Abgaben in den Hintergrund zu drängen und ihr Einnahmebudget vorzugsweise auf die Zuschläge zu den Staatssteuern zu gründen. Sogar in Hannover hätten viele Gemeinden seit dem Jahre 1866, als mit einer wirklichen Einschätzung des Einkommens begonnen wurde, den Anschluß an die direkten Staatssteuern gesucht, vielfach hätten die Vertreter der Städte gefühlt und anerkannt, daß ihnen die Fähigkeit abgehe, für jede ein besonderes Steuergesetz zu erlassen und daß auch da, wo diese Fähigkeit vorhanden sei, eine Verständigung und Vereinbarung zwischen den verschiedenen Klassen der Bevölkerung nicht immer ausführbar sei.

Von einem Redner wurde ausgeführt, daß das Prinzip der persönlichen Leistungsfähigkeit, die Pflicht der Hingabe an den Staat und die öffentlichen Verbände das Preußische Staatsleben mehr durchdringe als irgend ein anderes und daß es auch in dem Verhältnisse der Kommune zu ihren Angehörigen seinen Ausdruck finde. Es sei daher eine Besteuerung des Einkommens zu Gunsten der Kommune in keiner Weise zu vermeiden und nur neben derselben müsse das Realprinzip ergänzend hinzutreten. Der Zweck, durch eine prinzipale Kommunalrealsteuer die Härten und Mängel einer hohen Personalsteuer zu beseitigen, scheine verfehlt; denn eine hohe Realsteuer leide an gleichen Härten und Mängeln und finde ihre Höhegrenze ebenfalls an der Leistungsfähigkeit und an der Ungerechtigkeit, die Rücksicht auf die Schulden außer Augen zu lassen. Er könne zugeben, daß es wünschenswerth sei, auch das bebauungsfähige, aber unbebaute Terrain durch eine besondere Abgabe höher als gegenwärtig zu treffen und etwa die Zuschläge zu der unzutreffenden Staatsgewerbesteuer durch eine besondere Kommunalgewerbesteuer zu ersetzen. Damit seien aber auch die Aenderungen, welche ihm dem gegenwärtigen Zustande gegenüber wünschenswerth seien, erschöpft. Für das Land genügten die Zuschläge zur Grundsteuer durchaus und für die Werthsveränderungen der städtischen Gebäude im Wesentlichen auch deren Ausdruck in der Einkommensteuer und die in § 8 des Gesetzes gewährte Heranziehung unter besonderen Verhältnissen. Zu bemerken sei, daß das zinsbar angelegte Kapital einer besonderen Besteuerung nicht unterliege. Vom steuerpolitischen Gesichtspunkte aus möge es angemessen erscheinen, auch eine Besteuerung dieses Kapitals zu versuchen, dagegen sei aber vom praktischen Gesichtspunkt aus geltend zu machen, daß dieses bewegliche Kapital eine außerordentlich flüchtige und empfindliche Natur habe und es verstehe, sich jedem Versuche, es innerhalb der Gemeinde zu treffen, durch Flucht zu entziehen.

Gegen die Staatssteuerzuschläge wurde geltend gemacht, daß hierdurch leicht eine ungerechte Ueberbürdung entstehen könne. Keine Steuer sei so fein ausgearbeitet, daß sie eine Steigerung bis über einen gewissen Betrag hinaus ertrage. Schon der Gesetzgeber sei außer Stande, bei der Formulirung des Gesetzes alle die Umstände, welche auf Steuerkraft und Steuerpflicht von Einfluß seien, genau zu berechnen. Es gebe keine ideale Steuer, die in die Form eines Gesetzes gefaßt werden könne, denn bei dem Erlasse eines jeden Steuergesetzes machen sich neben den Anforderungen der Gerechtigkeit auch diejenigen der Einfachheit und der Uebersichtlichkeit geltend. Sei schon die Steuergesetzgebung vermöge der Natur der Dinge unvermeidlich mit gewissen Fehlern behaftet, so steigern sich diese Fehler bei der Ausführung der Steuer für den einzelnen Fall. Es entstehen in Folge von Irrthümern einzelne Härten, einzelne Ungerechtigkeiten, die ertragen werden könnten, so lange sie ein gewisses Maß nicht übersteigen, die aber drückend werden, sobald die Steuer einen übermäßigen Umfang annimmt. Gegen diese Ausführungen wurde geltend gemacht, daß, wenn die Kommunalzuschläge zu den Staatssteuern den Erfolg haben, daß die in den Staatssteuergesetzen enthaltenen Fehler zum Bewußtsein kommen, dies nur ein Anlaß werden könne, die staatlichen Steuergesetze zu verbessern.

Eine Abstimmung über die hier einander entgegenstehenden Prinzipien hat nicht stattgefunden, da auch die Anhänger der selbständigen Kommunalsteuer sich überzeugten, daß es den bestehenden Verhältnissen gegenüber geboten sei, sich auf den Boden der Regierungsvorlage zu stellen, das Prinzip der Staatssteuerzuschläge, wie es dort formulirt ist, anzunehmen.

Die Regierungskommissarien erklärten mit Rücksicht auf diese Kontroverse, daß die Regierung es nicht habe auf sich nehmen wollen, etwas völlig Neues, Unbewährtes zu schaffen; sie habe vielmehr ihre Aufgabe darin erkannt, das Bestehende zu konsolidiren und in Einzelheiten zu verbessern. So sei sie zu dem Prinzip der Zuschläge gekommen; sie habe sich nicht entschließen können, selbständig mit dem Versuche einer neuen Kommunalsteuer vorzugehen, sie stehe aber einem solchen Gedanken keineswegs feindselig gegenüber. Ihre theoretische Ansicht gehe nicht etwa dahin, daß das Prinzip der Staatssteuerzuschläge das absolut beste sei, sie habe sich nur außer Stande gefühlt, unter den gegebenen Verhältnissen praktisch etwas Besseres zu schaffen. Wolle eine Kommune es auf sich nehmen, von der Möglichkeit, die ihr im zweiten Absatz des § 1 geboten sei, Gebrauch zu machen, so werde sie bei der Regierung eine unbefangene Prüfung und wohlwollendes Entgegenkommen finden."

Die nur redaktionell von der Kommission geänderten, schematischen Bestimmungen des § 2 würden nach der Fassung des 3. Absatzes die Wirkung gehabt haben, daß zahlreichen Gemeinden — Städten wie Landgemeinden — in den östlichen Provinzen, Hannover und Schleswig-Holstein, deren Steuersystem noch wesentlich auf hergebrachten Realsteuern beruhte, eine wesentliche Erhöhung der Personalsteuer aufgedrungen worden wäre: erst die Kommission von 1879/80 änderte den Schluß des dritten Absatzes dahin ab, daß bestehende stärkere Belastungen der Grund- und Gebäudesteuer in der bisherigen Höhe beibehalten werden dürften, und führte außerdem in § 9 einen Zusatz ein, wonach in den 6 östlichen Provinzen die hergebrachte Vertheilung der Steuern unter die Grundbesitzer nach dem Besitzstand wenigstens so lange beibehalten werden konnte, bis durch Gemeindebeschluß oder von Aufsichtswegen das Aufgeben des bisherigen Maßstabes beschlossen würde. (Vergl. Gneist, Die Preußische Finanzreform. 1881. S. 133.)

Der Entwurf von 1877 versucht übrigens, dem Grundsatz von Leistung und Gegenleistung, soweit er ausnahmsweise berechtigt sei, außer der allgemeinen Heranziehung des Grundbesitzes zu Zuschlägen zur Grund- und Gebäudesteuer noch durch Oeffnung eines zweiten Weges gerecht zu werden, indem er nämlich in gewissem Umfange eine Vorausbelastung zuläßt: Zwar würde eine Zerlegung der Gemeindeabgaben nach ihrem Verwendungszwecke und eine Regelung ihrer Aufbringung nach Maßgabe des letzteren nach den Motiven als allgemeines Prinzip nicht durchführbar sein, wie sich dies in England gezeigt habe, wo das ursprünglich festgehaltene Zwecksteuersystem im Lauf der Zeit seinen Charakter wesentlich geändert habe. Ausnahmsweise könne aber eine Vorausbelastung für gewisse Verwendungszwecke, welche entweder, wie Verkehrsanlagen, Straßenreinigung, Feuerlöschwesen, Kanalisation u. a. m. dem Grundbesitz oder aber sonstwie einzelnen Theilen des Gemeindebezirkes bezw. Klassen von Gemeindeangehörigen besonders zu Gute kämen, wohl gerechtfertigt sein. Der Entwurf enthielt daher folgenden § 8:

„1. Zu Gemeindeabgaben für Verkehrs- und andere das Interesse des Grundbesitzes vorzugsweise betreffende Zwecke kann

a) die Grund- und Gebäudesteuer innerhalb der im § 2 Absatz 2 und 3 festgestellten Grenzen mit einem höheren Prozentsatze,

b) die erste und zweite Stufe der Klassensteuer (§ 7 des Gesetzes vom $\frac{\text{1. Mai 1857}}{\text{25. Mai 1873}}$ Gesetz-Sammlung 1873 S. 213) mit einem geringeren Prozentsatze als zu den sonstigen Gemeindeabgaben herangezogen, und

c) die erste Stufe der Klassensteuer auch ganz von Zuschlägen freigelassen werden.

Die Bestimmungen im vorletzten Absatze des § 2 findet auf dergleichen Abgaben keine Anwendung.

2. Sofern es sich um Gemeindeeinrichtungen handelt, welche in besonders hervorragendem oder in besonders geringem Maße einem einzeln belegenen Theile des Gemeindebezirks oder einer einzelnen Klasse von Gemeindeangehörigen zu Statten kommen, kann ausnahmsweise unter Zustimmung der Aufsichtsbehörde bezüglich des zur Herstellung und Unterhaltung solcher Einrichtungen erforderlichen Bedarfs nach Abzug des etwaigen Ertrages derselben eine Mehr- oder Minderbelastung[1]) des betreffenden Theils des Gemeindebezirks beziehungsweise der betreffenden Klasse von Gemeindeangehörigen beschlossen werden."

Die Bestimmung des ersten Absatzes fand indessen in der Kommission von verschiedenen Seiten Widerspruch: man bestritt, daß Verkehrsanlagen immer dem Grundbesitz besonders zu Statten kämen, ebenso oft seien sie durch industrielle Werke veranlaßt; es sei nicht empfehlenswerth, den Grundbesitz besonders zu belasten und die Interessengegensätze durch solche Bestimmungen zu befördern; jedenfalls sei die jetzige Staatssteuer durchaus ungeeignet, als Grundlage solcher Mehrbelastung zu dienen. Man lehnte daher

---

[1]) Die Bestimmung der Kreisordnung, daß die Mehr- oder Minderbelastung nach Quoten zu bemessen sei, ist dagegen nicht mit aufgenommen worden, weil eine solche Beschränkung für die Kreise, in denen es sich nur um bestimmte Ausgaben für Verkehrszwecke, Krankenhäuser 2c. zu handeln pflegt, nicht aber für die Gemeinden zweckmäßig erscheint, indem bei der großen Verschiedenheit der Kommunalzwecke und bei einer Mehrbelastung einer einzelnen Klasse von Gemeindeangehörigen eine Bemessung nach Quoten häufig nur durch eine künstliche Berechnung zu ermöglichen sein würde. (S. 2582

den ersten Absatz ab, änderte den zweiten in einzelnen Bestimmungen ab und fügte einen allgemeiner lautenden neuen Absatz über besondere Benutzungsgebühren ein. Demnach lautete der § 8 folgendermaßen:

Sofern es sich um Gemeindeeinrichtungen oder Unternehmungen handelt, welche in besonders hervorragendem oder in besonders geringem Maße einem einzelnen Theile oder einzeln abgesondert belegenen Grundstücken des Gemeindebezirks oder einer einzelnen Klasse von Gemeindeangehörigen zu Statten kommen, kann ausnahmsweise unter Zustimmung der Aufsichtsbehörde bezüglich des zur Herstellung und Unterhaltung solcher Einrichtungen und Unternehmungen erforderlichen Bedarfs nach Abzug des etwaigen Ertrages derselben eine Mehr- oder Minderbelastung des betreffenden Theils des Gemeindebezirks beziehungsweise der betreffenden Klasse von Gemeindeangehörigen durch besondere Beiträge beschlossen werden.

Die Erhebung von Gebühren für die Benutzung von Gemeindeeinrichtungen und Unternehmungen seitens einzelner Personen oder für besondere Leistungen ist unter Zustimmung der Aufsichtsbehörde und vorbehaltlich der besonderen gesetzlichen Bestimmungen hierüber gleichfalls gestattet.[1])

Der Entwurf von 1878 stellt sich im Allgemeinen, indem er darauf hinweist, daß dieser § 8 einerseits und andrerseits der im § 2 gewährte Spielraum zu der erforderlichen stärkeren Belastung des Grundbesitzes genüge, auf den Boden dieser Aenderung, verweist den zweiten Absatz jedoch in einem besonderen § 32 — vgl. unten S. 80. Zur Begründung des § 8 hatten die Motive von 1877 schon Folgendes bemerkt (S. 2581, 2582):

„In einzelnen Gemeindeverfassungsgesetzen (cf. § 59 der Westfälischen Landgemeindeordnung vom 19. März

---

[1]) Die gesperrt gedruckten Stellen bezeichnen die Abänderungen der Kommission.

1856) ist die Bestimmung enthalten, daß, wenn ein Gemeindebedürfniß nur das Interesse einzelner Klassen von Gemeindeangehörigen, oder einzelner für sich bestehenden Abtheilungen des Gemeindebezirks betrifft, auch nur diese die zur Befriedigung desselben nöthigen Geldbeiträge und Dienste zu leisten haben. — In ähnlicher Weise bestimmt § 13 der Kreisordnung und § 110 der Provinzialordnung, daß, sofern es sich um Kreis-, beziehungsweise Provinzialeinrichtungen handelt, welche in besonders hervorragendem oder in besonders geringem Maße einzelnen Theilen des Kreises, beziehungsweise der Provinz zu Gute kommen, der Kreistag beziehungsweise Provinziallandtag beschließen können, für die Angehörigen dieser Theile eine nach Quoten zu bemessende, eventuell durch Naturalleistungen zu ersetzende Mehr- oder Minderbelastung eintreten zu lassen.

Die Aufnahme einer entsprechenden Bestimmung in das Gesetz wegen Aufbringung der Gemeindeabgaben erscheint allerdings insofern nicht unbedenklich, als dieselbe ein nicht wünschenswerthes Zurückgehen auf die Verschiedenheit der Interessen der einzelnen Klassen von Eingesessenen enthält, so daß es in Erwägung gekommen ist, ob nicht die strikte Festhaltung an der Regel der gleichmäßigen Tragung der Gemeindelasten durch sämmtliche Gemeindeangehörige den Vorzug verdiene. Andererseits läßt sich nicht verkennen, daß eine derartige Vorschrift in vielen Fällen sich praktisch bewährt und namentlich die Inkommunalisirung entlegener Etablissements und die Ausführung von Gemeindeeinrichtungen, welche zunächst und vorzugsweise nur einzelnen Klassen von Gemeindeangehörigen zu Gute kommen, ohne eine unbillige Belastung der übrigen Klassen wesentlich erleichtert hat. Eine solche Vorschrift ist im § 8 deshalb für diejenigen Gemeindeeinrichtungen für zweckmäßig erachtet worden, welche in besonders hervorragendem oder in besonders geringem Maße einem einzeln belegenen Theile eines Gemeindebezirks oder nur einzelnen Klassen von Gemeindeangehörigen zu Statten kommen. Es soll jedoch diese letztere Bestimmung nicht dazu benutzt werden dürfen, um auf einem Umwege das Zwecksteuersystem für die Kommunalbesteuerung einzuführen, vielmehr soll in den erwähnten

Fällen stets *nur ausnahmsweise* und nur unter Zustimmung der Aufsichtsbehörde eine Mehr- oder Minderbelastung des betreffenden Theiles beschlossen werden können, — wie denn auch derartige Beschlüsse des Kreistages nach §§ 124 und 176 Nr. 2 der Kreisordnung einer Majorität von zwei Dritteln der Abstimmenden bedürfen, und ebenso wie die desfallsigen Beschlüsse der Provinziallandtage nach § 119 Nr. 2 der Provinzialordnung der Bestätigung des Ministers des Innern unterliegen."

Jedoch sind die von der Kommission des Abgeordnetenhauses in der Session 1877/78 für die vorletzte Zeile des ersten Absatzes in Vorschlag gebrachten Worte: „durch besondere Beiträge" nicht mit aufgenommen worden. Denn abgesehen davon, daß nur eine Mehrbelastung nicht aber eine Minderbelastung durch besondere Beiträge erfolgen kann, wird die Beschlußfassung darüber, ob die Mehr- bezw. Minderbelastung nach Quoten oder quantitativ bemessen werden soll, den Gemeindebehörden zu überlassen sein. „Im Uebrigen ist nur darauf hinzuweisen, daß diese Bestimmung, welche nur ausnahmsweise unter Zustimmung der Aufsichtsbehörde zur Anwendung kommen kann, lediglich zu einer zweckmäßigen Vertheilung der Gemeindelasten dienen soll, nicht aber dazu benutzt werden darf, die der Gemeinde als solcher obliegenden Verpflichtungen einem Dritten aufzulegen, z. B. die Verpflichtung der Gemeinden zur Herstellung von Zuführungen auf die Eisenbahnunternehmungen abzuwälzen ꝛc. —" (S. 2661.)

In der Kommission wurde zwar von einer Seite nochmals geltend gemacht, diese Bestimmung sei eine bedenkliche, da *sie* dem *Kriege Aller gegen Alle*, namentlich der Außenbewohner gegen die Bewohner der inneren Stadt Vorschub leiste. Es wurde dem gegenüber indessen darauf hingewiesen, daß hier eine Bestimmung vorliege, welche *nur in seltenen Ausnahmefällen*, und dann unter der Kautel einer Zustimmung der Aufsichtsbehörde platzgreifen solle. Derartige Ausnahmefälle ließen sich aber sehr wohl denken, beispielsweise bei einem entfernt von der Stadt liegenden Etablissement, welches an den Vortheilen der Pflasterung, der Gasbeleuchtung und der nächtlichen Bewachung gar keinen Antheil habe." (S. 2674.)

Die Kommission nahm den § 8 demgemäß in der Fassung des Reg.-Entwurfes an, und in gleicher Fassung erscheint er auch wieder im Entwurf von 1879, und wurde ebenso von der Kommission wieder angenommen, nachdem er nochmals lebhafte Angriffe erfahren hatte. „Man hielt es für denkbar, daß unter Berufung auf diesen Paragraphen die wohlhabenderen Bürger sich weigerten, zu den Kosten der Volksschule oder umgekehrt die minder wohlhabenden Bürger sich weigerten, zu den Kosten des höheren Schulwesens beizutragen, da sie geltend machen könnten, daß sie zu derjenigen Klasse von Gemeindeangehörigen gehörten, welchen die betreffenden Einrichtungen nicht zu Gute kommen. Die Mehrheit der Kommission hielt indessen daran fest, daß für Fälle der soeben bezeichneten Art der § 8 niemals angerufen werden könne, da die wohlhabenden oder minder wohlhabenden Bürger eines Gemeinwesens nicht als einzelne Klassen bezeichnet werden können. Es wurde mit Nachdruck geltend gemacht, daß die Bestimmung des § 8 in der ausgeprägtesten Weise den Charakter einer Ausnahmebestimmung trage, die nur in seltenen Fällen zur Anwendung gebracht werden könne. Es geht dies aus dem Worte „besonders" in der 2. Zeile und aus dem Worte „ausnahmsweise" in der 6. Zeile hervor, abgesehen davon, daß zur Anwendung der Bestimmungen nebenher noch die Zustimmung der Aufsichtsbehörde erfordert wird. Der Umstand, daß eine Gemeindeeinrichtung in hervorragendem oder geringerem Maße einem einzelnen Theile oder einer einzelnen Klasse zu Gute kommt, berechtigt daher noch nicht zur Anwendung der Bestimmungen, sondern es müssen besondere exceptionelle Verhältnisse nachgewiesen werden, die dieselben zweifellos als ein Gebot der Billigkeit erscheinen lassen. Daß man von einer solchen Bestimmung nicht ganz und gar absehen könne, wurde hergeleitet aus den Bedürfnissen besonders ausgedehnter Kommunen oder besonders entlegener einzelner Theile, wie z. B. ausgebauter Bauernhöfe. Daß die Bestimmung zu Bedenken keinen Anlaß gebe, wurde damit gerechtfertigt, daß die Kreisordnung bereits eine ähnliche Vorschrift enthält, die in der Praxis noch niemals zu Unzuträglichkeiten oder Zweifeln geführt habe." (S. 2775.)

Ueber Gebühren und besondere Abgaben hatte der Entwurf von 1877 Bestimmungen nicht enthalten; in Folge der oben (S. 76) erwähnten Anregung der Kommission fügte die Staatsregierung jedoch in den Entwurf von 1878[1]) einen neuen § 32 folgenden Inhalts ein:

§ 32.

Die Gemeinden sind befugt, neben den eigentlichen Gemeindeabgaben (§§ 1—8) für die Benutzung von Gemeindeanstalten, Einrichtungen und Unternehmungen seitens einzelner Personen unter Zustimmung der Aufsichtsbehörde besondere Abgaben oder Beiträge zu erheben.

Eine Verpflichtung zur Benutzung derartiger Anstalten 2c. und zur Zahlung der für dieselben festgesetzten besonderen Abgaben oder Beiträge kann nur unter Genehmigung des Oberpräsidenten durch Gemeindebeschluß festgesetzt werden.

und bemerkte dazu in den Motiven (S. 2666, 2667), daß — was zunächst die Fassung anlange — die Gebühren und Sporteln nicht mit erwähnt worden seien. Gebühren und Sporteln, welche für einzelne Verwaltungs- oder polizeiliche Akte gezahlt werden, und als Aequivalent für die bezüglichen von der Gemeindebehörde als eine öffentliche Behörde im Interesse von Privaten geleisteten Dienste anzusehen seien, können nach der bestehenden Gesetzgebung nur auf Grund eines Spezialgesetzes oder eines Spezialrechtstitels bezw. auf Grund des Herkommens nach Maßgabe des § 17 der Sporteltaxordnung vom 25. April 1825 (Gesetzsamml. S. 129) erhoben werden. Die Gemeinden haben nicht die Befugniß, durch Gemeindebeschluß unter Zustimmung der Aufsichtsbehörde die Erhebung neuer Gebühren und Sporteln zu beschließen, und erscheine es nicht zweckmäßig und zulässig, ihnen eine solche Befugniß des Sportulirens durch den gegenwärtigen Gesetzentwurf einzuräumen.

---

[1]) Die Ergebnisse der im Jahre 1878 über die gegenwärtige finanzielle Bedeutung dieser Abgaben angestellten Ermittelungen sind in einer Denkschrift von L. Herrfurth (Ergänzungsheft VI zur Zeitschr. des Kgl. Stat. Bureaus. 1879. S. 143—224) niedergelegt.

Unter Gebühren im weiteren Sinne habe man jedoch auch vielfach die besonderen Beiträge und besonderen Abgaben für die Benutzung von Gemeindeanstalten, Gemeindeeinrichtungen und Unternehmungen verstanden, und in diesem Sinne mit Recht auf die weitere Ausbildung des „Gebührenprinzips" behufs Beschaffung der zur Deckung der Gemeidebedürfnisse erforderlichen Mittel Gewicht gelegt. Auf diese besonderen Beiträge und besonderen Abgaben für Benutzung von Gemeindeanstalten 2c. beziehe sich der § 32.

Allerdings erscheine es bei der Verschiedenheit der in Betracht kommenden Verhältnisse wohl nicht thunlich, hinsichtlich der Abgaben für die Benutzung von Gasanstalten, Wasserwerken, Entwässerungs-, Abfuhr-, Kommunikations-, Unterrichtsanstalten, Markthallen, Stadtwaagen, Hospitälern, Krankenanstalten, Bade-, Schwimm-, Kleinkinderbewahranstalten 2c. 2c. spezielle Grundsätze festzustellen, welche für die Regelung im einzelnen Falle einen praktischen Anhalt zu geben im Stande seien. Dagegen sei es aber allerdings wünschenswerth, daß unter Abstandnahme von einer speziellen Regelung der allgemeine Grundsatz hinsichtlich der Berechtigung der Gemeinden zur Erhebung derartiger besonderer Abgaben neben den eigentlichen Steuern auch in dem Gemeindeabgabengesetze ausgesprochen werde. Die fortdauernde erhebliche Zunahme der Belastung der Gemeinden weise darauf hin, daß die Gemeinden dazu übergehen müssen, die ihnen außer der Erhebung von Gemeindesteuern zustehenden Wege zur Beschaffung der für ihren Haushalt erforderlichen Mittel thunlichst auszunutzen. Die vorbezeichneten besonderen Abgaben und Beiträge seien vielfach noch einer besonderen Ausbildung fähig, und können bei zweckentsprechender Anwendung zur Erleichterung der kommunalen Steuerlast, jedenfalls aber dazu beitragen, die Ausführung solcher dringend erforderlicher kommunaler Einrichtungen von allgemeinem und öffentlichem Interesse zu ermöglichen, welche Mangels der nöthigen Mittel und Angesichts der Unmöglichkeit einer Erhöhung der eigentlichen Gemeindeabgaben sonst zurückgestellt werden müßten. Es müsse ferner Werth darauf gelegt werden, daß die Befugniß der Gemeinde, durch ortsstatutarische Festsetzung die Gemeindeangehörigen zur Benutzung der zur Beförderung des öffentlichen Wohles gemachten Gemeindeeinrichtungen und Anlagen und zur Zahlung der für dieselben festgesetzten besonderen Abgaben zu verpflichten, auch in dem Gemeindeabgabengesetze anerkannt werde, da in gewissen Fällen, z. B. bei der Durchführung der Schwemmkanalisation und bei Wasserversorgungsanstalten eine solche Vorschrift nur schwer zu entbehren sei.

Die Kommission beseitigte nur das Erforderniß der Zustimmung der Aufsichtsbehörde und setzte an Stelle des Oberpräsidenten den Provinzialrath.

Der Entwurf von 1879 nahm diese Aenderungen auf und fügte auf Veranlassung einer von der Stadt Berlin im Vorjahr eingereichten Petition nur einen Satz hinzu, durch welche die Festsetzung der Einziehung im Wege administrativer Exekution im Falle der Genehmigung des Provinzialrathes für zuläßig erklärt wurde. Diese Genehmigung zu ertheilen, liege in dem Falle kein Bedenken vor, wenn die Gemeindeeinrichtungen, für deren Benutzung besondere Abgaben erhoben werden, ausschließlich oder vorzugsweise im öffentlichen Interesse getroffen worden seien, während bei rein gewerblichen Unternehmungen die Einziehung der für deren Benutzung eingeführten Abgaben im Wege administrativer Exekution nicht gerechtfertigt sein würde. (S. 2760.)

Bezüglich der Besteuerung der Forensen, juristischen Personen — darunter auch des Fiskus — Aktiengesellschaften u. s. w. bemerken die Motive zum Entwurf von 1877, daß die von verschiedenen und nicht nur den interessirten Seiten vorgeschlagene Abstandnahme von der Einkommensbesteuerung und die ausschließliche Besteuerung der gedachten Personen und Gesellschaften in ihren Wohnsitzgemeinden zwar wegen der dadurch vermiedenen Schwierigkeiten in Bezug auf die Vertheilung des steuerpflichtigen Einkommens auf die verschiedenen Gemeinden, die Unmöglichkeit der Feststellung eines steuerpflichtigen Reingewinnes einzelner juristischer Personen, insbesondere des Fiskus, endlich Verhinderung der Doppelbesteuerung sehr erwünscht, aber nicht annehmbar sei.

„Denn der nicht in Abrede zu stellende Umstand, daß auswärtige Grundbesitzer und Gewerbetreibende in der Gemeinde, in welcher ihr Grundbesitz liegt und ihr Gewerbebetrieb stattfindet, sowohl in vielfachen Beziehungen an den Vortheilen des kommunalen Verbandes Theil nehmen, als auch diesem Verbande direkt und indirekt Ausgaben verursachen, rechtfertigt deren Besteuerung nach dem Prinzipe von Leistung und Gegenleistung, während auch bei einer Vertheilung der kommunalen Lasten nach dem Grundsatze der Leistungsfähigkeit das in dem Gemeindebezirke von Auswärtigen gewonnene Einkommen nicht gänzlich unberücksichtigt bleiben kann. Wenn Forensen, juristische Personen, Aktiengesellschaften 2c. steuerfrei bleiben sollten, so würde dies nicht nur eine unbillige Prägravation der Gemeindeeinwohner zur Folge haben, sondern namentlich bei den Aktiengesellschaften faktisch zu einer ungerechten Steuerbefreiung der Aktionäre führen. Denn das Einkommen der Letzteren ist mit Sicherheit überhaupt nur zu fassen bei der Aktiengesellschaft als solcher; — die Aktionäre als singuli entziehen sich zum großen Theile jeder Besteuerung, da dieselben in den meisten Fällen den die Gemeindesteuer veranlagenden Gemeindebehörden unbekannt sind und der Aktienbesitz bei vielen Gesellschaften in großem Umfange von Tage zu Tage wechselt." (S. 2585.)

Die Motive berichten dann weiter über den Versuch, diese Einkommensbesteuerung durch „ein System der Zahlung extraordinärer Beiträge zu ersetzen, welche der Gemeinde für die ihr erwachsenden besonderen Ausgaben ein genügendes Aequivalent zu gewähren geeignet sein möchten. Es habe hierüber eine besondere eingehende Enquête durch die Provinzialbehörden stattgefunden, welche zu dem Resultate geführt habe, daß es ohne eine Gefährdung der Prästationsfähigkeit einer erheblichen Anzahl von Gemeinden, und ohne eine übermäßige Belastung der Angehörigen derselben nicht möglich sei, auf die Einkommensbesteuerung der Forensen, juristischen Personen, Aktiengesellschaften 2c. zu verzichten, weil ein genügendes Aequivalent für dieselbe durch die Forderung extraordinärer Beiträge nicht würde gewonnen werden können. Denn bei einer großen Anzahl von Aktiengesellschaften, —

namentlich bei Versicherungsgesellschaften, Bank-, Kredit- 2c. Geschäften, zum Theil auch bei Eisenbahngesellschaften werden derartige besondere Ausgaben, für welche eine Vergütung gefordert werden könne, überhaupt kaum nachzuweisen sein, und würden dieselben in Folge dessen ganz oder doch zum großen Theil steuerfrei bleiben, während alle Privatpersonen, welche die gleichen Geschäfte betreiben, mit ihrem vollen Einkommen zu den Gemeindeabgaben herangezogen werden würden. Die Annahme dieses Grundsatzes würde die Folge haben, daß durch die Umwandlung eines Bank-, Kreditgeschäfts 2c. in eine Aktiengesellschaft der Gemeinde ein erhebliches Steuerobjekt gänzlich entzogen werden würde. Es werde vorzugsweise nur darauf ankommen, die an sich nicht zu entbehrende Einkommensbesteuerung der Forensen, Aktiengesellschaften 2c. in einer Weise zu regeln, welche die bei dem bisherigen Verfahren hervorgetretenen Mängel, namentlich auch die Doppelbesteuerung desselben Einkommens zu beseitigen geeignet sei, indem nur da, wo sich eine solche Regelung nicht als möglich erweise — also namentlich bei dem Fiskus, den Gemeinden und weiteren Kommunalverbänden — diese Einkommensbesteuerung in Wegfall zu bringen und anderweit zu ersetzen sein werde."

Beim Fiskus und den Kommunalverbänden sei die Lage eine wesentlich andere, bei ihnen sei „ein solches steuerpflichtiges Reineinkommen in derselben Weise, wie bei einer Privatperson beziehungsweise bei einer Aktiengesellschaft 2c. überhaupt nicht zu ermitteln. Von dem erzielten Bruttoeinkommen seien nach den Vorschriften des Gesetzes vom 1. Mai 1851 (Gesetzsamml. S. 193) behufs Ermittelung des steuerpflichtigen Reineinkommens nicht nur die auf dem Grundbesitz lastenden Steuern, die zur Fortführung des Handels- und Gewerbebetriebes erforderlichen Ausgaben und die üblichen Absetzungen für die jährliche Abnutzung von Gebäuden und Utensilien, sondern auch die Zinsen von Schulden des Steuerpflichtigen und die ihm auf Grund rechtlicher Verpflichtung obliegenden Leistungen in Abzug zu bringen. Eine solche Berechnung sei bei dem Einkommen des Fiskus, und der Kommunalverbände unmöglich, insbesondere eine Feststellung der Beträge für die denselben auf Grund rechtlicher Verpflichtung obliegenden Leistungen unthunlich, und sei deshalb für dieselben das System extraordinärer Beiträge in Verbindung mit der erhöhten Belastung mit Zuschlägen zur Grund-, Gebäude- und Gewerbesteuer der hier undurchführbaren Einkommensbesteuerung substituirt worden". (S. 2586, 2587.)

Hiervon ausgehend, sieht der Entwurf in den §§ 26 und 27 folgende besondere Bestimmungen vor,

§ 26.

Der Fiskus des Deutschen Reichs und des Preußischen Staats, sowie die Gemeinden und die weiteren Kommunalverbände (§ 15 Nr. 1 bis 3) können mit Zuschlägen zur Grund- und Gebäudesteuer und zur Gewerbesteuer (§§ 1 und 8) neben den für diese nach § 2 bestimmten Prozentsätzen noch mit der Hälfte desjenigen Prozentsatzes belastet werden, mit welchen die Klassen- und klassifizirte Einkommensteuer herangezogen wird.

Im Falle des § 9 tritt diese Belastung auch ohne Beschluß der Gemeindebehörden ein.

§ 27.

Zur Vergütung derjenigen Ausgaben, welche einer Gemeinde

a) durch die Benutzung oder Bewirthschaftung, Umwandlung oder Bebauung von Grundstücken, oder
b) durch die Herstellung und den Betrieb von Berg-, Hütten- und Salzwerken, Eisenbahnen, Fabrikanlagen, Bade- und Brunnenetablissements

des Preußischen Staates oder eines Kommunalverbandes (§ 15 Nr. 2 und 3) erwachsen, ist die Gemeinde die Leistung eines Beitrages zu fordern berechtigt, sofern diese Ausgaben andernfalls nicht, oder nicht in gleicher Höhe entstanden sein würden.

Bei der Feststellung dieser Ausgaben und des zur Vergütung derselben zu leistenden Beitrags sind einerseits die besonderen Verhältnisse, welche auf die Höhe der bezüglichen Ausgaben des Gemeindehaushalts von Einfluß sind, andererseits die Leistungen zu berücksichtigen, welche Seitens des Fiskus beziehungsweise des beitragspflichtigen Verbandes in Gemäßheit des § 26, sowie sonst für gleiche oder ähnliche Zwecke, wie die in Frage stehenden, geschehen, insoweit dieselben eine Verringerung der bezüglichen Ausgaben zur Folge haben, zum Beispiel Aufwendungen für Wegebau, für Schulanstalten, Unterstützungskassen, Knappschaftskassen u. s. w." [1]).

die Kommission lehnte indessen diese Sonderstellung des Fiskus und der Kommunalverbände ab. Sie war — nach dem Bericht — in ihrer großen Mehrheit der Ansicht, daß es sich in keiner Weise empfehle, den gewerbetreibenden Fiskus anders zu behandeln, wie andere gewerbetreibende Personen. Es wurde zugegeben, daß die Uebelstände, welche von den Vertretern der Staatsregierung geschildert seien, sich geltend gemacht haben; diese Uebelstände beruhten aber offenbar nicht auf der eigenthümlichen, rechtlichen Beschaffenheit des Fiskus, sondern sie beruhten auf der eigenthümlich wirthschaftlichen Beschaffenheit des Bergbaues und müßten sich natürlich auch dort geltend machen, wo, wie in Westfalen, der Bergbau sich vorzugsweise in Privathänden befindet. Sei daher Anlaß zu einer Sonderbestimmung gegeben, so sei dieselbe nicht mit Beziehung auf die Person des Fiskus, sondern mit Beziehung auf die Art des bergmännischen Betriebes in das Leben zu rufen. Der Haushalt der Gemeinden dürfte nicht davon abhängig gemacht werden, ob eine in ihr gelegene gewerbliche Unternehmung sich in fiskalischen oder in Privathänden befinde; nicht allein die Rücksicht auf die Gemeinden gebiete eine Gleichstellung, sondern auch eine Rücksicht auf die konkurrirenden gewerblichen Unternehmungen. Sei der Privatbergbau, oder das Privateisenbahnwesen von gewissen Gemeindeabgaben betroffen, so würde dasselbe durch die Konkurrenz des Fiskus in einer ungerechtfertigten Weise geschädigt, wenn der Fiskus von den entsprechenden Abgaben frei bleibe. Der Erklärung der Königlichen Staatsregierung,

---

[1]) Vgl. die ausführlichen Motive dieser §§ 26 und 27 a. a. O. S. 2595 bis 2597.

daß der Fiskus sich seiner Pflicht zur Entrichtung der Abgaben nicht entziehe, dieselbe vielmehr in dem bisherigen Umfange anerkennen wolle, sei ein bedeutendes Gewicht nicht beizulegen; denn die §§ 26 und 27 begründeten nicht eine umfassende rechtliche Pflicht des Fiskus, es werde mehr oder weniger von dem Wohlwollen, ja von dem Belieben der fiskalischen Behörden abhängen, in welchem Umfange sie sich neben den offenbar unzureichenden Zuschlägen des § 26 mit besonderen Beiträgen nach § 27 betheiligen wollen. Namentlich sei § 27 auch nicht so präzis formulirt, daß er die Möglichkeit biete, im Wege des verwaltungsgerichtlichen Streitverfahrens den Fiskus zu Beiträgen heranzuziehen. Was den hervorgehobenen theoretischen Einwand anbetreffe, so wolle man nicht bestreiten, daß nach streng wissenschaftlichen Grundsätzen ein Einkommen des Fiskus nicht zu konstruiren sei. Aber nach der vollen Strenge der wissenschaftlichen Grundsätze hätten auch die Aktiengesellschaften nicht ein eigentliches Einkommen. Stoße man sich daher an dem Begriff des Einkommens einer fingirten Persönlichkeit, so würde die theoretische Konsequenz im Widerstreit mit dem dringenden praktischen Bedürfniß dahin führen, auch Aktiengesellschaften, Genossenschaften u. s. w. von der Pflicht zu Gemeindeeinkommenabgaben zu befreien. (Ber. S. 2622. 2623.)

Dagegen erachtete die Kommission es als einen der Billigkeit entsprechenden, allgemein zutreffenden Gedanken, daß „Nachbargemeinden, in denen die arbeitende Bevölkerung eines gewerblichen Etablissements ihren Wohnsitz nimmt und die zu Gunsten dieser Bevölkerung sich mit einer Armen- und Schulpflicht belasten", durch besondere Beiträge der Betriebsgemeinde entschädigt würden, und sie fügte demgemäß folgende neue Bestimmung ein:

§ 26.

Wenn durch die Herstellung oder den Betrieb von Berg-, Hütten- und Salzwerken oder Fabrikanlagen in einer Gemeinde einer oder mehreren Nachbargemeinden nachweisbar erhebliche Ausgaben erwachsen, so haben die Letzteren das Recht, von der Ersteren behufs Erstattung dieser Ausgaben die Ueberweisung eines Theils desjenigen Abgabenbetrages zu fordern, welche diese von dem Inhaber des Werks oder der Frabrikanlage erhebt; dieser Theil darf 25 Prozent der erhobenen Abgabe nicht übersteigen. Die Entscheidung über solche Ansprüche, welche nur bis zum Schlusse des zweiten Monats in jedem Steuerjahre erhoben werden können, erfolgt im Verwaltungsstreitverfahren. In erster Instanz ist das Bezirksverwaltungsgericht zuständig.

Der Entwurf von 1878 gab betreffs der Besteuerung des Staatsfiskus nach, allerdings nicht, ohne daß in den Motiven die Berechtigung der vorjährigen Auffassung nochmals ausgeführt wurde (vgl. a. a. O. S. 2663 flg.), während die Einkommensteuerfreiheit des Reichsfiskus festgehalten wurde, dagegen lehnte die Staatsregierung die Aufnahme des von der Kommission vorgeschlagenen § 26 ab, welche in das dem Gesetze zu Grunde liegende System der Einkommensbesteuerung kaum hineinpasse.

„Die Vortheile, welche bezüglich der für die Nachbargemeinden hauptsächlich in Frage kommenden Armen-, Schul- und Wegelasten durch eine derartige Bestimmung erreicht werden sollen, würden eventuell durch Bildung von Gesammtarmenverbänden und größeren Lokalschulverbänden bezw. durch Spezialbestimmungen in der Wegeordnung und dem Unterrichtsgesetze anzustreben sein." (S. 2666.)

In der Kommission von 1878 kam man auf letztere Bestimmung nochmals zurück, war indessen der Ansicht, daß es — in einem vorgelegten Antrage — nicht gelungen sei, die Schwierigkeiten, welche sich einer praktischen Verwirklichung der an sich zu billigenden Idee entgegenstellen, zu überwinden.[1]) Man beschränkte sich daher darauf, eine Resolution vorzuschlagen, „die Königliche Staatsregierung aufzufordern, auf die Bildung von weiteren Schul- und Armenverbänden in allen solchen Fällen hinzuwirken, in denen durch industrielle Anlagen in einer Gemeinde die Schul- und Armenlast in Nachbargemeinden wesentlich erhöht wird".

---

[1]) In § 53 des neuen Kommunalabgabengesetzes ist dieser Gedanke nunmehr verwirklicht.

Unter den indirekten Steuern[1]) hatte der Entwurf von 1877 die Schlachtsteuer besonders hervorgehoben und ihre Wiedereinführung in den Gemeinden, wo sie früher bestanden, bezw. ihre Neueinführung in den anderen Gemeinden für zulässig erklärt (§ 7), die Kommission lehnte diese Zulassung jedoch ab und fügte außerdem ein absolutes Verbot der Brennmaterialiensteuer und ähnlicher den Verkehr im Innern des Landes beschränkenden Abgaben (octrois) hinzu. Der Entwurf von 1878 gab insoweit nach, als er die Neueinführung der Mahlsteuer für unbedingt unzulässig erklärte, hielt im Uebrigen aber den Entwurf von 1877 aufrecht; doch auch die Kommission stellte — ohne weitere Diskussion — die im Vorjahr von ihr beschlossene Fassung wieder her. Im Entwurf von 1879 und dem darüber erstatteten Kommissionsbericht blieb die Stellungnahme der Staatsregierung wie der Kommission im Wesentlichen dieselbe.

Das Beamtenprivileg war in dem Entwurfe von 1877 in der bisherigen Gestalt aufrecht erhalten und wurde auch in den Entwürfen von 1878 und 1879 beibehalten, obwohl die Kommission 1877 wie 1878 entschieden Stellung dagegen genommen hatte. Und die Kommission von 1879 nahm in der That, nach nochmaliger eingehender Erörterung der Frage und nach Ablehnung zahlreicher Amendements, den Regierungsentwurf unverändert an.

Dagegen wurde bezüglich der Dienstwohnungen (§ 10) eine Einigung nicht erzielt. Die Kommission von 1879 gestand die Steuerfreiheit in dieser Hinsicht zwar für Geistliche, Kirchendiener und Elementarschullehrer zu, beschloß aber im Uebrigen, daß Grundstücke, die nur theilweise zu einem öffentlichen Dienst oder Gebrauch bestimmt sind, theilweise aber eine andere Verwendung haben,

---

[1]) Der große Einnahme-Ausfall in Folge der Aufhebung der Mahl- und Schlachtsteuer (S. 27. 28) hatte die Frage der indirekten Besteuerung aufs Neue in Fluß gebracht und die Aufmerksamkeit auf die — große Erträge — liefernden Einrichtungen in den süddeutschen Staaten und Frankreich gelenkt. Vgl. in den Gutachten von 1877 über Bayern: Zürn. S. 192—207 und über Frankreich: Frhr. v. Reitzenstein. S. 150—157. (Die Octrois waren in Frankreich durch Dekrete vom 2. und 17. März 1791 abgeschafft, wurden aber schon im Jahre VII wieder gestattet.)

insoweit nach dem Maße ihres Nutzungswerthes zur Steuer heranzuziehen seien.

Die staatliche Aufsicht, insbesondere die Zustimmung der Aufsichtsbehörden zu Steuerzuschlägen war in § 5 des Entwurfes von 1877/78 dahin geregelt, daß „zur Belastung der Klassen- und klassifizirten Einkommensteuer mit Zuschlägen von mehr als 200 % der Grund-, Gebäude- oder Gewerbesteuer mit mehr als 100 % die Zustimmung der Aufsichtsbehörde, zu einer Belastung der Klassen- und klassifizirten Einkommensteuer mit Zuschlägen von mehr als 300 %, der Grund-, Gebäude- oder Gewerbesteuer mit mehr als 150 % die Genehmigung des Oberpräsidenten erforderlich" sein sollte.

Die Kommission änderte die Bestimmung jedoch dahin, daß nur „zur Belastung einer direkten Staatssteuer mit Zuschlägen von mehr als 300 %, einschließlich besonderer direkter Gemeindeabgaben die Zustimmung der Aufsichtsbehörde erforderlich" sein soll; und die Staatsregierung gab in den folgenden Entwürfen hierin nach.

Daneben wurde zu den in § 2 — oben S. 63, 65 — genannten Ausnahmen die Zustimmung der Aufsichtsbehörden aufrecht erhalten.

5. Die weitere Entwickelung. 1880—1890.

Die bisherigen Verhandlungen und Erörterungen hatten wenigstens in einem Punkte Klarheit geschaffen (vgl. S. 60), nämlich darin, daß die Frage der Ueberbürdung zahlreicher Gemeinden unmittelbar durch ein Kommunalabgabengesetz nicht gelöst werden könne. Zugleich hatten die statistischen Erhebungen, welche vom Ministerium des Innern veranlaßt und namentlich vom Geh. R. Herrfurth bearbeitet waren, ziffernmäßigen Aufschluß dahin gegeben, daß diese Ueberbürdung insbesondere durch die Schullasten bedingt werde, während von anderen Seiten auch bezüglich der Armenlasten der Nachweis geführt wurde, daß dieselben namentlich für kleinere Gemeinden in Folge ihres stark schwankenden Umfanges zu starkem Drucke führten. Bei dem besonderen Charakter gerade dieser Lasten, welche den Gemeinden nicht eigentlich im eigenen, sondern im staatlichen Interesse obliegen, war es daher nur natürlich, daß die Frage zur Verhandlung kam, ob die durch diese und andere im Staatsinteresse auferlegten Lasten, wie z. B. Polizei- und Einquartierungskosten herbeigeführte Ueberbürdung nicht am folgerichtigsten und zweckmäßigsten dadurch beseitigt werde, daß ein irgendwie bestimmter Theil dieser Lasten den Gemeinden durch den Staat oder auch durch höhere Kommunalverbände abgenommen würde[1]). Die weitere Verfolgung der hierüber geführten Erörterungen, welche für das Schulwesen die Gesetze vom 6. Juli 1885 betr. die Pensionirung der Lehrer und Lehrerinnen an den öffentlichen Volksschulen, vom 14. Juni 1888, betr. Erleichterung der Volksschullasten und vom 31. März 1889 betr. Ergänzung dieses Gesetzes, und auf dem Gebiete des Armenwesens das Gesetz vom 11. Juli 1891 betr. Abänderung der §§ 31, 65 und 68 des Gesetzes zur Ausführung des Bundesgesetzes über den Unterstützungswohnsitz vom 8. März 1876 veranlaßt haben, liegt außerhalb der Aufgabe dieser Arbeit; hier war nur klar zu stellen, daß Bestimmungen über eine Vertheilung dieser Lasten zwischen den höheren und niederen Kommunalverbänden oder zwischen dem Staat und den Kommunalverbänden nicht in, sondern neben einem Kommunalabgabengesetz zu treffen sind.

Auch durch eine Ueberweisung von Realsteuern würden die Fragen einer derartigen Vertheilung gewisser Lasten natürlich nicht gelöst werden können, da die für diese Vertheilung maßgebenden Gesichtspunkte zu wesentlich anderen finanziellen Ergebnissen führen müssen, als bei einer einfachen Ueberweisung von Steuern erreicht werden. Höchstens besteht insofern ein Zusammen-

---

[1]) Vgl. hierüber namentlich die Arbeiten von Frhr. v. Reitzenstein: Gutachten in „Kommunalsteuerfrage". 1877. S. 140 ff., 184. Ueber finanzielle Konkurrenz von Gemeinden, Kommunalverbänden und Staat in Schmoller's Jahrbuch für Ges. u. Verw. 1877 und 1878. Kommunales Finanzwesen in Schönberg's Handbuch. 3. Aufl. 1891. Bd. III. S. 728—739; und in Betreff der Armenlasten: Adickes, Die Vertheilung der Armenlasten in Deutschland und ihre Reform, in der Tübinger Zeitschrift für die gesammte Staatswissenschaft. 1881. S. 235—291, 727—822 und dazu die Berichte in Schmoller's Jahrbuch, 1882. S. 631—648. 1883. S. 519—548.

hang, als die Dringlichkeit einer derartigen Vertheilung vermindert, ja vielleicht in gewissem Umfange aufgehoben werden kann, wenn der Druck der Gemeindelasten in Folge jener Ueberweisung erheblich gemindert werden sollte. Insofern trug allerdings die Erörterung derartiger Lastenvertheilungen dazu bei, das Interesse gerade der am meisten unter dem Steuerdruck leidenden ärmeren Gemeinden, welche zudem durch eine Ueberweisung der in ihnen aufkommenden Realsteuern die geringsten Vortheile haben würden, an dieser Ueberweisung wesentlich zu vermindern.

Noch ein anderer Umstand trug dazu bei, die Frage der Ueberweisung der Realsteuern an die Kommunalverbände zunächst immer schwieriger zu gestalten: nämlich die Heftigkeit des Parteikampfes, welche bei den Vertretern einer Ueberweisung der Realsteuern an die einzelnen Gemeinden, denen dann natürlich die Gutsbezirke auch in dieser Beziehung gleichgestellt werden mußten, lediglich egoistische Beweggründe anzuerkennen vermochte, und welche dahin führte, daß vielfach nicht mehr die — früher im Zusammenhange mit der Staatssteuerreform — beabsichtigte Aufhebung der staatlichen Realsteuern zum Zweck einer rationellen Gestaltung kommunaler Liegenschafts- und Gewerbesteuern[1]), sondern nur noch eine Ueberweisung zum Zwecke der Beseitigung der kommunalen Zuschläge zu diesen Steuern in das Auge gefaßt wurde.

Charakteristisch ist in dieser Richtung eine Aeußerung[2]) des Fürsten Bismarck in einer Reichstagsrede vom 28. März 1881:

---

[1]) Für diese frühere Auffassung u. A. v. Benda am 14. Febr. 1879. (Verh. d. H. d. Abg. S. 1428): „Eine einfache Ueberweisung der Grund- und Gebäudesteuer, sei es etwa die Hälfte, an die Kommunen, ohne Unterschied, ob sie es brauchen, ob sie es wünschen, ob sie bedürfen, die würde ich gar nicht für wünschenswerth halten; richtig dagegen ist der Gedanke, m. H., den wir hier im Hause ja immer verfolgt haben, daß der Grund und Boden hauptsächlich für die Besteuerung durch die Kommunen sich eignet, uud daß wir bei günstiger Finanzlage an die Regierung mit Recht das Verlangen stellen, daß sie ihre eigne Betheiligung an der Besteuerung des Grund und Bodens aufgiebt und sie den Gemeinden überweist."

[2]) Diese Aeußerung ist insbesondere zur Ergänzung der vom Abg. Rickert in den Verhandlungen des Abgeordnetenhauses vom 18. Nov. 1892 (S. 38, 39) gemachten Citate von Wichtigkeit.

... „dennoch gehöre ich zu denen, welche die Grundsteuer nicht vermindern wollen, und diese Ueberzeugung ist in regierenden Kreisen allgemein; wenn ich sie theile, so kommt das nicht daher, weil ich sie objektiv für richtig halte, sondern daher, weil ich gerade den Entstellungen, die sich an solche Dinge knüpfen, keinen Raum geben will, weil ich die Möglichkeit abschneiden will, daß sogar so scharfsichtige Leute, wie der Herr Abg. Lasker in den Irrthum verfallen, es bestehe bei uns ein Rassen- und Klassenkampf, den gemeinen Mann in Steuerfragen unter die Füße zu treten und von seinem Schweiß die reichen Leute, namentlich die verhaßten großen Grundbesitzer noch reicher zu machen. Diese Entstellungen sind es, die ich befürchte, und weil ich die Neigung zu solchen Insinuationen gerade gegen den Grundbesitz in einem großen Theil unserer politischen Welt, in den meisten derjenigen, die keinen großen Grundbesitz haben, gefunden habe, habe ich aus politischer Vorsicht, nicht aus Ueberzeugung im Staatsministerium stets erklärt: ich willige in keine Verminderung der bestehenden Grundsteuer, aber ich verlange, daß sie wegen der Unverhältnißmäßigkeit, in welcher sie zur Leistungsfähigkeit des Zahlers steht, aufhört Maßstab für Zuschläge zu sein; dadurch wird die alte Ungerechtigkeit in jedem Jahre neu wiederholt, und ich wünsche, daß statt dieser Zuschläge eine Hälfte der Grundsteuer oder mehr, je nachdem das Bedürfniß ist, den Provinzen und Kreisen und mit der Haussteuer den Städten überwiesen werde" ...

So kam es, daß zunächst nur noch die Ueberweisung eines Theiles der Grund- und Gebäudesteuer an irgendwelche Kommunalverbände und ohne organischen Zusammenhang mit der Kommunalsteuerreform in Frage blieb[1]) — eine durch-

[1]) Bezeichnend in dieser Richtung ist die Begründung des unten S. 98 zu erwähnenden Gesetzentwurfes vom Dezbr. 1880, in welchem eine Ueberweisung nicht an die Gemeinden, sondern an die Kreise vorgesehen war (Anlagen Bd. I. S. 1139): „Die unerläßliche Vorbedingung einer direkten Ueberweisung an die Einzelgemeinden wäre die Gleichstellung der Gutsbezirke mit den Gemeinden. Solange die Ersteren gleich den Letzteren kommunale Aufgaben zu erfüllen und kommunale Lasten zu tragen haben, würde eine verschiedenartige Behandlung beider als eine durch Nichts zu be-

aus unklare Lage, welche die Einen in dem Gedanken, daß weitere Ueberweisungen und organische Reformen sich später daran anschließen könnten, Andere aber in dem Hinblick auf einen dadurch, wenn auch noch so mangelhaft gegebenen Anfang der Entlastung überbürdeter Gemeinden, Andere endlich einfach in der Absicht, dem Grundbesitz irgendwie zu Hilfe zu kommen, hinnahmen und je nach sich bietender Gelegenheit in diesem verschiedenartigen Sinne weiter zu entwickeln sich vorbehielten.

Nur die Ueberweisung eines Theiles der Grund- und Gebäudesteuer an die Kommunalverbände fand daher auch Er-

---

gründende Unbilligkeit gegen die Gutsbezirke betrachtet werden müssen. Dagegen steht der Betheiligung dieser Letzteren an dem Ertrage der Klassen- wie der Grund- und Gebäudesteuer das Bedenken entgegen, daß es in der Hand der Inhaber der Gutsbezirke liegen würde, über die ihnen zufließenden Summen willkürlich zu verfügen und dieselben, wenn auch Fälle dieser Art thatsächlich, wie vertraut werden kann, nicht oder doch nur sehr vereinzelt vorgekommen sein würden, in ihrem ausschließlichen Interesse zu verwenden. Außerdem würde die Ueberweisung einer Quote der Grund- und Gebäudesteuer an die Gutsbezirke den Charakter eines individuellen Steuererlasses annehmen können, und als eine Bevorzugung der Eigenthümer selbständiger Gutsbezirke anderen Grund- und Hausbesitzern gegenüber dargestellt werden können.

Wenn schon mit Rücksicht auf die Gutsbezirke der Vertheilung auf die Kreise der Vorzug zu geben ist, so würde andererseits auch durch eine direkte Ueberweisung der Grund- und Gebäudesteuer an die Einzelgemeinden ein der Belastung mit kommunalen Ausgaben und der Billigkeit entsprechendes Theilungsverhältniß zwischen Stadt und Land nicht erzielt werden. Namentlich würden wohlhabende Ackerbaustädte mit größerem Weichbilde im Verhältniß zu Industriestädten mit gleicher Seelenzahl und erheblich höheren Kommunalbedürfnissen unzweifelhaft bevorzugt werden. Ebensowenig erscheint es durchführbar, eine Vertheilung zwischen Stadt und Land in der Art vorzunehmen, daß den Städten die fragliche Quote der Grund- und Gebäudesteuer direkt überwiesen wird, die auf die Landgemeinden entfallenden Beträge dagegen den Kreisen zur Verfügung gestellt werden. Diese Unterscheidung müßte den Gegensatz zwischen Stadt und Land in unerwünschter Weise steigern und die organische Zusammengehörigkeit der zum Kreisverband gehörigen Gemeinden beeinträchtigen, eine gerechte Vertheilung wäre aber auch auf diesem Wege nicht zu erreichen, vielmehr würde schon im Hinblick auf den Mangel an charakteristischen Merkmalen für den Unterschied zwischen kleinen Städten und großen Landgemeinden eine unbillige Bevorzugung der Ersteren eintreten."

währung einerseits in der Erklärung, welche Finanzminister Hobrecht am 14. Februar 1879 (Verhandl. Bd. II. S. 1425) auf Grund Allerhöchster Ermächtigung im Hause der Abgeordneten zur Behebung konstitutioneller Bedenken hinsichtlich der Verwendung der aus der Reichssteuerreform sich ergebenden Erträgnisse machte, und andererseits in der Resolution, welche das Haus der Abgeordneten an demselben Tage (Verh. S. 1440) unter Annahme jener Erklärung hinsichtlich der Verwendung der vom Reich überwiesenen Einnahmen beschloß[1]). Ebenso ist in dem, in Folge dieser Erklärung und Resolution erlassenen Gesetz vom 16. Juli 1880 betr. die Verwendung der aus dem Ertrage der Reichssteuern an Preußen zu überweisenden Geldsummen nur die demnächstige Ueberweisung eines Theiles der Grund- und Gebäudesteuer an die Kommunalverbände in Betracht gezogen.

Zunächst freilich blieb dieser Hinweis auf die demnächstige theilweise Ueberweisung der Grund- und Gebäudesteuer ein todter Buchstabe; und so oft auch noch von verschiedenen Seiten wieder und wieder auf die Nothwendigkeit der Ausführung dieser Zusage hingewiesen wurde,[2]) so brachte doch erst die aus Anlaß der Erhöhung der landwirthschaftlichen (Getreide- und Vieh-) Zölle am 10. Februar 1885 vom Abg. v. Huene mit Unterstützung der Centrumsfraktion beantragte und mit gewissen

[1]) Der Berichterstatter, Abg. Rickert (Verh. S. 1422, 1423), sowie der Abg. Lauenstein (Verh. S. 1426) wiesen bezüglich der Ueberweisung der Grund- und Gebäudesteuer auf die oben (S. 23) erwähnte Resolution von 1872 hin. Letzterer bezeichnete es als eine „Thatsache, daß überall in Stadt und Land sich in energischer Weise die Agitation für die Ueberweisung der Grund- und Gebäudesteuer an die Kommunalverbände bemerklich macht" und begrüßte die seit dem Ausscheiden des Finanzministers Camphausen (März 1878 veränderte Haltung der Staatsregierung gegenüber der Frage der Ueberweisung. (vgl. oben S. 23. 25.)

[2]) Aus der Literatur zu erwähnen: Ph. Gerstfeldt. Städtefinanzen in Preußen. 1882. S. 3. 4. 88 flg. (für Ueberweisung sowohl der Grund- und Gebäudesteuer als der Gewerbesteuer an die Gemeinden, — nicht aber auch an die Gutsbezirke, sondern insoweit an die Kreise). – Gegen den Verzicht des Staates auf die Realsteuern: Schäffle. Die Grundsätze der Steuerpolitik. 1880. S. 561. 577. 585.

Aenderungen zum Gesetz erhobene sog. lex Huene, d. h. das Gesetz vom 14. Mai 1885, betr. Ueberweisung von Beträgen, welche aus landwirthschaftlichen Zöllen eingehen, an die Kommunalverbände, den Anfang einer Ueberweisung von Staatsmitteln an Kommunalverbände (Kreise); freilich nicht in der bisher meist in das Auge gefaßten einfachen Form der Ueberweisung eines Theiles der in den einzelnen Verbänden aufkommenden Grund- und Gebäudesteuer, sondern in Folge des Wunsches, den ärmeren und stärker bevölkerten Gegenden ein gewisses Mehr zuzuweisen zu einem Drittel nach der Civilbevölkerung und zu zwei Dritteln nach dem Maßstab der Grund- und Gebäudesteuer, und in Abhängigkeit von dem jeweiligen Ertrage der landwirthschaftlichen Zölle.

Die in den Verhandlungen des Hauses der Abgeordneten gemachten Versuche, an Stelle dieser schwankenden Beträge entweder eine feste Summe (Antrag Frhr. v. Zedlitz: 20 Mill. Mk.) oder einen bestimmten Theil ($3^1/_2$ Monatsraten) der Grund- und Gebäudesteuer (Antrag Ludowieg-Enneccerus) treten zu lassen, waren erfolglos [1]).

Die in Folge dieses Gesetzes den Kreisen zufließenden Summen blieben in den ersten Jahren unerwartet niedrig, wuchsen aber demnächst in Folge ungünstiger Ernten und weiterer Zollerhöhung (durch das Gesetz vom 21. Dezember 1887) zu sehr beträchtlicher Höhe; sie betrugen nämlich

für das Rechnungsjahr	1885/86	4 002 116	Mk.
" " "	1886/87	6 180 442	"
" " "	1887/88	13 723 621	"
" " "	1888/89	29 585 255	"
" " "	1889/90	47 364 921	"
" " "	1890/91	47 251 622	"
" " "	1891/92	57 035 130	"

Die übeln Wirkungen der schwankenden Beträge und die Mängel, welche sich in Folge der Unbestimmtheit der Vor-

1) Ueber die parlamentarische Geschichte der lex Huene, insbesondere ihre Motive und die zahlreich gestellten Abänderungsanträge siehe Herrfurth und Noell, Kommunalabgabengesetz. 2. Aufl. 1888. S. 197—222.

schriften in der Verwendung der den Kreisen zufließenden Mittel vielfach herausstellten, veranlaßten — im Zusammenhang mit anderen Momenten — den Abg. v. Huene schon im März 1889 zu einem neuen Gesetzesvorschlag, durch welchen — an Stelle dieser durch das Gesetz vom 14. Mai 1885 geordneten Ueberweisungen — vorbehältlich demnächstiger weiterer Ueberweisungen zunächst die halbe Grund- und Gebäudesteuer an die Kommunalverbände, und zwar im Osten an die Kreise und im Westen an die Gemeinden, überwiesen und zugleich bestimmt werden sollte (§ 5), daß die Grund- und Gebäudesteuer hinfort mit Kommunalsteuerzuschlägen nicht belastet werden dürfe. In der Begründung war u. a. darauf hingewiesen, daß die Mängel dieser Steuern, soweit sie in der Ungleichheit der Veranlagung liegen, durch solche Ueberweisung im Umfange derselben beseitigt würden: die volle Ueberweisung freilich werde es erst ermöglichen können, besondere kommunale Liegenschaftssteuern auszubilden — was nothwendig sei.

Der Antrag kam jedoch wegen unerwartet frühen Schlusses des Landtages (am 30. April 1889) über die erste Lesung nicht hinaus.

Inzwischen hatte sich die Stellung der Staatsregierung zu der Frage der Ueberweisung der Realsteuern wesentlich geändert; ehe indessen hierauf eingegangen werden kann, wird wenigstens in aller Kürze der zahlreichen — meist ergebnißlosen — gesetzgeberischen Versuche auf dem Gebiete der Steuerreform in den Jahren 1880—1885 zu gedenken sein.

Nachdem unter dem Finanzminister Bitter, welcher im Juli 1879 an Hobrechts Stelle getreten war, in Ausführung der oben S. 95 erwähnten Erklärung das Verwendungsgesetz vom 16. Juli 1880, welches einen je nach der Höhe der vom Reich überwiesenen Summen wechselnden Erlaß an Klassen- und Einkommensteuer vorsah, erlassen war, wurde durch das Gesetz vom 10. März 1881, betr. den dauernden Erlaß von Klassen- und klassifizirter Einkommensteuer festgestellt, daß 3 Monatsraten der Klassensteuer und der 5 unteren Stufen der klassifizirten Einkommensteuer dauernd außer Hebung bleiben sollten. Dagegen führte ein in der Session 1879/80 eingebrachter Gesetzentwurf wegen Einführung einer kommunalen Schanksteuer ebensowenig zu einem Ergebnisse als die Versuche, zu den im Dezember 1880 und März 1882 vorgelegten Gesetzentwürfen über die Verwendung[1]) der in Folge weiterer Reichssteuerreformen vom Reich an Preußen zu überweisenden Geldsummen die Zustimmung des Landtages zu gewinnen.

Der im Juni 1882 an seine Stelle tretende Minister Scholz wiederholte zunächst den Versuch, durch einen im November 1882 vorgelegten Gesetzentwurf eine Aufhebung der 4 untersten Stufen der Klassensteuer — unter Deckung des Ausfalles durch eine Lizenzsteuer (Besteuerung des Vertriebes von geistigen Getränken und Tabaksfabrikaten) —, zu erreichen, stieß aber gleichfalls auf entschiedenen Widerstand hinsichtlich der 3. und 4. Stufe (900—1200 Mk.).

Das Ergebniß der Verhandlungen war das Gesetz vom 26. März 1883, in welchem die beiden untersten Stufen der Klassensteuer aufgehoben, das Gesetz vom 10. März 1881 wieder beseitigt und einige andere Abänderungen der Klassen- und Einkommensteuer (insbesondere Aufhebung der Kontingentirung der ersteren) getroffen wurden. Zugleich sah sich — gegenüber dem auf allen Seiten wachsenden Bedürfniß, die durch Steuererlasse veränderte und durch den unausgetragenen Widerstreit der Anschauungen erschütterte Einkommensteuer endlich zu einer abschließenden Neugestaltung zu bringen —, das Haus der Abgeordneten veranlaßt, durch eine Resolution (vom März 1883) seinen Standpunkt näher und zwar dahin darzulegen: Freilassung der Einkommen bis 900 Mk.; Degression des Tarifes und Berücksichtigung besonderer Verhältnisse von 6000 Mk. an abwärts; Deklarationszwang; höhere Besteuerung des Einkommens aus Kapitalvermögen, sei es im Rahmen der Einkommensteuer, sei es auf andere Weise.

---

[1]) Die Klassensteuer sollte — vgl. oben S. 50 — in den 4 untersten Stufen außer Hebung gesetzt, in den oberen den Kreisen überwiesen werden, ebenso auch den Kreisen die halbe Grund- und Gebäudesteuer. Vgl. oben S. 93, 94.

Die Staatsregierung legte nunmehr in der folgenden Session im Dezember 1883 Gesetzentwürfe

1. über eine allgemeine Einkommensteuer, in welcher namentlich die Besteuerung der Aktien-Gesellschaften, eine rationellere Gestaltung des Steuertarifes, eine weitergehende Berücksichtigung der persönlichen Leistungsfähigkeit und ein verbessertes Veranlagungsverfahren, jedoch kein allgemeiner Deklarationszwang vorgesehen war,
2. wegen Einführung einer Kapitalrentensteuer zur Ergänzung des Systems der Ertragssteuer und zugleich — in Folge mehrfacher im Hause der Abgeordneten ergangener Anregungen (Anträge Stengel, Nr. 84 und Grumbrecht, Nr. 102 von 1881/82, Interpellation Stengel, Nr. 28 von 1883/84 —
3. betr. Ergänzung und Abänderung einiger Bestimmungen über Erhebung der auf das Einkommen gelegten direkten Kommunalabgaben[1]) vor.

---

[1]) In der allgemeinen Begründung zu diesem Gesetzentwurf heißt es u. a.: „Inzwischen — d. h. nach den Vorlagen von 1877, 78, 79 (oben S. 53) — ist eine umfassende Reform der staatlichen Steuergesetzgebung in Aussicht genommen worden, durch welche mannigfache Rückwirkungen auf die Finanz- und Besteuerungsverhältnisse der Gemeinden bedingt sind.

Sodann ist beabsichtigt, Staatsmittel zur Verwendung für kommunale Zwecke bereit zu stellen und diese Maßnahme, der Ankündigung der Allerhöchsten Thronrede vom 14. November 1882 entsprechend, in unmittelbarer Verbindung mit einer organischen Neuordnung des Kommunalsteuerwesens eintreten zu lassen.

Die Königliche Staatsregierung ist bestrebt, einen auf den so veränderten Grundlagen in Vorbereitung begriffenen anderweiten Entwurf eines allgemeinen Kommunalsteuergesetzes baldthunlichst zum Abschluß zu bringen.

Wenn nun nichtsdestoweniger in der gegenwärtigen Vorlage noch jetzt die Neuregelung gewisser Theile der Kommunalsteuergesetzgebung beabsichtigt wird, so ist hierfür die immer unabweislicher hervorgetretene Dringlichkeit gerade der betreffenden einzelnen Punkte bestimmend gewesen, und kann im Uebrigen dieser Weg nur unter dem Vorbehalte eingeschlagen werden, daß in dem demnächst zu vereinbarenden allgemeinen Kommunalsteuergesetze auch die jetzt vorab zu regelnden Punkte nach anderweiter, dann im Zusammenhange der Gesammtmaterie vorzunehmender Erwägung Berücksichtigung und definitive Feststellung finden."

Der erstgenannte Entwurf, in welchem trotz der erwähnten Resolution wiederum die Aufhebung der untersten Stufen bis 1200 Mk. vorgesehen war, gelangte im Hause der Abgeordneten ebensowenig wie der zweite zu einer Beschlußfassung, während der dritte zwar im Abgeordnetenhause durchberathen und mannigfach verändert wurde, aber im Herrenhause nicht mehr zur Erledigung kam.

In der Thronrede der folgenden Session (1884/85) war zwar die Wiedereinbringung der beiden erstgenannten Gesetzentwürfe angekündigt, doch nahm die Staatsregierung Abstand von derselben, nachdem sie sich durch eingezogene Erkundigungen davon überzeugt hatte, daß das Haus der Abgeordneten auch jetzt noch nicht bereit sein würde, in eine Aufhebung der untersten Stufen der Klassensteuer bis zu einem Einkommen von 1200 Mk. zu willigen.

Dagegen lag die Wiedereinbringung des drittgenannten Gesetzentwurfes nicht in der Absicht der Regierung, da sie fürchtete (Erklärung vom 28. Jan. 1885. Verh. S. 197), daß der von ihr in Aussicht genommene, auf erweiterter Grundlage aufzustellende Gesetzentwurf durch die Bestimmungen jenes „Kommunalsteuer-Nothgesetzes" in nicht unbedenklicher Weise präjudizirt werden könnte. Nachdem indessen die Abg. v. Huene, Dr. Lieber und Genossen den Gesetzentwurf in der vom Abgeordnetenhause im Vorjahr beschlossenen Fassung wieder eingebracht und beide Häuser des Landtages sich über eine — vom Herrenhause mehrfach geänderte — Fassung geeinigt hatten, trat auch die Staatsregierung diesen Beschlüssen bei, und das Kommunalsteuer-Nothgesetz wurde als Gesetz, betr. Ergänzung und Abänderung einiger Bestimmungen über Erhebung der auf das Einkommen gelegten direkten Kommunalabgaben unter dem 27. Juli 1885 Allerhöchst vollzogen.[1])

---

[1]) Ueber den provisorischen Charakter dieses Gesetzes bemerken Herrfurth und Noell in ihrem mehrgenannten Kommentar (S. 12, 13): „Wenn dieses Gesetz in den Diskussionen in beiden Häusern des Landtages als „Kommunalsteuer-Nothgesetz" bezeichnet worden ist, so findet diese Benennung ihre Rechtfertigung, wie auch die Begründung zu der Regierungsvorlage von 1883/84 (Drucks. Nr. 104) hervorhebt, einestheils in dem Umstande, daß die

Die finanzielle Wirkung des Gesetzes bestand darin, daß durch die Ausdehnung der subjektiven Steuerpflicht auf die Kommanditgesellschaften auf Aktien und diejenigen eingetragenen Genossenschaften, deren Geschäftsbetrieb über den Kreis ihrer Mitglieder hinausgeht, für alle Gemeinden, und durch Uebertragung des Rechtes zur Besteuerung der Forensen, Aktiengesellschaften auf diejenigen Gemeinden, denen ein solches Recht bisher nicht zustand, für die letzteren eine Reihe neuer Steuerquellen eröffnet wurde, deren Jahresertrag überschläglich auf 2 Millionen Mark berechnet worden ist.[1]) Für manche Gemeinden brachten freilich einzelne Bestimmungen des Gesetzes, insbesondere die, die Besteuerung der Staats-

immer unabweislicher hervorgetretene Dringlichkeit der Neuregelung gewisser Theile der Kommunalsteuer-Gesetzgebung eine längere Verschiebung als unthunlich erscheinen ließ, andererseits in dem diesem Gesetze ausdrücklich beigelegten provisorischen Charakter, da nach den Worten der bezeichneten Motive: „im Uebrigen dieser Weg nur unter dem Vorbehalte eingeschlagen werden kann, daß in dem demnächst zu vereinbarenden allgemeinen Kommunalsteuergesetze auch die jetzt vorab zu regelnden Punkte nach anderweiter, dann im Zusammenhange der Gesammtmaterie vorzunehmender Erwägung Berücksichtigung und definitive Feststellung finden". Dieser provisorische Charakter der Bestimmungen des Kommunalsteuer-Nothgesetzes und der Vorbehalt einer anderweiten Regelung bei Erlaß eines definitiven Gemeindeabgabengesetzes ist sowohl in dem Texte des Gesetzes im § 1 Absatz 1 und in der Begründung auf S. 9, Absatz 4 bezüglich der kommunalen Einkommensbesteuerung des Staatsfiskus ausdrücklich hervorgehoben, als auch bei der Diskussion desselben für eine Reihe von Fragen — namentlich hinsichtlich des Abzugsrechts der Aktionäre, Kommanditisten und Gewerken, hinsichtlich der Ansprüche von Nachbargemeinden auf Ueberweisung eines Antheils an der Steuer solcher Unternehmungen, deren Betrieb eine erhebliche Steigerung ihrer Gemeindeabgaben verursacht u. s. w. — betont worden. Andererseits ist man unzweifelhaft aber davon ausgegangen, daß die Mehrzahl der Bestimmungen dieses Nothgesetzes, insbesondere die Vorschriften über die Einkommensbesteuerung der Aktiengesellschaften, mit Einschluß der Privateisenbahnen, der Kommanditgesellschaften auf Aktien, der Bergwerkschaften und eingetragenen Genossenschaften, ferner die Vorschriften über die Vermeidung der Doppelbesteuerung und über das Steuerdomizil der Beamten nur eine Antizipirung der definitiven Regelung durch ein umfassendes Gemeindeabgabengesetz enthalten und bei der letzteren unverändert beibehalten werden sollen, soweit nicht etwa durch die Erfahrungen bei deren praktischer Ausführung sich in einzelnen Punkten die Nothwendigkeit einer Abänderung oder Ergänzung ergeben möchte."

[1]) Herrfurth und Noell a. a. O. S. 13.

eisenbahnen regelnden §§ 5 und 7 auch Mindereinnahmen von nicht unerheblichem Umfang.

Wichtiger aber war, daß durch dieses Gesetz „eine Reihe der bestrittensten Punkte auf dem Gebiete des Gemeindeabgabenwesens in einer den Bedürfnissen der Gemeinden und den Interessen der Verwaltung entsprechenden Weise einheitlich und gleichmäßig für den ganzen Umfang der Monarchie (mit alleiniger Ausnahme der Hohenzollernschen Lande) geregelt, und daß für die Ausübung der Steuerberechtigung der Gemeinden und weiteren Kommunalverbände eine feste Grundlage gewonnen" [1]) wurde, wenn auch das neue Gesetz — was bei der schwierigen und verwickelten Natur seines Gegenstandes kaum zu verwundern ist — sich alsbald wieder zu einer wahren Brutstätte neuer Kontroversen entwickelte.

Mit diesem, gegen die eigentliche Absicht der Staatsregierung zu Stande gekommenen Gesetze waren zunächst die Versuche gesetzgeberischer Steuerreform äußerlich abgeschlossen. Wenn aber auch die Staatsregierung in den nächsten Jahren keine neuen Steuerentwürfe vorlegte, so bewiesen gelegentliche Aeußerungen ihrer Vertreter, daß sie die Steuerreform nach wie vor als eine dringliche auffaßte, und daß gerade die bisher fehlgeschlagenen Versuche, insbesondere der gescheiterte Versuch der Einführung einer Kapitalrentensteuer sie zu der Ueberzeugung geführt hatten, daß nur eine, in großem Stil unternommene Reform der gesammten direkten Staats- und Kommunalsteuern wirkliche Erfolge und Lösungen gewähren könne; und es ist von großem Interesse, wie nunmehr in Folge dieser tieferen Erfassung der Aufgabe alsbald wieder der alte Gedanke der Ueberweisung der gesammten Grund- und Gebäudesteuer an die Gemeinden sich in den Vordergrund drängt.

Es wird daher nicht unangemessen sein, zur Charakterisirung dieser neuen Wendung der Angelegenheit einige Aeußerungen des Finanzministers v. Scholz hier ausführlich wiederzugeben:

„Das Wort Defizit muß für unsere Etatsaufstellung wieder, wie in früheren Zeiten, ein ganz unbekanntes Ding

[1]) Herrfurth und Noell a. a. O. S. 13.

werden. (Rufe links: Ja wohl!) Die spröde und karge Hand, die wir allen neuen und Mehrbedürfnissen gegenüber obenein so lange wie möglich ganz verschlossen halten müssen und die, wenn die Fälle dann hier in dem Hause zur Sprache kommen, meist auch Ihrem Bedauern, oft genug Ihren Vorwürfen begegnet, — ich sage, die spröde und karge Hand muß wieder eine freudiger und reichlicher gebende werden gegenüber allen Ihres Beifalls gewissen Wünschen nach Förderung unserer wirthschaftlichen und Wohlfahrts-einrichtungen, nach sorglicherer Pflege und Mehrung des Besitzes unserer Nation an idealen Gütern. Und weit hinaus über diesen verhältnißmäßig geringfügigen Mehrbedarf für unseren bisherigen Etat müssen wir zur Entlastung der hart bedrückten und bedrängten Kommunen (hört! hört! rechts) und zur Herstellung eines dauernd befriedigenden direkten Steuerwesens reichliche Mittel verfügbar werden sehen, welche es der Landesgesetzgebung gestatten, einen erheblichen Theil, ich meine die Hälfte der Schullasten, auf die Staatskasse zu übernehmen (Bravo! rechts), die ganze Grund- und Gebäudesteuer den Kommunen zu überweisen (hört! hört! ach!), dafür aber auch die besonders hart und ungerecht treffenden Zuschläge zu diesen Steuern aus der Welt zu schaffen (Bravo! rechts) und besser, als dies nach dem aussichtslos gebliebenen Versuch vorläufig nur geplant werden konnte, die Reform der Klassen- und Einkommensteuer, in Verbindung mit der Gewerbesteuer dahin zu führen, daß fortan nur noch eine einheitliche Einkommensteuer mit 3 Prozent vom fundirten Einkommen, mit einem geringeren Satze vom unfundirten zu erheben bleibt." (Haus der Abg. 16. Jan. 1886. Verhdl. S. 19.) — vgl. unten S. 177. A. zu Nr. 15. — Ferner:

„Der Herr Abgeordnete von Rauchhaupt hat in ausführlicher Weise, so daß ich darauf nicht näher einzugehen brauche, die Schwierigkeit dargelegt, welche das Bestehen, welche die Beibehaltung unserer Grund-

und Gebäudesteuer einer rationellen Reform unserer direkten Staatssteuern entgegenstellt. Denn, meine Herren, ich bin ja wesentlich einverstanden mit dem, was Herr von Rauchhaupt in dieser Beziehung gesagt hat; aber Herr von Rauchhaupt wird sich auch wahrscheinlich der Sorge nicht verschließen: die Kapitalrentensteuer hat ihre großen Gegner und sie wird nicht leicht — das haben wir aus den damaligen Verhandlungen gesehen — dieser Gegnerschaft zu entwinden sein; es ist ohne Zweifel, daß wieder die Forderung kommt: das „fundirte" Einkommen soll es sein, nicht blos das Einkommen aus mobilem Kapital. Deshalb, meine Herren, war die Staatsregierung der Meinung: wenn Sie ihr folgten auf dem Wege, den sie ja so lange schon als ihre Absicht kund gethan hat, wenn Sie mitwirkten, daß wir endlich dazu kommen könnten, die Grund- und Gebäudesteuer erst den Kommunalverbänden zu überweisen, dann wäre der Weg zu einer befriedigenden Gestaltung der direkten Steuern geebneter, weil es dann leichter möglich sein würde, das fundirte und unfundirte Einkommen in einer gerechten und billigen Weise zu berücksichtigen, — ich sage, dann wäre der Weg so erleichtert, daß auf allen Seiten die Hoffnung gehegt werden könnte, wir werden zum Ziel gelangen. So lange die besondere Ertragssteuer vom immobilen Besitz in Form der Grund- und Gebäudesteuer als Staatssteuer bestehen bleibt, meine Herren, fürchte ich, werden, abgesehen von den von mir vorhin erwähnten Nebenpunkten, in der Hauptsache noch leider solche große Schwierigkeiten bestehen, daß eine Einigung weiterer Kreise, wie sie für ein neues Steuergesetz, namentlich für eine Reform der direkten Steuern wünschenswerth und nothwendig ist, als zweifelhaft erscheint." (Haus der Abgeordneten, 12. Mai 1887. S. 1211.)

Endlich:

„Ich habe geglaubt, daß gegen unseren Grundsatz, den wir immer vertreten haben: Ueberweisung der ganzen Grund- und Gebäudesteuer an die Gemeinden, theoretische Bedenken nicht zu erheben sind; ich möchte vielmehr meinen, daß es ganz auf der Hand liegt, die Grund- und Gebäudesteuer kann nur nach der Ueberweisung in einer wirklich gedeihlichen und befriedigenden Weise fortbestehen. So lange sie als Statssteuer noch aufrecht erhalten wird, insbesondere die Grundsteuer, wachsen von Jahr zu Jahr die Klagen, und zwar mit Recht, über das Unzutreffende und Auseinandergehende der ursprünglichen Veranlagung mit den wirklichen Verhältnissen. Diese Klagen werden Sie nie verstummen machen, und doch würde ich der Letzte sein, der dazu riethe, an eine Neuregelung der Grundsteuer für den ganzen Staat zu gehen; die vernünftige Regelung der Grundsteuer kann nur innerhalb kleiner Kreise vorgenommen werden. Es ist ja der Zweck der Ueberweisung der ganzen Grund- und Gebäudesteuer, daß das möglich werden soll Die Zuschläge zu dieser Grund- und Gebäudesteuer sollen aufgehoben werden. Das bedeutet noch nicht — ich glaube, der erste Herr Redner von dieser (rechten) Seite hat das schon ausgeführt — daß der Grundbesitz im Gemeindeverhältniß zu Ungunsten der nicht angesessenen Gemeindebürger sollte entlastet werden, sondern es bedeutet nur, daß gesunde und vernünftige Steuerverhältnisse in den einzelnen Kommunalverbänden sollen hergestellt werden können . . .

Aber ich möchte doch meinerseits ausdrücklich hervorheben, meine Herren: es ist etwas Anderes: Verwendung von Staatseinnahmen zu irgend welchen Erleichterungen oder direkten Zwecken im Lande, und Ueberweisung von Steuern. Eine Ueberweisung von Steuern kann unmöglich nach einem anderen Maßstabe je in Aussicht genommen werden als nach demjenigen, nach dem sie aufkommen. Die Ueberweisung gilt in diesem Falle für die Staatskasse als dasselbe wie die Aufhebung. Die Aufhebung wäre doch an sich zweifellos im Interesse aller Betheiligten das Rationellste und zugleich das Gerechteste, was geschehen könnte; dann würde eben jeder das Seinige behalten (hört! hört! rechts). Nach einem anderen Grundsatz könnte man doch niemals an die Aufhebung einer Steuer denken, sondern immer nur nach diesem Grundsatz. Die Aufhebung wollen wir nun aber aus den bekannten Gründen nicht, sondern wir setzen an deren Stelle die Ueberweisung, um ja eben die Möglichkeit zu geben, nach der Ueberweisung in den engeren Verbänden die rationelle Reform an deren Stelle treten zu lassen, und diese Ueberweisung kann nur geschehen in denselben Modalitäten, wie die Steuer selbst aufgebracht wird." (Haus der Abgeordneten 27. März 1889. S. 1327.)

Wie hiernach die Staatsregierung selbst die wachsende Dringlichkeit einer umfassenden Steuerreform und zwar unter Ueberweisung der Grund- und Gebäudesteuer fortgesetzt anerkannte, so erklärten auch die Parteien wieder und wieder diese Reform für durchaus nothwendig und unaufschieblich; und als ein Namens der konservativen Partei im Frühjahr 1887 gestellter Antrag Althaus die Reform der Klassen- und Einkommensteuer, eine Kapitalrentensteuer und Reform der Gewerbesteuer verlangte, wurde am 12. Mai 1887, nachdem Finanzminister v. Scholz die S. 105 abgedruckten Erklärungen auch über die Nothwendigkeit gleichzeitiger Ueberweisung der gesammten Grund- und Gebäudesteuer an die Gemeinden abgegeben hatte, eine von Freikonservativen, Centrum und Nationalliberalen eingebrachte Tagesordnung angenommen, durch welche

„in Erwägung, daß von allen Parteien des Hauses die Bereitwilligkeit zur Mitarbeit bei der Reform des direkten Staatssteuersystems ausgesprochen ist,

in Erwägung ferner, daß die weitere Ausbildung der indirekten Steuern im Reich die Reform des direkten Steuersystems in Preußen im Sinne einer gerechten Vertheilung der Steuerlast einerseits zur unabweisbaren Voraussetzung macht, andererseits dieselbe erleichtert, und

> in der Erwartung, daß die Kgl. Staatsregierung mit entsprechenden Vorlagen vorgehen wird,"

die im Antrage Althaus enthaltene Beschränkung beseitigt und die Mitarbeit an einer umfassenden Reform zugesagt wurde. Und bezüglich der Ueberweisung beschloß das Haus der Abgeordneten am 14. April 1888 (Verh. S. 1086):

> „die Kgl. Staatsregierung zu ersuchen, mit der Ueberweisung der Grund- und Gebäudesteuer an die Kommunalverbände, unter Regelung des Zuschlagswesens, baldmöglichst vorzugehen,"

während das Herrenhaus, welches sich schon am 23. März 1886 (Verh. S. 126) dahin ausgesprochen hatte,

> „daß sich die Aufhebung der Grund- und Gebäudesteuer zwar nicht empfehle, daß dagegen die Ueberweisung der vollen Grund- und Gebäudesteuer an die Kreise bezw. Gemeinden ein dringendes Bedürfniß sei und eine wesentliche Verbesserung des Staats-, wie des Kommunalsteuersystems herbeizuführen geeignet erscheine,"

in der Sitzung vom 13. Mai 1887 (Verh. S. 243) zu der Reformfrage in gleichem Sinne Stellung nahm.

Auch die Wahlaufrufe der Parteien zur Neuwahl im Herbst 1888 betonen die Nothwendigkeit einer Reform der direkten Steuern noch dringender wie bisher und fordern mehr oder weniger bestimmt — am schärfsten verlangt der Aufruf der freikonservativen Partei vom 20. September 1888 Organisation der inneren Verwaltung (Landgemeinden) und Ueberweisung der Grund- und Gebäudesteuer an Kommunalverbände[1]) und damit die Beseitigung

---

[1]) Publizistisch wurden die alten Forderungen (vgl. oben S. 4, 5, 14 ff., 33 ff.) insbesondere von Delbrück in den Preußischen Jahrbüchern immer wieder betont. Vgl. 1884. Bd. 53. S. 205, wo er als „Wurzel des Uebels die Okkupirung der Realsteuern durch den Staat auf der einen, die Belastung der Kommune mit der ganzen Schullast auf der anderen Seite" bezeichnet und „Grund, Gebäude und Gewerbe die richtigen Objekte der Kommunalbesteuerung" nennt, „weil sie untrennbar mit der Kommune, also auch mit ihrem Wohl und Wehe verbunden sind". 1885. Bd. 55. S. 354. „Radikale Reform: Ueberweisung der ganzen Grund- und Gebäudesteuer." 1887. Bd. 60. S. 117. „Das Wichtigste — immer die Reform der Kommunalsteuern. Das

der Ueberbürdung von kommunalen Zuschlägen — die Ueberweisung der ganzen Grund- und Gebäudesteuer oder eines Theiles derselben.

Die Staatsregierung arbeitete nunmehr unausgesetzt an der Fertigstellung entsprechender Gesetzentwürfe; da dieselben aber trotz wiederholter Ankündigung nicht zur Vorlage an den Landtag gelangten, so mag es hier genügen, eine hierauf bezügliche Stelle der Thronrede vom 15. Januar 1890 zu erwähnen, in welcher es heißt: „Der für die vorige Session in Aussicht gestellte Gesetzentwurf, welcher die bisherige Klassen- und Einkommensteuer in eine einheitliche Einkommensteuer umzugestalten und weitere Reformen auf dem Gebiete der direkten Steuern vorzubereiten bestimmt war, sollte die bestehende Grund- und Gebäudesteuer zunächst unberührt lassen. Im Landtage vorweg geführte Verhandlungen ließen jedoch erkennen, daß auf die seit geraumer Zeit beabsichtigte Ueberweisung von Grund- und Gebäudesteuer an die Kommunalverbände der größere Werth gelegt und deren unmittelbare Verwirklichung zunächst erstrebt würde[1]). Die Regierung

System ist so einfach, die Realsteuern gehören den Kommunen." S. 119. „Das falsche Kommunalsteuersystem ist aber nicht als eine Schöpfung politischer Ungeschicklichkeit zu betrachten, sondern noch als eine Erbschaft aus der Kleinstaaterei. So Großes der Zollverein geleistet hat, so war er doch nicht im Stande, die eigentlichen Kernsteuern des indirekten Steuersystems, Tabak- und Branntwein-Steuer genügend auszubilden. Die Folge war, daß in Preußen der Staat die Grund-, Gebäude- und Gewerbesteuer für sich behielt, statt sie den Kommunen zu geben." 1890. Bd. 65. S. 499. Nothwendig, „daß der Staat Grund-, Gebäude- und Gewerbesteuer den Gemeinden überläßt und ihnen befiehlt, dafür ebensoviel Zuschläge zur Klassen- und Einkommensteuer fallen zu lassen." S. 500. „Daß die Realsteuern die wahren Kommunalsteuern sind, sollte eigentlich nicht mehr besonders gesagt zu werden brauchen." 1890. Bd. 66. S. 37. „Wir haben uns von je ausgesprochen gegen die Kapitalrentensteuer, für eine Erbschaftssteuer, für die volle Ueberweisung nicht blos der Grund- und Gebäudesteuer, sondern auch der Gewerbesteuer an die Gemeinden zum Zweck der Ausbildung eines besonderen Kommunalsteuersystems an Stelle der Zuschläge zu den Staatssteuern."

[1]) Vgl. hierzu den oben S. 97 erwähnten Antrag v. Huene und dessen Begründung.

Seiner Majestät des Kaisers und Königs hat daraus Veranlassung genommen, den Rahmen der Vorlage dergestalt zu erweitern, daß beide Angelegenheiten — die Reform der Einkommensteuer und die Ueberweisung von Realsteuern an die Kommunalverbände — mit einander verbunden und gleichzeitig zur Erledigung gebracht werden können. Eine entsprechende Vorlage wird vorbereitet."

Ehe jedoch diese Vorlage eingebracht wurde, schied Fürst Bismarck am 20. März 1890 und bald nach ihm Finanzminister v. Scholz aus dem Amt.[1])

Ueber die dem am 24. Juni 1890 zum Nachfolger des letzteren ernannten Minister Dr. Miquel zufallenden Aufgaben bemerkte Delbrück in den Preußischen Jahrbüchern 1890 Bd. 66 S. 98. 99: Er „soll in erster Linie die direkten Steuern in Preußen reformiren. Diese Aufgabe kann in doppelter Weise angegriffen werden: entweder indem man das jetzige Einkommen- und Klassensteuer-System in sich verbessert, oder indem man ein ganz neues Steuersystem schafft, die Realsteuern den Gemeinden überweist und dem Staat dafür andere Quellen erschließt. Der letztere Vorsatz postulirt gleichzeitig eine Reform der Landgemeinde-Ordnung. Wir nehmen von vornherein an, daß Miquel den größeren Plan in das Auge faßt; aber es ist eine Aufgabe von einer unglaublichen Schwierigkeit."

II. Das Kommunalabgabengesetz vom 14. Juli 1893 und seine Stellung innerhalb des Reformwerkes von 1890/93.

1. Die Gesetzgebung von 1890/91.

Die bisherigen Erörterungen haben die auf dem Gebiete der direkten Staatssteuern wie der Kommunalsteuern zu lösenden Aufgaben ihrem Inhalt sowohl als ihrer wachsenden Dringlichkeit nach wieder und wieder hervortreten lassen. Die Neugestaltung der Einkommensbesteuerung unter stärkerer Belastung des fundirten Einkommens gegenüber dem Arbeitseinkommen erschien dabei als diejenige Forderung, hinsichtlich welcher mehr und

---

[1]) Vgl. über „die Periode von 1874—1890" Ad. Wagner in Schanz' Finanzarchiv VIII. 1891. S 564—579 und über die Zeit 1870—1873 S. 562—564.

mehr ein allgemeines Einverständniß erzielt war — vgl. S. 23, 31, 34, 98, 104 —; daneben war die Nothwendigkeit einer Reform der Gewerbesteuer, im Hinblick auf ihre veraltete und mit der gewerblichen und wirthschaftlichen Entwicklung überall in Widerspruch stehende Veranlagung sowie ihre Unbrauchbarkeit für die Kommunalbesteuerung allgemein anerkannt[1]); ferner hatte sich hinsichtlich der Ueberweisung der Grund- und Gebäudesteuer an Kommunalverbände wenigstens insofern eine Uebereinstimmung zwischen Staatsregierung und Landtag gebildet, als eine solche Ueberweisung in den letzten Jahren von beiden Seiten in vollem Umfange für erforderlich erklärt war (S. 103–105, 107), während über alle Einzelheiten die Ansichten noch auseinandergingen[2]).

Zugleich sind aber aus den vorhergehenden Erörterungen auch die der Lösung dieser Aufgaben entgegenstehenden Schwierig-

[1]) Vgl. hierüber oben S. 19, 37, 42, 69, 71 die Kritik des Abg. Miquel im Abg.-H. am 8. Novbr. 1879 und Frhr. v. Zedlitz, Die direkten Steuern in Preußen in den Preuß. Jahrbüchern 1879, Bd. 44, S. 145–149.

[2]) „Aber eine völlige Klärung der Anschauungen war noch nicht gewonnen. Dies gielt insbesondere von der Forderung der Ueberweisung der staatlichen Grund- und Gebäudesteuer an Kommunalverbände. So häufig ein derartiges Verlangen im Landtage, in öffentlichen Versammlungen, in der Presse, in Petitionen u. s. w. gestellt und erörtert worden ist so war doch mit dieser Forderung eine ganz klare Vorstellung über die Bedeutung, die Tragweite und die Art der Ausführung der Ueberweisung nicht verbunden. Unbestimmt blieb namentlich, ob die Ueberweisung eine Dotirung von Kommunalverbänden aus dem Ertrage der staatlichen Grund- und Gebäudesteuer, oder einen Verzicht des Staates auf diese Steuern darstellen, ob im letzteren Falle die Erhebung der vom Staate aufgegebenen Steuern eine Verpflichtung der Kommunalverbände bilden, oder in deren Belieben gestellt werden solle. Unbeantwortet blieb weiter die Frage, an welche Kommunalverbände und nach welchem Vertheilungsmaßstabe die Ueberweisung in dem einen oder dem anderen Sinne zu erfolgen habe, und für welche Zwecke die Mittel zu verwenden seien. Noch weniger Klarheit herrschte endlich über die Rückwirkungen der sogenannten Ueberweisung von Grund- und Gebäudesteuer auf das gesammte Ertragssteuersystem des Staates. Kurz, die Forderung der Ueberweisung von Grund- und Gebäudesteuer an Kommunalverbände hatte sich im Laufe der Jahre mehr zu einem, die allgemeinere Richtung der Reform andeutenden Schlagworte, als zu einem klaren und fruchtbaren Grundgedanken auf dem Gebiete der Steuerreform entwickelt. —" Denkschrift vom November 1893 S. 916.

keiten hervorgetreten. Die höhere Besteuerung fundirten Einkommens hatte sich nicht nur an sich, sondern namentlich deshalb als schwierig erwiesen, weil die bestehenden staatlichen Realsteuern ihrer rationellen Gestaltung hindernd in den Weg traten. Die Beseitigung dieses Hindernisses aber war identisch mit der — am wenigsten geklärten — Frage der Ueberweisung der Realsteuern an die Kommunalverbände, deren gleichzeitig mit der Reform der Einkommensteuer zu bewirkende Ausführung vom Hause der Abgeordneten zwar mehrfach gefordert war, aber eben wegen der Unklarheit der Bedeutung dieser Forderung sehr erhebliche Schwierigkeiten bot. Unter diesen Schwierigkeiten stand obenan die Frage, inwieweit es bei dem unfertigen Zustande der ländlichen Gemeindeverfassung in den östlichen Provinzen und insbesondere bei dem Bestehen zahlreicher selbständiger Gutsbezirke überhaupt möglich sein würde, an diese Landgemeinden und Gutsbezirke staatliche Realsteuern zu überweisen[1]). So schien jede einzelne sachliche Frage wieder mit einer anderen untrennbar zusammenzuhängen, und die taktische Vorfrage, in welcher Reihenfolge und in welchem Zusammenhange den einzelnen Aufgaben näher getreten werden sollte, gewann daher von vornherein eine ganz außergewöhnliche Bedeutung.

Die Thronrede vom 12. Novbr. 1890 gab die Antwort auf diese Frage, indem sie — neben Entwürfen für das Schulwesen — Gesetzentwürfe über Einkommensteuer, Erbschaftssteuer und Gewerbesteuer, sowie den Entwurf einer Landgemeindeordnung für die 6 östlichen Provinzen ankündigte[2]). Schon in der zweiten

---

[1]) Vgl. oben S. 59 und die daselbst angeführte Arbeit von Gneist und dazu S. 93, 94.

[2]) „Seit Jahren ist das Bedürfniß einer durchgreifenden Verbesserung des Systems der direkten Staatssteuern immer dringender hervorgetreten. Behufs einer planmäßigen Durchführung dieses zur Befestigung der finanziellen Grundlagen der Staatsverwaltung sowie im Interesse einer gerechteren Vertheilung der Staatslasten gleichmäßig gebotenen Werks werden Ihnen alsbald die gesammten direkten Steuern berührende Gesetzentwürfe vorgelegt werden, deren innerer Zusammenhang Ihnen die Beschlußfassung wesentlich erleichtern wird.

Der Gesetzentwurf über die Einkommensteuer soll die bestehende

Sitzung des Hauses der Abgeordneten vom 13. Nov. legte der Minister-Präsident v. Caprivi die gedachten Entwürfe mit einleitenden Worten vor, an welche Finanzminister Miquel am folgenden Tage weitere Ausführungen über die allgemeine Finanzlage und die Aufgaben und die Bedeutung der Steuervorlagen anschloß.

Klassensteuer und die klassifizirte Einkommensteuer zu einer einheitlichen Steuer vereinigen, die Steuersätze zweckmäßiger gestalten und durch Einführung der Deklarationspflicht, sowie durch die anderweite Organisation der Einschätzungsbehörden und des Verfahrens eine sichere und der Wirklichkeit mehr entsprechende Veranlagung des steuerpflichtigen Einkommens herbeiführen.

Die Ausdehnung der Erbschaftssteuer durch eine mäßige Belastung der Erbfälle der Verwandten in auf- und absteigender Linie und der Ehegatten unter Freilassung der kleinen Erbschaften wird die zutreffende Besteuerung des Einkommens wesentlich erleichtern und zugleich eine verhältnißmäßig stärkere Heranziehung des fundirten Vermögens bewirken.

Die im Wesentlichen noch auf dem Gesetze vom 30. Mai 1820 beruhende, den heutigen wirthschaftlichen Verhältnissen nicht mehr entsprechende Besteuerung der gewerblichen Betriebe soll durch einen Gesetzentwurf über die Gewerbesteuer, welcher den Betriebsertrag selbst ohne Rücksicht auf die Betriebsarten und örtlichen Eintheilungen zu erfassen bestimmt ist, einer völligen Umgestaltung zugeführt werden.

Eine Erhöhung des Gesammtaufkommens aus der Gewerbesteuer einschließlich der besonderen Besteuerung der Schankgewerbe ist dabei nicht beabsichtigt.

Das Ziel dieser Gesetzentwürfe ist eine gerechtere und gleichmäßigere Veranlagung der direkten Steuern und im Zusammenhange damit eine verhältnißmäßige Entlastung der kleineren und mittleren Einkommen und gewerblichen Betriebe.

Der Stand der Staatsfinanzen erfordert eine unmittelbare Vermehrung der Staatseinnahmen nicht. Ebensowenig gestatten aber die auf allen Gebieten wachsenden Anforderungen an die Hülfsmittel des Staats eine Verminderung der festen und sicheren Einnahmen desselben.

Der nach dem Abschluß der ersten Veranlagung der direkten Steuern auf der neuen Grundlage aufkommende Mehrertrag soll schon jetzt durch eine ausdrückliche Gesetzesvorschrift ausschließlich zu weiteren Entlastungen, insbesondere der Kommunalverbände mittelst Ueberweisung von Grund- und Gebäudesteuer bestimmt werden, soweit darüber der Staatshaushalt nicht anderweitig Verfügung trifft."

Hiernach und nach ihrer Begründung[1]) sind die Entwürfe vor Allem auf ohne Weiteres praktisch erreichbare Ziele beschränkt: die Finanzlage erfordere keine Vermehrung der Einnahmen, gestatte aber auch keine Verminderung ohne vorherigen sicheren Ersatz. Von einer früher — vgl. oben S. 109 — in das Auge gefaßten gleichzeitigen Ueberweisung von Grund- und Gebäudesteuer an kommunale Verbände sei daher gegenwärtig Abstand genommen; indessen bleibe diese Ueberweisung Ziel und wesentlicher Bestandtheil des Reformplanes, und voraussichtlich werde die Verzögerung der Ueberweisung nur eine kurze sein, da bei den mit hoher Wahrscheinlichkeit zu erwartenden Ergebnissen der neuen Einkommensteuerveranlagung voraussichtlich die Hälfte der Grund- und Gebäudesteuer alsbald werde überwiesen werden können, wenn die Einnahmen aus den landwirthschaftlichen Zöllen der Staatskasse unter Aufhebung der sog. lex Huene belassen würden. Zugleich werde in der Zwischenzeit die bisher auf unlösliche Schwierigkeiten gestoßene Frage, an welche Verbände die Ueberweisung erfolgen solle, durch gesetzliche Regelung der ländlichen Gemeindeverhältnisse und der Volksschullasten vereinfacht und von einem Theile ihrer Schwierigkeiten befreit werden.

Dem Wunsch nach höherer Besteuerung des fundirten Einkommens solle durch die Erweiterung der Erbschaftssteuer auf Eheleute, Kinder und Eltern Rechnung getragen werden, da die Einführung der vielfach empfohlenen Kapitalrentensteuer — abgesehen von anderen Schwierigkeiten derselben — in einem Augenblick nicht wohl möglich sei, in welchem man die Beseitigung der ihr parallelen Ertragssteuern (Grund- und Gebäudesteuer) plane.

Der Zusammenhang der neuen Einkommen- und Erbschaftssteuer mit der Fortführung der Steuerreform sei dadurch gewahrt, daß die Mehrerträgnisse beider Steuern gesetzlich (§ 84 des Entw. eines Eink.St.G. und Art. 4 des Entw. eines Erbsch.St.G.) zur

[1]) Vgl. besonders Begr. des Entw. eines Eink.-St.-Ges. Anlagen, Bd. I S. 213—216.

Durchführung der Ueberweisung der Grund- und Gebäudesteuer an Kommunalverbände bestimmt würden.

Ueber die Art und die Zeit der Fortführung waren — wie man sieht — hierdurch nur sehr vorsichtige Andeutungen gegeben. In der Kommission des Herrenhauses (Bericht S. 231, 232) führte der Finanzminister dieselben etwas weiter dahin aus: da nach dem Reformplane die Einkommensteuer künftig die Trägerin der direkten Staatsbesteuerung werden solle, „so müsse demnächst das schwierige Problem in Angriff genommen werden, durch eine unterschiedliche Belastung einerseits des fundirten, andererseits des unfundirten Einkommens der verschiedenen Leistungsfähigkeit dieser Einkommensarten gebührende Rechnung zu tragen. Den in dieser Hinsicht nothwendigen Ausgleich habe die Staatsregierung wenigstens zum Theil in der vorgeschlagenen Erweiterung der Erbschaftssteuer gesucht", bei der anscheinenden Aussichtslosigkeit dieses Vorschlages werde das Problem in anderer Weise zu lösen sein. Zur Zeit stehe der Lösung das Bestehen der staatlichen Realsteuern und der Mangel sicherer Unterlagen für die Unterscheidung des fundirten und unfundirten Einkommens und für die rationelle Bemessung der verschiedenen Steuerraten entgegen. Letzterem Mangel könne erst durch die auf Grundlage der Deklarationspflicht erfolgte richtige Veranlagung der Einkommensteuer abgeholfen werden. „Schwierig bleibe die vollkommen befriedigende Lösung dieser Aufgabe auch dann, namentlich mit Bezug auf das sogen. gemischte, insbesondere also das gewerbliche Einkommen. Vielleicht werde es sich deshalb empfehlen, die auf der Basis des Ertrages und des Anlagekapitals rationell gestaltete Gewerbesteuer auch künftig wenigstens vorerst als Staatssteuer beizubehalten und nur das Einkommen aus Kapital und Grundvermögen im Rahmen der Einkommensteuer mit entsprechend höherem Steuerfuße zu treffen. Der wesentliche Vorzug einer solchen Regelung gegenüber dem geltenden Steuersystem liege in dem Fortfall der unbilligen Bruttobesteuerung, deren Härte durch die kommunalen Zuschläge vervielfacht wird.

Die andere, fast wichtigere Seite der Reform betreffe die Kommunalbesteuerung. Die in Aussicht genommene Ueberweisung der

Objektsteuern, vorerst der Grund- und Gebäudesteuer, an die Kommunen sei nicht als eine lediglich mechanische Maßregel, sondern im engsten Zusammenhange mit der Umgestaltung des gesammten Kommunalsteuerwesens gedacht.

Nachtheilig für die Kommunen sei vornehmlich die Basirung ihres Steuersystems auf Quellen, welche in ihren Erträgen erheblichen Schwankungen unterliegen, da alsdann die reichen Einnahmen der guten Jahre dauernde Ausgaben veranlassen, für welche demnächst in ungünstigen Jahren die Deckung fehle. Deshalb müsse vor Allem mit dem gegenwärtigen ganz überwiegenden Zuschlagssystem gebrochen und die Besteuerung innerhalb der Kommunen soweit thunlich auf selbständige, die Gleichmäßigkeit des Steuerertrages sichernde Grundlagen gestellt werden. Hierzu eigne sich in erster Reihe die visible property, der auf Gedeih und Verderb mit der Kommune verknüpfte Besitz, da diesem einerseits die Leistungen der Kommune vorzugsweise zu gute kommen, andererseits die Entziehung des Steuerobjekts nicht möglich sei.

In der Freigabe dieser Steuerquellen an die Kommunen liege die Bedeutung der Ueberweisung der Objektsteuern, deren Umgestaltung für die Kommunalbesteuerung nach erfolgter Ueberweisung, entsprechend den besonderen Bedürfnissen der einzelnen Gemeinden, nicht ausgeschlossen sei. Daneben könne alsdann, unbeschadet einer rationellen Ausbildung des Gebührensystems, der Zuschlag zur Einkommensteuer wesentlich nur als ergänzende Maßregel in Betracht kommen.

Dies dürfe nur als eine Skizzirung des letzten Zieles angesehen werden.

Die Ausführung sei jedenfalls nur schrittweise möglich und von der Finanzlage abhängig.

Die Sicherheit dafür aber, daß auf den jetzt eingeleiteten ersten Akt der Steuerreform der zweite folgen müsse, liege in der zwingenden Gewalt der bestehenden Zustände.

Der weitere Fortgang der Reform werde etwa so zu denken sein:

Ergäbe sich bei der ersten Veranlagung nach dem neuen Gesetz gegen den angenommenen Normalertrag von 80 000 000 Mk. beispielsweise ein Mehraufkommen von 15 000 000 Mk., so werde dies unter Hinzunahme der Ueberschüsse aus den landwirthschaftlichen und Viehzöllen zur Ueberweisung etwa der halben Grund- und Gebäudesteuer ausreichen. Liefere demnächst die neue Veranlagung auch die Grundlage für die besondere Erfassung des fundirten Einkommens, so sei der Zeitpunkt für den Ausbau des Staatssteuersystems in der angedeuteten Richtung gekommen, und nach Maßgabe der hierdurch neu verfügbar werdenden Mittel könne alsdann mit der weiteren Ueberweisung der Objektsteuern vorgegangen werden." [1])

Als „sichere Ergebnisse der Durchführung der (zunächst) vorgeschlagenen Maßregeln" stellt die Begründung (S. 216) die nachfolgenden in Aussicht:

„1. eine gerechtere und gleichmäßigere Veranlagung der Einkommensteuer sowie der Gewerbesteuer,
2. eine erhebliche Entlastung der geringeren und mittleren Einkommen und der kleinen Gewerbebetriebe,
3. eine mäßige Mehrbelastung des vererblichen Einkommens im Vergleich zu dem nicht vererblichen Einkommen aus persönlicher Thätigkeit,
4. die Gewinnung einer sicheren Grundlage für die Reform der Kommunalbesteuerung und für weitere Entwickelung der direkten Staatssteuern."

Von den vorgelegten Gesetzentwürfen fand die Erbschaftssteuervorlage im Landtage entschiedenen Widerstand: Die vorgeschlagene Ausdehnung der Erbschaftssteuer [2]) auf Ascendenten (mit 1 Prozent), Descendenten und Ehegatten (mit $^1/_2$ Prozent) wurde vom Hause der Abgeordneten abgelehnt. Aus den übrigen minder wesentlichen Bestimmungen des Entwurfes ist das Gesetz vom 19. Mai 1891, betr. Abänderung des Erbschaftssteuergesetzes, hervorgegangen.

Das Gewerbesteuergesetz vom 24. Juni 1891 weist nur geringe Aenderungen gegenüber der Vorlage, das Einkommen-

---

[1]) Der Komm.-Ber. fährt fort: „Die Kommission nahm von diesen Erklärungen mit Befriedigung Kenntniß." (S. 232.)

[2]) Der finanzielle Ertrag dieser Ausdehnung war in der Begründung (Anlage Bd. I S. 252 zu Art. 4) auf 3—$3^1/_2$ Mill. Mark veranschlagt.

steuergesetz vom gleichen Tage erheblichere Veränderungen auf, insbesondere in der Gestaltung des Tarifes — Ermäßigung der Sätze für die Einkommen zwischen 2400—9000 Mk., Steigerung über 3 Prozent hinaus für Einkommen über 30 500 Mk. bis zur Belastung mit 4 Prozent für Einkommen von mindestens 100 000 Mk. —, in der Ausscheidung der Bestimmungen über die Regelung des Wahlrechts, welche in ein besonderes Gesetz — gleichfalls vom 24. Juni — verwiesen wurden, in der Ersetzung des vorgeschlagenen Steuergerichtshofes durch das Oberverwaltungsgericht und in der Gestaltung der Bestimmungen über die Verwendung des Mehrertrages der Einkommensteuer.

In letzterer Beziehung wurde namentlich die Verwendung des Mehrertrages zur Ueberweisung von Grund- und Gebäudesteuer bestimmter als in der Vorlage festgesetzt und der § 82 folgendermaßen gefaßt:

> „Uebersteigt die Einnahme an Einkommensteuer für das Jahr 1892/93 den Betrag von 80 000 000 Mk. und für die folgenden Jahre einen um je 4 Prozent — im Entwurf 5,15 — erhöhten Betrag, so werden die Ueberschüsse nach Maßgabe eines zu erlassenden besonderen Gesetzes zur Durchführung der Beseitigung der Grund- und Gebäudesteuer als Staatssteuer, beziehungsweise der Ueberweisung derselben an kommunale Verbände verwandt."

Die gesperrten Worte sind von der Kommission des Herrenhauses hinzugefügt, und der Berichterstatter Frhr. v. Landsberg begründete in der Plenarsitzung vom 27. April 1891 (Verh. S. 186, 187) die veränderte Fassung damit, daß man als die vom Fortgang der Steuerreform beabsichtigten Ziele sowohl die völlige Aufhebung der Grund- und Gebäudesteuer als Staatssteuer — behufs Beseitigung der langjährigen berechtigten Klagen der Grundbesitzer über Doppelbesteuerung — als auch die Ueberweisung dieser Steuern an die Kommunalverbände bestimmt und klar habe hinstellen wollen.[1])

[1]) Ueber die Steuergesetze von 1891 vgl. G. Cohn, Die Preußische Steuerreform in Conrad's Jahrb. 1891 S. 20—52 und Ad. Wagner in Schanz' Finanzarchiv VIII. 1891 S. 580—810.

Die Landgemeinde-Ordnung für die sieben östlichen Provinzen der Monarchie vom 3. Juli 1891 kam bekanntlich erst nach heftigen Kämpfen im Landtage namentlich in Betreff der zwangsweisen Vereinigung von Gutsbezirken und Landgemeinden zu Stande. Für das Kommunalsteuerwesen[1]) bemerkenswerth ist, daß in die LGO. im Anschlusse an die Entwürfe von 1878 und 1879 (oben S. 80) auch Vorschriften über Gebühren, ferner über Mehr- und Minderbelastung (S. 74—79), sowie über die Vertheilung des Steuerbedarfes auf Real- und Personalsteuern[2]) nach bestimmten Regeln (oben S. 62) aufgenommen sind. Zu Zuschlägen über 100 Prozent, sowie zu ungleichen Prozentsätzen für die einzelnen Steuergattungen ist die Zustimmung des Kreisausschusses erforderlich (§ 16). Auch ist die Erhebung indirekter Steuern gestattet (§ 15).

2. Die Ergebnisse des Einkommensteuergesetzes vom 24. Juni 1891 und die Gesetzgebung von 1892/93.

Die erste Einkommensteuerveranlagung für 1892/93 ergab gegenüber einem gesammten Hebungssoll der Klassen- und klassifizirten Einkommensteuer für 1891/92 von 79 558 827 Mk. ein gesammtes Veranlagungssoll von 124 842 848 Mk., welches allerdings durch die eingelegten Berufungen demnächst eine gewisse Verminderung erfuhr.

In Folge dieses günstigen Ergebnisses, durch welches ohne Weiteres die Möglichkeit gegeben war, mehr als die Hälfte der rund 75 Millionen Mark betragenden Grund- und Gebäudesteuer in Gemäßheit des § 81 des Einkommensteuergesetzes den Kommunalverbänden zu überweisen, trat die Königl. Staatsregierung

---

[1]) Vgl. hierzu Anweisung III zur Ausführung der Landgem.-Ordn. vom 29. Dezember 1891. „B. Das Abgabenwesen der Landgemeinden" bei Halbey, Die Landgem.-O. v. 3. Juli 1891 S. 236—250.

[2]) Vgl. § 12, in dessen erstem Abs. die gleichzeitige Heranziehung aller direkten Staatssteuern zu Zuschlägen vorgeschrieben ist, und weiter Abs. 2: „Die Grund- und Gebäudesteuer, sowie die drei obersten Klassen der Steuer vom Betriebe stehender Gewerbe sind jedoch bei der Gemeindebesteuerung mindestens mit der Hälfte und höchstens mit dem vollen Betrage desjenigen Prozentsatzes heranzuziehen, mit welchem die Staatseinkommensteuer belastet wird."

alsbald an die Lösung der 1890/91 zunächst ausgesetzten Theile der Aufgabe heran.

Schon am 25. April 1892 enthielt der Staatsanzeiger folgende Auslassung:

„Die von der Staatsregierung in Angriff genommene Reform der direkten Staatssteuern sowie der Kommunalbesteuerung, welche nunmehr in ihrem ersten Theile im wesentlichen zur Durchführung gelangt ist, verfolgt vorzugsweise folgende Ziele:

1. Eine gerechtere und gleichmäßigere Veranlagung der Einkommensteuer und der Gewerbesteuer unter gleichzeitiger Entlastung der geringeren Vermögen und kleineren Gewerbebetriebe.
2. Die Verwendung der Mehrerträge aus der Einkommensteuer sowie der bisherigen Ueberweisungen aus den Getreide- und Viehzöllen zur Verminderung bezw. Beseitigung der staatlichen Doppelbesteuerung des Grundbesitzes und der Gewerbebetriebe und zu diesem Behufe
3. Ueberweisung zuerst von Grund- und Gebäudesteuer, demnächst von Gewerbesteuer an kommunale Verbände bezw. Außerhebungsetzung dieser Steuern oder Theile derselben nach Maßgabe der Finanzlage.
4. Anderweite durchgreifende Regelung des Kommunalsteuerwesens auf der so gewonnenen Grundlage, insbesondere wesentliche Begründung der Kommunalsteuern auf den mit der Gemeinde unzertrennlich verbundenen Objekten und Verminderung der unsicheren und übermächtigen Zuschläge zu der zum Hauptträger staatlicher Besteuerung gewordenen Einkommensteuer im gleichmäßigen Interesse des Staats und der Gemeinden.
5. Endlich weitere Umgestaltung der Einkommensteuer insbesondere zum Zwecke einer besonderen Heranziehung des fundirten Einkommens im Verhältniß zu dem eigentlichen Arbeitseinkommen.

Man nahm bisher an, daß es gelingen werde, auf Grund des Mehraufkommens der neuen Einkommensteuer unter Hinzurechnung der oben erwähnten Ueberweisungen auf die Hälfte der Grund- und Gebäudesteuer zu Gunsten der Kommunalbesteuerung verzichten zu können. Das über Erwarten günstige Ergebniß der neuen Veranlagung der Einkommensteuer läßt nunmehr aber hoffen, nach dieser Richtung weiter gehen zu können, da die Staatsregierung in Uebereinstimmung mit dem Landtag daran festhält, die Mehrergebnisse der neuen Einkommensteuer lediglich zur weiteren Durchführung der Reform und zur Entlastung der Steuerpflichtigen zu verwenden.

Obwohl dies gegenwärtig noch nicht mit Sicherheit übersehen werden kann, ist doch anzunehmen, daß die neue Einkommensteuer für 1892/93 ein Aufkommen von etwa 120 Millionen Mark bringen dürfte, so daß in diesem Falle 40 Millionen Mark zur weiteren Entlastung verwendet werden können. Die Ueberweisungen an die Kommunalverbände aus den Getreide- und Viehzöllen haben in den letzten Jahren rund 47 Millionen Mark betragen, wobei allerdings zu berücksichtigen ist, daß dieser hohe Betrag wesentlich Folge geringer Ernten in Deutschland war. Die neuen Handelsverträge dürften unter der Annahme der Fortdauer einer Einfuhr in bisheriger Höhe diese Ueberweisungen auf etwa 30 Millionen Mark vermindern; man wird daher für die Zukunft, namentlich im Falle des Eintretens besserer Ernten, den durchschnittlichen Betrag dieser Ueberweisungen, so lange die Korn- und Viehzölle in dem jetzigen Betrage erhoben werden, kaum auf höher als 20 bis 25 Millionen Mark schätzen dürfen. In diesem Falle würde der zur Verwendung für die Steuerreform zur Disposition stehende Gesammtbetrag sich auf rund 60 Millionen Mark erhöhen. Der Etat für 1892/93 veranschlagt

die Grundsteuer auf . . .	39 907 000 Mk.
die Gebäudesteuer auf . .	35 086 000 „
insgesammt also auf rund	75 000 000 Mk.

Gelangte der obige volle Gesammtbetrag von 60 Millionen Mark zur Verwendung, so würde der Staat auf $^4/_5$ der Grund- und Gebäudesteuer verzichten können. Verblieben dagegen den Kreisen die bisherigen Ueberweisungen etwa in fixirten Beträgen und unter einem reformirten Vertheilungsmaßstabe, so wäre der Staat immer noch in der Lage, reichlich die Hälfte der Grund- und Gebäudesteuer außer Hebung setzen zu können, und es würde auch hierin schon eine wesentliche Erleichterung für eine planmäßige Reform der Kommunalsteuern liegen. Unter diesen Voraussetzungen würde die gegenwärtig in der ersten Veranlagung begriffene neue Gewerbesteuer, welche mit höchstens 1 Prozent des Bruttoertrags erhoben wird, vorerst bestehen bleiben, so lange nicht die Finanzlage es gestattet, mit Ueberweisungen von Grund- und Gebäudesteuer weiterzugehen oder in der staatlichen Besteuerung auf die Realsteuern ganz zu verzichten. Dabei würde dann die Frage in Betreff einer der Belastung des Grund und Bodens und der Gewerbe entsprechenden Heranziehung des Rentenkapitals in einer angemessenen Form wieder in den Vordergrund treten.

Es kann aber auch in ernste Erwägung kommen, das letzte Ziel der staatlichen Steuerreform schon jetzt unmittelbar in Angriff zu nehmen und zugleich auf diese Weise eine angemessene Unterstützung des fundirten und nichtfundirten Einkommens durchzuführen. Diese letztere Aufgabe stößt innerhalb der Einkommensteuer auf große finanztechnische Schwierigkeiten, insbesondere in Betreff desjenigen Einkommens aus Grundbesitz und gewerblichen Betrieben, welches ungetrennt aus fundirten und nichtfundirten Einkommen besteht.[1]) Viel leichter läßt sich das unbedingt anzustrebende und bei einer hoch entwickelten Einkommensteuer fast unerläßliche Ziel einer stärkeren Heranziehung des fundirten Einkommens in der Form einer Ergänzungssteuer zur Einkommensteuer erreichen, welche die Werthobjekte nach Abzug der Schulden mit einer im Verhältniß zum vermittelten Werthe nur sehr geringe Quote direkt trifft.

---

[1]) Nach der Bemerkung des Geh. Ober-Fin.-R. Fuisting in seinem Kommentar zum Einkommensteuergesetz 1892 S. 58 scheint im Sommer 1891 noch die stärkere Heranziehung fundirten Einkommens im Rahmen der Einkommensteuer für angängig gehalten zu sein. — Auf eine Vermögenssteuer wiesen Ad. Wagner in Schanz' Finanzarchiv VIII. 1891 S. 627, 629—633 und G. Cohn. Fin. Wiss. 1889 S. 476—483 von Neuem hin. Vgl. oben S. 34.

In anderen Ländern, namentlich in der Schweiz und in Amerika hat man damit sehr gute Erfolge erreicht[1]). Schlüge man diesen Weg ein, so würde der Staat auf die Hebung der gesammten Grund- und Gebäudesteuer verzichten, sowie die Bergwerkssteuer mindestens vollständig umgestalten bezw. wesentlich ermäßigen können und damit eine Einnahme von rund 100 Mill. Mark aufgeben.

Dieser Einnahmeverlust wäre zu decken durch das Mehraufkommen der Einkommensteuer und die bisherigen Ueberweisungen aus Getreide- und Viehzöllen an die Kreise, endlich durch die bezeichnete, alle Quellen des fundirten Einkommens gleichmäßig treffende Ergänzungssteuer im Betrage von etwa 35 bis 40 Mill. Mark.

Man könnte aber auch in einem Uebergangsstadium sich zur Zeit auf die Außerhebungsetzung von $^3/_4$ der Grund- und Gebäudesteuer beschränken, die Gewerbesteuer für den Staat vorerst noch beibehalten, die Ueberweisung des Aufkommens aus den Getreide- und Viehzöllen in fixirten Beträgen und nach einem besseren Vertheilungsmaßstabe bestehen lassen und den unter diesen Voraussetzungen dem Staate erwachsenden Ausfall von etwa 18 bis 20 Millionen durch die erwähnte Ergänzungssteuer decken.

Im Finanzministerium werden gegenwärtig die verschiedenen Eventualitäten und die zahlreichen dabei in Betracht kommenden Einzelfragen einer eingehenden Prüfung unterzogen.

Es wird beabsichtigt, dem von Anfang an aufgestellten Plan entsprechend die betreffenden Vorlagen zum Abschluß der Steuerreform für den Staat und die Kommunen zeitig dem nächsten Landtage vorzulegen."

Die in Folge dieser Veröffentlichung in der Tagespresse und Literatur laut werdenden Stimmen sprachen sich — der Stellungnahme der Parteien entsprechend, welche mit Ausnahme der deutschfreisinnigen Partei sich sämmtlich bereits für die Ueberweisung der gesammten Grund- und Gebäudesteuer ausgesprochen hatten

[1]) Soeben hat auch die Holländische Regierung einen Gesetzentwurf auf dieser Grundlage den Kammern vorgelegt.

(vgl. S. 107) — weit überwiegend für den sog. „ganzen Plan" aus. Insbesondere fand der Gedanke einer ergänzenden Vermögenssteuer zum Zweck der stärkeren Heranziehung des fundirten Vermögens eine nicht ungünstige Aufnahme[1]), wenn auch von anderer Seite sowohl die Nothwendigkeit einer solchen Mehr-Einnahme von 35–40 Mill. Mark überhaupt bestritten als auch insbesondere die Form der Vermögenssteuer als ungeeignet bekämpft wurde. Daneben wurde jetzt die bisher stets mehr oder weniger bei Seite geschobene Frage, ob es in der That unzulässig sei, wie den Gemeinden, so auch den Gutsbezirken die Realsteuern zu überweisen, zum ersten Male eingehender Erörterung unterzogen, und zwar mit dem Ergebniß, daß diese Ueberweisung ein nothwendiger und auch in sich gerechtfertigter Bestandtheil der Gesammtreform sei[2]).

Auf dem Plane der ganzen Reform[3]) beruhten auch die mit Allerhöchster Ermächtigung vom 2. November 1892 dem Landtage nebst einer dazu gehörigen Denkschrift (Drucksache Nr. 8 Anl. Bd. II S. 913–1014) vorgelegten Entwürfe

eines Gesetzes wegen Aufhebung direkter Staatssteuern (Nr. 5 S. 433–508),

---

[1]) Vgl. insbesondere: L. Enneccerus, Die Steuerreform in Staat und Gemeinde 1892 S. 64–80 und Vermögenssteuer, Fundirte Einkommensteuer oder Erbschaftssteuer? 1893; ferner J. Jastrow in Conrad's Jahrb. 1892 S. 161–218 (Die Vermögenssteuer), vgl. dessen schon vor der Veröffentlichung des Staatsanzeigers geschriebene Ausführungen S. 78–81, Dr. Strutz, Zur Steuerreform. 1892 und Dr. O. Gerlach, Die Preuß. Steuerreform in Staat und Gemeinde. 1893 S. 78–85. Andrerseits: E. v. Eynern, Kritische Betrachtungen zur Reform der Kommunalsteuern (Separat-Abdruck aus der „Elberfelder Zeitung") Vgl. auch oben S. 34.

[2]) Enneccerus, Steuerreform S. 45–57, Strutz a. a. O. S. 9–11, R. Friedberg in Conrad's Jahrb. 1892 S. 332–335 (Zur Reform der Gemeindebesteuerung in Preußen), Gerlach a. a. O. S. 107–110, vgl. auch oben S. 59, 93 A. 1, 95 A. 2 und Ad. Wagner in Schanz' Finanzarchiv VIII. 189. S. 615–619, 629.

[3]) In Folge der Annahme dieses Plans im Staatsministerium schied der Minister des Innern Herrfurth aus. Vgl. seine Reden vom 21., 23. und 26. Novbr. 1892. (Verh. des H. d. Abg. Bd. I, S. 94, 175, 258) und oben S. 51, 52. Der Min.-Präs. Graf zu Eulenburg übernahm das Min. des Innern (vgl. oben S. 53, A. 1).

eines Ergänzungssteuergesetzes (Nr. 6 S. 509—536) und eines Kommunalabgabengesetzes (Nr. 7 S. 537—912).

Die ausführliche Denkschrift enthielt außer den Anlagen (S. 937—1014) 4 Abschnitte:

I. Das Preußische System der direkten Steuern von 1820 in seiner Entwickelung bis zur Gegenwart (S. 913—917),

II. Die Unhaltbarkeit der staatlichen Ertragssteuern (S. 917 bis 924),

III. Der Reformplan (S. 924),

Uebersicht (S. 924. 925),

A. Die Aufhebung der Ertrags- (Real-, Objekt-) Steuern (S. 925 - 927),

B. Die Ersetzung der Ertragssteuern durch neue Einnahmequellen (S. 927—929),

C. Die Ergänzungssteuer (S. 929—932),

D. Die Regelung des Kommunalabgabenwesens (S. 932 bis 935),

IV. Die Ergebnisse der Steuerreform (S. 935. 936).

Die hierin gegebenen Darlegungen wurden durch die Begründung der drei Gesetzentwürfe in einzelnen Beziehungen weiter ausgeführt, in anderen ergänzt.[1])

---

[1]) Die Anlagen zur Begründung des K.A.G.E. haben folgenden Inhalt:

Anlage Ia. Nachweisung der Soll-Einnahmen und -Ausgaben der Preußischen Stadtgemeinden von mehr als 10000 Einwohnern für das Rechnungsjahr 1891/92 S. 579 bis 711.

(Das Formular schließt sich im Wesentlichen der Nachweisung A im XVI. Ergänzungsheft zur Zeitschr. d. K. Preuß. Stat. Büreaus 1884 an.)

Anlage Ib. Nachweisung der Soll-Einnahmen und -Ausgaben von Stadtgemeinden unter 10000 Einwohnern für das Rechnungsjahr 1891/92 (eine aus jedem Kreise) S. 713 bis 777.

Anlage Ic. Nachweisung der Soll-Einnahmen und -Ausgaben von Landgemeinden für das Rechnungsjahr 1891/92 (zwei aus jedem Kreise) S. 779 bis 895.

Anlagen IIa—c. Zusammenstellung der Verbrauchsabgaben in den Preußischen Stadt- (Land-)gemeinden im Etatsjahre 1890/91 S. 897 bis 912 und zwar:

a) nach Gemeinden geordnet S. 899 bis 904,

b) nach den Abgaben geordnet S. 905 bis 909,

c) nach Provinzen geordnet S. 911 bis 912.

Es wird an dieser Stelle angemessen sein, aus diesem gesammten Material diejenigen Gesichtspunkte, welche wesentlich das staatliche Steuersystem berühren, nur kurz zu erwähnen, dagegen diejenigen, welche die allgemeinen Grundlagen der Reform und das Kommunalsteuerwesen betreffen, ausführlicher wiederzugeben.

Ziel und Aufgabe des Reformwerkes werden in folgender Weise gekennzeichnet:

„Schon in der Begründung zum Einkommensteuergesetze ist davon ausgegangen und bei den Berathungen desselben von Seiten der Vertreter der Staatsregierung unter allseitigem Einverständniß wiederholt betont, daß durch die Reform der Einkommensteuer nicht eine Vermehrung der Staatseinnahmen, sondern die Beschaffung der Mittel für einen gerechten Ausgleich in der Vertheilung der Steuerlast bezweckt werde, und daß die etwaigen Mehrerträge zur Erleichterung der Steuerpflichtigen auf anderen Gebieten Verwendung finden sollen.

Den gleichen Gedanken verfolgt das mit dem Landtage über den weiteren Fortgang der Reform vereinbarte, im § 82 des Einkommensteuergesetzes verlautbarte Programm.

Danach ist die „Beseitigung der Grund- und Gebäudesteuer als Staatssteuer" bezw. „die Ueberweisung derselben an Kommunalverbände" in's Auge gefaßt und vorgeschrieben, daß zu diesem Zwecke der durch die Umgestaltung der Einkommensteuer erzielte Mehrertrag verwendet werden soll.

Dem Wortlaute dieser dem Lande gegebenen Verheißung würde genügt werden, wenn man sich darauf beschränkte, einen, den jährlichen Mehrertrage der Einkommensteuer entsprechenden Theilbetrag der Grund- und Gebäudesteuer, also etwa die Hälfte derselben zu erlassen oder den Gemeinden oder weiteren Kommunalverbänden zu überweisen.

Dieser anscheinend nächstliegende und einfachste Weg würde indessen zu einem befriedigenden Abschluß der Steuerreform nicht führen, sondern die dringlichsten Aufgaben derselben ungelöst lassen und zu der Beibehaltung und weiteren Ausbildung des Realsteuersystems drängen, welches, wie früher gezeigt, — vgl. unten

S. 127 — für Preußen undurchführbar sein und einen großen Rückschritt in unserer Steuerverfassung (S. 925) bedeuten würde. Wie ... dargelegt ..., wurzeln die Mängel des direkten Steuerwesens gerade in dem Bestehen der überdies unvollkommen ausgebildeten Ertragssteuern als Staatssteuern, also in dem geltenden Systeme selbst.

Für eine Reform, welche sich auf dem Gebiete der Staats- sowie der Gemeindebesteuerung die durchgreifende Beseitigung der vorhandenen Uebelstände zur Aufgabe stellt, muß deshalb der gänzliche Verzicht des Staates auf die Grund-, Gebäude- und Gewerbesteuer den gemeinsamen Ausgangspunkt bilden. Die Durchführung dieser tiefeinschneidenden Maßregel bedingt eine organische Neugestaltung des gesammten direkten Steuerwesens in Staat und Gemeinde, welche bei dem engen inneren Zusammenhange beider Gebiete gleichzeitig in Angriff zu nehmen ist, und nur in einem Akte zu einem befriedigenden Abschluß gebracht werden kann." (Denkschrift S. 924. 925.)

„Wie der Reformplan selbst ein untrennbares Ganzes bildet, so sind auch die zu erwartenden Wirkungen und Erfolge der durchgeführten Neuordnung in ihrem Gesammtergebniß zu betrachten. Die Vorschläge der Staatsregierung verfolgen das Ziel, ohne Mehrbelastung für die Gesammtheit der Steuerpflichtigen eine die Interessengegensätze ausgleichende gerechtere Vertheilung der bestehenden Steuerlast herbeizuführen.

Daß eine Mehrbelastung im Ganzen aus Anlaß der Reform nicht eintritt, ist ohne Weiteres klar. Das Mehraufkommen an Einkommensteuer und der veranschlagte Ertrag der Vermögenssteuer werden durch den Erlaß der Ertragssteuern aufgewogen. Klar ist ferner, daß der erstrebte Ausgleich nicht ohne Mehrbelastung einzelner Personen und einzelner Klassen der Bevölkerung erfolgen kann . . .

So sind die wesentlichen Ergebnisse der Reform dahin zusammenzufassen:

1. Die dem Staate einerseits, den Gemeinden andrerseits vorzugsweise vorbehaltenen Gebiete der Besteuerung werden sachgemäß gegeneinander abgegrenzt und hierdurch die für den Staat, für

die Gemeinden und für die Steuerpflichtigen gleich empfindlichen Nachtheile der bisherigen Verkettung der Staats- und Gemeindefinanzen und des bisherigen ungeregelten Zuschlagssystems im Wesentlichen beseitigt.

2. Als Grundlage der direkten Besteuerung des Staates dient nach Beseitigung der bestehenden Doppelbesteuerung fortan die nach der persönlichen Leistungsfähigkeit veranlagte Einkommensteuer, ergänzt durch eine nur den Besitz mit einem mäßigen Satze treffende Vermögenssteuer.

Die letztere tritt an Stelle der Ertragssteuern. Während diese eine einseitige und daher unbillige Vorbelastung des Grundbesitzes und Gewerbes darstellen, eine Vorbelastung, welche um so drückender wirkt, als die Realsteuern ohne Rücksicht auf die persönliche Leistungsfähigkeit, insbesondere ohne Rücksicht auf die Verschuldung und überdies zum Theil sehr ungleichmäßig veranlagt sind, soll die Vermögenssteuer alles nutzbare Nettovermögen ohne Unterscheidung der Vermögensart gleichmäßig treffen. Da sie jeden nutzbaren Besitz ohne Rücksicht auf seine Form, und zwar nur das Reinvermögen besteuert, so kann sie stets allen wirthschaftlichen Veränderungen, allen Verschiebungen der Werthe und der Steuerkraft der einzelnen Vermögensarten folgen. Sie steigt und fällt mit dem Steigen und Fallen jeder Besitzart und jedes einzelnen Reinvermögens und wird daher auch in Zukunft einer grundsätzlichen Umgestaltung in Folge eingetretener Umgestaltung der wirthschaftlichen Verhältnisse nicht bedürfen." (S. 935.)

Ueber die Unhaltbarkeit der staatlichen Realsteuern neben der durch das Gesetz vom 24. Juni 1891 voll entwickelten Einkommensteuer giebt die Denkschrift (S. 917—924) ausführliche Darlegungen.

Ein System staatlicher Ertragssteuern müsse vor Allem vollständig und in der Höhe der Steuerbelastung gleichmäßig sein: es würde also nicht nur eine Kapitalrentensteuer neu einzuführen, sondern auch Grund-, Gebäude- und Gewerbesteuer so umzugestalten sein, daß eine gleichmäßige Belastung aller Güterquellen einträte; insbesonders müsse die Grundsteuer, unter Beseitigung der Kontingentirung in eine Quotitätssteuer umgewandelt werden. Aber auch eine derartige, mit den größten, voraussichtlich unlösbaren Schwierigkeiten verbundene Umgestaltung der Realsteuern würde niemals dahin führen können, daß dem für die Staatsbesteuerung maßgebenden Grundsatz der Besteuerung nach der persönlichen Leistungsfähigkeit Genüge geschähe: denn das Wesen der Ertragsteuern bringe es mit sich, daß immer nur eine Berücksichtigung der verschiedenen Güterquellen, nicht eine solche der Person stattfinden könne, „da die Natur der Ertragssteuern den Abzug der Schuldenzinsen und die Berücksichtigung der persönlichen Verhältnisse der Steuerpflichtigen ausschließt" (S. 918). Das Ertragssteuersystem sei demnach nicht der richtige Weg, um die von allen Seiten mit Recht verlangte höhere Besteuerung fundirten Einkommens zu erreichen, vielmehr könne diese letztere — da ihre Durchführung innerhalb der Einkommensteuer zu unüberwindlichen Schwierigkeiten führe und eine Erbschaftssteuer in genügender Höhe gleichfalls große Bedenken erregen müsse — zweckmäßiger Weise nur in einer ergänzenden Vermögenssteuer von mäßiger Höhe ($^1/_2$ von 1000) gefunden werden (Begr. des Ergänzungssteuergesetzes S. 519 flg.)[1]) Die Einführung der letzteren setze die Beseitigung des staatlichen Ertragssteuersystems voraus; eine bloße Ueberweisung vom Staate erhobener Steuern an Gemeinden oder andere Kommunalverbände sei zu diesem Zwecke belanglos.

Und zwar müßten sämmtliche staatliche Objektsteuern beseitigt werden, nicht nur die Grund- und Gebäudesteuer, sondern auch die Gewerbesteuer und die Bergwerksabgaben.[2]) Dem Staate

---

1) Den Schluß des ersten Abschnittes der Denkschrift (S. 921—923) bildet ein Hinweis auf die Entwicklung in England, Frankreich, Italien, Oesterreich, der Schweiz und den deutschen Bundesstaaten, namentlich Sachsen, Württemberg, Bayern, Baden und Hessen.

2) „Der Gewerbesteuer sind gleichzustellen:

c) die von den Bergwerken — mit Ausnahme des Eisenerzbergbaues — zu entrichtenden Bergwerksabgaben. Dieselben werden in Höhe von 2 pCt. der Bruttoproduktion, berechnet nach dem Werthe der abgesetzten Produkte zur Zeit des Absatzes, erhoben, wogegen der Bergbau der Gewerbesteuer nicht unterliegt (§ 4 Nr. 3 des Gewerbesteuergesetzes vom 24. Juni 1891). Es kann hier dahingestellt bleiben, ob den Berg-

zu belassen sei nur die Eisenbahnabgabe und die Wandergewerbesteuer.[1])

Die Beseitigung dieser staatlichen Objectsteuern sei allerdings von großer finanzieller Bedeutung für den Staat und nur möglich, wenn voller Ersatz geschaffen werde, dagegen sei die Sicherheit der Staatsfinanzen von der Beibehaltung gerade dieser Steuerform nicht abhängig. Die Grundsteuerverfassung habe sich zu einer Zeit entwickelt, als im Vergleich zum Grundbesitz andere Formen des Kapitals und der Produktion einen minder bedeutsamen Faktor des Volkswohlstandes in Preußen bildeten. Diese Verhältnisse haben sich aber verschoben, und demgemäß sei auch die Personalsteuer zu völlig veränderter Bedeutung für den Staatshaushalt herangewachsen und jetzt relativ von größerer Bedeutung für die Sicherheit des Staatshaushaltes als die Grundsteuer. Auch die Anschauung, daß die letztere einen besonders werthvollen Rückhalt für Nothfälle gewähre, könne hiernach nicht mehr als zutreffend gelten: ihre ungleichmäßige und ohne Rücksicht auf die Schulden erfolgende Veranlagung lasse sie vielmehr gerade in wirthschaftlich ungünstigen Zeiten als geeigneten Maßstab zur Vertheilung von Lasten in keiner Weise erscheinen, während die den Verhältnissen der Gegenwart angepaßte Einkommensteuer nebst Ergänzungssteuer in dieser Richtung weit größere Garantieen biete. (S. 926.) Was den Einwand anlange, daß die Grundsteuer einen rentenartigen Charakter angenommen habe und eine einfache Beseitigung derselben deshalb ein Geschenk an den Besitzer bedeute, so möge ein solcher Charakter thatsächlich,

---

werksabgaben die Natur von Ertragssteuern beiwohnt. Mit den Zielen der gegenwärtigen Reform würde es nicht vereinbar sein und von den Betheiligten als eine unbillige Beschwerung empfunden werden, wollte man die hohe und drückende Bruttobelastung, welcher eine Nettobesteuerung von 4 bis 5 pCt. gleichkommt, bei dem Bergbau bestehen lassen, während die übrigen Objektsteuern, insbesondere die Gewerbesteuer, als deren Ersatz die Bergwerksabgabe thatsächlich seither gegolten hat, in ihrem ganzen Umfange wegfallen." (Denkschr. S. 925, vgl. Begr. zu dem § 2 des Gesetzentwurfes wegen Aufhebung direkter Staatssteuern. S. 440, 441, unten S. 136.)

[1]) a. a. O. S. 441, 442.

wenn auch nicht rechtlich, zum Theil für die älteren Provinzen zuzugeben sein. Daraus könne aber kein Grund für eine abweichende Behandlung dieser Steuer bei der Reform des ganzen Systems entnommen werden. Die für Aufhebung früherer Grundsteuerbefreiungen gezahlten Entschädigungen seien, soweit durchführbar, zurückzuzahlen.[1])

Wenn hiernach — so heißt es in der Denkschrift S. 920 ff. weiter — „die Staatsregierung nach dem Vorstehenden schon lediglich vom Standpunkte der staatlichen Besteuerung aus zu dem Entschlusse gelangen mußte, die sämmtlichen Ertragssteuern

---

[1]) „Einestheils würde dieser Einwand zum Theil auch bei der Gebäudesteuer und selbst der Gewerbesteuer erhoben werden können. Anderntheils ist zu erwägen, daß auch bisher Grund und Boden und Gewerbe als solche der Gemeindebesteuerung unterworfen waren und daß die veränderlichen Zuschläge zu den Realsteuern die Inkrustirung dieser Steuern vielfach verhindert haben. Endlich aber handelt es sich bei der geplanten Reform überhaupt nicht um eine völlige Freistellung des Grund und Bodens und der Gewerbe von jeder Besteuerung, vielmehr bleiben dieselben in vollem Maße der Kommunalbesteuerung unterworfen. Von einem Geschenk einer auf dem Boden haftenden Rente an den augenblicklichen Besitzer kann daher im Rahmen des Reformplanes nicht die Rede sein. Es handelt sich um eine Erleichterung der kommunalen Lasten der Gemeinden und der Gutsbezirke durch den Verzicht des Staates auf die unmittelbare Besteuerung der Objekte, und das Maß der hierdurch eintretenden Verminderung der Belastung der einzelnen Objekte ist bedingt durch Verhältnisse, welche sich für den einzelnen Verband nicht übersehen lassen. Jedenfalls bleibt die Steuerpflicht der Objekte selbst bestehen. Dies gilt, wenn auch zum Theil in anderer Form, insbesondere auch von denjenigen Besitzungen, welche einem Gemeindeverbande nicht angehören, sondern einen selbständigen Gutsbezirk bilden. Abgesehen davon, daß der Besitzer eines solchen Gutes nach wie vor der unmittelbare Träger der Kommunallasten innerhalb des Gutsbezirkes bleibt, wird er als Angehöriger der weiteren Kommunalverbände auch fernerhin der Kreisbesteuerung unterliegen und durch diese in der Regel schärfer als bisher getroffen werden, falls nach den Vorschlägen der Staatsregierung die Ueberweisung von Ueberschüssen aus den Getreide- und Viehzöllen nach Maßgabe des Gesetzes vom 14. Mai 1885 in Zukunft fortfällt.

Wenn allgemein die staatliche Doppelbesteuerung durch den Verzicht auf die Realsteuern beseitigt werden soll, ist es selbstverständlich gänzlich unthunlich, Grundbesitzungen und Gewerbebetriebe um deswillen davon auszuschließen, weil sie zu dem politischen Verbande eines Gutsbezirkes gehören." Denkschr. S. 926, 927. Vgl. oben S. 32, 34, 35, A. 46, 59, 93, 95 und 123.

aus dem Systeme der direkten Steuern gänzlich auszuscheiden, so führen die Rücksichten auf die kommunalen Steuerbedüfnisse fast noch zwingender auf den gleichen Weg. Die Belastung der Güterquellen mit staatlichen Ertragssteuern, insbesondere die Erhebung hoher Grund- und Gebäudesteuern, hat zur Folge gehabt, daß die Gemeinden in der überwiegenden Mehrzahl ihrerseits von der Besteuerung dieser Güterquellen in dem durch volkswirthschaftliche und kommunale Rücksichten gebotenen Umfange und Maße Abstand genommen haben und ihren Steuerbedarf ausschließlich oder doch überwiegend durch Einkommensteuern (Zuschläge zur staatlichen Einkommensteuer oder besondere kommunale Einkommensteuern) aufbringen. Diese Art der kommunalen Besteuerung enthält eine ungerechte und unbillige Belastung des reinen Arbeitseinkommens sowie des Einkommens aus Geldkapital und gefährdet außerdem die Interessen der Gemeinden selbst, wie die des Staates.

Die Gemeinde ist wesentlich ein wirthschaftlicher Verband. Wenngleich die Gemeinden in vielen Beziehungen an der Erfüllung unmittelbarer Staatszwecke betheiligt sind, so haben sie doch an erster Stelle diejenigen Vorbedingungen zu erfüllen, auf denen das nachbarliche, wirthschaftliche Zusammenleben und die Erwerbsthätigkeit ihrer Einwohner beruhen. Hierauf bezieht sich ein großer, oft der größte Theil der kommunalen Aufwendungen. Ein Theil der Ausgaben der Gemeinden gereicht gewiß allen Einwohnern mehr oder minder gleichmäßig zum Vortheil; ein anderer Theil der Ausgaben kommt aber ganz oder überwiegend den mit der Gemeinde untrennbar verbundenen Objekten — Grund- und Hausbesitz und Gewerbebetrieb — zu Gute und erhöht deren Werth oder wird durch sie veranlaßt. Eine feste Grenze zwischen diesen beiden Theilen der Ausgaben läßt sich gewiß allgemein nicht ziehen. So erscheinen z. B. die Kosten für Schul- und Armenwesen, für die öffentliche Sicherheit und ähnliche als Aufwendungen für allgemeine Zwecke, welche von allen Einwohnern getragen werden müssen. Gleichwohl befinden sich hierunter nicht selten, namentlich in Gemeinden mit stark entwickelter Großindustrie, Aufwendungen, welche vorzugsweise durch gewerbliche Unternehmungen veranlaßt

9*

werden oder diesen besonders zum Vortheile gereichen. Das Gleiche gilt von den Kosten aller derjenigen Veranstaltungen, welche auf Erhöhung und Verfeinerung des Lebensgenusses abzielen. Solche Veranstaltungen erhöhen die Annehmlichkeit des Aufenthaltes, vermehren den Zuzug und steigern hiermit den Werth des Grund- und Hausbesitzes, sowie den Ertrag der auf den lokalen Absatz angewiesenen Gewerbebetriebe. Auf der anderen Seite kommen die Aufwendungen für die Anlegung und Unterhaltung von Straßen, für den Bau von Wegen und Wasserstraßen u. s. w. an erster Stelle den Grund- und Hausbesitzern und den Gewerbetreibenden unmittelbar zu Gute und müssen daher auch vorzugsweise von diesen getragen werden.

Es ist dabei wohl zu beachten, daß während den nicht dauernd ansässigen oder an den Aufenthalt in der Gemeinde gebundenen Steuerpflichtigen häufig nur vorübergehende Vortheile aus der Gemeindeentwickelung zufallen, diese für die mit der Gemeinde unzertrennlich verbundenen Objekte dauernder Natur sind.

Hieraus ergiebt sich, daß die ausschließliche oder überwiegende Aufbringung des kommunalen Steuerbedarfs durch Einkommensteuern ohne Rücksicht auf die Zwecke und die Wirkungen der Gemeindeausgaben der Anforderung einer gerechten Steuervertheilung widerspricht. Das Einkommen aus Arbeit und aus Geldkapital wird sonst unverhältnißmäßig für solche Zwecke besteuert, für welche die Inhaber der anderen Güterquellen in erster Linie aufzukommen haben, während auf der anderen Seite die großen Werthsteigerungen namentlich des städtischen Grundbesitzes, welche lediglich durch die die Steigerung der Ausgaben wiederum bedingende fortschreitende Entwickelung der Gemeinde hervorgerufen sind, in der Besteuerung fast unberücksichtigt bleiben und damit den Gemeinden eine bedeutende, gerade mit dem Wachsen der Ausgaben naturgemäß steigende Steuerkraft zum großen Theile entzogen wird.

Wenn die Realsteuern, wie oben ausgeführt wurde, den Voraussetzungen einer gerechten Steuervertheilung im Staate nicht entsprechen, so stehen die gleichen Bedenken ihrer Verwendung als Kommunalsteuern nicht entgegen.

Die Mängel der Realsteuern im staatlichen Steuersystem fallen in der einzelnen Gemeinde im Wesentlichen weg oder können dort leichter vermieden werden. Die ungleiche Veranlagung der Grundsteuer tritt innerhalb der Gemeinde nicht hervor. Als Staatssteuer sind die Grundsteuer und im Wesentlichen auch die Gebäudesteuer nicht geeignet, den veränderten wirthschaftlichen Verhältnissen sich anzupassen In der Gemeinde ist es leicht ausführbar, bei der Veranlagung der Realsteuern den Veränderungen in den Werths- und Ertragsverhältnissen zu folgen und so diese Steuern als lebendige Glieder des Gemeindeorganismus zu gestalten.

Innerhalb der Kommunalverbände kann die Leistungsfähigkeit nicht den ausschließlichen Maßstab der Besteuerung bilden. Er wird ergänzt werden müssen durch den Grundsatz der Leistung und Gegenleistung [1]) Neben den, die Leistungsfähigkeit berücksichtigenden persönlichen Steuern wird daher regelmäßig ein, den Aufwendungen für die realen Güterquellen entsprechender Theil des Steuerbedarfs durch Realsteuern aufzubringen sein. In dem engbegrenzten Gemeindebezirke lassen sich sowohl die besonderen wirthschaftlichen Vortheile, welche den einzelnen Güterquellen aus den Veranstaltungen der Gemeinde erwachsen (921), als auch die derselben im Interesse von Grund- und Hausbesitz und Gewerbebetrieb verursachten besonderen Kosten mit hinreichender Sicherheit übersehen, um auf diesen Grundlagen das Maß der realen Besteuerung im Ganzen, wie für die einzelnen Güterquellen bestimmen zu können.

Die ausschließliche Aufbringung des kommunalen Steuer-

---

1) Vgl. auch Denkschr. S. 986. „Die Kommunalbesteuerung ist nicht lediglich auf der Leistungsfähigkeit aufzubauen. Das Wesen der Gemeinden läßt zu und erfordert bei der Steuervertheilung die Berücksichtigung von Leistung und Gegenleistung, von Last und Vortheil. Zur Durchführung dieses Grundsatzes soll neben anderen Maßnahmen die Kommunalbesteuerung entsprechend den wirthschaftlichen Aufgaben der Gemeinden und den Rückwirkungen der Aufwendungen derselben auf die Vermögensobjekte in rationeller Weise wesentlich auch auf die vom Staate aufgegebenen Realsteuern begründet werden, welche den Gemeinden eine ergiebige, nach ihren besonderen Verhältnissen zu bewirthschaftende selbständige Steuerquelle eröffnen, die in ihren Erträgen den Schwankungen der Personalsteuern nicht unterworfen ist."

bedarfs durch Einkommensteuern schädigt aber auch in hohem Grade die Interessen der Gemeinde selbst und ihres Haushalts. Die Verlegung des Schwergewichtes in die Einkommensbesteuerung führt leicht zu empfindlichen Störungen des Gleichgewichtes im kommunalen Haushalte, so bald aus irgend einr Veranlassung das besteuerte Einkommen in der einzelnen Gemeinde sinkt. Die hieraus entspringenden Folgen äußern sich für den Gemeindehaushalt namentlich der kleineren und mittlern Gemeinden weit rascher und empfindlicher als für den Hausht des Staates. Ein wirthschaftlicher Rückgang ist häufig nur ein lokaler oder auf einzelne Erwerbszweige beschränkter; während ich die Folgen in dem großen Staatsgebiete ausgleichen, machen ie sich in dem kleineren Gemeindewesen um so rascher und drückender fühlbar. Hier kann selbst schon der Ausfall der Einkommensteuer eines einzigen, bis dahin hochbesteuerten Gemeindeangehörign eine empfindliche Störung im kommunalen Haushalte verursache. Ein Gemeinwesen, welches ausschließlich oder vorzugsweise sich uf die in der Gemeinde aufkommenden Personalsteuern stützt, stelt den in der Regel nicht zu vermindernden Ausgabenetat auf usichere und schwankende Einnahmen, welche bei wirthschaftlichem Rückgange eines in der Gemeinde bestehenden Haupterwerbszweiges gerade in solchen Zeiten versagen, in welchen die Ausgaben der Geneinden steigen.

Eine, als ungerecht und drückend empfundene komnunale Einkommensbesteuerung muß an sich die gesunde Entwicklung der Gemeinde hemmen, insbesondere seitdem mit der neuen Einkommensteuer das Einkommen nicht nur in vollem Betnge erfaßt, sondern auch in den höheren Stufen mit höheren Säen belastet wird. Hiermit macht sich der durch die kommunae Einkommensbesteuerung ausgeübte Steuerdruck in gesteigertem Maße fühlbar. Während vordem bei unverhältnißmäßig niedrige Veranlagung der Prinzipalsteuer die hohen Einkommensteuerzuschläge vielleicht ohne übermäßigen Druck getragen wurden, hat nunmehr eine Verschiebung der Steuerlast stattgefunden, welche nicht nur oft wohlhabende oder reiche Personen von dem Zuzuge in eine Gemeinde mit hoher Einkommensteuerbelastung abhalten, ondern gerade die steuerkräftigsten Einwohner, welche nicht durch ihre Erwerbsthätigkeit oder durch starke persönliche Beziehungen an die Gemeinde gefesselt sind, dazu führen wird, ihren Wohnsitz oder Aufenthalt in eine Gemeinde mit niedrigerer Einkommensteuerbelastung zu verlegen. Eine überwiegende und unvorsichtige Anknüpfung der Kommunalbesteuerung an die staatliche Einkommensteuer kann daher namentlich in kleineren und mittleren Gemeinden nur zu leicht zur Folge haben, daß die Gemeinden sich selbst ihrer leistungsfähigsten Steuerkräfte berauben, und hiermit zugleich die ungesunde Entwickelung einzelner Großstädte fördern, in welchen sich wegen der Konzentration des Kapitals in denselben die kommunale Einkommensbesteuerung in mäßigerer Höhe bewegt.

Die Gemeinden sind hiernach durch ihr eigenes Interesse darauf angewiesen, bei der Vertheilung ihres Steuerbedarfs mit Realsteuern in dem vollen, durch allgemeine volkswirthschaftliche Rücksichten und durch die besonderen Verhältnisse gebotenen Umfange auch diejenigen Objekte zu belasten, welche mit ihnen in einer unzertrennlichen Verbindung stehen und daher die sicherste Fundirung des Gemeindehaushalts gewähren. Vorbedingung aber einer solchen Finanzpolitik der Kommunalverbände ist wiederum die Freigabe dieser Objekte aus der bisherigen staatlichen Besteuerung. Dies entspricht nicht minder einem dringenden Gebot der Staatsfinanzen. Nach allen bisher gemachten Erfahrungen ist es nicht so sehr die Höhe der staatlichen Einkommensteuer, als ihre Vervielfältigung durch übermäßige Zuschläge, welche die weitverbreiteten Klagen über Steuerdruck hervorgerufen hat. Es leuchtet ein, daß mit der Höhe der Zuschläge das Bestreben der Steuerpflichtigen zunimmt, die Prinzipalsteuer möglichst herabzudrücken. Eine dem Geiste des Einkommensteuergesetzes entsprechende Veranlagung ist nur möglich, wenn die Steuerpflichtigen selbst nicht nur in den eigenen Steuererklärungen ihr Einkommen richtig und ohne Rückhalt angeben, sondern auch, soweit sie den Veranlagungs- und Berufungskommissionen angehören, sich bei ihren amtlichen Obliegenheiten von dem Bestreben leiten lassen, das gesammte Einkommen aller Steuerpflichtigen nach den Vorschriften des Gesetzes zur Besteuerung heranzuziehen.

Beides ist in vollem Maße nur zu erreichen, sofern die Ueberlastung mit Zuschlägen aufhört. Wenn unter dem Drucke übermäßiger Zuschläge sich eine allgemeine Abneigung gegen die staatliche Einkommensteuer selbst herausbildet, so ist eine dem Geiste des Gesetzes entsprechende Veranlagung der Einkommensteuer, der Hauptsteuer des Staates, in hohem Grade erschwert und gefährdet.

Nach dem Vorstehenden erscheint es auch vom Standpunkte der kommunalen Besteuerung geboten, die Aufhebung der staatlichen Ertragssteuern vorzuschlagen, um hiermit den Gemeinden diejenigen Steuerquellen zu eröffnen, deren sie für die richtige Ausgestaltung ihres Steuerwesens bedürfen."[1]) (Denkschr. S. 921);
und weiter (S. 925):

„Nicht eine Ueberweisung vom Staate erhobener Steuern an Gemeinden oder andere Kommunalverbände steht in Frage; nach den früheren Ausführungen kann es sich nur um die völlige Aussonderung der sämmtlichen Ertragssteuern aus dem Systeme der direkten Staatssteuern handeln.

Es leuchtet ein, daß die erörterten Uebelstände keine wirksame Abhilfe finden würden durch eine Maßregel, welche sich darauf beschränkt, zur Erleichterung der Steuerlast in den Gemeinden denselben 40 000 000 Mk. oder irgend eine andere Summe aus den Erträgen der Staatssteuern zu überweisen. Auf dem Gebiete der Staatsbesteuerung würden mit der Grund-, Gebäude- und Ge-

[1]) Dies gilt insbesondere auch von den Bergwerksabgaben. Vgl. Begründung zu § 2 des Gesetzentwurfes wegen Aufhebung direkter Staatssteuern. „Gerade der Bergbau verursacht vielfach den Kommunen im Vergleich mit anderen Gewerbebetrieben ungewöhnlich hohe Ausgaben auf den Gebieten des Armen- und Schulwesens, des Straßen- und Wegebaues, der öffentlichen Sicherheit u. s. w. Es erscheint daher gerechtfertigt, nicht nur die Bergbautreibenden, wie schon bisher geschehen, zu den kommunalen Einkommensteuern heranzuziehen, sondern auch die Betriebe selbst, je nach den besonderen Verhältnissen, der gewerblichen Besteuerung der Kommunen zu unterwerfen, sei es im Anschlusse an die staatlich veranlagte Gewerbesteuer, sei es mittels besonderer kommunaler Gewerbesteuern. Mit Rücksicht hierauf ist in dem Entwurfe zum Kommunalabgabengesetze ohne Einschränkung die Gewerbesteuerpflichtigkeit des Bergbaues vorgesehen worden." (S. 441) vgl. S. 128. A. 2.

werbesteuer in der gegenwärtigen Form auch die nachgewiesenen Härten und Unbilligkeiten unverändert bestehen bleiben. Innerhalb der Gemeinde könnte allerdings eine augenblickliche Herabminderung der Gemeindesteuern und dadurch einige Erleichterung der Pflichtigen erreicht, eine dauernde Gesundung des Steuerwesens aber auch hier nicht erzielt werden. Ein zutreffender Maßstab der Vertheilung solcher Zuwendungen an die Gemeinden wäre ohnehin noch viel schwieriger zu finden, als bei den Ueberweisungen an die Kreise.

Die Zuwendung von Staatsrenten an kommunale Verbände kann gerechtfertigt sein und wohlthätig wirken, wenn es sich darum handelt, denselben zur Erfüllung bestimmter staatlicher Aufgaben die erforderlichen Mittel zur Verfügung zu stellen. Als Grundlage für die Steuerverfassung und die Selbstverwaltung der Kommunalverbände dagegen empfiehlt sich ein derartiges Dotationssystem nicht."

„Für eine Reform, welche sich auf dem Gebiete der Staats- sowie der Gemeindebesteuerung die durchgreifende Beseitigung der vorhandenen Uebelstände zur Aufgabe stellt, muß deshalb der gänzliche Verzicht des Staates auf die Grund-, Gebäude- und Gewerbesteuer den gemeinsamen Ausgangspunkt bilden. Die Durchführung dieser tiefeinschneidenden Maßregel bedingt eine organische Neugestaltung des gesammten direkten Steuerwesens in Staat und Gemeinde, welche bei dem engen inneren Zusammenhange beider Gebiete gleichzeitig in Angriff zu nehmen ist, und nur in einem Akte zu einem befriedigenden Abschluß gebracht werden kann." (S. 925.)

Einstweilen wird indessen die gesammte staatliche Veranlagung und Verwaltung der bestehenden Ertragssteuern fortzuführen sein, und zwar sowohl im Interesse der Gemeinden als des Staates.

Die Begründung zu §§ 3, 4 des Gesetzentwurfs wegen Aufhebung direkter Staatssteuern führt in diesen Beziehungen Folgendes aus (S. 442, 443):

„So sehr auch die Einführung besonderer kommunaler Realsteuern anzustreben ist, so läßt sich doch nicht verkennen, daß die Entwickelung sich auf diesem Gebiete nur langsam vollziehen wird. Die Ausgestaltung richtiger, gerecht und gleichmäßig wirkender Realsteuerformen ist zwar in dem engbegrenzten Gemeindebezirke wesentlich leichter, als für das große Staatsgebiet mit seinen fast unermeßlichen Verschiedenheiten. Gleichwohl sind die Schwierigkeiten, welche sich den Gemeinden bei der Auswahl und Ausbildung passender Steuerformen entgegenstellen, nicht gering anzuschlagen. Zu diesem Behufe bedarf es eines tieferen Eindringens in die Einzelheiten des Gemeindehaushaltes, in die Eigenthümlichkeiten der zu eröffnenden Steuerquellen und in die lokalen Verhältnisse des Grundbesitzes und Gewerbebetriebes, wobei die steuerliche Leistungsfähigkeit nach weiteren Gesichtspunkten — der wirthschaftlichen Lage des Grundbesitzes, der Konkurrenzfähigkeit der Gewerbebetriebe im Inlande und im Verkehr mit dem Auslande u. s. w. — zu berücksichtigen bleibt. Es bedarf ferner einer objektiven und unparteiischen Wahrnehmung und Ausgleichung der Interessen der Steuerpflichtigen, endlich, und nicht zum mindesten, einer sorgfältigen und umsichtigen Handhabung der getroffenen Steuereinrichtungen im Einzelnen.

Aus diesen Schwierigkeiten erklärt es sich, daß die Gemeinden, ungeachtet der ihnen schon nach den bestehenden Gemeindeverfassungen eröffneten Möglichkeit zur Einführung besonderer Realsteuern, hiervon nur in sehr beschränktem Umfange Gebrauch gemacht haben.

(443) Aus dem gleichen Grunde wird der Entwickelungsgang auf diesem Gebiete auch in Zukunft nur ein langsamer sein. Die staatlichen Aufsichtsbehörden können zwar vielfach anregend und fördernd wirken, insbesondere durch Aufstellung und Veröffentlichung von Mustern zu Realsteuerordnungen. Aber auch hierbei ist mit Vorsicht zu verfahren.

Im Großen und Ganzen wird es vorzuziehen sein und der Autonomie der Gemeinden mehr entsprechen, wenn die Entwickelung sich von unten herauf, aus den Gemeinden selbst heraus, vollzieht. Ein Versuch, im Gesetze selbst neue kommunale Steuerformen zwangsweise vorzuschreiben, würde schon wegen der außerordentlichen Verschiedenheiten der kommunalen Verhältnisse nicht mit Erfolg unternommen werden können. Die Anwendung derselben Realsteuerform setzt annähernd gleiche Verhältnisse voraus. Steuerformen, welche für große Städte geeignet sind, passen nicht für kleine Stadt- und noch weniger für Landgemeinden. Industriebezirke bedürfen anderer Steuerformen, als Gemeinden mit vorherrschender Landwirthschaft. Die höhere oder geringere kommunale Entwickelung, der durchschnittliche Bildungsgrad und die festgewurzelten Anschauungen der Gemeindeangehörigen, die Gewöhnung an bestehende Zustände, das Ueberwiegen dieses oder jenes Erwerbs- oder Industriezweiges u s. w. dürfen bei der Ordnung des kommunalen Steuerwesens nicht unberücksichtigt bleiben.

Allen Verschiedenheiten dieser Art würde bei gesetzlicher Festlegung bestimmter neuer Steuerformen nicht genügend Rechnung getragen werden können. Der einzelnen Gemeinde muß vielmehr innerhalb eines weiten, vom Gesetze zu ziehenden Rahmens freie Bewegung gestattet werden. Hierbei ist Mißbräuchen und Fehlgriffen im Aufsichtswege zu begegnen. Zugleich ist im Verwaltungswege auf die thunlichste Einheitlichkeit in der Entwickelung des kommunalen Steuerwesens hinzuwirken. Zu diesem Behufe wird die Aufstellung von Mustern zu Realsteuerordnungen beabsichtigt.

Vorstehende Erwägungen haben dazu geführt, im § 3 die Fortführung der gesammten staatlichen Veranlagung und Verwaltung der bestehenden Ertragssteuern (mit Ausnahme der in den §§ 12, 13 besonders behandelten Betriebssteuer), unter grundsätzlicher Aufrechterhaltung der hierauf bezüglichen Gesetze, vorzuschlagen.

Die Gemeinden werden hierdurch in die Lage gesetzt, die veranlagten Steuern durch Bestimmung von Prozentsätzen in demjenigen Umfange weiter zu erheben, welcher durch ihren Steuerbedarf unter Anwendung der Vorschriften des Kommunalabgabengesetzes bedingt wird.

Der Einführung besonderer kommunaler Realsteuern wird in keiner Weise vorgegriffen. Die Fortführung der staatlichen Veranlagung setzt die Gemeinden in den Stand, die Frage der Einführung besonderer Realsteuern sorgfältig zu prüfen und die hierauf gerichteten Pläne ausreifen zu lassen;

Mit der Fortführung der staatlichen Veranlagung wird zugleich ein großer Theil der Schwierigkeiten umgangen, welche anderenfalls in den verschiedensten Verwaltungszweigen entstehen würden.

Von jeher haben die staatlichen Ertragssteuern und die auf sie bezüglichen Verwaltungseinrichtungen für andere Verwaltungszweige die Grundlage für anderweitige Einrichtungen, für die Bestimmung von Rechten und Pflichten, für die Beurtheilung von Rechtsverhältnissen u. s. w. gebildet. Im hervorragendsten Maße gilt dies von den Grund- und Gebäudesteueranlagen.

Der gesammte Immobiliarverkehr ist mit den bestehenden Katastereinrichtungen auf das Engste verknüpft. Insbesondere bilden seit dem Erlasse der Grundbuchordnung vom 5. Mai 1872 (Gesetzsamml. S. 446) die Grund- und Gebäudesteuerbücher allgemein die Grundlagen für die Einrichtungen der Grundbücher. Die Aufrechterhaltung und Fortführung des Katasters ist deshalb ein unabweisbares Bedürfniß; selbst wenn es für die Zwecke der kommunalen Besteuerung entbehrt werden könnte, würde das Kataster durch ähnliche, den Bedürfnissen der Grundbuchverwaltung und des gesammten Immobiliarverkehrs und Kredits Rechnung tragende Einrichtungen ersetzt werden müssen ...

Nach den obigen Ausführungen ist die Fortführung der staatlichen Veranlagung und Verwaltung der Ertragssteuern nicht eine für die Dauer berechnete Maßnahme. Wann aber der Zeitpunkt gekommen sein wird, um diese Maßnahme ganz oder zum Theil durch anderweite dauernde Einrichtungen zu ersetzen, läßt sich nicht mit Sicherheit im Voraus bestimmen. Die Lösung der Frage muß namentlich abhängig bleiben theils von dem Umfange und der Schnelligkeit, womit sich die Ersetzung der bestehenden Steuerformen durch besondere kommunale Realsteuern vollziehen wird, theils von den in anderen Verwaltungszweigen hervortretenden Bedürfnissen und von den sich darbietenden Mitteln der Abhilfe. Was insbesondere die erst mit dem 1. April 1893 zur Hebung gelangende Gewerbesteuer betrifft, so muß die Ausführung des hierauf bezüglichen Gesetzes vom 24. Juni 1891 abgewartet werden, um ein Urtheil darüber zu gewinnen, inwieweit etwa Abänderungen mit Rücksicht auf die Umwandlung der Gewerbesteuer in eine kommunale Abgabe in Aussicht zu nehmen sein werden.

Nach dem Vorstehenden erscheint es gerechtfertigt, die auf die Grund-, Gebäude- und Gewerbesteuer bezüglichen gesetzlichen Bestimmungen und Einrichtungen im Wesentlichen aufrecht zu erhalten und die Abänderungen für jetzt auf den Umfang des Nothwendigen zu beschränken. Die weitergehenden Abänderungen hinsichtlich der Betriebssteuer werden bei Erörterung der §§ 12, 13 ihre Begründung finden."

Die Deckung für die aufzugebenden Realsteuern, nämlich

Grundsteuer mit	39 907 000	Mk.
Gebäudesteuer mit	35 086 000	"
Steuer vom stehenden Gewerbebetriebe	19 811 000	"
Bergwerksabgaben	6 926 000	"
zusammen	101 730 000	Mk.

wobei Grund-, Gebäude- und Bergwerkssteuer nach dem Voranschlag für 1892/93, Gewerbesteuer mit dem in § 81 des Gewerbesteuergesetzes vom 24. Juni 1892 kontingentirten Betrage eingesetzt sind — wurde in folgender Weise vorgeschlagen:

Außer den aus der Einkommensteuer nach § 81 des Eink.-Steuer-Ges. verfügbaren	40 000 000	Mk.
sollen durch Aufhebung des Gesetzes vom 14. Mai 1885 (lex Huene)	24 000 000	"
und ferner durch Aufhebung der den Gemeinden bisher für Veranlagung der Gewerbe- und Einkommensteuer und für Erhebung der Grund-, Gebäude- und Gewerbesteuer gezahlten Gebühren in Höhe von	2 940 000	"
zusammen	66 940 000	Mk.

gewonnen werden, während die an jenen 101 730 000 Mk. noch fehlenden 34 790 000 Mk. durch die „Ergänzungssteuer" von $^1/_2$ vom 1000 des steuerbaren Vermögens aufzubringen sind.

Die letztere soll in dreifacher Hinsicht zur Ergänzung der Einkommensteuer dienen: (Denkschr. S. 931.)

„1. Zunächst handelt es sich um die besondere Erfassung des auf Vermögensbesitz gegründeten Einkommens.

Ohne die schwierige Sonderung des Einkommens nach den Quellen zu erfordern, entnimmt die Vermögenssteuer ihren Maßstab unmittelbar den Quellen selbst und erfaßt damit ausschließlich, aber auch vollständig dasjenige Moment der Steuerkraft, welches die Arbeitsfähigkeit und die Person überdauert.

Während ferner die Ertragssteuern an die einzelnen Vermögensobjekte und deren durchschnittliche Ertragsfähigkeit ohne Rücksicht auf die persönlichen Verhältnisse des jeweiligen Besitzers anknüpfen, kommt für die Vermögenssteuer nur das reine Gesammtvermögen in Betracht, wie es in dem Besitze eines bestimmten Steuerpflichtigen in die Erscheinung tritt. Auf diesem Wege wird namentlich auch die Frage des Schuldenabzuges gelöst und der für die Staatsbesteuerung allein richtige Grundsatz durchgeführt, wonach die Belastung der Steuerpflichtigen ihrer persönlichen Leistungsfähigkeit entsprechen soll.

Die einheitliche Vermögenssteuer endlich gestattet und bedingt bei gleicher Bemessungsgrundlage die Anwendung des gleichen, aber mäßigen Steuerfußes für die verschiedenen Vermögensarten und schließt dadurch jede Bevorzugung, sowie jede begründete Beschwerde wegen Ueberbürdung der einen oder anderen Besitzform aus.

2. Die Vermögenssteuer tritt ferner ergänzend ein, wo die Einkommensteuer eine vorhandene Steuerkraft nicht, oder doch nicht genügend erfaßt. Die Einkommensteuer nimmt das ohne Zweifel wichtigste Kennzeichen der Steuerkraft, das Einkommen, zum Maßstabe. Bei der Mannigfaltigkeit der modernen Besitz- und Erwerbsverhältnisse ist aber das Vorhandensein fundirten oder unfundirten Einkommens nicht überall das einzige oder allein entscheidende Merkmal der steuerlichen Leistungsfähigkeit. Insbesondere stellt schon das Vorhandensein von Vermögen — ohne Rücksicht auf die Höhe des jeweiligen Ertrages — ein selbständiges Moment der Leistungsfähigkeit dar, weil das Vermögen in seinem Bestande die Person überdauert, die Kreditfähigkeit des Besitzers erhöht und unter sonst gleichen Verhältnissen die wirthschaftliche

Lage des Besitzenden in jedem Falle günstiger gestaltet als die Lage des Besitzlosen.

Zunächst kommt hier die steuerliche Behandlung des Gebrauchsvermögens in Betracht.

Nach der in der deutschen Wissenschaft herrschenden Auffassung ist zum Einkommen einer Person auch der Genuß der zum persönlichen Gebrauche verfügbaren Vermögensstücke aller Art zu rechnen, in der Praxis des Steuerrechts aber dieser Grundsatz bisher nicht in seiner vollen Tragweite zur Anerkennung gelangt. Nach dem preußischen Einkommensteuergesetz vom 24. Juni 1891 (§ 7) gelten als Einkommen die gesammten „Jahreseinkünfte des Steuerpflichtigen in Geld und Geldeswerth"; hiermit ist die Anrechnung der Nutzung des Gebrauchsvermögens in enge Grenzen verwiesen und in der Hauptsache auf die Anrechnung des „Miethswerthes" der Wohnung im eigenen Hause beschränkt. Es kann hier dahingestellt bleiben, ob und aus welchen Gründen vom Standpunkte der Einkommensbesteuerung diese beschränktere Auffassung des Einkommensbegriffs gerechtfertigt ist oder nicht; in jedem Falle entgehen in Folge dessen nicht selten sehr werthvolle Vermögenstheile, weil sie einen augenfälligen Ertrag in Geldeswerth nicht abwerfen, sondern vom Eigenthümer ausschließlich als Mittel zur Erhöhung des Lebensgenusses benutzt werden, einer angemessenen Besteuerung, obwohl gerade die Art der Verwendung in der Regel als sicheres Anzeichen einer gesteigerten Steuerkraft gelten darf. Wohl aber wird die Ergänzungssteuer die nur der Gerechtigkeit entsprechende Heranziehung solcher Objekte zu den Staatslasten vermitteln; sie ist zu diesem Zwecke in technischer Hinsicht der Einkommensteuer sogar vorzuziehen, weil die Feststellung des Vermögenswerthes in der Mehrzahl der Fälle minder schwierig sein und sachgemäßer ausfallen wird, als die künstliche Berechnung eines Einkommens.

In der Begründung zum Entwurfe eines Ergänzungssteuergesetzes sind die wesentlich praktischen Rücksichten erörtert, aus welchen das bewegliche Gebrauchsvermögen dieser Steuer nicht unterliegen soll.

Eine zweite Kategorie von Fällen, in welchen die Einkommensteuer versagt, ergiebt sich bei gewissen spekulativen Vermögensanlagen. Bei Konsortialbetheiligungen, Grundstücksspekulationen und anderen weit angelegten Unternehmungen kann die Abwickelung des Geschäftes und die Gewinnabrechnung auf Jahre hinausgeschoben sein; inzwischen wird ein „Einkommen" aus dem betheiligten Kapitale nicht erzielt, ein solches daher auch bei der Einkommensteuerveranlagung nicht angerechnet, sollten auch der Umfang und die günstigen Aussichten des Unternehmens eine bedeutende Leistungsfähigkeit außer Zweifel stellen. Durch den Hinweis auf die künftige Besteuerung des dereinstigen Gewinnes wird die entsprechende Heranziehung des Betheiligten zu den Staatslasten schon deshalb nicht genügend sichergestellt, weil er durch Verlegung des Wohnsitzes seine Person jederzeit der Preußischen Steuerhoheit entziehen kann. Mit Rücksicht hierauf ist es zur Wahrung der finanziellen Interessen des Staates geboten, die vorhandenen Steuerkräfte in ihren gegenwärtigen Erscheinungsformen zu treffen und die zu diesem Zwecke geeignete Handhabe dem Steuersystem einzufügen.

Eine weitere Lücke der Einkommensteuer tritt in Betreff der Erfassung des gewerblichen Anlage- und Betriebskapitals hervor. Dasselbe bleibt unbesteuert, wenn nach dem Durchschnitt der maßgebenden Geschäftsjahre ein Gewinn nicht erzielt ist. Es entspricht weder dem allgemeinen Rechtsbewußtsein noch den thatsächlichen Verhältnissen, in einem solchen Falle den Inhaber eines umfangreichen gewerblichen oder landwirthschaftlichen Betriebes, insbesondere nach Aufhebung der diese Vermögen jetzt treffenden Realsteuer von jeder Staatssteuer und in Folge dessen auch von den Zuschlägen zu den Staatssteuern überhaupt frei zu lassen, obwohl vielleicht seine Kapitalkraft wenig oder gar nicht geschwächt und auch die äußere Lebenshaltung unverändert ist.

3. Die Vermögenssteuer soll nicht nur den nach Aufgabe der Ertragssteuern sonst ungedeckten Fehlbetrag arithmetisch ausgleichen, sondern zugleich das zur dauernden Sicherung der Staatsfinanzen unentbehrliche Glied in das Finanzsystem einfügen. Auch unter diesem Gesichtspunkte ist sie in der modernen Finanzwirthschaft den veralteten Ertragssteuern vorzuziehen.

Indem die Vermögenssteuer bei jedem Steuerpflichtigen einen greifbaren Vermögensstock voraussetzt, stützt sie sich, gleich den Ertragssteuern, auf eine reale Grundlage, deren thatsächlicher Werth dadurch nicht gemindert wird, daß die Heranziehung in der Form der Personalbesteuerung erfolgt. Wollte man dies aber auch in Frage stellen, so bleibt als ein wesentlicher Vorzug der Vermögenssteuer bestehen, daß die bisher auf Grundbesitz und Gewerbebetrieb beschränkte Realbesteuerung eine breitere Grundlage, wenn auch in veränderter Form, durch den Hinzutritt des beweglichen Kapitals erhält.

Von praktischer Bedeutung wird die Frage der Sicherheit des Steueraufkommens vornehmlich in Zeiten schwerer Erschütterungen des Erwerbslebens. Mögen politische Verwickelungen oder ungünstige wirthschaftliche Verhältnisse die Ursache sein, in allen Fällen werden Landwirthschaft und Gewerbe zuerst und hauptsächlich darunter leiden und eher im Stande sein, die gleichmäßig nach Maßgabe der persönlichen Leistungsfähigkeit mit einem mäßigen Satze veranlagte, auch den Kapitalbesitz treffende Vermögenssteuer aufzubringen, als die ohne Rücksicht auf die Schuldverhältnisse und überdies um ein Vielfaches höher veranlagte Grund- und Gewerbesteuer.

Faßt man andererseits das normale Verhältniß einer aufsteigenden Entwickelung des Volkswohlstandes ins Auge, so ist die Vermögenssteuer namentlich der Grundsteuer durch ein natürliches, den steigenden Staatsbedürfnissen entsprechendes Wachsthum überlegen.

Die Eigenschaft einer ergänzenden Abgabe soll die Vermögenssteuer namentlich auch darin bewahren, daß sie im Vergleiche zur Hauptsteuer, sowie vermöge ihres niedrigen Steuerfußes nur eine mäßige Belastung der Pflichtigen darstellt. Durch die Ergänzungssteuer sind 35 000 000 Mark, also nur etwa 28 Prozent der für 1892/93 auf etwa 120 000 000 Mark zu veranschlagenden Isteinnahme der Einkommensteuer aufzubringen. Sollte das Aufkommen des ersten Jahres den veranschlagten Ertrag wesentlich überschreiten, so ist im Gesetzentwurf eine entsprechende Herabsetzung der Steuersätze ausdrücklich vorgesehen.

In angemessenen Grenzen bewegt sich auch der vorgeschlagene Steuerfuß. Bei Annahme einer durchschnittlichen Rentirung der Vermögenswerthe mit 4 Prozent wird die Ergänzungssteuer nicht mehr als 1¼ Prozent des Einkommens in Anspruch nehmen, somit auch in den höchsten Einkommensstufen die Gesammtbelastung des fundirten Einkommens durch direkte Staatssteuern den Betrag von 5¼ Prozent nicht überschreiten.

Als eine Ueberlastung wird dies um so weniger gelten können, wenn man erwägt, daß die Ergänzungssteuer an Stelle der Realsteuern tritt, welche bisher den Grundbesitz mit bei Weitem höheren, das Gewerbe — nach dem Gesetz vom 24. Juni 1891 — mit annähernd gleichen Sätzen getroffen haben, daß ferner die höhere Belastung namentlich des Kapitalvermögens durch die erstrebte Ermäßigung der Gemeindesteuerzuschläge einen oft vollen, jedenfalls theilweisen Ausgleich finden wird."

Was endlich die vom Kommunalabgabengesetz zu lösenden Aufgaben anlangt, so sind dieselben in der Denkschrift in folgender Weise bestimmt (S. 932 flg.):

„Mit der Aufhebung der staatlichen Ertragssteuern wird für die richtige Neugestaltung des Gemeindesteuerwesens die finanzielle Grundlage gegeben: die Objektbesteuerung von Grundbesitz und Gewerbe soll fortan den Gemeinden vorbehalten sein.

Die Eröffnung der neuen Steuerquellen genügt aber für sich allein nicht, um die vorhandenen Mißstände zu beseitigen und den daraus drohenden Gefahren vorzubeugen. Zur Erreichung dieses Zieles bedarf es außerdem einer neuen Rechtsordnung, welche eine sachgemäße Bewirthschaftung der Steuerquellen durch die Gemeinden sicherstellt. Dies ist die Aufgabe des Kommunalabgabengesetzes.

(933) Zur Zeit besteht — abgesehen von den Bestimmungen des Gesetzes vom 27. Juli 1885, Gesetzsamml. S. 327 — ein einheitliches Kommunalsteuerrecht in Preußen nicht; die maßgebenden Bestimmungen sind in der Hauptsache in den für die verschiedenen Landestheile eingeführten Gemeinde-, Kreis- und Provinzialordnungen enthalten. Eines näheren Eingehens auf die Einzelheiten

der hiernach geltenden Vorschriften bedarf es an dieser Stelle nicht; es genügt, die den Gemeindeordnungen in den Hauptpunkten gemeinsamen Mängel festzustellen, welche vornehmlich Abhilfe erheischen.

Bei voller Anerkennung des Selbstverwaltungsrechtes der Gemeinden kann darüber eine Meinungsverschiedenheit nicht bestehen, daß die grundlegenden Sätze des Besteuerungsrechtes ihrer Autonomie nicht überlassen werden dürfen. Schon vermöge ihrer Zusammensetzung wären die Gemeindeorgane dieser Aufgabe nicht wohl gewachsen. Wie billig gehören die Mitglieder einer jeden Gemeindevertretung in der Mehrzahl regelmäßig dem Interessenkreise an, welcher innerhalb der Gemeinde das vorwiegende wirthschaftliche Element bildet; bei einer so zusammengesetzten Körperschaft ist nicht immer die erforderliche Unbefangenheit des Urtheils zu erwarten, wenn es sich um die Feststellung der Grundsätze handelt, nach welchen die Steuerlast auf die verschiedenen Wirthschaftsgruppen innerhalb der Gemeinde gerecht vertheilt werden soll.

Die Gemeinden leiten das Besteuerungsrecht vom Staate her, und dieser hat vermöge seiner Steuerhoheit auch die Voraussetzungen und Grenzen zu bestimmen, unter und in welchen die Ausübung jenes Hoheitsrechtes den Kommunen gestattet ist. Auch wo, wie in England, die Gemeinden die vollste Selbständigkeit in der Verwaltung ihrer inneren Angelegenheiten besitzen, hat der Staat auf dieses unveräußerliche Recht nicht verzichten können; das Gesetz bestimmt dort ebensowohl, für welche Zwecke als auf welche Art Steuern erhoben werden können und zieht so weit als thunlich Grenzen für die Höhe der Belastung.

In der That handelt es sich hierbei nicht sowohl um innere Gemeindeangelegenheiten als um ein wichtiges Interesse des Staates.

Die persönlichen Träger der Steuerpflicht sind im Großen und Ganzen in Staat und Gemeinde dieselben. Wird die Steuerkraft durch verkehrte Einrichtung oder Handhabung der Gemeindebesteuerung überspannt oder in Folge ungleichmäßiger Belastung geschwächt, so ist eine nachtheilige Rückwirkung auf das wirthschaftliche Gedeihen der Gemeinde, aber auch unmittelbar auf den Ertrag der Staatssteuern und damit auf die Finanzwirthschaft des Staates unausbleiblich.

Die Interessen des Staates, der Gemeinden sowie der Steuerpflichtigen vereinigen sich somit in der Anforderung nach gesetzlichen Normen, welche so weit als möglich einer Ueberbürdung, einer ungerechten oder ungleichmäßigen Belastung der vorhandenen Steuerkräfte vorbeugen. Um die Richtung der zu diesem Zweck nothwendigen Maßnahmen zu bestimmen, muß man sich die Mißgriffe vergegenwärtigen, durch welche Gefahren der angedeuteten Art entstehen können. Als solche kommen vornehmlich in Betracht:

1. die Anwendung des Besteuerungsrechtes, insbesondere des Weges der direkten Besteuerung in Fällen, wo dieser Weg zur Beschaffung der erforderlichen Mittel überhaupt nicht geeignet ist, oder die sonst der Gemeinde zu Gebote stehenden Einnahmequellen ausreichend sind;
2. die übermäßige Belastung von Steuerquellen, deren Ausnutzung in erster Reihe dem Staate vorbehalten ist;
3. die unrichtige Vertheilung des Steuerbedarfs auf die verschiedenen für die Gemeinde in Betracht kommenden Steuerarten;
4. die unverhältnißmäßige Höhe der Belastung.

Prüft man hieran den Inhalt der geltenden Gemeindesteuergesetze, so müssen dieselben als unzulänglich erkannt werden.

Die Punkte zu 1 und 4 stehen in enger Wechselbeziehung zu einander und weisen darauf hin, daß das Besteuerungsrecht von den Gemeinden nur subsidiär geübt werden sollte, wenn andere geeignetere Mittel zur Bestreitung des Bedarfs versagen. Diese subsidiäre Natur des Besteuerungsrechtes ist in den Gesetzen wohl angedeutet, so in den Städteordnungen für die sieben östlichen Provinzen, für Rheinland und Westfalen. Den Städten steht danach das Besteuerungsrecht nur zu,

> soweit die Einnahmen aus dem städtischen Vermögen nicht hinreichen, um die durch das Bedürfniß oder die Verpflichtungen der Gemeinde erforderlichen Geldmittel zu beschaffen.

Es fehlt aber an Vorschriften, welche auf die wirthschaftliche Verwaltung gewerblicher Betriebe der Gemeinde, auf die Ausbildung eines angemessenen Gebührensystems hinwirken und in den geeigneten Fällen die Gemeinden zunächst auf die hierdurch zu erschließenden Hülfsquellen verweisen.

In Betreff des zweiten Punktes lassen die Gesetze jede Scheidung zwischen den Besteuerungsgebieten des Staates und der Gemeinde vermissen. Zugelassen sind sowohl Zuschläge zu den Staatssteuern, als auch besonders direkte oder indirekte Gemeindesteuern, ohne daß jedoch positive Vorschriften über die Gestaltung der etwaigen besonderen Steuern bestehen. Thatsächlich überwiegt bei Weitem das Zuschlagssystem.

Wie die dem Entwurf eines Kommunalabgabengesetzes beigefügten Anlagen[1]) ergeben, belief sich im Rechnungsjahr 1891/92 in den 205 Städten der Monarchie von mehr als 10 000 Einwohnern der gesammte Jahresbetrag der Gemeindeabgaben auf

127 904 601 Mk.

Hiervon sind aufgebracht durch

Wohnungs- und Miethssteuern	13 827 900 Mk.,	
Hundesteuer	1 273 029 „	
sonstige besondere Realsteuern	8 665 438 „	
sonstige besondere Personalsteuern	380 831 „	
indirekte Gemeindeabgaben	5 984 181 „	
	30 131 379 Mk.	30 131 379 „
	der ganze Rest von	97 773 222 Mk.

theils durch Zuschläge zu den direkten Staatssteuern, theils durch besondere Gemeindeeinkommensteuern, welche sich aber in der Hauptsache ebenfalls als Zuschläge zur Staatseinkommensteuer kennzeichnen, da die Besonderheit meist nur in Abweichungen vom staatlichen Tarif besteht.

Noch schärfer ist das Zuschlagssystem bei den in der Anlage Ib verzeichneten Stadtgemeinden (je eine aus jedem Kreise

---

1) Vgl. oben S. 124.

der Monarchie) unter 10 000 Einwohner ausgeprägt. Bei einem

Gesammtbetrage von	13 544 171 Mk.
entfallen auf die oben genannten besonderen Steuerarten nur	975 966 „
der Ueberrest mit	12 568 205 Mk.

auf Staatssteuerzuschläge und besondere Gemeindeeinkommensteuern.

(934) Bei den in der Anlage I c verzeichneten Landgemeinden (je 2 aus jedem Kreise) endlich sind von 7 603 847 Mark nur 526 517 Mark durch besondere Abgaben aufgebracht.

Zum dritten Punkte fehlt es an jeder auf sachlichen Gesichtspunkten beruhenden Norm über die Vertheilung des Steuerbedarfs auf die verschiedenen Steuerarten, insbesondere auf die Real- und Personalsteuern.

Die Gesetze beschränken sich im Wesentlichen darauf, in mehr schematischer Weise das prozentuale Verhältniß der Zuschläge zu den verschiedenen Staatssteuern zu regeln und den Aufsichtsbehörden weitgehende Genehmigungsbefugnisse einzuräumen. Diese Kautelen haben indessen ein übermäßiges Anwachsen der Zuschläge zur Einkommensteuer nicht verhüten können, einerseits, weil das Gesetz Grundsätze für die Ertheilung oder Versagung der Genehmigung nicht an die Hand giebt, andererseits, weil die Ueberlastung des Grundbesitzes durch die Staatssteuern eine weitere Inanspruchnahme desselben durch Gemeindeaufschläge in der That in vielen Fällen nicht zuläßt.

In den 205 Städten der Monarchie über 10 000 Einwohner ergiebt sich für das Jahr 1891/92 folgendes

Durchschnittsverhältniß:

Steuerarten	Sollbetrag der Staatssteuern	Gemeindesteuerzuschläge	
	Mk.	Mk.	%
1.	2.	3.	4.
Grund- und Gebäudesteuer .	23 446 998	15 770 755	67
Klassen- und Einkommensteuer	54 652 430	89 708 770	164
Gewerbesteuer vom stehenden Gewerbe	11 743 712	959 135	8

Den Zuschlägen zur Grundsteuer sind die besonderen Realsteuern, den Zuschlägen zur Einkommensteuer die besonderen Einkommensteuern, dagegen nicht die Wohnungs- und Miethssteuern in Spalte 3 hinzugerechnet. Wird die letztere den einkommensteuerartigen Abgaben beigezählt, so steigern sich die Einkommensteuerzuschläge auf 103 536 676 Mk. oder 190 Prozent. Das Verhältniß der Zuschläge der Real- und Personalsteuern muß umsomehr auffallen, wenn man erwägt, daß in diesen Städten im Jahre 1891/92 die Ausgaben für Verkehrsanlagen allein nach Abzug der daraus erzielten Einnahmen insgesammt rund 42 000 000 Mk. betrugen.

In den ausgewählten Städten unter 10 000 Einwohner (Anlage I b) beliefen sich im Jahre 1891/92 die Zuschläge zur Einkommensteuer, einschließlich der besonderen Einkommensteuern, durchschnittlich auf rund 180 Prozent, die Zuschläge zur Grund- und Gebäudesteuer, einschließlich der sonstigen Realsteuern, auf rund 74 Prozent, die Zuschläge zur Gewerbesteuer auf 27,49 Prozent.

Günstiger stellt sich das Verhältniß bei den Landgemeinden (Anlage I c).

Die Einkommensteuerzuschläge, einschließlich der besonderen Einkommensteuern, betragen hier durchschnittlich

rund	123,00	Prozent
die Zuschläge zur		
Grundsteuer	85,72	"
Gebäudesteuer	80,82	"
Gewerbesteuer	43,80	"

Dazu treten besondere Realsteuern in Höhe von etwa 11 Prozent der Grundsteuer.

In einzelnen Fällen, namentlich im Regierungsbezirk Arnsberg, steigen aber auch in den Landgemeinden die Einkommensteuerzuschläge auf mehr als 300 Prozent, ja bis auf 400 Prozent.

Um in Zukunft das gegenwärtig ganz verschiedenartig und ohne bestimmte Grundsätze gestaltete Gemeindesteuerwesen in gesunde Bahnen zu lenken, müssen für das **Kommunalabgabengesetz die folgenden Gesichtspunkte leitend** sein:

1. Der im Wege der direkten Besteuerung aufzubringende Gemeindebedarf ist thunlichst zu beschränken In zahlreichen Gemeinden werden sich Einnahmequellen neu eröffnen oder ergiebiger machen lassen, welche bisher zum Nachtheile der Steuerpflichtigen nicht oder nicht genügend ausgenutzt worden sind. Bevor zur Deckung der Gemeindeausgaben Steuern erhoben werden, ist es insbesondere gerecht und billig, daß die Gemeinde für die Benutzung ihrer im öffentlichen Interesse unterhaltenen Veranstaltungen angemessene Gebühren erhebt und zur Deckung von Aufwendungen, welche vorzugsweise einem bestimmten Kreise der Gemeindeangehörigen zu Gute kommen, von den dabei nächstbetheiligten Interessenten Beiträge einzieht.

Soweit die Reichsgesetze nicht entgegenstehen, ist ferner eine weitere Pflege zweckmäßiger indirekter Steuern angezeigt.

2. Die direkte Gemeindebesteuerung ist mehr als bisher auf Realsteuern zu begründen, dagegen sind die Zuschläge zur Einkommensteuer wesentlich zu ermäßigen.

Wie in dem ersten Abschnitte dieser Denkschrift dargelegt worden ist, entspricht der Natur und Aufgabe der Gemeinde nur ein aus Real- und Personalsteuern gemischtes Steuersystem. Die Realsteuern sollen den Grund und Boden und die Gewerbebetriebe für die ihnen vorzugsweise zu Gute kommenden oder durch sie veranlaßten Ausgaben nach dem Grundsatze der Leistung und Gegenleistung in Anspruch nehmen, während die Aufwendungen für allgemeine öffentliche Zwecke allen Einwohnern zur Last fallen und von denselben auch innerhalb der Gemeinde nach Maßgabe der persönlichen Leistungsfähigkeit, also im Wege der Einkommensbesteuerung aufzubringen sind.

3. Hiermit ist zugleich der leitende Gesichtspunkt für die Vertheilung des Steuerbedarfs auf die verschiedenen Steuerarten gegeben: regelmäßig sind durch Realsteuern diejenigen Aufwendungen der Gemeinden zu decken, welche in überwiegendem Maße dem Grundbesitz und dem Gewerbebetriebe zum Vortheil gereichen.

Eine erschöpfende Aufzählung der hierher gehörigen Ausgaben ist nicht möglich, weil eine feste Grenze zwischen den Aufwenbungen der einen und der anderen Kategorie nicht besteht, und vor Allem, weil die wirthschaftlichen Ausgaben der Gemeinden sich ganz verschiedenartig gestalten. Die Aufstellung jenes Grundsatzes genügt deshalb für die Praxis allein nicht. Soll einem übermäßigen Anschwellen der Einkommensteuerzuschläge überall wirksam vorgebeugt werden, so muß das Gesetz zugleich das jenem Grundsatze regelmäßig entsprechende Verhältniß der Zuschläge normiren.

Die für die Bestimmung dieses Verhältnisses maßgebenden Erwägungen sind in der Begründung zum Kommunalabgabengesetze näher dargelegt.[1])

---

[1]) Vgl. Begr. S. 557: „Wie sich aus der Darstellung des bestehenden Rechts ergiebt, hat nur die Landgemeinde-Ordnung vom 3. Juli 1891 es zum Ausdruck gebracht, daß kommunale Einkommensteuern nicht ohne gleichzeitige Heranziehung von kommunalen Realsteuern erhoben werden dürfen. Den bisherigen Verfassungsgesetzen für die Stadtgemeinden, welche letztere in dieser Beziehung vornehmlich in Betracht kommen, ist dieser Grundsatz fremd; insbesondere beschränkt sich die Städte-Ordnung vom 30. Mai 1853 in ihrem § 53 darauf, die Genehmigung der Aufsichtsbehörde für den Fall zu erfordern, daß die Zuschläge zu den Staatssteuern nicht nach gleichen Sätzen auf diese Steuern vertheilt werden und dieselbe Beschränkung ist allen denjenigen Gemeindeverfassungsgesetzen eigen, welche in den das kommunale Steuerrecht betreffenden Bestimmungen der Städte-Ordnung vom 30. Mai 1853 nachgebildet sind. Daß dieser Vorbehalt nicht genügt, zeigt die Entwickelung, welche das kommunale Steuerwesen wenigstens in den Stadtgemeinden genommen hat. Die Neuregelung des Kommunalsteuerrechts wird somit an die beregte Vorschrift der Landgemeinde-Ordnung vom 3. Juli 1891 anzuknüpfen, hierbei jedoch zu berücksichtigen haben, daß mit der Verzichtleistung des Staates auf die von ihm bisher erhobenen Realsteuern die Heranziehung dieser Steuern zur Deckung des Steuerbedarfs der Gemeinden sich in weiterem Umfange ermöglicht, als dies bei Erlaß der Landgemeinde-Ordnung angängig war.

Um dem angestrebten Ziele möglichst nahe zu kommen, wird weiterhin aber auch darauf Bedacht zu nehmen sein, daß alle Objekte, welche sich zu einer kommunalen Besteuerung eignen, zu diesem Behufe auch erfaßt werden." (Vgl. § 3, 4 des Gesetzes über Aufhebung direkter Staatssteuern.)

Und weiter Begr. S. 569, 570: „Die Lasten der Gemeinden sondern sich dem entsprechend von selbst in staatliche und wirthschaftliche und wenn die ersteren der Natur der Sache nach von den Gemeinde-Einwohnern je nach ihrer Leistungsfähigkeit aufzubringen sind, so müssen die letzteren von denjenigen übernommen werden, welchen die wirthschaftlichen Veranstaltungen und insoweit sie ihnen zum Vortheile gereichen. Ist dieser Grundsatz an sich

Hierbei kommt jedoch in Betracht, daß die bezüglichen Aufwendungen innerhalb der einzelnen Gemeinden auch relativ verschieden sein können, je nach den Aufgaben, welche eine bestimmte Gemeinde in den Kreis ihrer Interessen gezogen hat. Das gesetzlich normirte Zuschlagsverhältniß darf deshalb nicht unbedingt für alle Fälle bindend sein, zumal das Gesetz auf die sämmtlichen Stadt- und Landgemeinden der Monarchie gleichmäßig Anwendung findet. Vielmehr sind ausnahmsweise Abweichungen unter Genehmigung der Aufsichtsbehörden zuzulassen, welche bei Ertheilung der Genehmigung in jedem Falle den Eingangs aufgestellten Grundsatz zu beachten haben.

4. Den Gemeinden ist zum Zwecke der Realbesteuerung die

---

einfach und von selbst gegeben, so stößt die Ausführung desselben nicht selten auf erhebliche Schwierigkeiten; vor Allem deshalb, weil eine feste Grenze zwischen den Aufwendungen der einen und der anderen Art und der Personen, welchen die wirthschaftlichen Aufwendungen in der Gemeinde zum Nutzen dienen, nicht immer zu ziehen ist. Die Aufwendungen der Gemeinden auf dem Gebiete der Verkehrsanlagen, der Kanalisation, Wasserleitung 2c. kommen unverkennbar in erster Linie den Grundbesitzern und den Gewerbetreibenden in der Gemeinde zu Gute; es ist jedoch nicht zu behaupten, daß sie diesen ausschließlich zum Vortheil gereichen und das Maß des Vortheils für die eine und die andere Kategorie der Betheiligten ist auch nicht in allen Gemeinden dasselbe. Im Hinblick hierauf ist die Auffassung vertreten worden, daß die Gesetzgebung sich mit der Angelegenheit des Näheren nicht zu befassen, die Beschlußfassung über die Aufbringung der Gemeindelasten und insbesondere die Vertheilung des Steuerbedarfs auf die verschiedenen Steuerarten vielmehr lediglich den Gemeinden zu überlassen habe.

Der vorliegende Entwurf hat Bedenken getragen, sich dem anzuschließen. Einer solchen Auffassung widerstreitet nicht nur das Interesse des Staates und der Steuerpflichtigen, sondern vor Allem auch das der Gemeinden, sowohl aus dem inneren Grunde, weil es an ausreichenden Garantieen fehlt, daß die Beschlußfassung in allen Fällen oder auch nur in der überwiegenden Mehrzahl derselben eine zutreffende sein werde, als auch aus dem äußeren Grunde, weil es sich nicht empfiehlt, die Vertheilung des Steuerbedarfs auf die Steuerarten bei der jedesmaligen Aufstellung des Voranschlags in den Gemeinden mehr oder minder zu einem Gegenstande des Kampfes der Interessen aller Betheiligten in der Gemeinde zu machen. . . . .

Hervorzuheben sind die Bestimmungen im § 53 der Städte-Ordnung vom 30. Mai 1853, welche davon ausgehen, daß die Zuschläge zu den Staatssteuern im Allgemeinen gleichmäßig zu bemessen seien, und die Bestimmungen im § 12 der Landgemeinde-Ordnung (S. 570) vom 3. Juli 1891, wonach einerseits die

Einführung besonderer Steuern vom Grundbesitz sowie von den im Gemeindebezirke betriebenen stehenden Gewerben zu gestatten.

Die Freigabe dieser Steuerquellen von Seiten des Staates erhält erst dadurch ihre volle Bedeutung für die Gemeinden, daß dieselben an die bisherigen Steuerformen nicht gebunden, sondern in der Lage sind, ihr Steuersystem nach den besonderen Verhältnissen der Gemeinde auszugestalten. Nach dieser Richtung hin eröffnet sich ein neues und fruchtbares Feld für die Bethätigung der Selbstverwaltung.

Solange aber besondere Steuern vom Grundbesitze oder Gewerbebetriebe nicht eingeführt sind, hat die Realbesteuerung der Gemeinden in Form der vom Staate auch nach dem Verzichte zu

---

Realsteuern nicht ohne gleichzeitige Heranziehung der Staatseinkommensteuer mit Zuschlägen belastet werden sollen und umgekehrt, andererseits aber das gegenseitige Verhältniß der Belastung dieser Steuerarten im Allgemeinen dahin festgelegt ist, daß die Realsteuern mindestens mit der Hälfte und höchstens mit dem vollen Betrage desjenigen Prozentsatzes heranzuziehen sind mit welchem die Staatseinkommensteuer belastet wird.

Unter Würdigung der durch den Verzicht des Staates auf die Realsteuern für den Grundbesitz und den Gewerbebetrieb geschaffenen Erleichterungen hat der Entwurf es, abweichend von der Vorschrift in der Landgemeinde-Ordnung, nicht für unzulässig erachtet, daß die Realsteuern zur Deckung des Gemeindebedarfs ausschließlich herangezogen werden, sodann auch für geboten gehalten eine verhältnißmäßig stärkere Belastung der Realsteuern, als bisher vorgeschrieben war, anzuordnen. Nicht unberücksichtigt ist hierbei jedoch geblieben, daß, wie schon bemerkt, die Gestaltung der Verhältnisse in den einzelnen Gemeinden vielfach von einander abweicht Es erschien deshalb unvermeidlich diesen Verschiedenheiten durch die Gestattung einer gewissen Beweglichkeit der Grenze für die Belastung der Realsteuern einerseits und der Staatseinkommensteuer andererseits Rechnung zu tragen. . . . .

Im Unterschiede von dem bestehenden Rechte in den Gemeindeverfassungsgesetzen hat der Entwurf weiterhin zum Ausdruck gebracht, daß Aufwendungen der Gemeinden, welche in überwiegendem Maße dem Grundbesitze und dem Gewerbebetriebe zum Vortheil gereichen, insoweit in der Regel durch Realsteuern zu decken sind. Die Vorschrift wird einen Zweifel darüber nicht aufkommen lassen, daß die beregten Aufwendungen dem Grundbesitze nur insoweit, als sie für ihn von Vortheil sind, vorab zur Last fallen und daß die gegebene Bestimmung nicht ausschließt, besonders ungünstig gearteten Verhältnissen des Grundbesitzes oder des Gewerbebetriebes bei der Regelung der Besteuerung derselben die erforderliche Rücksichtnahme zu schenken." Vgl. Vorbemerkungen zu den §§ 54, 55.

veranlagenden Grund-, Gebäude- und Gewerbesteuer zu erfolgen.

Der allmähliche Uebergang zu der anderweiten Einrichtung ihres Steuerwesens wird hierdurch den Gemeinden wesentlich erleichtert werden.

Die Befugniß der Gemeinden zur Einführung besonderer Steuern soll sich namentlich auch auf den für eine Besteuerung durch die Gemeinde besonders geeigneten Betrieb der Schankwirthschaft, der Gastwirthschaft, sowie des Kleinhandels mit Branntwein und Spiritus (Betriebssteuer) erstrecken.

5. Die Gemeindeeinkommensteuer kann ganz oder theilweise durch Aufwandssteuern (Miethssteuer, Wohnungssteuer) ersetzt, im Uebrigen aber nur in Form von Zuschlägen zur Staatseinkommensteuer erhoben werden. Nicht auszuschließen ist hierdurch unter Vorbehalt der Genehmigung der Aufsichtsbehörden eine verschiedene Bemessung der Zuschläge für die einzelnen Stufen des Steuertarifs, welche sich namentlich auch in kleineren Gemeinden als nothwendig ergeben kann.

Darüber hinaus besondere Personalsteuern zuzulassen, würde aber mit den Interessen der staatlichen Einkommensteuerverwaltung nicht vereinbar sein.

6. Der innere Zusammenhang mit dem Gemeindesteuerwesen bedingt eine gleichzeitige Abänderung einiger Vorschriften über die Vertheilung der Kreis- und Provinzialabgaben in der Richtung der für die Gemeindesteuern aufgestellten Gesichtspunkte." (S. 935.)

„Die Wirkung der Reform auf den Haushalt der einzelnen, gegenwärtig in der verschiedenartigsten Weise besteuerten Gemeinden wird vorerst eine sehr verschiedene sein und ist auch schon deshalb nicht mit Sicherheit in ihrem ganzen Umfange zu übersehen, weil die Erfolge, welche eine verständige Pflege des Gebührensystems, die zweckmäßige Umgestaltung der jetzigen Ertragssteuern in besondere Gemeinderealsteuern haben können, sich der Vorausberechnung entziehen.

Unumstößlich bleibt aber die Thatsache, daß den Gemeinden im Ganzen durch den Verzicht des Staates auf die Ertragssteuern eine sehr wirksame Hülfe zur Erleichterung der kommunalen Lasten gewährt wird. Mit dem Inkraftsetzen der Reformgesetze werden Steuerquellen mit einem bisher zur Staatskasse geflossenen Ertrage von rund 100 000 000 Mark für Zwecke der kommunalen Besteuerung frei. Veranschlagt man selbst die Mehrleistung, die in Folge Aufhebung des Gesetzes vom 14. Mai 1885 an Kreissteuern aufzubringen sein wird, auf rund 30 000 000 Mark, so bleiben zur Erleichterung der bisherigen kommunalen Lasten rund 70 000 000 Mark [1]) oder etwa $2^1/_3$ Mark auf den Kopf der Bevölkerung verfügbar, mehr als 60 Prozent der von den physischen Personen zu entrichtenden Staatseinkommensteuer.

Nach der Natur der Sache müssen die einzelnen Gemeinden ihren Antheil an diesen Mitteln verschieden verwenden, je nachdem bisher bereits das Schwergewicht der Gemeindelasten in höherem oder geringerem Grade auf dem Grund und Boden ruhte oder unverhältnißmäßige Zuschläge zu den Personalsteuern erhoben wurden. Es ist nur billig und entspricht gerade der Absicht der Reform, daß die Erleichterung vorzugsweise denjenigen gewährt wird, welche seither überbürdet waren. Abgesehen von den besonders gearteten Verhältnissen einzelner Gemeinden darf mit Sicherheit erwartet werden, daß die neu eröffneten Quellen überall die erforderlichen Mittel liefern, um nach der einen oder anderen Richtung hin die Gemeindelasten fühlbar zu erleichtern. [2])

---

[1]) Hiervon sind allerdings auch 2 940 000 Mk. wegfallende Gebühren in Abzug zu bringen. (S. 141.)

[2]) Zur thunlichsten ziffermäßigen Klarstellung der finanziellen Wirkungen des Reformwerkes sind in den Landtagsverhandlungen folgende Zusammenstellungen und Tabellen vorgelegt worden:

a) in Anlage B der Denkschrift (oben S. 124): Ermittelungen behufs Aufhebung der Grund-, Gebäude- und Gewerbesteuer für die Kreise S. 945—1011, für die Regierungsbezirke. S. 1012—1015;

b) kommunal-finanzstatistische Tabellen, betr. die Umwandlung von Staatsrealsteuern in Kommunalsteuern und deren Einwirkung auf den Haushalt der Stadt- und Landgemeinden. Drucksache Nr. 13. Anl. Bd. III, S. 1086—1257, und dazu Ergänzungen und Berichtigungen in

c) einer Zusammenstellung über die Stadtkreise. Drucksache Nr. 30. Anl. Bd. IV, S. 1858—1880, und in

In Zukunft wird das Finanzwesen aller kommunalen Verbände auf weit festeren und sicheren Grundlagen ruhen als bisher. Mit der Steigerung der eigenen Finanzkraft wird in dem kommunalen Verbande das Gefühl der Unabhängigkeit und Sicherheit, wie der Selbstverantwortlichkeit in hohem Grade gestärkt und eine vorsichtig und stetig fortschreitende Gemeinde- und Verbandsverwaltung gefördert werden.[1]) (Denkschrift S. 936.)

Die Verhandlungen des Hauses der Abgeordneten nahmen, obwohl erhebliche Widerstände in einzelnen Beziehungen namentlich in Bezug auf die Ergänzungssteuer — an deren Stelle von der einen Seite eine höhere Besteuerung des fundirten Einkommens im Rahmen der Einkommensteuer, und von der anderen Seite eine allgemeine Erbschaftssteuer vorgeschlagen wurde — zu überwinden waren, und obwohl ferner der von mehreren Seiten zur Bedingung der Steuerreform gemachte Erlaß einer Novelle zum Wahlgesetz eigenthümliche Schwierigkeiten herbeiführte, einen für die Vorlagen äußerst günstigen Verlauf.

Die X. Kommission (Vorsitzender v. Huene), welcher die sämmtlichen Entwürfe nebst der Denkschrift nach Schluß der ersten,

---

d) einer weiteren ergänzenden Zusammenstellung über die Stadtkreise. Drucksache No. 64. Anl. Bd. X, S. 2006—2017. — Auch die letztere Aufstellung ist nicht genau, weil die in Wegfall kommenden Gebühren für Veranlagung und Erhebung (oben S. 141) nicht berücksichtigt sind. — Vgl. auch die Aufstellungen bei Enneccerus, Die Steuerreform S. 88—99.

[1]) Aus den allgemeinen Erörterungen der ersten Lesung mag hier Folgendes hervorgehoben sein:

1. Allgemein wurde anerkannt, daß durch die Steuerreform nicht der Ueberbürdung einzelner Gemeinden abgeholfen werden könne und daß viele Gemeinden auch fernerhin noch über 100 pCt. Zuschläge zur Einkommensteuer würden erheben müssen. (Sattler S. 48, Hobrecht 212, Graf Eulenburg 213, Miquel 44, 229, 243.) Der Gen.-Steuer-Dir. Burghart wies indessen (S. 130, 131) darauf hin, daß die Zahl dieser Gemeinden in Folge der Ueberweisungen erheblich verringert würde und daß es dann künftig möglich sein werde, bei diesen „Ausnahmen" zu prüfen, inwieweit in ihnen „etwas Pathologisches" stecke, oder inwieweit die hohe Steuer eine Folge besonderer Verhältnisse sei, für welche event. durch andere Maßnahmen vorzusorgen wäre. (Freiherr v. Zedlitz 91, Miquel 229.) Vgl. oben S. 59, 60, 90-92.

am 18., 19., 21., 22., 23. November in Betreff des Gesetz-Entwurfs wegen Aufhebung direkter Staatssteuern in Verbindung mit der Denkschrift, am 24. November in Betreff des Ergänzungssteuergesetzes und am 25. und 26. November in Betreff des Kommunalabgabengesetzes stattfindenden Lesungen (Verh. I, S. 19—177, 178 bis 207, 209—265) überwiesen wurden, erklärte sich mit großer Majorität für die Annahme des gesammten Reformplans und erstattete

1. am 17. März in Nr. 126 (Anl. Bd. V S. 2259—2308) „einen Generalbericht über die grundlegenden Gedanken und Bestimmungen des gesammten Steuerreformprojektes" in Verbindung mit einem Spezialbericht über das Gesetz wegen Aufhebung direkter Staatssteuern (Berichterstatter v. Jagow),
2. am 22. März in Nr. 127 (S. 2308—2403) einen Bericht über den Entwurf eines Ergänzungssteuergesetzes (Berichterstatter Dr. Krause) und
3. am 29. März in Nr. 128 (S. 2404—2560) einen Bericht über den Entwurf eines Kommunalabgabengesetzes (Berichterstatter Dr. Wuermeling).

---

2 Die besondere Heranziehung der Realsteuern fand auch bei den Gegnern der Reform Billigung. Richter (S. 72, 73) wollte sogar alle Ausgaben für Hoch- und Tiefbauten durch sie gedeckt sehen; dagegen Enneccerus. S. 112. (Rathhäuser, Schul- und Krankenhäuser u. s. w!) Doch gingen die Meinungen darüber auseinander, ob die verschiedenen Realsteuern zu gleichen Sätzen heranzuziehen seien. Von mehreren Seiten wurde auch die Unterscheidung verschiedener Arten von Gemeinden angeregt. (Richter 74, 75, v. Zedlitz 91, Knebel 219, Meyer 224, v. Buch 231, Gerlich 238, Seyffardt 241, Kelders 244, 245.) Hierauf wird theilweise unten bei dem § 56 zurückzukommen sein.

3 Der Anregung, Gewerbesteuer und Bergwerksabgaben dem Staate zu belassen (v. Huene 135, 139, Bachem 168), traten sehr bestimmt entgegen: Enneccerus 108, Sattler 140, Friedberg 147, Miquel 147, Krause 155.

4 Wegen des wenigstens theilweisen Rentencharakters der Grund- und Gebäudesteuer, der Bevorzugung des Großgrundbesitzes und der Gutsbezirke sprachen gegen die ganze Reform: Rickert 37—40, Richter 69—72, Herrfurth 97; gegen letztere: Miquel 23, 24, 45, Sattler 49, v. Jagow 67, v. Zedlitz 82—89, Enneccerus 110, Friedberg 141, 142, Hansen 154, Krause 156, v. Kröcher 162.

In diesen Berichten wurde die Annahme der vorgelegten drei Gesetzentwürfe mit gewissen Aenderungen empfohlen, von welchen die Beseitigung der im Entwurf des Ergänzungssteuergesetzes enthaltenen Verpflichtung der Steuerpflichtigen zur Vermögensanzeige und deren Ersatz durch ein Einschätzungsverfahren hier erwähnt sein mag.

Die zweiten und dritten Lesungen fanden an folgenden Tagen statt:

1. des Gesetzes zur Aufhebung direkter Staatssteuern am 13. und 14. April (S. 1733 flg.) und bezw. 6. Mai (S. 2249 bis 2265),
2. des Ergänzungssteuergesetzes am 17., 18., 19., 20. April und bezw. 6. und 8. Mai (S. 2265–2281, 2283),
3. des Kommunalabgabengesetzes am 22., 24., 25, 26., 28., 29. April, 1., 2. Mai (S. 1953—2200) und bezw. 8. und 9. Mai (S. 2285—2336).

Von den im Hause der Abg. beschlossenen Aenderungen des Kommunalabgabengesetzes mögen hier folgende hervorgehoben werden:

1. in § 9 (Beiträge) ist zum Schutz der Interessenten ein der Erhebung von Beiträgen vorhergehendes formelles Verfahren eingeführt;
2. in § 23 ist ein Verbot der Neueinführung von Miethș- und Wohnungssteuern eingefügt;
3. in §§ 33 und 67 ist die Steuerpflicht der Gesellschaften mit beschränkter Haftung beseitigt und eine besondere Steuerpflicht der einzelnen Gesellschafter festgesetzt;
4. in § 37 ist für die Kommunaleinkommensteuer ein Verbot stärkerer Degression bezw. Progression als bei der Staatseinkommensteuer hinzugefügt;
5. in dem — vom Herrenhause gestrichenen — § 52 ist die im R.Entw. unter gewissen Bedingungen vorgesehene Steuerfreiheit der Aktionäre auf die Hälfte des Dividenden-Einkommens eingeschränkt;

6. in § 53 ist eine Verpflichtung der sog. Betriebsgemeinden zur Zahlung von Zuschüssen an die durch gewisse Fabriken u. s. w. stark belasteten Nachbargemeinden neu eingeführt;
7. in den §§ 54, 55 ist das Maß der Heranziehung der Realsteuern zu Gunsten der Realsteuerpflichtigen geändert;
8. in den §§ 71 bis 74 ist ein besonderes Verfahren zur Vertheilung der Steuern eines in mehreren Gemeinden Steuerpflichtigen auf die einzelnen Gemeinden eingeführt;
9. in den §§ 78 und 96 sind die Befugnisse der Aufsichtsbehörden schärfer begrenzt und eingeschränkt, und
10. in § 93 eine Kreishundesteuer von höchstens 5 Mark für zulässig erkärt.

Auch das Herrenhaus nahm den Gesammt-Reformplan günstig auf und stimmte dem Gesetze wegen Aufhebung direkter Staatssteuern sowie dem Ergänzungssteuergesetz auf mündlichen Bericht der XII. Kommission (Vorsitzender v. Wedel), welcher diese beiden Entwürfe überwiesen waren, unter Ablehnung aller Abänderungsanträge zu, während über das Kommunalabgabengesetz, welches der XI. Kommission (Vorsitzender v. Puttkamer) überwiesen wurde, ein schriftlicher Bericht (Berichterstatter Zweigert) erstattet wurde. (Nr. 90. Sten. Ber. Bd. II S. 401—417.)

Das Plenum trat den von der Kommission vorgeschlagenen Aenderungen, von denen hier folgende vermerkt sein mögen:

1. Die Steuerpflicht der Gesellschafter einer Gesellschaft mit beschränkter Haftung wurde auch für den Fall anerkannt, daß diese Gesellschaften Aktiengesellschaften u. s. w. sind (§ 33 Nr. 3);
2. durch geeignete Zusätze zu den §§ 33 Nr. 1, 47, 49, 50 wurde außer Zweifel gestellt, daß das aus außerpreußischen Gemeinden gewonnene Einkommen in den Wohnsitzgemeinden in vollem Umfang steuerpflichtig sei und die Bestimmungen zur Vermeidung der Doppelbesteuerung sich auf dieses Einkommen nicht beziehen;
3. die Steuerfreiheit der Aktionäre — vgl. oben Nr. 5 — wurde völlig beseitigt;

4. die Verjährungsfrist für die indirekten Steuern (mit Ausnahme der Verbrauchsabgaben) wurde auf 3 Jahre festgestellt (§ 87);

in der Sitzung vom 30. Juni 1893 (Sten. Ber. Bd. I S. 308—322) bei und nahm im Uebrigen das Gesetz in der vom anderen Hause beschlossenen Fassung an. (ebenda. S. 321.)

Nachdem das Haus der Abgeordneten in seiner Sitzung vom 3. Juli 1893 (Verh. S. 2490—2501) diesen Aenderungen beigetreten war, wurden sämmtliche drei Gesetze, nämlich: das Gesetz wegen Aufhebung direkter Staatssteuern, das Ergänzungssteuergesetz und das Kommunalabgabengesetz am 14. Juli 1893 Allerhöchst vollzogen. (Ges.-S. S. 119 flg., 134 flg. und 152 flg.)

Alle drei Gesetze treten am 1. April 1895 in Kraft, jedoch mit der Maßgabe, daß „die zur Ausführung des Kommunalabgabengesetzes erforderlichen Gemeindebeschlüsse bereits innerhalb eines Jahres vor dem Inkrafttreten desselben im Voraus gefaßt und die dadurch bedingten Anordnungen und Entscheidungen der Verwaltungs- und Verwaltungsgerichtsbehörden nach Maßgabe der Bestimmungen dieses Gesetzes getroffen werden können". (§ 96 Abs. 3 K. A. G., vgl. die entsprechende Bestimmung für die Beschlüsse der Kreistage und Bezirksausschüsse in § 91.)

Ueberblickt man nunmehr das gesammte Werk der Steuerreform, welches nach langen Jahren der Vorerörterung und vergeblicher Versuche in einer außerordentlichen kurzen Zeit zum gesetzlichen Abschluß gelangt ist, in seinem Zusammenhange mit den vorbereitenden Arbeiten und Bestrebungen, wie sie im ersten Abschnitte dieser Einleitung geschildert sind, so wird man sich dem Eindruck nicht entziehen können, daß es sich hier um ein Reformwerk handelt, welchem die Zeit zu voller Ausreifung in hohem Maße beschieden gewesen ist, und ein Vergleich der der jetzigen Reform zu Grunde liegenden Gedanken mit den von 1864—1875 wieder und wieder erörterten Plänen und Vorschlägen, weist trotz der zwischen ihnen liegenden 20 Jahre ein so bedeutendes Maß sachlicher Uebereinstimmung auf, daß darin wohl eine Gewähr für die Richtigkeit der leitenden Ideen gefunden werden kann: eine Gewähr, welche um so bedeutsamer erscheinen muß, als die alten Gedanken von 1864—1875 erst zur siegreichen Verwirklichung gelangt sind, nachdem sie lange Jahre hindurch verdunkelt waren, und nachdem gerade die vielen vergeblich versuchten anderen Wege in immer weiteren Kreisen die Ueberzeugung begründet und befestigt haben, daß nur auf der Grundlage dieser alten Ideen eine wirklich durchgreifende, abschließende und gerechte Steuerreform möglich sei.

Es ist nicht ohne Interesse, noch einmal die Entstehung, Ausbildung und Fortentwickelung dieser Ideen, die wechselnden Schicksale ihres Kampfes um das Dasein und ihren endlichen Sieg in großen Zügen sich vor Augen zu stellen. Der Gedanke der Begründung der Kommunalbesteuerung auf die Realsteuern wurde — theils in Anknüpfung an die Verhältnisse einzelner deutscher Gegenden (im Norden und Osten), theils in Anlehnung an englische Vorbilder — mit besonderer Energie zuerst von der sogen. Freihandelsschule aufgestellt, und zwar in der ausgesprochenen Absicht, der „kommunistischen" Einkommensteuer dadurch den Weg zu weiterem Vordringen zu versperren. (S. 2 flg.) Indem dieser Gedanke nun aber alsbald die Kreise der gegnerischen sozialpolitischen Richtung ergriff, hatte er zugleich sein Anpassungsvermögen zu bewähren, da diese Richtung ihn nicht im Gegensatz zu der Einkommensteuer, sondern geradezu im Bunde mit derselben entwickelt sehen wollte, und zwar in dem Sinne, daß die aus einer progressiv gestalteten Einkommensteuer zu gewinnenden Erträgnisse die Mittel beschaffen sollten, um das stärkste Hinderniß einer kommunalen Realsteuer: die staatlichen Realsteuern zu beseitigen. (S. 15, 21, 23, 34 flg.) Der so erweiterte Gedanke fand freudige Zustimmung bei den landwirthschaftlichen Interessenten, welche in ihm den Weg erblickten, auf welchem die von ihnen beklagte Ueberlastung des Grund und Bodens gegenüber dem mobilen Kapital gehoben werden konnte. (S. 30 flg.) Allein diese Verbindung der Idee mit der einen der streitenden Interessentengruppen, zu welcher bald darauf die Verquickung mit den Reformen der Reichs-Steuern und Zölle hinzutrat, erweckte ihr zunächst gefährliche Gegner, und als nun auch die kommunalen Kreise sich ihrer im Interesse der Entlastung der Gemeinden bedienen wollten, erwuchs ihr zugleich eine noch größere Gefahr: die der Zersetzung in einzelne zusammenhanglose Bruchstücke. (S. 32, 50, 52, 90–95.) So kamen Jahre, in denen sie in ihrer eigentlichen Bedeutung erstickt erschien. (S. 56, 57.) Allein der Kampf um die rationelle Gestaltung einer, fundirtes und unfundirtes Einkommen unterscheidenden Einkommensteuer einerseits und die stärker werdende „agrarische" Bewegung andrerseits führten an den verkümmerten Gestaltungen, welche die Jahre des Parteihaders und der Finanznöthe der Idee aufgeprägt hatten, vorbei wieder zu ihrer ersten wahren Gestalt zurück (S. 102–108); und als sie nun mit Hilfe aller ihrer verschiedenen, unter genialer Führung vereinten Freunde in kurzer Frist zum endlichen Siege gelangte[1]), schien es fast, als habe es nicht anders sein können: so stark und verbreitet war das Gefühl der Nothwendigkeit. Und doch war es „eine Aufgabe von einer unglaublichen Schwierigkeit". (S. 109.)

Freilich, das Kommunalabgabengesetz ist nicht frei von den Spuren dieses schnellen Siegeslaufes. Von der Staatsregierung unter großer Belastung mit anderen Aufgaben aufgestellt und im Hause der Abgeordneten — nicht in einer besonderen, für diese schwierige Aufgabe ausgewählten, sondern — in der für alle 3 Reformgesetze niedergesetzten politischen Kommission[2]) vorberathen, zeigt es an vielen Stellen die rasche, im Drange der Geschäfte nicht zum vollen Abschluß gebrachte Arbeit[3]), an welcher zu feilen

[1]) Es mag hier dahingestellt bleiben, ob die Reformgesetze in einzelnen Bestimmungen, namentlich in Bezug auf die Verpflichtung der Kommunalverbände zur Weitererhebung der Realsteuern, zu weitgehende Konzessionen an die Interessen der Realsteuerpflichtigen enthalten. Vgl. unten zu den §§ 54, 55, 91.

[2]) Der Antrag, das K. A. G. einer besonderen Kommission zu überweisen, wurde am 26. Novbr. mit Rücksicht auf den Zusammenhang desselben mit den beiden anderen Gesetzen abgelehnt. (Verh. Bd. I S. 264.)

[3]) Der Abg. Richter (Verh. S. 74) bezeichnete das Gesetz als ein in sich durchaus unfertiges, der Abg. Enneccerus (Verh. S. 111) nannte es „im Ganzen eine vorzügliche Arbeit". Ersterer hat insofern Recht, als erst die Ausführung des Gesetzes und die Weiterarbeit auf dem durch dasselbe geschaffenen Boden über die dauernde Bedeutung des Gesetzes entscheiden wird. (Vgl. unten S. 179. Nr. 16.) Letzterem wird in Betreff des Aufbaues und der Entwicklung der Grundgedanken zuzustimmen sein. Die einzelnen Be-

dem Herrenhause bei der Lage der Geschäfte keine Zeit gewährt war.

Was endlich den Ursprung der für die Reform erforderlichen Mittel von über 100 Mill. Mark (S. 141) anlangt, so ist es in hohem Grade beachtenswerth, daß zwar nahezu ein Viertel (24 Mill.) den Ueberweisungen des Reiches in Folge der Reichszollreformen zu verdanken ist, daß indessen die vollen übrigen drei Viertel mit über 75 Mill. Mark aus einer rationelleren und stärkeren Anspannung der Besteuerung des fundirten wie unfundirten Einkommens gewonnen sind. (Vgl. dazu oben einerseits S. 21, 23, 31, 38, 39 und andererseits S. 50, 95.)

3. Leitende Gedanken und wichtigere Bestimmungen des Kommunalabgabengesetzes.

Obwohl die allgemeinen Ausführungen der „Denkschrift" über die dem Kommunalabgabengesetz zu Grunde liegenden Ideen bereits S. 125 flg. in ihren wesentlichen Theilen mitgetheilt sind, wird es doch angemessen sein, die wichtigeren Gedanken und Bestimmungen des Gesetzes hier noch einmal übersichtlich und in ihren Beziehungen zur Vorgeschichte des Gesetzes zusammenzustellen, da es bei der Erörterung der einzelnen Paragraphen nicht möglich sein würde, diese Gedanken in ihrem inneren Zusammenhange und in ihrer vollen Bedeutung darzulegen, vielmehr die Einzelnheiten in zweckmäßiger Weise nur unter Bezugnahme auf eine solche grundlegende Erörterung behandelt werden können.

Es wird sich empfehlen, hierbei zugleich durch einige Verweisungen auf die neuere Literatur[1]) den Zusammenhang mit derselben festzuhalten.

---

stimmungen, namentlich über die neu geregelten Gegenstände (Gebühren, Beiträge u. a. m.) lassen jedoch vielfach die volle Durcharbeitung vermissen. — Die zahlreichen Petitionen der Städtetage und einzelnen Gemeinden beschränkten sich, wie dies in der Natur der Sache begründet liegt, auf die Hervorhebung gewisser Gesichtspunkte und kurzer Abänderungsvorschläge zu einzelnen Bestimmungen.

[1]) Von den größeren neuen Werken über Finanzwissenschaft enthalten eingehendere Ausführungen über kommunales Finanzwesen: Roscher, Fin. Wissensch. 3. Aufl. 1889, §§ 157—163, S. 722—755. G. Cohn, System der

1. Steuern dürfen „nur zu dem durch anderweite Einnahmen der Gemeinden nicht gedeckten Betrage erhoben werden". Behufs thunlichster Verminderung der Steuern sind „die sämmtlichen den Gemeinden außerhalb des steuerlichen Gebietes zur Verfügung stehenden Einnahmequellen in vollem Umfange nutzbar zu machen". (Grundzüge II. A.) Insbesondere muß das bewegliche und unbewegliche Vermögen möglichst nutzbringend verwaltet werden (ebenda II. B.); ferner sind die gewerblichen Unternehmungen (vgl. § 3) grundsätzlich so zu verwalten, daß durch die Einnahmen mindestens alle Ausgaben gedeckt werden. (Vgl. S. 148, 149 und unten zu den §§ 1–3.)

2. Im Gegensatz zu den Entwürfen von 1877–79[1]) rückt das K. A. G., obwohl die allgemeine Begründung des letzteren mit der der ersteren ziemlich übereinstimmt (S. 61–131), die wirthschaftliche Natur des Gemeindeverbandes entschiedener in den Vordergrund und stellt zu thunlichster Durchführung des Grundsatzes von Leistung und Gegenleistung eine große Anzahl von Bestimmungen über Realsteuern, sowie über Gebühren, Beiträge und Vorausbelastungen auf. (Vgl. unten Vorbemerkungen zu den §§ 4, 9, 10, 20.)

„Die Vorschriften des Gesetzes beruhen an erster Stelle auf dem Grundsatze, daß diejenigen Ausgaben, welche in erkennbarer

Nat. Ökon. Bd. II, Finanzwissenschaft 1889 bes. S. 104–132, 641–660. Ad. Wagner, Fin. Wissensch. Th. I, 3. Aufl. 1883, S. 87–127; Th II, 2. Aufl. 1890 bes. S. 35–66, 128 flg., 189 flg., 414 flg., 428 flg., 566 flg., 670 flg. Außerdem handelt Frhr. v. Reitzenstein in Schönberg's Handbuch III (3. Aufl. 1891) S. 627–788 über „kommunales Finanzwesen" und Eheberg in Conrad's Handwörterbuch Bd. III, 1892, S. 760–785 über „Gemeindefinanzen", Frhr. v. Reitzenstein auch kürzer in Stengel's Wörterbuch des deutschen Verw. Rechts bes. „Gemeindegebühren, Gemeindesteuern". In L. v. Stein's Lehrbuch der Finanzwissensch. Th. I, 5. Aufl. 1885, findet sich S. 54–62 nur ein kurzer Abschnitt über „das Finanzwesen der Selbstverwaltung und sein System".

[1]) Charakteristisch ist in dieser Hinsicht die Vorsicht, mit welcher die — nur ausnahmsweise — Zulässigkeit der Mehr- und Minderbelastung früher behandelt wurde (vgl. oben S. 74–79 und unten Vorbemerkung 1 zu den §§ 4, 9, 10, 20); um so bedeutsamer, als daneben „Beiträge" im Sinne des jetzigen § 9 nicht erwähnt waren.

Weise zum Vortheile einzelner Gemeindeangehörigen oder einzelner Klassen von solchen aufgewendet oder von ihnen verursacht werden,[1]) insoweit nach dem Maßstabe von Leistung und Gegen-Leistung, sonstige Ausgaben aber vorzugsweise nach dem Maßstabe der Leistungsfähigkeit aufzubringen sind.[2])

Die richtige Anwendung des ersteren Maßstabes in allen hierfür geeigneten Fällen ist um so nothwendiger, als die Bestreitung der wesentlich zum Vortheile Einzelner aufgewendeten oder von ihnen verursachten Ausgaben aus allgemeinen Gemeindemitteln eine unzulässige Verwendung der letzteren bilden und zu einer ungerechten Belastung der Gesammtheit der Gemeindeangehörigen führen würde. Ausgaben solcher Art sind durch Gebühren[3]) und Beiträge, sowie auf steuerlichem Gebiete durch Realsteuern oder durch entsprechende steuerliche Vor- oder Mehrbelastung zu decken." (Grundzüge I. A.)

Die Realsteuern (Grund-, Gebäude- und Gewerbesteuer) sind ein auf dem Grundsatz von Leistung und Gegenleistung beruhendes Aequivalent für die dem Grundbesitz und Gewerbebetrieb besonders zu Gute kommenden oder von ihnen veranlaßten Aufwendungen der Gemeinde. (S. 132.)[4]) Behufs thunlichster Durchführung dieser Grundgedanken ist — im Gegensatz zu den früheren

---

[1]) Diese Fassung ist nicht ganz genau. Vgl. Vorbemerkung 10a zu den §§ 4, 9, 20.

[2]) Im Allgemeinen stimmen hiermit überein: Frhr. v. Reitzenstein, S. 715—721, 788. Roscher, §§ 159, 160. Cohn, S. 104 flg., 618, 640, 652. A. Wagner. Fin. W. I, §§ 50, 51, II bes. §§ 176—188. Eheberg, 773. Besonders energisch betont L. v. Stein, S. 59 das „Gemeindegebührenwesen" als „die eigentliche — sagen wir sogleich die zukünftige — Basis des Gemeindefinanzwesens".

[3]) Bei der Festsetzung von Gebühren ist es jedoch nicht ausgeschlossen, auch die Leistungsfähigkeit mit zu berücksichtigen. Vgl. Anm. zu § 7 und Frhr. v. Reitzenstein, S. 718.

[4]) Diese Begründung der Realsteuern findet sich auch in den Entwürfen von 1877—79, und zwar gleichfalls in besonderer Beziehung zu den Ausgaben für wirthschaftliche Zwecke. Vgl. S. 61, 65, 66 und dazu S. 3, 4, 15—23, 37, 42, 48, 53—55; ferner Frhr. v. Reitzenstein, S. 725, 726, 729. Cohn, S. 125, 131, 457. Roscher, S. 738, 745. Eheberg, S. 777, 778. Wagner, I, §§ 50, 51; II, § 181 flg., § 285; auch unter Verben. 2 z. 2. Tit.

Entwürfen — die Erhebung von Gebühren und Beiträgen in den im § 4 und § 9 gezogenen Grenzen zur Pflicht gemacht.[6])

3. Da die den Gemeinden überwiesenen Staats-, Grund-, Gebäude- und Gewerbesteuer in ihrer jetzigen Gestalt den an zweckmäßig gestaltete kommunale Realsteuern zu stellenden Anforderungen in vielen Beziehungen nicht entsprechen, so bildet die Ausbildung besonderer kommunaler Realsteuern in Gemäßheit der §§ 25 und 29 eine der wichtigsten durch das Kom-

---

[6]) Die Begründung des K. A. G. enthält hierzu Folgendes (S. 559 zu § 2):

„Das Gesetz will . . . weiterhin zum Ausdruck bringen, daß die erforderlichen Mittel, soweit angängig, zunächst durch die Erhebung von Gebühren und Beiträgen beschafft werden sollen. Die Begründung hierfür liegt nicht nur in der äußeren Erwägung, daß einer übermäßigen Inanspruchnahme der direkten Steuern, insbesondere der Belastung der Staatseinkommensteuer mit Zuschlägen, vorgebeugt werden soll, sondern vor Allem darin, daß, worauf bereits hingewiesen worden ist, die Gemeinde wesentlich ein Verband zur Erreichung wirthschaftlicher Ziele ist und daß es der Gerechtigkeit entspricht, zur Bestreitung der durch die wirthschaftlichen Veranstaltungen der Gemeinde erwachsenden Kosten vorzugsweise diejenigen heranzuziehen, welchen die Veranstaltungen zunächst zu Gute kommen." Außerdem in der Einleitung (S. 558):

„Anlangend endlich die Gebühren und Beiträge, so ergiebt sich aus der Darstellung des bestehenden Kommunalsteuerrechts, daß unter den verschiedenen dort bezeichneten Gemeindeverfassungsgesetzen nur die Landgemeindeordnung vom 3. Juli 1891 den Gemeinden die Erhebung von Abgaben als Entgelt für die Benutzung der von ihnen zu öffentlichen Zwecken bereit gehaltenen Einrichtungen und Anstalten, sowie für die Inanspruchnahme der von ihnen gewährten Leistungen allgemein gestattet hat, wogegen im Uebrigen die Erhebung von Beiträgen bisher nur für den besonderen Fall des § 15 des Gesetzes vom 2. Juli 1875 (Gesetzsamml. S. 561) ihre Regelung erhalten hat. Es handelt sich bei den Beiträgen um Zuschüsse zu den Kosten der Herstellung und Unterhaltung oder auch nur der Herstellung solcher größeren Gemeindeanlagen, welche zwar von dem öffentlichen Interesse erfordert werden, jedoch gleichzeitig für alle Grundbesitzer in der Gemeinde oder doch für einen Theil derselben einen besonderen wirthschaftlichen Vortheil mit sich bringen, der durch Auferlegung von Gebühren für die Benutzung der Anlagen überhaupt nicht oder doch nicht vollständig erfaßt werden kann.

Es ist bereits darauf hingewiesen worden, daß die Gemeinde wesentlich ein Verband zur Erreichung wirthschaftlicher Zwecke ist und daß es nur der Gerechtigkeit entspricht, zur Bestreitung der durch die wirthschaftlichen Veranstaltungen der Gemeinde erwachsenen Kosten vorzugsweise diejenigen heranzuziehen, welchen die Veranstaltungen zunächst zum Vortheile gereichen. Ge-

munalabgabengesetz der Selbstverwaltung gestellten Aufgaben (oben S. 138 u. 152 flg.), zu deren Lösung die Staatsregierung ihre Mitwirkung durch Aufstellung von 3 Muster-Regulativen für größere, mittlere und kleinere Gemeinden bei der Kommissionsberathung im Hause der Abgeordneten (Bericht S. 2434) zugesagt hat.[1]) Vgl. oben S. 138.

So lange und insoweit indessen derartige besondere Steuern nicht ausgebildet sind, muß die Besteuerung von Grundbesitz und Gewerbebetrieb durch Anschluß an die vom Staate veranlagten und auch einstweilen ferner noch zu veranlagenden (oben S. 139, 140 und unten S. 179 A. 1.) Realsteuern erfolgen.

4. Unter den auszubildenden Realsteuern nimmt — auch von sozialpolitischen Gesichtspunkten aus — die höhere Besteuerung von Bauplätzen (vgl. oben 41, 48, 55, 69, 71) eine besondere Stellung ein. Nach der Begründung des K. A. G. zu § 22 — jetzt 27 — „rechtfertigt sich eine solche Besteuerung im Allgemeinen durch die Erwägung, daß solche Grundstücke, regelmäßig ohne Zuthun des Besitzers und in Folge der Veranstaltungen der Gemeinden, eine beträchtliche Werthsteigerung erfahren. Der Grad der Werthsteigerung ist nicht selten, namentlich in Gemeinden mit

bühren und Beiträge sind Gegenleistungen für empfangene Leistungen. Schon in dem Eingangs erwähnten, dem Hause der Abgeordneten in der Landtagssession 1879/80 zur verfassungsmäßigen Beschlußfassung vorgelegten Gesetzentwurfe (Drucks. Nr. 19 S. 32) ist auf die Nothwendigkeit hingewiesen worden, wegen der fortdauernd zunehmenden Belastung der Gemeinden mit Steuern mehr, als bisher geschehen, auf die Ausbildung eines zweckmäßigen Systems von Gebühren und Beiträgen Bedacht zu nehmen. Die seitdem nicht verminderte, in nicht seltenen Fällen sogar vermehrte Belastung der Gemeinden mit Steuern läßt die damalige Mahnung gegenwärtig um so mehr angebracht erscheinen. Was insbesondere die Aufbringung der Kosten für Kanalisationsanlagen in den Gemeinden betrifft, so haben die dieserhalb neuerdings stattgehabten Ermittelungen ergeben, daß in der weit überwiegenden Mehrzahl der Fälle Kanalgebühren von den die Anlagen benutzenden Hausbesitzern entweder überhaupt nicht oder doch nur in völlig unzureichendem Maße bisher erhoben worden sind."

[1]) Die Ausbildung solcher besonderer Realsteuern war freilich auch nach dem geltenden Recht, sowie den früheren Entwürfen möglich (oben S. 62, 63, 68, 73); indessen stand derselben die Belastung von Grundbesitz und Gewerbe durch die Staatssteuern entgegen. (S. 15, 16, 37, 53, 54.)

rascher und starker baulicher Entwickelung, ein überaus erheblicher, bisweilen fast unermeßlicher. Wo eine solche Entfaltung vorauszusehen ist, pflegt sich deshalb ein schwunghafter Handel in den zu Bauplätzen geeigneten Grundstücken zu entwickeln. Die Bauplätze werden zu Spekulationsobjekten, welche von einzelnen Privatpersonen oder von Bau-, Terrain- u. s. w. Gesellschaften aufgekauft, vortheilhaft weiter veräußert, oder in Erwartung höherer Werthsteigerung zurückbehalten werden. In Folge dessen findet häufig eine sich überstürzende, ungesunde Preissteigerung von Baugrundstücken statt, welcher durch eine angemessene höhere Besteuerung wenigstens einigermaßen vorgebeugt werden kann. Eine besondere Besteuerung der Baugrundstücke wird der spekulativen Vertheuerung derselben entgegenwirken, da in diesem Falle die Besitzer nicht bloß mit den Zinsen des Ankaufskapitals, sondern auch mit der Steuer zu rechnen haben, daher sich früher zum Wiederverkauf entschließen werden. Jedenfalls wird aber hiermit den Gemeinden eine neue Steuerquelle eröffnet, welche ohne empfindlichen Druck eine billige und gerechte Vorbelastung bewirkt und einen vorzugsweise kommunalen Charakter trägt." (Begr. S. 565.)[1])

5. Die bisher üblichen hohen Zuschläge zur Einkommensteuer sind sowohl mit Rücksicht auf die gesunde Entwicklung derselben als von kommunalen Gesichtspunkten aus unzulässig. (Vgl. S. 131 flg.) Zur Verminderung derselben sollen nicht nur die nach dem Grundsatz von Leistung und Gegenleistung zu erhebenden Gebühren, Beiträge, Mehrbelastungen und Realsteuern (1—4) dienen,[2]) vielmehr sind auch die indirekten Steuern in ange-

[1]) Vgl. Cohn, S. 467. Wagner. Fin. W. II, § 240, S. 584—588.

[2]) Eine ausschließliche Begründung des kommunalen Abgabewesens auf derartige Gebühren, Beiträge und Realsteuern war früher wohl gelegentlich in der Literatur verlangt worden (S. 3, 4); indessen war die thatsächliche Unausführbarkeit eines solchen Verlangens bei den Kommissionsberathungen von 1877/78 allseitig, auch von den Freunden jener Auffassung anerkannt. (S. 67, 68. Vgl. die statistischen Angaben von Herrfurth, S. 51, 52.) Und auch theoretisch ist mehr und mehr die Ueberzeugung allgemein geworden, daß zur Deckung der Kosten der von den Gemeinden zu lösenden Aufgaben allgemeiner kultureller Art die Heranziehung der Einkommensteuer unentbehrlich ist. (S. 42, 48, 49, 59. 167. A. 2.) Vgl. auch Fin.-Min. Miquel am 23. Nov. 1892. Verh. d. Abg.-H. I. S. 149.

messener Weise zu entwickeln. Allerdings sollen — im Gegensatze zu den Entwürfen von 1877—79, aber in Uebereinstimmung mit den damaligen Kommissionsbeschlüssen (oben S. 89) — weder neue Schlachtsteuern,[1]) noch neue Steuern auf unentbehrliche Lebens- und Unterhaltsmittel (Fleisch, Getreide, Mehl, Backwerk, Kartoffeln und Brennstoffe aller Art) eingeführt werden dürfen, so daß „unter den Verbrauchssteuern im Wesentlichen nur die Getränkesteuern"[2]) in Frage kommen. Auch darf nach § 78 Abs. 3 „die Einführung neuer und die Erhöhung bestehender indirekter Steuern nicht angeordnet werden."

Die Begründung des Kommunalabgabengesetzes bemerkt in dieser Beziehung im allgemeinen Theil (S. 558):

. . . „Nach dem bestehenden Rechte ist — außer in dem Falle der Gemeindeordnung für die Städte und Landgemeinden des vormaligen Kurfürstenthums Hessen[3]) — den Gemeinden lediglich überlassen, ob sie zur Deckung ihres Steuerbedarfs indirekte Steuern erheben wollen. Es kann nicht in der Absicht des gegenwärtigen Entwurfs liegen, die Erhebung von Verbrauchsauflagen so allgemein und positiv anzuordnen, wie dies nach Inhalt der gedachten Gemeindeordnung geschehen ist. Dagegen wird auf der anderen Seite auch nicht zu verkennen sein, daß die

[1]) Dagegen sind in Bezug auf Ausbildung von Schlachthausgebühren die bisherigen Schranken weiter hinausgerückt. § 11.

[2]) Beide Häuser des Landtages haben ihrer Zustimmung zu einer stärkeren Entwickelung kommunaler Getränkesteuer dadurch besonderen Ausdruck gegeben, daß sie die Kgl. Staatsregierung ersucht haben, beim Reich die geeigneten Schritte zu thun, um den Gemeinden die Möglichkeit einer erweiterten Gestaltung indirekter Steuern von Getränken zu gewähren und die bestehenden Verschiedenheiten in der Berechtigung der Gemeinden in der Einführung derartiger Steuern zu beseitigen. Verh. A. H. S. 2336. H. H. S. 322.

[3]) „Die Gemeindeordnung für die Städte und Landgemeinden Kurhessens vom 23. Oktober 1834 (Kurh. Gesetzsamml. S. 171) weist wegen der Deckung des Gemeindebedarfs in ihrem § 73 zunächst auf die Erhebung von Verbrauchsauflagen hin. Nach § 77 der Gemeindeordnung kann eine Gemeindeumlage nur stattfinden, wenn die Verbrauchsauflagen zur Bestreitung der der Gemeinde obliegenden Ausgaben nicht ausreichen. Die Umlagen werden so lange nach dem hergebrachten Vertheilungsfuße erhoben, als derselbe nicht durch Gesetz oder Ortsstatut abgeändert ist." Begr. d. Kom.-Abg.-Ges. S. 551.

Bedeutung der indirekten Steuern für den kommunalen Haushalt in zahlreichen Fällen hinter derjenigen der direkten Steuern zu sehr zurückgetreten ist und es wird bei der geplanten Neuregelung des Kommunalsteuerwesens auch dem Gesichtspunkte Rechnung getragen werden müssen. daß zur Verminderung eines übermäßigen Druckes der direkten Kommunalsteuern die Einführung angemessener Verbrauchsabgaben in den Haushalt der Gemeinden sich in der Regel empfiehlt;" [1])
und zu § 2 (S. 559).

„Indem der Entwurf weiterhin die Deckung des Bedarfs durch direkte Steuern nur insoweit gestattet, als eine solche unter Berücksichtigung des Aufkommens der indirekten Steuern noch erforderlich ist, geht seine Absicht dahin, auf die Nothwendigkeit einer verstärkten Heranziehung der indirekten Steuern, d. h. der Verbrauchsabgaben, behufs der Entlastung der direkten Steuern hinzuweisen. Die Begründung hierfür ergiebt sich aus den bereits gemachten Darlegungen, wonach die Verbrauchsabgaben die ihnen zukommende Bedeutung im Haushalte der Gemeinden fast in allen Gemeinden mehr oder weniger eingebüßt haben. . . .

Im Uebrigen kann es nicht in der Absicht des Entwurfs liegen, auf das Erforderniß der Heranziehung der indirekten Steuern auch in allen denjenigen Fällen hinweisen zu wollen, in welchen nur ein geringfügiger Steuerbedarf zu decken ist, oder überhaupt die Gemeinden zur Erhebung indirekter Steuern nöthigen zu wollen."

Besondere Aufmerksamkeit verdient die in der Begründung nicht erwähnte und in den Landtagsverhandlungen nur gestreifte Abgabe vom Umsatz von Grundstücken. (Vgl. oben S. 41, 48, Grundzüge S. 57, und unten zu § 13, auch Roscher S. 746, Eheberg S. 778, A. Wagner, II., §§ 227 flg. 238.)

6. Im Gegensatz zu den — thunlichst selbständig auszubildenden — Realsteuern dürfen Gemeindeeinkommensteuern nur im engsten Anschlusse an die Staatseinkommensteuer und in der Regel nur in Form von Zuschlägen erhoben

[1]) Vergl. insbesondere: Frhr. v. Reitzenstein, Über indirekte Verbrauchssteuern in den Gemeinden in Conrad's Jahrb. N. F. Bd. 8 (1884). S. 1—100. Bd. 9 (1884), S. 219—294 und Bd. 18 (1889) S. 481—534.

werden (§ 36). Auch bei den nur aus besonderen Gründen zu gestattenden besonderen Gemeindeeinkommensteuern dürfen die bei der Veranlagung der Staatseinkommensteuer erfolgte Feststellung des Einkommens und die Steuerstufen der Staatseinkommensteuer nicht abgeändert werden. „Veränderungen der Sätze des Steuertarifs sind nur mit der Maßgabe zulässig, daß der Prozentsatz der Besteuerung des Einkommens bei den unteren Stufen nicht höher sein darf, als bei den oberen Stufen, und daß das im Tarif der Staatseinkommensteuer enthaltene Steigerungsverhältniß der Sätze nicht zu Ungunsten der oberen Stufen geändert werden darf."[1])

7. Zuschläge zur Ergänzungssteuer sind unzulässig (§ 36), weil „der Gemeinde zur Deckung des Steuerbedarfes Realsteuern bereit gestellt sind und die von den letzteren getroffenen Objekte nicht noch einmal — nach dem Maßstabe des Nettoertrages — besteuert werden können." (Begr. zu § 30, jetzt 36 des Komm.-Abg.-Ges.)[2])

8. Die Bestimmungen über die Einkommensbesteuerung der Forensen, des Staatsfiskus, der Aktiengesellschaften, Kommanditgesellschaften auf Aktien u. s. w. und juristischen Personen (auch Gemeinden und weitere Kommunalverbände) sind in allen wesentlichen Punkten dem sog. Kommunalsteuernothgesetz vom 27. Juli 1885 (oben S. 100, 101) entnommen.[3]) Jedoch ist die Fassung einzelner Bestimmungen mit

[1]) Im Allgemeinen entspricht diese Vorschrift den theoretischen Forderungen (S. 43), sowie dem bisherigen Gange der Entwickelung und den Entwürfen von 1877/79. (S. 10, 62.) Ein bemerkenswerther Unterschied besteht jedoch darin, daß — in Folge der weit schärferen Ausbildung der Progression im Eink.-St.-G. von 1891, sowie der Einführung der Ergänzungssteuer — fernerhin zwar eine stärkere Ausbildung der Progression verboten, eine Abschwächung der Degression aber zugelassen ist. Letztere war früher auch für Ausnahmefälle (Altona) versagt. Begr. zum Entw. von 1879 a. a. O. Bd. V. S. 2729.

[2]) Vgl. hierzu jedoch unten Erläuterungen zu § 36.

[3]) Ueber die prinzipielle Berechtigung dieser Einkommensbesteuerung und die dagegen erhobenen Bedenken vgl. oben S. 12, 13, 37, 38, 42, 47 und die Komm.-Verh. von 1878 und 1879 (oben S. 82—88); ferner Roscher § 150. A. 11, A. Wagner II, §§ 170, 173, Cohn S. 276 flg., 459 flg.

Rücksicht auf hervorgetretene Unsicherheiten in Bezug auf ihre Bedeutung geändert.[1]) Im Uebrigen hat eine Wiederaufnahme der hierbei in Betracht kommenden prinzipiellen Fragen zur Zeit so wenig in der Absicht gelegen, daß die Einkommensteuerpflicht des Fiskus, welche nach § 1 Abs. 2 des Ges. v. 27. Juli 1885 nur „bis zur anderweiten Regelung der Heranziehung des Staatsfiskus zu den auf das Einkommen gelegten Gemeindeabgaben in Verbindung mit der Ueberweisung von Grund- und Gebäudesteuer an die Kommunalverbände" gelten sollte, nunmehr im § 33 (4) ohne irgend welche derartige, den Charakter des Provisorischen klarlegende Bestimmung wiedergegeben ist.

Nur bezüglich des den Aktionären einzuräumenden Abzugsrechtes hatte der Regierungsentwurf unter insoweitiger Abänderung des Gesetzes vom 27. Juli 1885, eine den Abzug des Dividenden-Einkommens von dem der Kommunalsteuer unterworfenen Einkommen zulassende Bestimmung (§ 44) vorgesehen, indessen wurde dieselbe im Hause der Abg. in mehreren Beziehungen umgestaltet und insbesondere das Recht des Abzugs auf die Hälfte der Dividenden eingeschränkt, im Herrenhause aber ganz beseitigt.[2])

---

[1]) Außerdem sind (im H. d. Abg.) ausführliche Bestimmungen über die Vertheilung des Einkommens eines Steuerpflichtigen auf mehrere steuerberechtigte Gemeinden hinzugefügt (§§ 71—74), und im H. H. auch Aenderungen in Bezug auf das aus außerpreußischen Gemeinden bezogene Einkommen vorgenommen. (Vgl. oben S. 160, 161.)

[2]) Das Haus der Abgeordneten trat zwar am 3. Juli 1893 diesem Beschlusse bei, beschloß indessen gleichzeitig: „die Kgl. Staatsregierung aufzufordern, womöglich in der nächsten Session dem Landtage einen Gesetzentwurf vorzulegen, welcher die staatliche und kommunale Besteuerung der Aktiengesellschaften u. s. w. unter thunlichster Vermeidung jeder Doppelbesteuerung neu regelt." (Verh. S. 2501.) Der Finanzminister erkannte zwar an, daß nach seiner Meinung „die Frage der Besteuerung der Gesellschaften und der korporativen Verbände noch nicht befriedigend gelöst worden ist, — nirgends, weder bei uns, noch in den übrigen Staaten, wo die verschiedenartigsten Formen der Besteuerung dieser Gesellschaften bestehen", und versicherte, daß die Staatsregierung „diese Fragen noch nicht als vollständig abgeschlossen ansieht, sondern nach wie vor der Frage ihre besondere Aufmerksamkeit zu schenken bereit ist". Im Uebrigen aber erklärte er ein weiteres Eingehen auf die Sache und bestimmtere Erklärungen zur Zeit nicht für angängig.

9. Im Gegensatz zu dem Regierungsentwurf **verbietet** das im Abg.-H. abgeänderte **Gesetz die Neueinführung von Miethss- und Wohnungssteuern** (§ 23). Die in Berlin, Frankfurt a. M. und Halle a. S. bestehenden Miethss- und Wohnungssteuern dürfen nur mit besonderer ministerieller Genehmigung aufrecht erhalten werden. Jedoch sind sie so umzugestalten, daß die geringeren Einkommen durch sie nicht verhältnißmäßig höher als die größeren belastet werden.[1])

Die Miethssteuer von Wohnungen gilt als Ersatz der Einkommensteuer, die Miethssteuer von gewerblich benutzten Räumen ist als eine Gewerbesteuer anzusehen. (§§ 23, 57.)

10. Die **Beamten-Privilegien** in Bezug auf Einkommen- und Aufwands- (insbesondere Mieth-) Steuern sind in § 41 bis zum Erlaß eines besonderen Gesetzes aufrecht erhalten (vgl. S. 89). Dagegen sind die — bei den Komm.-Berathungen von 1880 (vgl. S. 89) noch einen der Streitpunkte bildenden — **Befreiungen der Dienstgrundstücke und Dienstwohnungen der Beamten in Wegfall gekommen.** Nur für die Dienstgrundstücke und Dienstwohnungen der Geistlichen, Kirchendiener und Volksschullehrer bleibt die Steuerfreiheit, so weit solche ihnen bisher zugestanden hat. (Vgl. hiezu **Cohn** S. 663—667.)

11. In Ausgestaltung eines bei den Komm.-Verhandlungen von 1877/78 angeregten Gedankens (S. 87, 88) ist denjenigen **Gemeinden**, welchen durch den in anderen Gemeinden (Gutsbezirken) stattfindenden **Betrieb von Fabriken, Bergwerken, Eisenbahnen** nachweislich erhebliche Schul- oder Armenlasten erwachsen, das Recht verliehen, **Zuschüsse** zu verlangen. (§ 53.) Vgl. S. 161. Nr. 6.

12. Die Bestimmungen über die **Vertheilung des Steuerbedarfes** auf die verschiedenen Steuerarten, welche um so wichtiger sind, als sie zugleich die **Vorschriften** darüber enthalten, **in welchem Umfange die vom Staate aufgegebenen Realsteuern weiter erhoben werden müssen** (§§ 54, 59),

---

[1]) Ueber die geschichtliche Entwicklung der Ansichten über die Miethssteuer — empfohlen durch Gneist und die Freihandelsschule, auch Bilinski, bekämpft von A. Wagner, Friedberg u. A. — vgl. oben 4, 5, 19, 46. 48, 49, 59.

enthalten gegenüber dem bestehenden Recht eine wesentlich stärkere Heranziehung der Realsteuern zu den Gemeindelasten[1]): dieselben „sind in der Regel mindestens zu dem gleichen, und höchstens zu einem um die Hälfte höheren Prozentsatze . . . heranzuziehen als Zuschläge zur Staatseinkommensteuer erhoben werden". Gemeinden, welche nicht mehr als 100 % Zuschläge zur Einkommensteuer erheben, können nicht gezwungen werden, die Realsteuern mit einem höheren Satze als die Einkommensteuer heranzuziehen.

13. Die staatliche Aufsicht und das Einwirkungsrecht der staatlichen Behörden ist gegenüber den Entwürfen von 1877 bis 1879 (S. 90) behufs entschiedener Durchführung der Grundgedanken des Gesetzes (Nr. 1, 2, 5, 6, 12) wesentlich erweitert, wenn auch die Vorschriften des Entwurfes durch die Verhandlungen des Abg.-H. in einzelnen wichtigen Punkten abgeschwächt sind. (§§ 77, 78, 96.)

14. Im Gegensatz zu den Entwürfen von 1877—79, welche nur 39 bezw. 41 Paragraphen enthielten und lediglich die Gemeindeabgaben betrafen, bietet das K. A. G. mit 97 Paragraphen nicht nur eine vollständige Kodifikation[2]) des Rechtes der Gemeindeabgaben, sondern zugleich — in Konsequenz des staatlichen Verzichtes auf die Realsteuern — auch abändernde Bestimmungen für Kreis- und Provinzialabgaben. (§§ 91—93.) Dagegen werden die Abgaben für andere öffentlich-rechtliche Ver-

[1]) Ueber das bisherige Recht und die Entwürfe von 1877—79 vgl. S. 62 ff., und über die Einzelheiten der jetzt getroffenen Bestimmungen, insbesondere auch die im Abg.-H. zu Gunsten der Realsteuerpflichtigen vorgenommenen Abänderungen des Reg.-Entw. vgl. unten „Vorbemerkungen zu den §§ 54. 55".

[2]) Neu aufgenommen sind insbesondere die ersten beiden Titel (§§ 1—12), ausführliche Bestimmungen über Realsteuern (§§ 24—32) und — zum Theil im Anschluß an die Landgemeindeordnung und das Einkommensteuergesetz von 1891 — die Bestimmungen über Naturaldienste (§ 8), Strafen (§§ 79—82), Nachforderungen und Verjährungen (§§ 83—88), Kosten und Zwangsvollstreckung (§§ 89, 90). — Eine Zusammenstellung des zur Zeit geltenden, höchst mannigfaltigen Rechtes der Gemeindeabgaben giebt die Begr. z. Entw. eines K. A. G. S. 549—552. Vgl. über das ältere Recht den Abdruck der 1880 geltenden gesetzlichen Bestimmungen im Kom. Ber. von 1880. Anlagen von 1892/93. Bd. V, S. 2802—2818 (oben S. 59, A. 3) und bezüglich der Landgemeinden die Darstellung des Rechtszustandes vor der L. G. O. von 1891 in den Verh. des Abg.-H. 1890/91, Anl. Bd. I, S. 340—343.

bände (Deichverbände, Schulsocietäten u. s. w.) durch das K.A.G. nicht berührt. (Vgl. Bem. zu den §§ 1, 56 und Frhr. v. Reitzenstein a. a. O. S. 640—641, 671 flg.)

15. Die Wirkungen der Steuerreform, insbesondere die Erleichterungen, welche in Folge des, durch die reformirte Einkommensteuer und die neue Ergänzungssteuer und deren Mehrerträgnisse von 75 Mill. Mark (S. 141) ermöglichten staatlichen Verzichtes auf die Realsteuern den Steuerzahlern im Betrage von insgesammt rund 70 Mill. Mark (S. 157) zufließen, lassen sich im Einzelnen nicht genauer übersehen (vgl. oben S. 156, 157).

Soweit die Gemeinden in Betracht kommen, wird von der Art und Weise der Ausführung der §§ 54—59 über die Vertheilung des Steuerbedarfes außerordentlich viel abhängen. Zweifellos ist nur, daß in Gemeinden, in welchen gar keine Steuern erhoben werden, die Erleichterung in vollem Umfange den bisher Realsteuerpflichtigen zu Theil wird. Dagegen wird in den Gemeinden, in welchen die Einkommensteuerzuschläge 100 % nicht übersteigen, die Beschlußfassung der Gemeinde von erheblicher Bedeutung sein. Nach § 54 müssen zwar die zur Zeit erhobenen Zuschläge zu den staatlichen Realsteuern in vollem Umfange beseitigt werden,[1]) wenn die Ein-

---

[1]) Die Beseitigung der Zuschläge zur Grund- und Gebäudesteuer war die von den landwirthschaftlichen Interessenten von Anfang an besonders betonte Forderung gewesen. Vgl. S. 31 (III) und dazu 93, 97, 103, sowie die Aeußerung des Gen.-St.-Dir. Burghart am 19. Nov. 1892 (Verh. S. 60) über frühere Pläne und die jetzige Reform: „Die Ueberweisung hat eine ganz andere Bedeutung gehabt, wenn Sie sich nur an die Erklärungen erinnern, die vor vielleicht 4 bis 5 Jahren auch vom Ministertisch gefallen sind. — vgl. S. 103. — Damals war die Forderung der Ueberweisung in der Hauptsache eine Rücksicht auf agrarische Forderungen. Die Forderung wurde dahin formulirt: weg mit den Zuschlägen zur Grund- und Gebäudesteuer! los von den Zuschlägen der Kommune! aber gebt den Kommunen als Ersatz dafür die einfache Staatssteuer! Das war damals gefordert. Finden Sie in der gegenwärtigen Aufstellung etwas davon? Wollen wir den Grundbesitz sich mit einer einmaligen Entrichtung der Staatssteuer oder Ueberweisung der Staatssteuer loskaufen lassen von der Gemeinde? Ist nicht die Grundlage der gegenwärtigen Vorlage vielmehr der Gedanke, daß der Grundbesitz frei gegeben werden soll zu einer organischen Gemeindebesteuerung . . ?“ Vgl. Vorbemerkungen zu den §§ 24—32.

kommensteuerzuschläge unter $66^2/_3$ % bleiben, während dieselben theilweise — nach bestimmtem Verhältniß — wegfallen müssen, wenn die Einkommensteuerzuschläge $66^2/_3$ % bis 100 % betragen (vgl. Tabelle zu den §§ 54, 55). Dagegen dürfen die jetzigen Zuschläge zu den Realsteuern in allen diesen Gemeinden beseitigt werden und auch die ihnen überwiesenen staatlichen Realsteuern insoweit unerhoben bleiben, als die Einkommensteuerzuschläge unter 100 % bleiben. Ueberall, wo bisher die Zuschläge in ziemlich gleicher Höhe von den Realsteuern und der Einkommensteuer erhoben wurden, bedeutet dies also eine erhebliche Entlastung der Realsteuerpflichtigen. Eine Aufrechterhaltung der an manchen Orten jetzt bestehenden stärkeren Heranziehung der Realsteuerpflichtigen ist freilich mit ministerieller Genehmigung statthaft. (§ 55.)

In den Gemeinden mit mehr als 100 % Einkommensteuerzuschlägen ist die Wirkung noch unübersehbarer, da die besonderen Bestimmungen des § 55 hierbei in Betracht kommen und das ministerielle Genehmigungsrecht wirksam wird. Voraussichtlich wird hier namentlich bei allen wesentlich mit Einkommensteuerzuschlägen belasteten Gemeinden, den Einkpommensteuerpflichtigen die Entlastung zu Theil werden.

Soweit Gutsbezirke in Betracht kommen, fließt dem Besitzer freilich die ganze Summe der bisher gezahlten Realsteuern zunächst unmittelbar zu. Das Maß seiner wirklichen Entlastung vermindert sich aber – abgesehen von der Ergänzungssteuer, welche auch von den in den Gemeinden Entlasteten zu zahlen ist — um den Betrag, um welchen die Kreisabgaben in Folge einerseits des § 91 des K. A. G. und andererseits der Aufhebung der lex Huene steigen, sowie ferner um den Betrag, welchen die jetzt gezahlte, später wegfallende Entschädigung für Veranlagung und Erhebung von Steuern (oben S. 141) ausmacht. In Folge der Ergänzungssteuer wird aber für vermögende Gutsbesitzer kaum eine Entlastung, vielleicht gar eine Mehrbelastung erfolgen, während die Entlastung für die verschuldeten Besitzer allerdings in dem vollen, oben genauer bestimmten Umfang eintritt.[1])

---

[1]) Vgl. über diese Wirkungen die Aufstellungen von Frhr. v. Zedlitz, 21. Nov. 1892. Verh. d. Abg.-H. S. 87–90.

16. Was endlich die den Gemeinde- und staatlichen Behörden durch das K.A.G. zugewiesenen Aufgaben[1]) anlangt, so sind dieselben sehr bedeutende, und nur durch die erfolgreiche Lösung derselben können die vom K. A. G. erhofften günstigen Wirkungen überhaupt herbeigeführt werden.[2]) Die Aufgaben beziehen sich sowohl auf eine ausgedehnte und zweckmäßige Gestaltung der Gebühren und Beiträge (Nr. 2), als auf eine rationelle Vertheilung des Steuerbedarfes, sowie die gedeihliche Ausgestaltung der Real- und indirekten Steuern (Nr. 3, 4, 5, 12), und zwar — in Bezug auf letztere — nicht nur der Getränkesteuern, sondern vor Allem auch angemessener Verkehrssteuern (Nr. 5). Dabei werden die im Wesentlichen neuen Formen der Baustellensteuer und der Mehr- und Minderbelastung besonderer Pflege bedürfen. Vgl. Erläuterungen zu den §§ 4, 9, 10, 13, 20, 27.[3])

17. Die Ueberbürdung einzelner Gemeinden bezw. auch Klassen von Gemeinden kann freilich an sich durch die Steuerreform nicht beseitigt werden. In Folge der Reform wird jedoch ein sicherer Ueberblick über diese auch fernerhin überbürdeten Gemeinden gewonnen werden, und es wird alsdann zu prüfen sein, ob und inwieweit in der finanziellen Verwaltung dieser Gemeinden

---

[1]) Zu diesen durch das K. A. G. gestellten Aufgaben tritt für die Staatsregierung noch die weitere schwierige Frage hinzu, wie es demnächst mit der nur einstweilen (oben S. 140) übernommenen weiteren Veranlagung und Verwaltung der Ertragssteuern werden soll, welche in ihrer jetzigen einheitlich geordneten Verfassuug nicht nur für zahlreiche Verwaltungszweige, sondern auch für die Vertheilung der Kreis- und Provinzialabgaben die Grundlage bilden.

[2]) Das K. A. G. schafft nur die Grundlage, auf welcher die Gemeinden erst den neuen Aufbau der Kommunalsteuern aufführen sollen; es bildet mit seiner Ueberweisung ausgiebiger Steuerquellen nur „den ersten großen Schritt" (Min. Miquel, 26. Nov. 1892. Abg.-H. Verh. S. 257), dem andere folgen müssen.

[3]) Hobrecht (Verh. d. Abg.-H. 25. Nov. 1892. S. 211) fürchtet freilich den „Erfindungsgeist für Steuern, eine der verbreitetsten Formen der Verrücktheit"; indessen wird die nun eingeleitete Umgestaltung des Kommunalsteuerwesens ohne allerlei Neubildungen nicht wohl durchgeführt werden können, zumal auch für die Gemeinden in Folge der allgemeinen kulturellen Entwickelung ein steigender Steuerbedarf unvermeidlich ist. Vgl. G. Cohn in Conrad's Jahrbüchern, 1891. S. 23, und Ad. Wagner in Schanz' Finanzarchiv VIII. 1891. S. 592-598.

„etwas Pathologisches" (vgl. G.St.Dir. Burghart, oben S. 158 Anm.) steckt, und demnach durch Aenderungen in derselben geholfen werden kann und muß,[1]) oder aber, ob es des Eintretens höherer Verbände oder sonstiger zur Abhülfe geeigneter Maßnahmen bedarf (oben S. 90, 91.[2]) Das Interesse des Staates an Herabsetzung der Einkommensteuerzuschläge geht hier mit dem Interesse der Gemeinden durchaus Hand in Hand (S. 131—135).

[1]) Der Abg. Alex. Meyer setzte den Vergleich fort, indem er von der Errichtung „einer Poliklinik für kranke Gemeindebudgets am Kastanienwäldchen" (Finanzministerium) sprach. 22. Apr. 1893. Verh. S. 1957.

[2]) Vgl. hiezu Frhr. v. Reitzenstein S. 730—739, 788. Wagner I, §§ 47 - 49.

B.

Kommunalabgabengesetz.

Vom 14. Juli 1893.

(Gesetz-Sammlung 1893. Nr. 21, S. 152—184.)
(Ausgegeben Berlin, den 28. Juli 1893.)

Inhalts-Angabe.

Wir Wilhelm, von Gottes Gnaden König von Preußen rc. verordnen mit Zustimmung beider Häuser des Landtages Unserer Monarchie für den Umfang derselben, mit Ausschluß der Hohenzollernschen Lande und der Insel Helgoland,[1]) was folgt:

Theil I. Gemeindeabgaben.

Erster Titel.[2])

Allgemeine Bestimmungen.

§. 1.[3])

Die Gemeinden sind berechtigt, zur Deckung ihrer Ausgaben und Bedürfnisse nach Maßgabe der Bestimmungen dieses Gesetzes Gebühren und Beiträge, indirekte und direkte Steuern zu erheben, sowie Naturaldienste zu fordern.

§. 2.[4])

Die Gemeinden dürfen von der Befugniß, Steuern zu erheben, nur insoweit Gebrauch machen, als die sonstigen Einnahmen, insbesondere aus dem Gemeindevermögen, aus Gebühren, Beiträgen und vom Staate oder von weiteren Kommunalverbänden den Gemeinden überwiesenen Mitteln zur Deckung ihrer Ausgaben nicht ausreichen. Auf Hunde- und Lustbarkeits-, sowie auf ähnliche, durch

---

[1]) Über das Geltungsgebiet des KAG. S. 234. — [2]) Vorbemerkung zum ersten Titel S. 234. — [3]) Vgl. S. 235. — [4]) Vgl. S. 237.

besondere Rücksichten gebotene Steuern findet diese Bestimmung keine Anwendung.

Durch direkte Steuern darf nur der Bedarf aufgebracht werden, welcher nach Abzug des Aufkommens der indirekten Steuern von dem gesammten Steuerbedarfe verbleibt.

§. 3.[1])

Gewerbliche Unternehmungen der Gemeinden sind grundsätzlich so zu verwalten, daß durch die Einnahmen mindestens die gesammten durch die Unternehmung der Gemeinde erwachsenden Ausgaben, einschließlich der Verzinsung und der Tilgung des Anlagekapitals, aufgebracht werden.

Eine Ausnahme ist zulässig, sofern die Unternehmung zugleich einem öffentlichen Interesse dient, welches anderenfalls nicht befriedigt wird.

Zweiter Titel.[2])

Gebühren und Beiträge.

§. 4.[3])

Die Gemeinden können für die Benutzung der von ihnen im öffentlichen Interesse unterhaltenen[4]) Veranstaltungen (Anlagen, Anstalten und Einrichtungen) besondere Vergütungen (Gebühren) erheben.

Die Erhebung von Gebühren hat zu erfolgen,[5]) wenn die Veranstaltung einzelnen Gemeindeangehörigen oder einzelnen Klassen von solchen[6]) vorzugsweise zum Vortheile gereicht und soweit die Ausgleichung nicht durch Beiträge (§. 9) oder eine Mehr- oder Minderbelastung (§. 20) erfolgt.[7]) Die Gebührensätze[8]) sind in der Regel so zu bemessen, daß die Verwaltungs- und Unterhaltungskosten

---

[1]) Vgl. S. 241. — [2]) Vorbemerkungen zum zweiten Titel (§§. 4. 9. u. 10) S. 244. — [3]) Vgl. S. 277 und außerdem Anm. 4–8. — [4]) Vgl. S. 251. — [5]) Vgl. S. 256. — [6]) Vgl. S. 254. — [7]) Vgl. S. 258. — [8]) Vgl. S. 278.

der Veranstaltung, einschließlich der Ausgaben für die Verzinsung und Tilgung des aufgewendeten Kapitals, gedeckt werden.

Besteht eine Verpflichtung zur Benutzung einer Veranstaltung für alle Gemeindeangehörigen oder für einzelne Klassen derselben, oder sind die Genannten auf die Benutzung der Veranstaltung angewiesen, so ist unter Berücksichtung des öffentlichen Interesses, welchem die Veranstaltung dient, und der den Einzelnen gewährten besonderen Vortheile eine entsprechende Ermäßigung der Gebührensätze gestattet; auch kann in Fällen dieser Art die Erhebung von Gebühren unterbleiben.

Auf Unterrichts- und Bildungsanstalten. auf Krankenhäuser, Heil- und Pflegeanstalten, sowie auf vorzugsweise den Bedürfnissen der unbemittelten Volksklassen dienende Veranstaltungen finden vorstehende Bestimmungen (Absatz 2 und 3) keine Anwendung. Jedoch muß für den Besuch der von den Gemeinden unterhaltenen höheren Lehranstalten und Fachschulen ein angemessenes Schulgeld erhoben werden.

Andere Abweichungen von der im Absatz 2 vorgeschriebenen Bemessung der Gebühren sind nur aus besonderen Gründen gestattet.

Ein Zwang zur Erhebung von Chaussee-, Wege-, Pflaster- und Brückengeldern findet nicht statt.

§. 5.[1]

Die bestehenden Vorschriften über die Verleihung des Rechts auf Erhebuug von Chaussee-, Wege-, Pflaster-, Brücken-, Fähr-, Hafen-, Schleusengeldern und von anderen derartigen Verkehrsabgaben, sowie über die Feststellung der Tarife für solche werden durch dieses Gesetz nicht berührt.

---

[1]) Vgl. S. 282.

§. 6.[1])

Die Gemeinden, Amtsbezirke, Aemter und Landbürgermeistereien sind berechtigt, für die Genehmigung und Beaufsichtigung von Neubauten, Umbauten und anderen baulichen Herstellungen, sowie für die ordnungs- und feuerpolizeiliche Beaufsichtigung von Messen und Märkten, von Musikaufführungen, Schaustellungen, theatralischen Vorstellungen und sonstigen Lustbarkeiten Gebühren zu erheben. Die Erhebung von Lustbarkeitssteuern schließt die Erhebung von Gebühren für die Beaufsichtigung der Lustbarkeit aus.

Im Uebrigen bewendet es hinsichtlich der Befugniß der Gemeinden, für einzelne Handlungen ihrer Organe Gebühren (Verwaltungsgebühren) zu erheben, bei den bestehenden Bestimmungen.

Die Gebühren müssen so bemessen werden, daß deren Aufkommen die Kosten des bezüglichen Verwaltungszweiges nicht übersteigt.

§. 7.[2])

Gebühren sind im Voraus nach festen Normen und Sätzen zu bestimmen. Eine Berücksichtigung Unbemittelter ist nicht ausgeschlossen.

§. 8.[3])

Die Festsetzung von Gebühren bedarf in den Fällen des §. 4 Absatz 3 und 5 und des §. 6 der Genehmigung.

Das Erforderniß der Genehmigung des Schulgeldes durch die Schulaufsichtsbehörde bleibt unberührt.

§. 9.[4])

Die Gemeinden können behufs Deckung der Kosten für Herstellung und Unterhaltung von Veranstaltungen,[5]) welche durch das öffentliche Interesse erfordert werden,

---

[1]) Vgl. S. 283. — [2]) Vgl. S. 286. — [3]) Vgl. S. 287. — [4]) Vgl. S. 289 und außerdem Anm. 6—8. — [5]) Vgl. S. 250.

von denjenigen Grundeigenthümern und Gewerbetreibenden, denen hierdurch besondere wirthschaftliche Vortheile erwachsen, Beiträge zu den Kosten der Veranstaltungen erheben. Die Beiträge sind nach den Vortheilen zu bemessen.[1])

Beiträge müssen in der Regel erhoben werden, wenn anderenfalls die Kosten, einschließlich der Ausgaben für die Verzinsung und Tilgung des aufgewendeten Kapitals, durch Steuern aufzubringen sein würden.[2])

Der Plan der Veranstaltung ist nebst einem Nachweise der Kosten offen zu legen. Der Beschluß der Gemeinde wegen Erhebung von Beiträgen ist unter der Angabe, wo und während welcher Zeit Plan nebst Kostennachweis zur Einsicht offen liegen, in ortsüblicher Weise mit dem Bemerken bekannt zu machen, daß Einwendungen gegen den Beschluß binnen einer bestimmt zu bezeichnenden Frist von mindestens 4 Wochen bei dem Gemeindevorstande anzubringen seien. Handelt es sich um eine Veranstaltung, welche nur einzelne Grundeigenthümer oder Gewerbetreibende betrifft, so genügt an Stelle der Bekanntmachung eine Mittheilung an die Betheiligten. Der Beschluß bedarf der Genehmigung.

Zu diesem Behufe hat der Gemeindevorstand den Beschluß nebst den dazu gehörigen Vorverhandlungen und der Anzeige, ob und welche Einwendungen innerhalb der gestellten Frist erhoben sind, der zuständigen Behörde einzureichen.

Der Beschluß der zuständigen Behörde ist in gleicher Weise zur Kenntniß der Betheiligten zu bringen, wie der Beschluß der Gemeinde bekannt gemacht worden ist.

Gegen den Beschluß der zuständigen Behörde steht den Betheiligten die Beschwerde offen.

---

1) Vgl. S. 252. — 2) Vgl. S. 250.

§. 10.[1])

Die Vorschriften des Gesetzes, betreffend die Anlegung und Veränderung von Straßen und Plätzen in Städten und ländlichen Ortschaften, vom 2. Juli 1875 (Gesetz-Samml. S. 561) bleiben mit der Maßgabe in Kraft, daß die im §. 15 daselbst vorgesehenen Beiträge nach einem anderen, als dem dort angegebenen Maßstabe, insbesondere auch nach der bebauungsfähigen Fläche, bemessen werden dürfen.

§. 11.[2])

Die Vorschriften des Gesetzes betreffend die Erhebung von Marktstandsgeld, vom 26. April 1872 (Gesetz-Samml. S. 513) bleiben unberührt.

Ebenso behält es bei den Bestimmungen der Gesetze über die Errichtung öffentlicher Schlachthäuser vom 18. März 1868 (Gesetz-Samml. S. 277) und 9. März 1881 (Gesetz-Samml. S. 273) sein Bewenden. Jedoch dürfen für die Schlachthausbenutzung Gebühren bis zu einer solchen Höhe erhoben werden, daß durch ihr jährliches Aufkommen die Kosten der Unterhaltung der Anlage und des Betriebes, sowie ein Betrag von 8 Prozent des Anlagekapitals und der etwa gezahlten Entschädigungssumme gedeckt werden. In denjenigen Städten, in denen Verbrauchssteuern auf Fleisch zur Erhebung kommen, dürfen die Benutzungsgebühren nur bis zu einer solchen Höhe erhoben werden, daß durch ihr jährliches Aufkommen außer den Unterhaltungs- und Betriebskosten ein Betrag von 5 Prozent des Anlegekapitals und der Entschädigungssumme gedeckt wird.

Die Gebühren für die Untersuchung des nicht in öffentlichen Schlachthäusern ausgeschlachteten Fleisches (Artikel 1 §. 2 Nr. 2 und 3 des Gesetzes vom 9. März 1881) können in einer den Gebühren für die Schlachthausbenutzung entsprechenden Höhe bemessen werden.

---

[1]) Vgl. S. 293. — [2]) Vgl. S. 309.

§. 12.[1])

In Badeorten, klimatischen und sonstigen Kurorten können die Gemeinden für die Herstellung und Unterhaltung ihrer zu Kurzwecken getroffenen Veranstaltungen Vergütungen (Kurtaxen) erheben.

Dritter Titel.

Gemeindesteuern.[2])

Erster Abschnitt.

Indirekte Gemeindesteuern.[3])

§. 13.[4])

Die Gemeinden sind zur Erhebung indirekter Steuern innerhalb der durch die Reichsgesetze gezogenen Grenzen befugt.

Den Gemeinden sind Vereinbarungen mit den Betheiligten gestattet, wonach der Jahresbetrag der zu entrichtenden indirekten Steuern für mehrere Jahre im Voraus fest bestimmt wird. Die Vereinbarungen bedürfen der Genehmigung.

§. 14.[5])

Steuern auf den Verbrauch von Fleisch, Getreide, Mehl, Backwerk, Kartoffeln und Brennstoffen aller Art dürfen nicht neu eingeführt oder in ihren Sätzen erhöht werden. Die Einführung einer Wildpret- und Geflügelsteuer ist jedoch auch in den früher nicht mahl- und schlachtsteuerpflichtigen Gemeinden zulässig. Die Steuersätze können abweichend von den Vorschriften des Erlasses vom 24. April 1848 (Gesetz-Samml. S. 131) bemessen werden.

Wegen Forterhebung der Schlachtsteuer bewendet es bei den Bestimmungen des Gesetzes vom 25. Mai 1873 (Gesetz-Samml. S. 222).

---

1) Vgl. S. 310. — 2) Über Steuerordnungen S. 312. — 3) Vorbemerkungen zu den indirekten Steuern. S. 314. — 4) Vgl. S. 315. — 5) Vgl. S. 317.

§. 15.[1])

Die Besteuerung von Lustbarkeiten, einschließlich musikalischer und deklamatorischer Vorträge, sowie von Schaustellungen umherziehender Künstler ist den Gemeinden gestattet.

§. 16.[2])

Die Gemeinden sind befugt, das Halten von Hunden zu besteuern (§. 93). Die in dieser Beziehung zur Zeit bestehenden gesetzlichen Vorschriften werden aufgehoben.

§. 17.[3])

Die bestehenden Vorschriften über die Verwendung des Aufkommens indirekter Steuern für bestimmte Zwecke (Kosten der Armenpflege u. s. w.) werden aufgehoben.

§. 18.[4])

Die Einführung neuer und die Veränderung bestehender indirekter Gemeindesteuern kann nur durch Steuerordnungen erfolgen.

Die Steuerordnungen bedürfen der Genehmigung.

§. 19.[5])

Wegen der Befreiung der Militärspeiseeinrichtungen und ähnlicher Militäranstalten von den Verbrauchssteuern bewendet es bei den bestehenden Bestimmungen.

Zweiter Abschnitt.

Direkte Gemeindesteuern.[6])

I. Allgemeine Bestimmungen.

§. 20.

Die direkten Gemeindesteuern sind auf alle der Besteuerung unterworfenen Pflichtigen nach festen und gleichmäßigen Grundsätzen zu vertheilen.[7])

---

[1]) Vgl. S. 318. — [2]) Vgl. S. 319. — [3]) Vgl. S. 320. — [4]) Vgl. S. 320. — [5]) Vgl. S. 321. — [6]) Vorbemerkungen zu den direkten Gemeindesteuern. S. 321. — [7]) Vgl. S. 311. 322.

Handelt es sich um Veranstaltungen,[1]) welche in besonders hervorragendem oder geringem Maße einem Theile des Gemeindebezirks oder einer Klasse von Gemeindeangehörigen[2]) zu Statten kommen, und werden Beiträge nach §§. 9 und 10 nicht erhoben,[3]) so kann die Gemeinde eine entsprechende[4]) Mehr- oder Minderbelastuug dieses Theiles des Gemeindebezirks oder dieser Klasse von Gemeindeangehörigen beschließen. Bei der Abmessung der Mehr- und Minderbelastung ist namentlich der zur Herstellung und Unterhaltnng der Veranstaltungen erforderliche Bedarf nach Abzug des etwaigen Ertrages in Betracht zu ziehen. Der Beschluß bedarf der Genehmigung.

§. 21.[5])

Die auf besonderem Rechtstitel beruhenden Befreiungen einzelner Grundstücke von Gemeindesteuern bleiben in ihrem bisherigen Umfange fortbestehen. Die Gemeinden sind jedoch berechtigt, diese Befreiungen durch Zahlung des zwanzigfachen Jahreswerthes derselben nach dem Durchschnitt der letzten drei Jahre vor dem 1. April desjenigen Rechnungsjahres, in welchem die Ablösung beschlossen wird, abzulösen. Steht ein anderer Entschädigungsmaßstab fest, so hat es hierbei sein Bewenden.

§. 22.[6])

Vorschriften, welche eine Befreiung von Gewerbesteuer in sich schließen, finden auf Gewerbe, welche nach Verkündigung dieses Gesetzes in Betrieb gesetzt werden, keine Anwendung.

Die Gemeinden sind berechtigt, die bestehenden Befreiungen durch Zahlung des 13⅓fachen Jahreswerthes derselben nach dem Durchschnitt der letzten drei Jahre vor dem 1. April desjenigen Rechnungsjahres, in welchem

---

[1]) Über die Mehr- oder Minder-Belastung vgl. S. 269 und über das Verhältniß derselben zu Beiträgen und Gebühren S. 249. — [2]) Vgl. S. 254. — [3]) Vgl. S. 305. — [4]) Vgl. S. 326. — [5]) Vgl. S. 327. — [6]) Vgl. S. 328.

die Ablösung beschlossen wird, abzulösen. Steht ein anderer Entschädigungsmaßstab fest, so hat es hierbei sein Bewenden.

§. 23.[1])

Die direkten Gemeindesteuern können vom Grundbesitz und Gewerbebetrieb (Realsteuern), sowie vom Einkommen der Steuerpflichtigen (Einkommensteuer) erhoben werden.

Die Einkommensteuer kann zum Theil durch Aufwandssteuern ersetzt werden. Aufwandssteuern dürfen grundsätzlich die geringeren Einkommen nicht verhältnißmäßig höher als die größeren belasten.

Mieths- und Wohnungssteuern dürfen nicht neu eingeführt werden.

Die bestehenden Mieths- und Wohnungssteuern sind auf ihre Uebereinstimmung mit den vorstehenden Besteuerungsgrundsätzen und den sonstigen Bestimmungen dieses Gesetzes zu prüfen. Sie bedürfen erneuter, an die Zustimmung der Minister des Innern und der Finanzen gebundener Genehmigung und treten außer Kraft, wenn die Genehmigung nicht bis zum 1. April 1898 erfolgt ist.

Die Einführung neuer und die Veränderung bestehender direkter Gemeindesteuern, welche nicht in Prozenten der vom Staate veranlagten Steuern erhoben werden, kann nur durch Steuerordnungen erfolgen.

Die Steuerordnungen bedürfen der Genehmigung.

II. Besondere Bestimmungen.

1. Realsteuern.

a. Vom Grundbesitz.[2])

§. 24.[3])

Den Steuern vom Grundbesitz sind die in der Gemeinde belegenen bebauten und unbebauten Grundstücke unterworfen, mit Ausnahme

---

[1]) Zu Abs. 1. vgl. S. 321 im Übrigen S. 320. — [2]) Vgl. S. 322. — [3]) Vgl. S. 332.

a) der Königlichen Schlösser, einschließlich der zugehörigen Nebengebäude, Hofräume und Gärten;
b) der einem fremden Staate gehörigen Grundstücke, auf denen Botschafts- oder Gesandtschaftsgebäude errichtet sind, einschließlich der auf ihnen errichteten Gebäude, sofern von dem fremden Staate Gegenseitigkeit gewährt wird;
c) der dem Staate, den Provinzen, den Kreisen, den Gemeinden oder sonstigen kommunalen Verbänden gehörigen Grundstücke und Gebäude, sofern sie zu einem öffentlichen Dienste oder Gebrauche bestimmt sind;
d) der Brücken, Kunststraßen, Schienenwege der Eisenbahnen, sowie der schiffbaren Kanäle, welche mit Genehmigung des Staates zum öffentlichen Gebrauche angelegt sind;
e) der Deichanlagen der Deichverbände und der im öffentlichen Intresse staatlich unter Schau gestellten Privatdeiche, sowie der im öffentlichen Interesse unterhaltenen Anlagen der Ent- und Bewässerungsverbände;
f) der Universitäts- und anderen zum öffentlichen Unterrichte bestimmten Gebäude;
g) der Kirchen, Kapellen und anderen dem öffentlichen Gottesdienste gewidmeten Gebäude, sowie der gottesdienstlichen Gebäude der mit Korporationsrechten versehenen Religionsgesellschaften,
h) der Armen-, Waisen- und öffentlichen Krankenhäuser, der Gefängniß-, Besserungs-, Bewahr- und derjenigen Wohlthätigkeitsanstalten, welche die Bewahrung vor Schutzlosigkeit oder sittlicher Gefahr bezwecken (Mägdehäuser und dergleichen), sowie der Gebäude, welche milden Stiftungen angehören und für deren Zwecke unmittelbar benutzt werden; durch Gemeindebeschluß können auch anderweitige Gebäude solcher milden Stiftungen, welche nicht bloß zu Gunsten

bestimmter Personen und Familien bestehen, freigelassen werden;

i) der Grundstücke der unter f, g, h aufgeführten Anstalten und Körperschaften, soweit die Grundstücke für deren Zwecke unmittelbar benutzt werden;

k) der Dienstgrundstücke und Dienstwohnungen der Geistlichen, Kirchendiener und Volksschullehrer, soweit ihnen bisher Steuerfreiheit zugestanden hat.

Alle sonstigen, nicht auf einem besonderen Rechtstitel beruhenden Befreiungen (§. 21), insbesondere auch diejenigen der Dienstgrundstücke und Dienstwohnungen der Beamten, sind aufgehoben.

Ist ein Grundstück oder Gebäude nur theilweise zu einem öffentlichen Dienste oder Gebrauche bestimmt, so bezieht sich die Befreiung nur auf diesen Theil

Die Bestimmungen der Kabinetsordre vom 8 Juni 1834 (Gesetz-Samml. S. 87) bleiben in Geltung und werden auf diejenigen Gemeinden ausgedehnt, in welchen dieselben noch nicht in Geltung sind.

§. 25.[1])

Den Gemeinden ist die Einführung besonderer Steuern vom Grundbesitz gestattet.

Die Umlegung kann insbesondere erfolgen nach dem Reinertrage beziehungsweise Nutzungswerthe eines oder mehrerer Jahre, nach dem Pacht- beziehungsweise Miethswerthe oder dem gemeinen Werthe der Grundstücke und Gebäude, nach den in der Gemeinde stattfindenden Abstufungen des Grundbesitzes oder nach einer Verbindung mehrerer dieser Maßstäbe.

§. 26.[2])

Sind besondere Steuern vom Grundbesitz nicht eingeführt, so erfolgt die Besteuerung in Prozenten der vom Staate veranlagten Grund- und Gebäudesteuern.

---

[1]) Vgl. S. 168 und S. 322. — [2]) Vgl. S. 336.

Die auf Grund der Einlegung von Rechtsmitteln erfolgte Erhöhung oder Ermäßigung der veranlagten Steuer zieht die entsprechende Abänderung der Veranlagung zur Gemeindesteuer nach sich.

Die Veranlagung hat sich auf sämmtliche Grundstücke und Gebäude zu erstrecken, welche der Gemeindebesteuerung unterliegen (§§. 3, 4 des Gesetzes wegen Aufhebung direkter Staatssteuern).

Die Besteuerung neuerbauter oder vom Grunde aus wieder aufgebauter Gebäude sowie die Steuererhöhung in Folge von Verbesserungen der Gebäude beginnt mit dem Ablaufe des Rechnungsjahres, in welchem die Bewohnbarkeit oder Nutzbarkeit eingetreten oder die Verbesserung vollendet ist.

§. 27.

Die Steuern vom Grundbesitz sind nach gleichen Normen und Sätzen zu vertheilen.[1])

Liegenschaften,[2]) welche durch die Festsetzung von Baufluchtlinien in ihrem Werthe erhöht worden sind (Bauplätze), können nach Maßgabe dieses höheren Werthes zu einer höheren Steuer als die übrigen Liegenschaften herangezogen werden. Diese Besteuerung muß durch Steuerordnung geregelt werden.

b) Vom Gewerbebetrieb.[3])

§. 28.[4])

Den Gewerbesteuern unterliegen in den Gemeinden, in denen der Betrieb stattfindet,

1. die nach dem Gewerbesteuergesetz vom 24. Juni 1891 (Gesetz-Samml. S. 205) zu veranlagenden stehenden Gewerbe;
2. die landwirthschaftlichen Branntweinbrennereien;
3. der Bergbau;

[1]) Vgl. S. 322. — [2]) Vgl. S. 337. — [3]) Vgl. S. 322. — [4]) Vgl. S. 330.

4. die gewerbsmäßige Gewinnung von Bernstein, Ausbeutung von Torfstichen, von Sand-, Kies-, Lehm-, Mergel-, Thon- und dergleichen Gruben, von Stein-, Schiefer-, Kalk-, Kreide- und dergleichen Brüchen;
5. die Gewerbebetriebe kommunaler und anderer öffentlicher Verbände;
6. die Gewerbebetriebe des Staates und der Reichsbank.

Diejenigen zu Nr. 2 bis 6 bezeichneten Betriebe, bei denen weder der jährliche Ertrag 1500 Mark, noch das Anlage- und Betriebskapital 3000 Mark erreicht, ingleichen die nach §. 3 Nr. 4 des Gewerbesteuergesetzes vom 24. Juni 1891 steuerfreien Gewerbebetriebe der Kommunalverbände bleiben von der Gewerbesteuer befreit. Auf die Betriebssteuer findet diese Bestimmung keine Anwendung.

Der Betrieb der Staatseisenbahnen und der der Eisenbahnabgabe unterliegenden Privateisenbahnen ist gewerbesteuerfrei.

Der Gewerbebetrieb im Umherziehen ist der Gewerbesteuer in den Gemeinden nicht unterworfen.

§. 29.[1])

Den Gemeinden ist die Einführung besonderer Gewerbesteuern gestattet.

Die Gewerbesteuern können namentlich bemessen werden nach dem Ertrage des letzten Jahres oder einer Reihe von Jahren, nach dem Werthe des Anlagekapitals oder des Anlage- und Betriebskapitals, nach sonstigen Merkmalen für den Umfang des Betriebes oder nach einer Verbindung mehrerer dieser Maßstäbe.

§. 30.[2])

Sind besondere Gewerbesteuern nicht eingeführt, so erfolgt die Besteuerung in Prozenten der vom Staate veranlagten Gewerbesteuer.

---

[1]) Vgl. S. 343. — [2]) Vgl. S. 336. 339 und 311. A. 2.

Die auf Grund der Einlegung von Rechtsmitteln erfolgte Erhöhung oder Ermäßigung der veranlagten Gewerbesteuer zieht die entsprechende Abänderung der Veranlagung zur Gemeindesteuer nach sich.

Die Veranlagung hat sich auf sämmtliche Gewerbebetriebe, einschließlich des Bergbaues, zu erstrecken, welche der Gemeindebesteuerung unterliegen (§§. 3, 4 des Gesetzes wegen Aufhebung direkter Staatssteuern).

§. 31.[1])

Eine verschiedene Abstufung der Gewerbesteuersätze und Prozente ist zulässig:

1. wenn die einzelnen Gewerbearten in verschiedenem Maße von den Veranstaltungen der Gemeinde Vortheil ziehen oder der Gemeinde Kosten verursachen, und soweit die Ausgleichung nicht nach §§. 4, 9, 10 oder 20 erfolgt;
2. wenn die gewerblichen Gebäude in stärkerem Verhältniß zur Gebäudesteuer herangezogen werden, als es auf Grundlage der staatlichen Gebäudesteuer der Fall sein würde, oder wenn die gewerblich benutzten Räume einer Miethssteuer unterliegen.

Die verschiedene Abstufung bedarf der Genehmigung.

§. 32.[2])

Erstreckt sich ein Gewerbebetrieb über mehrere Gemeindebezirke, so hat für den Fall der Erhebung von Prozenten der veranlagten Gewerbesteuer der zuständige Steuerausschuß auch für die im §. 28 Nr. 2 bis 6 bezeichneten Betriebe die Zerlegung des Gesammtsteuersatzes in die auf die einzelnen Gemeinden entfallenden Theilbeträge zu bewirken (§. 38 des Gewerbesteuergesetzes vom 24. Juni 1891).

Werden besondere Gewerbesteuern umgelegt, so hat die Veranlagung nur nach Maßgabe des in der Gemeinde

---

[1]) Vgl. S. 311 und 343. — [2]) Vgl. S. 344.

belegenen Theiles des Gewerbebetriebes zu erfolgen, bei besonderen Gewerbesteuern nach dem Ertrage unter sinngemäßer Anwendung der in den §§. 47, 48 dieses Gesetzes getroffenen Bestimmungen.

2. Gemeindeeinkommensteuer.[1])

a) Steuerpflicht.

§. 33. (R. § 27. A.H.Komm. Pl. II. III red. H.H.[1])

Der Gemeindeeinkommensteuer sind unterworfen:

1. diejenigen Personen, welche in der Gemeinde einen Wohnsitz (§. 1 des Einkommensteuergesetzes vom 24. Juni 1891, Gesetz-Samml. S. 175) haben, hinsichtlich ihres gesammten innerhalb und außerhalb des Preußischen Staatsgebietes gewonnenen Einkommens, insoweit dasselbe nicht von der Besteuerung freizulassen ist;
2. diejenigen Personen, welche in der Gemeinde, ohne in derselben einen Wohnsitz zn haben, Grundvermögen, Handels- oder gewerbliche Anlagen, einschließlich der Bergwerke, haben, Handel oder Gewerbe oder außerhalb einer Gewerkschaft Bergbau betreiben oder als Gesellschafter an dem Unternehmen einer Gesellschaft mit beschränkter Haftung betheiligt sind, hinsichtlich des ihnen aus diesen Quellen in der Gemeinde zufließenden Einkommens;
3. Aktiengesellschaften, Kommandit-Gesellschaften auf Aktien, Berggewerkschaften, eingetragene Genossenschaften, deren Geschäftsbetrieb über den Kreis ihrer Mitglieder hinausgeht (insbesondere Konsumvereine mit offenem Laden) und juristische Personen (insbesondere auch Gemeinden und weitere Kommunalverbände), welche in der Gemeinde Grundvermögen, Handels- oder gewerbliche Anlagen, einschließlich der Bergwerke, haben, Handel oder Gewerbe, einschließ-

[1]) Vgl. S. 344–356.

lich des Bergbaues, betreiben oder als Gesellschafter an dem Unternehmen einer Gesellschaft mit beschränkter Haftung betheiligt sind, hinsichtlich des ihnen aus diesen Quellen in der Gemeinde zufließenden Einkommens. Hat eine Veranlagung zur Staatseinkommensteuer stattgefunden, so erfaßt die Gemeindeeinkommensteuer das hierbei veranlagte Einkommen, vorbehaltlich der Bestimmung im §. 16 Absatz 3 a. a. O.;

4. der Staatsfiskus bezüglich seines Einkommens aus den von ihm betriebenen Eisenbahn-, Bergbau- und sonstigen gewerblichen Unternehmungen, sowie aus Domänen und Forsten.

Eisenbahnaktiengesellschaften, welche ihr Unternehmen dem Staate gegen eine unmittelbar an die Aktionäre zu zahlende Rente übertragen haben, sind als Besitzer von Eisenbahnen nicht zu erachten.

Jeder steuerpflichtige Grundstückskomplex und jede steuerpflichtige Unternehmung des Staatsfiskus gilt in Beziehung auf die Steuerpflicht als selbstständige Person. Die gesammten Staats- und für Rechnung des Staates verwalteten Eisenbahnen sind als Eine steuerpflichtige Unternehmung anzusehen. Im Uebrigen setzt die zuständige obere Verwaltungsbehörde fest, was als selbstständige Bergbau- oder sonstige gewerbliche Unternehmung des Staatsfiskus zu betrachten ist.

Neuanziehende können, auch wenn sie in der Gemeinde keinen Wohnsitz haben, gleich den übrigen Gemeindeeinwohnern zur Steuer herangezogen werden, sofern ihr Aufenthalt die Dauer von drei Monaten übersteigt.

§ 34.[1]

Das Einkommen aus bebauten und unbebauten Grundstücken, welche ganz oder zum Theil nach §. 24 der

---

[1] Vgl. S. 356.

Steuer vom Grundbesitz nicht unterworfen sind, unterliegt insoweit auch nicht der Gemeindeeinkommensteuer.

§. 35.[1])

Ein die Steuerpflicht begründender Betrieb von Handel und Gewerbe, einschließlich des Bergbaues, der im §. 33 Nr. 2, 3 und 4 bezeichneten Personen und Erwerbsgesellschaften findet nur in denjenigen Gemeinden statt, in welchen sich der Sitz, eine Zweigniederlassung, eine Betriebs-, Werk- oder Verkaufsstätte oder eine solche Agentur des Unternehmens befindet, welche ermächtigt ist, Rechtsgeschäfte im Namen und für Rechnung des Inhabers, beziehungsweise der Gesellschaft, selbstständig abzuschließen. Der Eisenbahnbetrieb unterliegt der Steuerpflicht in den Gemeinden, in welchen sich der Sitz der Verwaltung (beziehungsweise einer Staatsbahnverwaltungsbehörde), eine Station oder eine für sich bestehende Betriebs- oder Werkstätte oder eine sonstige gewerbliche Anlage befindet.

Das Einkommen aus dem nicht mit eigenem Betriebe verbundenen Besitze von Handels- und gewerblichen Anlagen, einschließlich der Bergwerke, unterliegt der Besteuerung in denselben Gemeinden, in welchen das Einkommen aus dem Betriebe steuerpflichtig ist.

§. 36.[2])

Gemeindesteuern vom Einkommen dürfen, unbeschadet der Vorschrift im §. 23 Absatz 2 und der Bestimmungen über die Veranlagung von Theileinkommen (§§. 49 bis 51), nur auf Grund der Veranlagung zur Staatseinkommensteuer und in der Regel nur in der Form von Zuschlägen erhoben werden. Diese Zuschläge müssen gleichmäßig sein. Zuschläge zur Ergänzungssteuer sind unzulässig.

---

[1]) Vgl. S. 356. — [2]) Vgl. S. 367.

Ist das gemeindesteuerpflichtige Einkommen ganz oder zum Theil zur Staatseinkommensteuer nicht veranlagt, so ist der dem Zuschlage zu Grunde zu legende Steuersatz, sofern sich aus den §§. 44 bis 46 nicht ein Anderes ergiebt, nach den für die Veranlagung der Staatseinkommensteuer geltenden Vorschriften zu ermitteln.

Die auf Grund der Einlegung von Rechtsmitteln, sowie die auf Grund der §§. 57, 58 des Einkommensteuergesetzes vom 24. Juni 1891 erfolgte Erhöhung oder Ermäßigung der veranlagten Staatseinkommensteuer zieht die entsprechende Abänderung des Gemeindezuschlags nach sich.

§. 37.[1])

Besondere Gemeindeeinkommensteuern sind nur aus besonderen Gründen gestattet und bedürfen der Genehmigung. Die bei der Veranlagung zur Staatseinkommensteuer erfolgte Feststellung des Einkommens und die Stufen des Steuertarifs der Staatseinkommensteuer dürfen nicht abgeändert werden. Veränderungen der Sätze des Steuertarifs sind nur mit der Maßgabe zulässig, daß der Prozentsatz der Besteuerung des Einkommens bei den unteren Stufen nicht höher sein darf, als bei den oberen Stufen, und daß das im Tarif der Staatseinkommensteuer enthaltene Steigerungsverhältniß der Sätze nicht zu Ungunsten der oberen Stufen geändert werden darf.

Die Beibehaltung bestehender besonderer Gemeindeeinkommensteuern kann mit Zustimmung der Minister des Innern und der Finanzen ausnahmsweise und aus besonderen Gründen auch dann genehmigt werden, wenn sie den Vorschriften der Bestimmungen des Absatzes 1 nicht entsprechen.

Die Vorschriften des §. 36 Absatz 2 und 3 finden auf die besonderen Gemeindeeinkommensteuern entsprechende Anwendung.

---

[1]) Vgl. S. 357.

§. 38.[1])

Steuerpflichtige mit einem Einkommen von nicht mehr als 900 Mark werden, sofern in den Steuerordnungen (§§. 23 Absatz 5, 37) nicht abweichende Bestimmungen getroffen sind, zu der Einkommensteuer nach Maßgabe folgender Steuersätze veranlagt:

1. bei einem Einkommen von nicht mehr als 420 Mark nach einem Steuersatze von $^2/_3$ vom Hundert des steuerpflichtigen Einkommens bis zum Höchstbetrage des Steuersatzes von 1,20 Mark;
2. bei einem Einkommen von mehr als 420 Mark bis einschließlich 660 Mark nach einem Steuersatze von 2,40 Mark;
3. bei einem Einkommen von mehr als 660 Mark nach einem Steuersatze von 4 Mark.

Steuerpflichtige mit einem Einkommen von nicht mehr als 900 Mark können durch Gemeindebeschluß, wenn die Deckung des Bedarfs der Gemeinde ohnehin gesichert ist, von der Beitragspflicht entbunden oder mit einem geringeren Prozentsatze herangezogen werden. Der Beschluß bedarf der Genehmigung. Ihre Freilassung muß erfolgen, sofern sie im Wege der öffentlichen Armenpflege fortlaufende Unterstützung erhalten.

§. 39.[2])

Die Gemeinde kann beschließen, Ausländer und Angehörige anderer Bundesstaaten, welche in der Gemeinde einen Wohnsitz, aber nicht des Erwerbes wegen haben, auf die Dauer von höchstens drei Jahren zu der Gemeindeeinkommensteuer nicht oder nur mit einem ermäßigten Prozentsatze heranzuziehen.

Der Beschluß bedarf der Genehmigung.

---

[1]) Vgl. S. 360. — [2]) Vgl. S. 311 und S. 361.

§. 40.[1])

Von der Gemeindeeinkommensteuer sind befreit:

1. die Mitglieder des Königlichen Hauses und des Hohenzollernschen Fürstenhauses,
2. die bei dem Kaiser und Könige beglaubigten Vertreter fremder Mächte und die Bevollmächtigten anderer Bundesstaaten zum Bundesrathe, die ihnen zugewiesenen Beamten, sowie die in ihren und ihrer Beamten Diensten stehenden Personen, soweit sie Ausländer sind,
3. diejenigen Personen, denen sonst nach völkerrechtlichen Grundsätzen oder nach besonderen, mit anderen Staaten getroffenen Vereinbarungen ein Anspruch auf Befreiung zukommt.

Die Befreiungen zu Nr. 2 und 3 erstrecken sich nicht auf das im §. 33 Nr. 2 bezeichnete Einkommen und bleiben ausgeschlossen, sofern in den betreffenden Staaten Gegenseitigkeit nicht gewährt wird.

Die bestehenden gesetzlichen Bestimmungen, gemäß welchen Standesherren und deren Familien von Gemeindelasten befreit sind, bleiben — unbeschadet der Vorschriften in den §§. 21, 22 des gegenwärtigen Gesetzes — unberührt.

§. 41.[2])

Die Heranziehung der unmittelbaren und mittelbaren Staatsbeamten, Beamten des Königlichen Hofes, der Geistlichen, Kirchendiener und Elementarschullehrer, sowie der Wittwen und Waisen dieser Personen zu Einkommen- und Aufwandssteuern (§. 23) wird durch besonderes Gesetz geregelt. Bis zum Erlasse dieses Gesetzes kommen die Bestimmungen der Verordnung, betreffend die Heranziehung der Staatsdiener zu den Kommunalauflagen in den neu erworbenen Landestheilen, vom 23. September 1867 (Gesetz-Samml. S. 1648) mit der Maßgabe zur

[1]) Vgl. S. 361. — [2]) Vgl. S. 368.

Anwendung, daß das nothwendige Domizil außer Berücksichtigung bleibt.

§. 42.[1])

Hinsichtlich der Heranziehung der Militärpersonen zu den auf das Einkommen gelegten Gemeindeabgaben bewendet es bei den bestehenden Bestimmungen.

Die Mitglieder der Gendarmerie gelten als Militärpersonen im Sinne dieses Gesetzes.

§. 43.[2])

Den Gemeinden sind Vereinbarungen mit Steuerpflichtigen gestattet, wonach von fabrikmäßigen Betrieben und von Bergwerken an Stelle der Gemeindesteuer vom Einkommen und vom Gewerbebetriebe ein für mehrere Jahre im Voraus zu bestimmender fester jährlicher Steuerbeitrag zu entrichten ist. Die Vereinbarung bedarf der Genehmigung.

b) Berechnung des steuerpflichtigen Einkommens der fiskalischen Domänen, Staats- und Privatbahnen.

§. 44.[3])

Das Reineinkommen aus fiskalischen Domänen und Forsten ist für die einzelnen Liegenschaften aus dem Grundsteuerreinertrage nach dem Verhältniß zu berechnen, in welchem der in der betreffenden Provinz aus den Domänen und Forstgrundstücken erzielte etatsmäßige Ueberschuß der Einnahmen über die Ausgaben unter Berücksichtigung der auf denselben ruhenden Verbindlichkeiten und Verwaltungskosten zum Grundsteuerreinertrage steht.

Das Verhältniß ist durch den zuständigen Minister alljährlich endgültig festzustellen und öffentlich bekannt zu machen.

---

[1]) Vgl. S. 364. — [2]) Vgl. S. 311. 365. — [3]) Vgl. S. 365.

§. 45.[1])

Als Reineinkommen der Staats- und für Rechnung des Staats verwalteten Eisenbahnen gilt der rechnungsmäßige Ueberschuß der Einnahmen über die Ausgaben mit der Maßgabe, daß unter die Ausgaben eine 3 ½ prozentige Verzinsung des Anlage- beziehungsweise Erwerbskapitals nach der amtlichen Statistik der im Betriebe befindlichen Eisenbahnen zu übernehmen ist. Der sich danach ergebende steuerpflichtige Gesammtbetrag ist durch den zuständigen Minister alljährlich endgültig festzustellen und öffentlich bekannt zu machen.

§. 46.[2])

Als Reineinkommen der Privateisenbahnunternehmungen gilt der nach Vorschrift der Gesetze vom 30. Mai 1853 (Gesetz-Samml. S. 449) und 16. März 1867 (Gesetz-Samml. S. 465) behufs Erhebung der Eisenbahnabgabe für jede derselben ermittelte (beziehungsweise zu ermittelnde) Ueberschuß abzüglich der Eisenbahnabgabe mit der Maßgabe, daß bei der Berechnung nach dem Gesetze vom 16. März 1867 die zur Verzinsung und planmäßigen Tilgung der etwa gemachten Anleihen erforderlichen Beträge als Ausgabe mit in Anrechnung gebracht werden dürfen. Die sich danach ergebenden steuerpflichtigen Beträge sind von den mit der Aufsicht über die Privateisenbahnunternehmungen betrauten Staatsbehörden alljährlich endgültig festzustellen und öffentlich bekannt zu machen.

Auf Kleinbahnen (Gesetz vom 28. Juli 1892, Gesetz-Samml. S. 225) findet die vorstehende Bestimmung keine Anwendung.

c) Vermeidung von Doppelbesteuerung.

§. 47.[3])

Die Vertheilung des gemeindesteuerpflichtigen Einkommens aus dem Besitze oder Betriebe einer sich über

---

[1]) Vgl. S. 335. — [2]) Vgl. S. 335. — [3]) Vgl. S. 366.

mehrere Preußische Gemeinden erstreckenden Gewerbe- oder Bergbauunternehmung erfolgt, sofern nicht zwischen den betheiligten Gemeinden und dem Steuerpflichtigen ein anderweiter Maßstab vereinbart ist, in der Weise, daß:

a) bei Versicherungs-, Bank- und Kreditgeschäften derjenigen Gemeinde, in welcher die Leitung des Gesammtbetriebes stattfindet, der zehnte Theil des Gesammteinkommens vorab überwiesen, dagegen der Ueberrest nach Verhältniß der in den einzelnen Gemeinden erzielten Bruttoeinnahme vertheilt,

b) in den übrigen Fällen das Verhältniß der in den einzelnen Gemeinden erwachsenen Ausgaben an Gehältern und Löhnen, einschließlich der Tantiemen des Verwaltungs- und Betriebspersonals, zu Grunde gelegt wird. Bei Eisenbahnen kommen jedoch die Gehälter, Tantiemen und Löhne desjenigen Personalst welches in der allgemeinen Verwaltung beschäftig- ist, nur mit der Hälfte, des in der Werkstätten, verwaltung und im Fahrdienst beschäftigten Personals nur mit zwei Dritttheilen ihrer Beträge zum Ansatz.

Erstreckt sich eine Betriebsstätte, Station ꝛc., innerhalb deren Ausgaben an Gehältern und Löhnen erwachsen, über den Bezirk mehrerer Gemeinden, so hat die Vertheilung nach Lage der örtlichen Verhältnisse unter Berücksichtigung des Flächenverhältnisses und der den betheiligten Gemeinden durch das Vorhandensein der Betriebsstätte, Station u. s. w. erwachsenen Kommunallasten zu erfolgen.

Bei den Staats- und für Rechnung des Staats verwalteten Eisenbahnen wird bis zum 1. April 1896 ein Dritttheil des gesammten, nach §. 36 steuerpflichtigen Reineinkommens dieser Bahnen denjenigen Gemeinden, welche vor dem 1. April 1880 steuerberechtigt waren und dieses Recht thatsächlich ausgeübt haben, zur Vertheilung nach Verhältniß der im Durchschnitt der dem 1. April 1880 vorangegangenen drei Steuerjahre zu den Gemeindeabgaben herangezogenen Reinerträge vorab überwiesen. Der Ueberrest wird nach den vorstehend unter b angegebenen Grundsätzen auf sämmtliche nach §§. 33, 35 berechtigte Gemeinden vertheilt. Vom 1. April 1896 ab erfolgt die Vertheilung nach den Grundsätzen unter b bei allen steuerberechtigten Gemeinden.

§. 48.[1])

Die Ermittelung der Bruttoeinnahmen der Versicherungs-, Bank- und Kreditgeschäfte, sowie der Ausgaben an Löhnen und Gehältern (§. 47) erfolgt in dreijährigem Durchschnitt nach Einsicht eines den steuerberechtigten Gemeinden von dem Unternehmer beziehungsweise Gesellschaftsvorstande jährlich mitzutheilenden Vertheilungsplanes. Derselbe ist bezüglich der Staatseisenbahnen (§. 45) für jeden Direktionsbezirk besonders aufzustellen.

§. 49.[2])

Bei Veranlagung der Steuerpflichtigen zur Einkommensteuer in ihren Wohnsitzgemeinden ist, unbeschadet der Bestimmungen des §. 35, derjenige Theil des Gesammteinkommens, welcher in anderen Preußischen Gemeinden aus Grundvermögen, Handels- oder gewerblichen Anlagen, einschließlich der Bergwerke, aus Handels- und Gewerbebetrieb, einschließlich des Bergbaues, sowie aus der Betheiligung an dem Unternehmen einer Gesellschaft mit beschränkter Haftung (§. 33 Nr. 2) gewonnen wird, außer Berechnung zu lassen. Zu diesem Behufe wird das Gesammteinkommen des Steuerpflichtigen eingeschätzt und der so ermittelte Steuerbetrag dem Verhältniß des außer Berechnung zu lassenden Einkommens zu dem Gesammteinkommen entsprechend herabgesetzt.

Die Gemeinde, in welcher der Steuerpflichtige seinen Wohnsitz hat, ist jedoch, wenn das steuerpflichtige Ein-

[1]) Vgl. S. 366. — [2]) Vgl. S. 366–369.

kommen weniger als ein Viertheil des Gesammteinkommens beträgt, berechtigt, durch Gemeindebeschluß ein volles Viertheil des Gesammteinkommens unter entsprechender Verkürzung des einer oder mehreren Forensalgemeinden zur Besteuerung zufallenden Einkommens für sich zur Besteuerung in Anspruch zu nehmen. Steht dieser Anspruch mehreren Wohnsitzgemeinden zu, so ist dieser Bruchtheil nach Maßgabe des §. 50 zu vertheilen.

§. 50.[1])

Bei der Einschätzung von Personen mit mehrfachem Wohnsitz innerhalb des Preußischen Staatsgebiets in ihren Wohnsitzgemeinden verbleibt derjenige Theil des Einkommens, welcher aus Grundvermögen, Handels- oder gewerblichen Anlagen, einschließlich der Bergwerke, aus Handel oder Gewerbe, einschließlich des Bergbaues, sowie aus der Betheiligung an dem Unternehmen einer Gesellschaft mit beschränkter Haftung (§. 33 Nr. 2) fließt, der Belegenheits- beziehungsweise der Betriebsgemeinde. Beträgt jedoch dieser Theil des Einkommens mehr als drei Viertheil des gesammten Einkommens des Steuerpflichtigen, so gelangt die Bestimmung im §. 49 Absatz 2 dieses Gesetzes sinngemäß zur Anwendung.

Neuanziehende, welche in einer Gemeinde wegen ihres die Dauer von drei Monaten übersteigenden Aufenthalts zu den Gemeindesteuern herangezogen werden (§. 33 Absatz 4), sind insoweit denjenigen gleichgestellt, welche in dieser Gemeinde ihren Wohnsitz haben.

Im Uebrigen dürfen Personen mit mehrfachem Wohnsitz in jeder Preußischen Wohnsitzgemeinde nur von einem der Zahl derselben entsprechenden Bruchtheil ihres Einkommens herangezogen werden. Zu diesem Behufe wird der für das Gesammteinkommen berechnete Steuersatz auf die Wohnsitzgemeinden nach der Zahl derselben gleich-

[1]) Vgl. S. 369.

mäßig vertheilt. Wohnsitzgemeinden, in welchen der Steuerpflichtige sich im Laufe des vorangegangenen Rechnungsjahres überhaupt nicht oder kürzere Zeit als drei Monate aufgehalten hat, werden hierbei nicht mitgezählt.

§. 51.[1])

Ist das der Staatseinkommensteuer unterliegende Gesammteinkommen eines Steuerpflichtigen nach seinen Theilen in mehreren Preußischen Gemeinden steuerpflichtig, so darf das in diesen Gemeinden steuerpflichtige Einkommen im Ganzen den Höchstbetrag derjenigen Steuerstufe nicht übersteigen, in welche der Steuerpflichtige bei der Veranlagung zur Staatseinkommensteuer eingeschätzt worden ist. Zu diesem Behufe sind die Theile des Einkommens, sofern sie auch nach erfolgter Richtigstellung im Ganzen den Höchstbetrag der Steuerstufe übersteigen, verhältnißmäßig herabzusetzen (§§. 71 bis 74).

Besitzt der Steuerpflichtige in einer Gemeinde verschiedene Quellen von Einkommen, so sind dieselben für die Besteuerung in der Gemeinde als ein Ganzes zu erachten.

§. 52.[2])

In den Fällen der §§. 47 bis 51 sind behufs Ermittelung des gemeindesteuerpflichtigen Einkommens die selbstständigen Gutsbezirke den Gemeinden gleich zu achten.

3. Verpflichtung der Betriebsgemeinden zur Leistung von Zuschüssen.

§. 53.[3])

Wenn einer Gemeinde, welcher ein Besteuerungsrecht nach §. 35 nicht zusteht, durch den in einer anderen Gemeinde stattfindenden Betrieb von Berg-, Hütten- oder Salzwerken Fabriken, oder Eisenbahnen nachweisbar Mehrausgaben für Zwecke des öffentlichen Volksschul-

---

1) Vgl. S. 370. — 2) Vgl. S. 371. — 3) Vgl. S. 371–373.

wesens oder der öffentlichen Armenpflege erwachsen, welche im Verhältnisse zu den ohne diese Betriebe für die erwähnten Zwecke nothwendigen Gemeindeausgaben einen erheblichen Umfang erreichen und eine Ueberbürdung der Steuerpflichtigen herbeizuführen geeignet sind, so ist eine solche Gemeinde berechtigt, von der Betriebsgemeinde einen angemessenen Zuschuß zu verlangen. Bei der Bemessung desselben sind neben der Höhe der Mehrausgaben auch die nachweisbar der Gemeinde erwachsenden Vortheile zu berücksichtigen. Die Zuschüsse der Betriebsgemeinde dürfen in keinem Falle mehr als die Hälfte der gesammten in der Betriebsgemeinde von den betreffenden Betrieben zu erhebenden direkten Gemeindesteuern betragen.

Liegt der Betrieb in einem Gutsbezirk, so richtet sich der Anspruch gegen den Gewerbetreibenden; der Zuschuß darf in diesem Falle den vollen Satz der staatlich veranlagten Gewerbesteuer nicht übersteigen.

Ueber den Anspruch beschließt in den Fällen, in welchen keine Einigung der Betheiligten erfolgt, der Kreisausschuß, soweit die Stadt Berlin oder andere Stadgemeinden betheiligt sind, der Bezirksausschuß. Gegen den Beschluß findet innerhalb zwei Wochen der Antrag auf mündliche Verhandlung im Verwaltungsstreitverfahren statt.

Zutreffendenfalls kommen die Bestimmungen des §. 58 des Gesetzes über die allgemeine Landesverwaltung vom 30. Juli 1883 (Gesetz-Samml. S. 195) dahin zur Anwendung, daß auch in den Fällen, in welchen die Stadt Berlin betheiligt ist, der Minister des Innern den Bezirksausschuß bestimmt, welcher zu beschließen hat.

4. Vertheilung des Steuerbedarfs auf die verschiedenen Steuerarten.[1])

§. 54.[2])

Die vom Staate veranlagten Realsteuern sind in der Regel mindestens zu dem gleichen und höchstens zu einem

[1]) Vorbemerkung. S. 373. — [2]) Vgl. S. 373.

um die Hälfte höheren Prozentsatze zur Kommunalsteuer heranzuziehen, als Zuschläge zur Staatseinkommensteuer erhoben werden.

So lange die Realsteuern 100 Prozent nicht übersteigen, ist die Freilassung der Einkommensteuer oder eine Heranziehung derselben mit einem geringeren als dem im ersten Absatze bezeichneten Prozentsatze zulässig.

Werden mehr als 150 Prozent der staatlich veranlagten Realsteuern erhoben und ist die Staatseinkommensteuer mit 150 Prozent belastet, so können von dem Mehrbetrage für jedes Prozent der staatlich veranlagten Realsteuern 2 Prozent der Staatseinkommensteuer erhoben werden.

Mehr als 200 Prozent der Realsteuern dürfen in der Regel nicht erhoben werden.

§. 55.[1])

Zuschläge über den vollen Satz der Staatseinkommensteuer hinaus, sowie Abweichungen von den im §. 54 enthaltenen Vorschriften bedürfen der Genehmigung; die Abweichungen sind nur aus besonderen Gründen zu gestatten.

In beiden Fällen ist davon auszugehen, daß Aufwendungen der Gemeinde, welche in überwiegendem Maße dem Grundbesitze und dem Gewerbebetriebe zum Vortheile gereichen, insoweit in der Regel durch Realsteuern gedeckt werden sollen, sofern die Ausgleichung nicht nach §§. 4 9, 10 oder 20 erfolgt. Zu solchen Aufwendungen gehören namentlich die Ausgaben für den Bau und die Unterhaltung von Straßen und Wegen, für Ent- und Bewässerungsanlagen, sowie für die Verzinsung und Tilgung der zu derartigen Zwecken aufgenommenen Schulden.

§. 56.[2])

Zur Deckung des durch Realsteuern aufzubringenden Steuerbedarfs sind die veranlagten Grund-, Gebäude-

[1]) Vgl. S. 373. — [2]) Vgl. S. 374.

und Gewerbesteuern in der Regel mit dem gleichen Prozentsatze heranzuziehen.

Genießen jedoch die Grund- (Haus-) Besitzer oder Gewerbetreibenden von Veranstaltungen der Gemeinde besondere Vortheile oder verursachen sie der Gemeinde besondere Kosten, so ist, sofern die Ausgleichung nicht nach §§. 4, 9, 10 oder 20 erfolgt, der durch die Realsteuern aufzubringende Steuerbedarf (§§. 54, 55) auf die Steuern vom Grund- (Haus-) Besitz und Gewerbebetrieb, in Prozenten der veranlagten Realsteuern berechnet, anderweitig entsprechend unterzuvertheilen, jedoch mit der Maßgabe, daß Grund- und Gebäudesteuer höchstens doppelt so stark herangezogen werden, wie die Gewerbesteuer und umgekehrt.

Ausnahmen können aus besonderen Gründen von den Ministern des Innern und der Finanzen zugelassen werden.

Vorstehende Bestimmungen finden sinngemäße Anwendung auf die Heranziehung der Grundsteuer im Verhältniß zur Gebäudesteuer.

Die Untervertheilung (Absatz 2 und 4) bedarf der Genehmigung.

§. 57. [1])

Bei der Vertheilung des Steuerbedarfs (§§. 54, 55, 56) ist das Aufkommen besonderer Gemeindesteuern (§. 23 Absatz 2, §§. 25, 29, 37) je nach ihrer Einrichtung und Beschaffenheit auf denjenigen Theil des Steuerbedarfs zu verrechnen, welcher durch Prozente der entsprechenden, vom Staate veranlagten Steuer aufzubringen ist.

Miethssteuern von gewerblich benutzten Räumen sind auf die Gewerbesteuer zu verrechnen.

§. 58.[2])

Die Bestimmungen der §§. 54, 56 und 57 finden auf die Betriebssteuer und auf die Steuern von Bau-

---

[1]) Vgl. S. 375. — [2]) Vgl. S. 375. 376.

14*

plätzen (§. 27 Absatz 2) keine Anwendung. Zuschläge zu der Betriebssteuer, die 100 Prozent übersteigen, bedürfen der Genehmigung.

§. 59.[1])

Ueber die Vertheilung des Steuerbedarfs nach den vorstehenden Bestimmungen (§§. 54 bis 57) hat die Gemeinde bis zum Ablaufe der ersten drei Monate des Rechnungsjahres Beschluß zu fassen. Kommt bis zu diesem Zeitpunkte ein gültiger Beschluß nicht zu Stande, so werden behufs Deckung des Steuerbedarfs — unbeschadet der Vorschrift im §. 96 Absatz 4 — die Realsteuern mit einem um die Hälfte höheren Prozentsatze als die Einkommensteuer, unter sich nach gleichen Prozentsätzen, herangezogen. Die Aufsichtsbehörde ist jedoch befugt, die Deckung des Steuerbedarfs nach Maßgabe der §§. 54, 55 anzuordnen.

Der hiernach zur Anwendung gelangende Maßstab behält so lange Geltung, als nicht bis zum Ablaufe der ersten drei Monate des jedesmaligen Rechnungsjahres ein gültiger Gemeindebeschluß über die Vertheilung des Steuerbedarfs zu Stande gekommen ist.

5. Zeitliche Begrenzung der Steuerpflicht.

§. 60.[2])

Soweit sich die Gemeindesteuern den Staatssteuern anschließen und etwas Anderes nicht bestimmt ist, gelten für den Zeitpunkt des Beginnes und des Erlöschens der Steuerpflicht die für die entsprechende Staatssteuer bestehenden Vorschriften.

Im Uebrigen gelten hinsichtlich der Dauer der Steuerpflicht folgende Bestimmungen:

1. Die Steuerpflicht beginnt:

   a) soweit sie von der Begründung eines Wohnsitzes oder Sitzes in einer Gemeinde abhängt, mit dem

---

[1]) Vgl. S. 377. — [2]) Vgl. S. 378.

ersten Tage des auf die Begründung des Wohnsitzes oder Sitzes folgenden Monats;

b) soweit sie von dem Aufenthalte in einer Gemeinde abhängt, mit dem ersten Tage des nach dem Ablaufe der maßgebenden Aufenthaltsfrist (§. 33 Ablatz 4) beginnenden Monats;

c) soweit sie durch Grundvermögen, Betrieb von Handel oder Gewerbe, einschließlich des Bergbaues, bedingt ist (§. 33 Nr. 2, §. 35), mit dem ersten Tage des auf den Erwerb des Grundvermögens oder den Beginn des Betriebes folgenden Monats.

Ist in dem zu b bezeichneten Falle die Steuerpflicht in Folge des Ablaufs der Aufenthaltsfrist oder der früheren Begründung eines Wohnsitzes eingetreten, so muß die Steuer seit dem ersten Tage des nach erfolgter Aufenthaltsnahme begonnenen Monats nachentrichtet werden.

2. Die Steuerpflicht erlischt:

a) durch den Tod des Steuerpflichtigen mit dem Ablaufe des Monats, in welchem der Tod erfolgt ist;

b) durch das Aufgeben des Wohnsitzes, Sitzes oder Aufenthalts mit dem Ablaufe des Monats, in welchem der Wohnsitz, Sitz oder Aufenthalt thatsächlich aufgegeben worden ist, sofern jedoch bis zu diesem Zeitpunkte der Gemeindebehörde hiervon keine Anzeige erstattet ist, erst mit dem Ablaufe des folgenden Monats;

c) durch die Veräußerung des Grundvermögens beziehungsweise die Einstellung des die Steuerpflicht bedingenden Betriebes von Handel oder Gewerbe, einschließlich des Bergbaues (§. 33 Nr. 2, §. 35), mit dem Ablaufe des Monats, in welchem die Veräußerung beziehungsweise die Einstellung des Betriebes erfolgt ist.

6. Veranlagung und Erhebung.

§. 61.[1])

Die Veranlagung erfolgt durch den Gemeindevorstand oder einen besonderen Steuerausschuß der Gemeinde.

Die Zusammensetzung und die Geschäftsordnung der Steuerausschüsse sind unter sinngemäßer Anwendung der Vorschriften der §§. 50 Absatz 3 bis einschließlich 54 des Einkommensteuergesetzes vom 24. Juni 1891 durch Gemeindebeschluß zu bestimmen.

§. 62.[1])

Dem Gemeindevorstande (Steuerausschuß) sind von den zuständigen Staatsbehörden diejenigen bei der Veranlagung oder Festsetzung der Staatssteuern bekannt gewordenen Besteuerungsmerkmale, deren er für die Veranlagung bedarf, auf Ersuchen mitzutheilen.

Zu dem gleichen Zwecke haben die Behörden anderer Gemeinden hinsichtlich der ihnen bekannten Besteuerungsmerkmale dem Gemeindevorstande (Steuerausschuß) auf Erfordern Auskunft zu ertheilen.

§. 63.[1])

Durch die Steuerordnung können die Rechte des Gemeindevorstandes (Steuerausschusses) und die Obliegenheiten der Steuerpflichtigen nach Maßgabe folgender Bestimmungen geregelt werden.

Der Gemeindevorstand (Steuerausschuß) kann, soweit er nicht auf anderem Wege (§. 62) zur Kenntniß der für die Veranlagung maßgebenden Besteuerungsmerkmale gelangt ist, ermächtigt werden, von den Steuerpflichtigen hierüber binnen einer angemessenen Frist Auskunft zu erfordern. Die Aufforderung muß in jedem einzelnen Falle durch eine besondere, dem Steuerpflichtigen zuzustellende Zuschrift erfolgen.

---

1) Vgl. S. 378.

Die Verpflichtung zur Auskunftsertheilung erstreckt sich nur auf die Beantwortung der bei der Aufforderung gestellten Fragen über bestimmte Thatsachen. Soweit es sich um Schätzungen handelt, ist der Steuerpflichtige eine Erklärung abzugeben berechtigt, aber nicht verpflichtet.

Wird die Auskunftsertheilung beanstandet, so sind dem Steuerpflichtigen vor der Veranlagung die Gründe der Beanstandung mit dem Anheimstellen mitzutheilen, hierüber binnen einer angemessenen Frist eine weitere Erklärung abzugeben.

Die im Vorstehenden wegen der Steuerpflichtigen getroffenen Bestimmungen finden auf Bevollmächtigte und gesetzliche Vertreter der Steuerpflichtigen sinngemäße Anwendung.

§. 64.[1])

Durch Steuerordnung kann bestimmt werden, daß die Veranlagung besonderer Realsteuern für mehrere aufeinander folgende Rechnungsjahre zu erfolgen hat. Soweit eine Bestimmung nicht getroffen ist, geschieht die Veranlagung für je ein Rechnungsjahr.

§. 65.[1])

Im Falle der Erhebung von Prozenten der vom Staate veranlagten Realsteuern, sowie von Zuschlägen zur Staatseinkommensteuer erfolgt die Bekanntmachung der Steuern durch den Gemeindevorstand für diejenigen Steuerpflichtigen, bezüglich deren die staatlich veranlagte Steuer die unveränderte Grundlage der Prozente oder Zuschläge bildet, durch eine in ortsüblicher Weise zu bewirkende Veröffentlichung der zu erhebenden Prozentsätze, für andere Steuerpflichtige durch besondere Mittheilung.

Bei Erhebung besonderer Gemeindesteuern geschieht die Bekanntmachung durch den Gemeindevorstand für die im Gemeindebezirke wohnenden steuerpflichtigen physischen

---

[1]) Vgl. S. 379.

Personen mittelst Auslegung der Hebeliste während eines zweiwöchigen Zeitraumes in einem oder mehreren, in ortsüblicher Weise zur öffentlichen Kenntniß zu bringenden Räumen des Gemeindebezirks, für die übrigen Steuerpflichtigen durch besondere Mittheilung.

Bei Zugängen im Laufe des Jahres bedarf es stets besonderer Mittheilung.

Durch Gemeindebeschluß kann an Stelle der Bekanntmachung durch Auslegung eine besondere Mittheilung an jeden einzelnen Pflichtigen angeordnet werden.

§. 66.[1])

Nach erfolgter Bekanntmachung (§. 65) ist die Steuer in den ersten 8 Tagen eines jeden Monats zu entrichten. An Stelle des Monats kann durch Gemeindebeschluß eine zwei- oder dreimonatliche Hebeperiode eingeführt werden. Auch können durch Gemeindebeschluß bestimmte Hebungstage festgesetzt werden.

Wenn die zu erhebenden Prozentsätze der vom Staate veranlagten Realsteuern oder die Zuschläge zur Einkommensteuer 50 vom Hundert nicht übersteigen, so kann durch Gemeindebeschluß unter Festsetzung der Hebetermine die Hebung der Steuer in halbjährigen Beträgen oder auch im Betrage des ganzen Jahres angeordnet werden.

Dem Pflichtigen ist stets die Vorausbezahlung mehrerer Raten bis zum ganzen Jahresbetrage gestattet.

§. 67.[2])

Die Gemeinden können die von den Mitgliedern einer Gesellschaft mit beschränkter Haftung gemäß §. 33 Nr. 2 und 3 zu entrichtende Gemeindeeinkommensteuer von der Gesellschaft einziehen.

---

[1]) Vgl. S. 379. — [2]) Vgl. S. 348.

Vierter Titel.

Naturaldienste.

§. 68.[1])

Die Steuerpflichtigen können durch Gemeindebeschluß zu Naturaldiensten (Hand- und Spanndiensten) herangezogen werden.

Spanndienste sind von den Grundbesitzern nach dem Verhältniß der Anzahl der Zugthiere, welche die Bewirthschaftung ihres im Gemeindebezirk belegenen Grundbesitzes erfordert, Handdienste von sämmtlichen Steuerpflichtigen gleichheitlich zu leisten. Ob und inwieweit hierbei den gespannhaltenden Grundbesitzern die ihnen obliegenden Spanndienste auf das Maß der auf sie entfallenden Handdienste anzurechnen sind, bestimmt sich nach den hierüber getroffenen vertragsmäßigen oder statutarischen Festsetzungen oder dem Herkommen. Im Zweifelsfalle wird vermuthet, daß die gespannhaltenden Grundbesitzer nur bei solchen Arbeiten, bei welchen zugleich Spanndienste vorkommen, von den Handdiensten befreit sind. Abweichungen von diesen Bestimmungen, insbesondere die Heranziehung von anderen gespannhaltenden Steuerpflichtigen zu Spanndiensten, bedürfen der Genehmigung.

Die Dienste können mit Ausnahme von Nothfällen durch taugliche Stellvertreter abgeleistet werden.

Die Gemeinde kann gestatten, daß an Stelle des Naturaldienstes ein angemessener Geldbeitrag geleistet wird.

Die gemäß §. 38 dieses Gesetzes von den Gemeindeabgaben ganz oder theilweise freigelassenen Steuerpflichtigen können nach Maßgabe der Bestimmung des Absatzes 2 zu Naturaldiensten herangezogen werden.

---

[1]) Vgl. S. 380.

Die in §§. 40, 41, 42 aufgeführten Personen sind von Naturaldiensten, soweit diese nicht auf den ihnen gehörigen Grundstücken lasten, befreit; untere Kirchendiener insoweit, als ihnen diese Befreiung seither rechtsgültig zustand.

Fünfter Titel.

Rechtsmittel.

§. 69.[1])

Dem Abgabepflichtigen steht gegen die Heranziehung (Veranlagung) zu Gebühren, Beiträgen, Steuern und Naturaldiensten der Einspruch zu. Das Rechtsmittel ist binnen einer Frist von 4 Wochen bei dem Gemeindevorstande einzulegen.

Der Lauf der Frist beginnt:

1. soweit die Bekanntmachung durch Auslegung der Hebelisten erfolgt ist, mit dem ersten Tage nach Ablauf der Auslegungsfrist;
2. soweit eine besondere Mittheilung vorgeschrieben ist, mit dem ersten Tage nach erfolgter Mittheilung;
3. in allen übrigen Fällen mit dem ersten Tage nach der Aufforderung zur Zahlung beziehungsweise Leistung.

Einsprüche, welche sich gegen den der Veranlagung zu Grunde liegenden Staatssteuersatz (§§. 26, 30, 36, 38) und bei besonderen Gemeindeeinkommensteuern (§. 37) gegen die Höhe des zur Staatseinkommensteuer veranlagten Einkommens richten, sind unzulässig.

Vorstehende Bestimmungen finden sinngemäße Anwendung auf Einsprüche wegen Heranziehung oder Veranlagung von Grundbesitzern, Gewerbetreibenden und Einwohnern eines Gutsbezirkes zu den öffentlichen Lasten desselben.

---

[1]) Vgl. S. 381.

§. 70.[1])

Ueber den Einspruch beschließt der Gemeindevorstand. Gegen den Beschluß steht dem Pflichtigen binnen einer, mit dem ersten Tage nach erfolgter Zustellung beginnenden Frist von zwei Wochen die Klage im Verwaltungsstreitverfahren offen. Zuständig in erster Instanz ist für Landgemeinden (Gutsbezirke) der Kreisausschuß, für Stadtgemeinden der Bezirksausschuß. Der Gemeindevorstand kann zur Wahrnehmung der Rechte der Gemeinde einen besonderen Vertreter bestellen. Gegen die Entscheidung des Bezirksausschusses bei Stadtgemeinden ist nur das Rechtsmittel der Revision zulässig.

Der Entscheidung im Verwaltungsstreitverfahren unterliegen desgleichen Streitigkeiten zwischen Betheiligten über ihre in dem öffentlichen Rechte begründete Verpflichtung zu den im §. 69 Absatz 1 bezeichneten Lasten.

§. 71.[2])

Ueber die Vertheilung gemeindesteuerpflichtiger Einkommen auf eine Mehrzahl steuerberechtigter (Wohnsitz-, Aufenthalts-, Belegenheits-, Betriebs-) Gemeinden gemäß den Vorschriften dieses Gesetzes (§§. 47 bis 51 in Verbindung mit §§. 33 und 52) beschließt auf Antrag des Steuerpflichtigen unter Zugrundelegung der Einschätzung der einzelnen Gemeinden der Kreisausschuß und, soweit die Stadt Berlin oder andere Stadtgemeinden in Betracht kommen, der Bezirksausschuß nach Anhörung sämmtlicher Betheiligten.

Der Antrag des Steuerpflichtigen, welcher binnen der Frist von 4 Wochen, vom Tage der Bekanntmachung der Steuer (§. 65) seitens der zweiten oder einer weiteren eine Steuerforderung erhebenden Gemeinde ab gerechnet, zu stellen ist, tritt an die Stelle des Einspruches gegen die Heranziehung (Veranlagung) zu den bezüglichen

[1]) Vgl. S. 381. — [2]) Vgl. S. 382.

Steuern in jeder einzelnen der betheiligten Gemeinden (§. 69).

Der Kreis- (Bezirks-) Ausschuß hat nach verhandelter Sache den auf jede Gemeinde entfallenden Theil des steuerpflichtigen Einkommens und den von demselben zu entrichtenden Steuerbetrag festzusetzen.

Zutreffendenfalls kommen die Bestimmungen des §. 58 des Gesetzes über die allgemeine Landesverwaltung vom 30. Juli 1883 dahin zur Anwendung, daß auch in den Fällen, in welchen die Stadt Berlin betheiligt ist, der Minister des Innern den Bezirksausschuß bestimmt, welcher zu beschließen hat.

§. 72.[1])

Gegen den Beschluß des Kreis- (Bezirks-) Ausschusses findet binnen einer Frist von 2 Wochen der Antrag auf mündliche Verhandlung im Verwaltungsstreitverfahren statt. In den Fällen, in welchen der §. 58 a. a. O. zur Anwendung kommt, ist für das Verwaltungsstreitverfahren derjenige Kreis- (Bezirks-) Ausschuß zuständig, welcher in Ansehung des Beschlußverfahrens für zuständig erklärt worden war.

Der Antrag auf mündliche Verhandlung im Verwaltungsstreitverfahren steht sowohl dem Steuerpflichtigen, als auch einer jeden Gemeinde zu, auf deren Steuerforderung sich der Beschluß erstreckt, und richtet sich gegen sämmtliche Betheiligte, deren Theilverhältniß durch den von dem Kläger verfolgten Anspruch berührt wird.

§. 73.[1])

Wird während schwebenden Beschluß- oder Verwaltungsstreitverfahrens eine weitere Forderung auf Zahlung von Gemeindesteuern in Ansehung des dem Verfahren unterliegenden Einkommens erhoben, so hat der Steuerpflichtige binnen der Frist von vier Wochen, vom Tage der Be-

---

[1]) Vgl. S. 382.

kanntmachung der bezüglichen Steuerforderung (§. 65) ab gerechnet, deren Einbeziehung in das schwebende Verfahren bei derjenigen Behörde zu beantragen, bei welcher die Sache anhängig ist. In diesem Verfahren ist alsdann gleichzeitig auch über die später erhobene Steuerforderung zu beschließen oder zu entscheiden.

§. 74.[1])

Wird nach rechtskräftig entschiedener Sache eine weitere Steuerforderung in Ansehung des Einkommens erhoben, welches den Gegenstand des früheren Verfahrens gebildet hat, so finden die vorstehenden Bestimmungen (§§. 71 bis 73) sinngemäße Anwendung mit der Maßgabe, daß derjenige Kreis- (Bezirks-) Ausschuß, welcher in dem ersten Verfahren beschlossen und entschieden hat, auch für das zweite Verfahren zuständig ist, und daß das rechtskräftig festgesetzte Antheilsverhältniß der bei dem ersten Verfahren betheiligt gewesenen Gemeinden in dem zweiten Verfahren nicht mehr geändert, in dem letzteren vielmehr nur noch darüber beschlossen und entschieden werden kann, welchen Betrag die früher aufgetretenen Steuergläubiger dem später aufgetretenen nach dem durch das rechtskräftige Urtheil für sie festgesetzten Antheilsverhältnisse zu erstatten haben.

§. 75.[2])

Durch Einspruch und Klage wird die Verpflichtung zur Zahlung oder Leistung nicht aufgeschoben.

§. 76.[3])

Gegen die Feststellung des Gesammtsteuersatzes für einen Gewerbebetrieb, der sich über mehrere Gemeinden erstreckt und nicht zur Staatsgewerbesteuer, aber gemäß §. 28 Nr. 2 bis 6 zur Gemeindegewerbesteuer herangezogen wird (§. 32), finden dieselben Rechtsmittel statt, die im Falle der Veranlagung dieses Betriebes zur Staatsgewerbe-

---

[1]) Vgl. S. 382. — [2]) Vgl. S. 381. — [3]) Vgl. S. 344 und 353. A. 2.

steuer gegeben sein würden (§§. 35 bis 37 des Gewerbesteuergesetzes vom 24. Juni 1891).

Desgleichen finden auch in diesem Falle hinsichtlich der Zerlegung des Steuersatzes in die auf die einzelnen Betriebsorte entfallenden Theilbeträge die im §. 38 a. a. O. wegen der Rechtsmittel getroffenen Vorschriften Anwendung.

Sechster Titel.

Aufsicht.

§. 77.[1])

Für die Ertheilung der in diesem Gesetze vorbehaltenen Genehmigungen ist nach Maßgabe der folgenden Bestimmungen bei Stadtgemeinden der Bezirksausschuß, bei Landgemeinden der Kreisausschuß zuständig.

Gegen den auf Beschwerde ergehenden Beschluß — bei Stadtgemeinden des Provinzialraths, bei Landgemeinden des Bezirksausschusses — steht dem Vorsitzenden dieser Behörde aus Gründen des öffentlichen Interesses die Einlegung der weiteren Beschwerde an die Minister des Innern und der Finanzen zu. Hierbei finden die Bestimmungen des §. 123 des Gesetzes über die allgemeine Landesverwaltung vom 30. Juli 1883 Anwendung.

Die Genehmigung von Gemeindebeschlüssen, durch welche

a) besondere direkte oder indirekte Gemeindesteuern neu eingeführt oder in ihren Grundsätzen verändert,
b) Abweichungen von den im §. 54 vorgeschriebenen Vertheilungsregeln,
c) Zuschläge über den vollen Satz der Staatseinkommensteuer hinaus (§. 55) angeordnet werden,

bedarf der Zustimmung der Minister des Innern und der Finanzen. Den Ministern ist gestattet, die Ertheilung

---

[1]) Vgl. S. 383.

der Zustimmung auf die ihnen untergeordneten Aufsichtsbehörden höherer Instanz zu übertragen.

Die Ertheilung der Genehmigung kann auf eine von vornherein zu bestimmende Frist von einem oder mehreren Jahren beschränkt werden.

§. 78.[1])

Bestehen bei dem Inkrafttreten des Gesetzes in einzelnen Gemeinden Ordnungen über die Aufbringung von Gebühren, Beiträgen, indirekten, direkten Steuern oder Diensten, welche den Vorschriften dieses Gesetzes zuwiderlaufen, oder werden derartige Gemeindebeschlüsse gefaßt, so ist die Aufsichtsbehörde befugt, deren Abänderung oder Ergänzung unter Angabe der Gründe anzuordnen.

Dieselbe Befugniß steht der Aufsichtsbehörde zu, wenn die Abstufungen des Grundbesitzes, nach welchen die Steuer umgelegt wird (§. 25), wegen wesentlicher Veränderungen der Besitzverhältnisse zur Grundlage der Besteuerung nicht mehr geeignet sind und ein Antrag auf Abänderung oder Ergänzung von der Mehrheit der einer Abstufung angehörigen Steuerpflichtigen gestellt wird.

Die Einführung neuer und die Erhöhung bestehender indirekter Steuern darf nicht angeordnet werden.

Gegen die Anordnung findet innerhalb vier Wochen nach Ablauf der in derselben gestellten Frist die Klage im Verwaltungsstreitverfahren, für Landgemeinden bei dem Bezirksausschusse, für Stadtgemeinden bei dem Oberverwaltungsgerichte statt.

Wird die Klage innerhalb dieser Frist nicht erhoben, so ist die Aufsichtsbehörde befugt, die in Ansehung der Aufbringung der Gebühren, Beiträge, indirekten, direkten Steuern oder Dienste erforderliche Ordnung auf Grundlage der erlassenen Verfügung selbst festzustellen. Das Gleiche gilt für den Fall der rechtskräftigen Abweisung

---

[1]) Vgl. S. 385.

der Klage. Wird die Klage endgültig für begründet erkannt, so tritt die Anordnung außer Kraft.

Sofern das öffentliche Interesse es erheischt, beschließt im Falle der Erhebung der Klage über die vorläufige Ordnung des Steuerwesens bis zur rechtskräftigen Entscheidung für Landgemeinden der Kreisausschuß, für Stadtgemeinden der Bezirksausschuß.

Siebenter Titel.

Strafen.

§. 79.[1])

Wer in der Absicht der Steuerhinterziehung an zuständiger Stelle auf die an ihn gerichteten Fragen oder bei der Begründung eines Einspruchs unrichtige oder unvollständige Angaben macht, wird mit dem vier- bis zehnfachen Betrage der stattgehabten oder beabsichtigten Verkürzung, mindestens aber mit einer Geldstrafe von einhundert Mark bestraft.

Ist eine unrichtige oder unvollständige Angabe, welche geeignet ist, eine Verkürzung der Steuer herbeizuführen, zwar wissentlich, aber nicht in der Absicht der Steuerhinterziehung erfolgt, so tritt Geldstrafe von drei bis einhundert Mark ein.

Straffrei bleibt, wer seine unrichtige oder unvollständige Angabe, bevor Anzeige erfolgt oder eine Untersuchung eingeleitet ist, an zuständiger Stelle berichtigt oder ergänzt und die vorenthaltene Steuer in der ihm gesetzten Frist entrichtet.

§. 80.[2])

Der Gemeindevorstand beziehungsweise die Mitglieder des Gemeindevorstandes, die Mitglieder der Steuerausschüsse, sowie die bei der Veranlagung betheiligten Gemeindebeamten werden, wenn sie die zu ihrer Kenntniß

---

[1]) Vgl. S. 385. — [2]) Vgl. S. 386.

gelangten Erwerbs-, Vermögens- oder Einkommensverhältnisse eines Steuerpflichtigen, insbesondere auch den Inhalt einer Auskunftsertheilung (§. 63) oder der darüber gepflogenen Verhandlungen unbefugt offenbaren, mit Geldstrafe bis zu eintausendfünfhundert Mark oder mit Gefängniß bis zu drei Monaten bestraft.

Die Verfolgung findet nur auf Antrag des Gemeindevorstandes oder des Steuerpflichtigen beziehungsweise dessen Vertreters statt. Ist das Vergehen von dem Gemeindevorstande oder von Mitgliedern des Gemeindevorstandes begangen, so ist auch die Aufsichtsbehörde zur Stellung des Antrages berechtigt.

§. 81.[1])

Die auf Grund der §§. 79 und 80 festgesetzten, aber unbeitreiblichen Geldstrafen sind nach Maßgabe der für Uebertretungen geltenden Bestimmungen der §§. 28 und 29 des Strafgesetzbuches für das Deutsche Reich in Haft umzuwandeln.

Die Untersuchung und Entscheidung in Betreff der im §. 79 bezeichneten strafbaren Handlungen steht dem Gerichte zu, wenn nicht der Beschuldigte die von dem Gemeindevorstande vorläufig festgesetzte Geldstrafe nebst den durch das Verfahren gegen ihn entstandenen Kosten binnen einer ihm bekannt gemachten Frist freiwillig an die Gemeindekasse zahlt.

Hat der Beschuldigte in Preußen keinen Wohnsitz, so erfolgt das Einschreiten des Gerichts ohne vorläufige Festsetzung der Strafe durch den Gemeindevorstand. Dasselbe findet statt, wenn der Gemeindevorstand aus sonstigen Gründen von der vorläufigen Festsetzung der Strafe Abstand zu nehmen erklärt oder der Angeschuldigte hierauf verzichtet.

---

[1]) Vgl. S. 386.

Bei Zuwiderhandlungen wegen der Verpflichtung zur Geheimhaltung (§. 80) findet nur das gerichtliche Strafverfahren statt.

§. 82.[1])

In den Steuerordnungen können Strafen gegen Zuwiderhandlungen bis zur Höhe von dreißig Mark angedroht werden.

Die Strafen sind durch den Gemeindevorstand festzusetzen und nach eingetretener Rechtskraft (§. 459 der Strafprozeßordnung vom 1. Februar 1877, Reichs-Gesetzbl. S. 253) im Verwaltungszwangsverfahren beizutreiben.

Achter Titel.

Nachforderungen und Verjährungen.

§. 83.[1])

Die Einziehung hinterzogener direkter Steuern (§. 79) zur Gemeindekasse erfolgt neben und unabhängig von der Strafe.

Die Verbindlichkeit zur Nachzahlung der Steuer verjährt in zehn Jahren und geht auf die Erben, jedoch für diese mit einer Verjährungsfrist von fünf Jahren und nur auf Höhe ihres Erbantheils, über. Die Verjährung beginnt mit Ablauf des Rechnungsjahres, in welchem die Hinterziehung begangen wurde.

Die Festsetzung der Nachsteuer steht dem Gemeindevorstande zu, gegen dessen Beschluß nach Maßgabe der §§. 69, 70 der Einspruch und die Klage im Verwaltungsstreitverfahren zulässig sind.

§. 84.[1])

Steuerpflichtige, welche entgegen den Vorschriften dieses Gesetzes oder der auf Grund desselben erlassenen Steuerordnungen bei der Veranlagung direkter Gemeinde-

---

[1]) Vgl. S. 386.

steuern übergangen oder steuerfrei geblieben sind, ohne daß eine strafbare Hinterziehung der Steuer stattgefunden hat (§§. 79, 83), sind zur Entrichtung des der Gemeindekasse entzogenen Betrages verpflichtet. Die Verpflichtung erstreckt sich auf die drei Rechnungsjahre zurück, welche dem Rechnungsjahre, in dem die Verkürzung festgestellt worden, vorausgegangen sind.

Die Verpflichtung zur Zahlung der Nachsteuer geht auf die Erben, jedoch nur bis zur Höhe ihres Erbantheils über.

Die Veranlagung der Nachsteuer erfolgt einheitlich für den ganzen Zeitraum, auf welchen sich die Verpflichtung erstreckt, nach den Vorschriften dieses Gesetzes oder der maßgebenden Steuerordnungen.

§. 85.[1])

Ist nach den Bestimmungen der §§. 67, 80, des Einkommensteuergesetzes vom 24. Juni 1891 eine Nachsteuer für den Staat festgesetzt, so haben die zur Entrichtung der Nachsteuer Verpflichteten gemäß den hierfür geltenden Vorschriften die entsprechenden Zuschläge an die Gemeinde nachzuzahlen.

Die Festsetzung der nachträglich zu entrichtenden Zuschläge geschieht durch den Gemeindevorstand einheitlich für den ganzen Zeitraum, auf welchen sich die Verpflichtung erstreckt, nach den Vorschriften dieses Gesetzes oder der maßgebenden Steuerordnungen.

§. 86.[1])

Hat in Folge der Einlegung von Rechtsmitteln oder einer anderweiten Veranlagung (§. 57 des Einkommensteuergesetzes vom 24. Juni 1891) eine Erhöhung der ursprünglich vom Staate veranlagten Steuer stattgefunden (§. 30 Absatz 2, §. 36 Absatz 3), so kann die hieraus entspringende Nachforderung der Gemeinde nur innerhalb

[1]) Vgl. S. 387.

der Frist von einem Jahre, welche mit dem Tage der ergangenen endgültigen Entscheidung über die Erhöhung der Steuer beginnt erhoben werden.

§. 87.[1])

Die Berechtigung der Gemeinden zur Nachforderung anderer Gemeindeabgaben als direkter Steuern beschränkt sich ohne Unterscheidung, ob die Abgabe gar nicht oder mit einem zu geringen Betrage erhoben worden ist,

1. bei Verbrauchsabgaben auf die Frist eines Jahres, vom Tage des Eintrittes der Zahlungsverpflichtung an gerechnet,
2. bei sonstigen indirekten Steuern, Gebühren und Beiträgen (§§. 4 bis 11), sowie bei Kosten auf die Frist von drei Jahren seit dem Ablaufe desjenigen Jahres, in welchem die Forderung entstanden ist.

Die Nachforderung von Naturaldiensten ist, sofern die Nachleistung nach den Zwecken der zu leistenden Dienste überhaupt noch möglich ist, auf die Dauer des laufenden Rechnungsjahres beschränkt.

§. 88.[1])

Zur Hebung gestellte Gemeindeabgaben und Kosten, welche im Rückstande verblieben oder befristet sind, verjähren in 4 Jahren, von dem Ablaufe des Jahres an gerechnet, in welches der Zahlungstermin fällt.

Die Verjährung wird durch eine an den Pflichtigen erlassene Zahlungsaufforderung, durch Verfügung der Zwangsvollstreckung und durch Stundung unterbrochen.

Nach Ablauf des Jahres, in welchem die letzte Aufforderung zugestellt, die Zwangsvollstreckung verfügt oder die bewilligte Frist abgelaufen ist, beginnt eine neue vierjährige Verjährungsfrist.

---

[1]) Vgl. S. 387.

Neunter Titel.

Kosten und Zwangsvollstreckung.

§. 89.[1])

Die Kosten der Veranlagung und Erhebung der Abgaben fallen, insoweit hierüber nicht durch §. 14 des Gesetzes wegen Aufhebung direkter Staatssteuern anderweitige Bestimmung getroffen ist, der Gemeindekasse zur Last. Jedoch sind diejenigen Kosten, welche durch die gelegentlich eines Einspruches erfolgenden Ermittelungen veranlaßt werden, von dem Abgabepflichtigen zu erstatten, wenn sich seine Angaben in wesentlichen Punkten als unrichtig erweisen. Die Festsetzung dieser Kosten kann nur in der Entscheidung über den Einspruch erfolgen.

§. 90.[2])

Gebühren, Beiträge, Steuern und Kosten, sowie die nach einem von der Aufsichtsbehörde festgestellten Tarife erhobenen Vergütungen (Kurtaxen u. s. w.) unterliegen der Beitreibung im Verwaltungszwangsverfahren nach Maßgabe der Verordnung vom 7. September 1879 (Gesetz-Samml. S. 591).

Sind Naturaldienste zu leisten, so ist der Gemeindevorstand bei Säumniß der Pflichtigen befugt, die Dienste durch Dritte leisten und die entstehenden Kosten von den Ersteren im Verwaltungszwangsverfahren beitreiben zu lassen.

Theil II. Kreis- und Provinzialsteuern.

§. 91.[3])

Die bestehenden Vorschriften über die Aufbringung der Kreis- und Provinzialsteuern bleiben mit folgenden Maßgaben unberührt:

1. Wie den Städten, bleibt auch den Landgemeinden die Beschlußfassung darüber vorbehalten, in welcher

---

[1]) Vgl. S. 387. — [2]) Vgl. S. 388. — [3]) Vgl. S. 388—390.

Weise ihre Antheile an den Kreissteuern aufgebracht werden sollen.

2. Bei der Vertheilung der Kreissteuern sind die Grund-, Gebäude- und die Gewerbesteuer der Klassen I und II in der Regel mit dem gleichen Betrage desjenigen Prozentsatzes heranzuziehen, mit welchem die Staatseinkommensteuer belastet wird.

Mit Genehmigung des Bezirksausschusses kann der Betrag, mit welchem die Realsteuern heranzuziehen sind, bis auf das Anderthalbfache jenes Prozentsatzes erhöht oder bis auf die Hälfte desselben herabgesetzt werden.

Die zur Ausführung der vorstehenden Bestimmungen erforderlichen Beschlüsse der Kreistage und Bezirksausschüsse können bereits innerhalb eines Jahres vor dem Inkrafttreten des gegenwärtigen Gesetzes gefaßt werden. Mit dem bezeichneten Zeitpunkte treten Maßstäbe für die Vertheilung der Kreisabgaben, welche den Bestimmungen dieses Gesetzes nicht entsprechen oder die darnach erforderliche Genehmigung nicht erhalten haben, außer Kraft.

3. Die Mehr- oder Minderbelastung einzelner Kreistheile mit Kreissteuern und einzelner Kreise mit Provinzialsteuern darf auch nach einem anderen Maßstabe, als nach Quoten der Kreissteuern beziehungsweise der direkten Staatssteuern erfolgen.

4. Insoweit juristische Personen, Gesellschaften u. s. w. zur Entrichtung der in Kreisen oder Provinzen vom Einkommen zu erhebenden Steuern verpflichtet sind oder physische Personen in verschiedenen Kreisen beziehungsweise Provinzen solchen Steuern unterliegen, kommen bei Veranlagung der Pflichtigen die die Gemeindeeinkommensteuer betreffenden Vorschriften dieses Gesetzes sinnentsprechend zur Anwendung.

Die auf Grund der Einlegung von Rechtsmitteln erfolgte Erhöhung oder Ermäßigung der der Vertheilung von Kreis- und Provinzialsteuern zu Grunde gelegten Staatssteuersätze zieht die entsprechende Abänderung der Veranlagung zu den Kreis- beziehungsweise Provinzialsteuern nach sich.

§. 92.[1])

Die Vorschriften der §§. 51, 71 bis 74 finden bei der Kreis- und Provinzialbesteuerung mit nachstehenden Maßgaben sinnentsprechende Anwendung:

1. Ueber die Vertheilung des dem Besteuerungsrechte mehrerer Kreise (Stadt- oder Landkreise) unterliegenden Einkommens beschließt der Bezirksausschuß.

   An Stelle der Frist von 4 Wochen tritt eine solche von 2 Monaten.

2. Ueber die Vertheilung des dem Besteuerungsrechte mehrerer Provinzen unterliegenden Einkommens beschließt — auch wenn die Stadt Berlin mit in Betracht kommt — derjenige Provinzialrath, welchen der Minister des Innern bestimmt.

   Gegen den Beschluß findet binnen 2 Wochen die Klage bei dem Oberverwaltungsgericht statt.

§. 93.[1])

Die Kreise sind befugt, das Halten von Hunden zu besteuern. Die Steuer darf jährlich 5 Mark für den Hund nicht übersteigen. Sie ist durch Steuerordnung zu regeln. Die Steuerordnung bedarf der Genehmigung des Bezirksausschusses.

Die Erhebung einer Hundesteuer seitens der Kreise berührt das Recht der Gemeinden zur Besteuerung der Hunde nicht (§. 16).

---

[1]) Vgl. S. 391.

Schluß-, Ausführungs- und Uebergangsbestimmungen.

§. 94.[1])

Alle in dem gegenwärtigen Gesetze vorgeschriebenen Fristen sind Ausschlußfristen. Die Fristen beginnen, soweit in diesem Gesetze nichts Anderes bestimmt ist, mit der Zustellung des Beschlusses oder der sonstigen Anordnung. Der Tag der Zustellung wird nicht mitgerechnet. Im Uebrigen sind für den Beginn und die Berechnung der Fristen die bürgerlichen Prozeßgesetze maßgebend.

§. 95.[1])

Das Rechnungsjahr für den Gemeindehaushalt beginnt mit dem 1. April und schließt mit dem 31. März.

Der Beschlußfassung der Gemeindebehörden bleibt überlassen, an Stelle des Rechnungsjahres eine Periode von zwei oder drei Rechnungsjahren treten zu lassen.

§. 96.[2])

Das gegenwärtige Gesetz tritt gleichzeitig mit dem Gesetze wegen Aufhebung direkter Staatssteuern in Kraft.

Die Gemeinden sind verpflichtet, die Ordnungen (Observanzen, Statuten, Regulative, Gemeindebeschlüsse u. s. w.) über die Aufbringung von Gebühren, Beiträgen, indirekten und direkten Steuern oder Diensten mit den Vorschriften dieses Gesetzes in Uebereinstimmung zu bringen.

Zu diesem Behufe können die zur Ausführung des gegenwärtigen Gesetzes erforderlichen Gemeindebeschlüsse bereits innerhalb eines Jahres vor dem Inkrafttreten desselben im Voraus gefaßt und die dadurch bedingten Anordnungen und Entscheidungen der Verwaltungs- und Verwaltungsgerichtsbehörden nach Maßgabe der Bestimmungen dieses Gesetzes getroffen werden.

---

[1]) Vgl. S. 391. — [2]) Vgl. S. 391. 392.

Ordnungen, welche bis zum Inkrafttreten des gegenwärtigen Gesetzes in Geltung gewesen sind, bleiben — unbeschadet der Bestimmungen im §. 23 Absatz 4 und §. 37 Absatz 2 — bis zur Abänderung durch rechtsgültigen Gemeindebeschluß oder Anordnung der Aufsichtsbehörde (§. 78) bestehen.

Mit dem Inkrafttreten des gegenwärtigen Gesetzes treten alle demselben entgegenstehenden gesetzlichen Bestimmungen außer Kraft.

Wo in den Gesetzen auf diese Bestimmungen Bezug genommen ist, kommen diejenigen des gegenwärtigen Gesetzes sinnentsprechend zur Anwendung.

Unberührt bleiben die Vorschriften wegen Erhebung von Bürgerrechtsgeldern, Einkaufsgeldern und gleichartigen Abgaben.

§. 97.

Der Minister des Innern und der Finanzminister sind mit der Ausführung dieses Gesetzes beauftragt.

Urkundlich unter Unserer Höchsteigenhändigen Unterschrift und beigedrucktem Königlichen Insiegel.

Gegeben Neues Palais, den 14. Juli 1893.

(L. S.) Wilhelm.

Gr. zu Eulenburg. v. Boetticher. v. Schelling.
Frhr. v. Berlepsch. Gr. v. Caprivi. Miquel.
v. Kaltenborn. v. Heyden. Thielen. Bosse.

C. Erläuterungen.

Zu den Eingangsworten:

Das K.A.G., welches übrigens nicht nur die eigentlichen Abgaben, sondern in § 68 auch die Naturaldienste umfaßt — findet auf die Hohenzollernschen Lande, in denen ein, den süddeutschen Steuerverfassungen sich anschließendes, besonderes kommunales und staatliches Steuersystem in Geltung ist, zunächst ebensowenig Anwendung als die übrigen Steuerreformgesetze von 1891 und 1893. Bis zum Erlaß eines besonderen Gesetzes über die Ausdehnung der Steuerreform auf die Hohenzollernschen Lande ist denselben durch § 29 des Ges. wegen Aufhebung direkter Staatssteuern vom 1. April 1896 ab ein fester Jahresbetrag von 62 020 Mk. aus der Staatskasse überwiesen, welcher nach Maßgabe der Bevölkerung auf die einzelnen Gemeinden vertheilt wird. — Auch in Helgoland bleibt zunächst der bisherige, aus der Zeit der englischen Herrschaft stammende Rechtszustand, wie er durch § 9 des Gesetzes vom 18. Februar 1891, betr. die Vereinigung der Insel Helgoland mit der Preußischen Monarchie (Ges.-S. S. 11) aufrecht erhalten ist, unverändert bestehen.

Vorbemerkungen zu den §§ 1–3.

Der auf Städtetagen und bei den Landtagsverhandlungen dem Gesetz mehrfach gemachte Vorwurf, daß es zu theoretisch und lehrbuchartig gefaßt sei (vgl. z. B. Oertel, Schlesischer Städtetag vom 19. Dezember 1892, S. 11. Richter, Verh. d. Abg.-H. S. 74), richtet sich hauptsächlich gegen diese ersten Paragraphen. Namentlich wurden die §§ 2 und 3 als für die Freiheit der Gemeinden gefährlich bezeichnet, weil den Aufsichtsbehörden dadurch und durch den § 62 des Entwurfs — jetzt § 78 — Gelegenheit und Recht zu weitgehenden Eingriffen gegeben werde. Zur Beseitigung dieser Bedenken ist dem § 78 eine andere Fassung gegeben (vgl. unten zu den §§ 2, 3 u. 78) und damit nach dem Urtheil des Landtages den geäußerten Besorgnissen der Boden entzogen. Andererseits wurde aber betont, wie wichtig es sei, gesetzliche Direktiven gerade auch für die Handhabung des Aufsichtsrechtes zu geben. (Abg. Enneccerus, Verh. S. 111.)

Die §§ 1 und 2 sind demgemäß unverändert angenommen, während in § 3 von der Komm. des A.-H. der 2. Absatz hinzugefügt ist.

Zu § 1. (R. § 1.)

1. Diese wie die folgenden Bestimmungen beziehen sich nicht auf Gutsbezirke, in welchen Kommunalabgaben regelmäßig überhaupt nicht zur Erhebung kommen. Ausnahmen bilden die Vertheilung von Armenlasten auf Grund des § 8 des Pr. Ausf.-Ges. vom 8. März 1871 und von Kriegsleistungen (§§ 6, 8 des Reichsges. über die Kriegsleistungen v. 13. Juni 1873). Vgl. hierzu § 69. Außerdem gelten nur die §§ 47—51 und 53 für Gutsbezirke. — Das ganze Gesetz bezieht sich nur auf die politischen Gemeinden, nicht aber auf die sonstigen öffentlich-rechtlichen Verbände, wie Deichverbände, Entwässerungsgenossenschaften, Schulsocietäten u. s. w. Vgl. zu § 55.

2. „Ausgaben und Bedürfnisse" der einzelnen Gemeinden sind je nach deren Organisation und den zu ihrer Pflege gehörigen Aufgabenkreisen außerordentlich verschieden. (S. 6 flg. 14. Anm. 61. Anm. 66 flg.) Vgl. A. Wagner, Fin. I, §§ 46—48, § 82, S. 95—101, S. 441. Roscher, Fin.-W. § 157 unterscheidet 3 Klassen von Gemeinde-Ausgaben: 1. für staatliche Zwecke (Quartierleistung, statistische Arbeiten u. a.), 2 für obligatorisch kommunale Zwecke, wie Armenpflege und Volksschulwesen, Friedhöfe, Wegebau u. a. m., und 3. für fakultativ kommunale Zwecke, wie höheren Unterricht, Kunst und Wissenschaft, Beleuchtung, Kanalisirung u. a. m. Ausführliche Angaben über die geschichtliche Entwicklung und jetzige Abgrenzung der Aufgaben

und Zwecke der Gemeindeverwaltung giebt Frhr. v. Reitzenstein a. a. O. S. 647—679. — Ueber Pflichtausgaben und deren Erzwingung, vgl. Zuständigk.=Ges. §§ 19, 35 und v. Brauchitsch. Kommentar. 12. Aufl. 1892. I. S. 228, 229, 260. — Für das vorliegende Gesetz von besonderer Bedeutung sind die Ausgaben, welche „für den Bau und die Unterhaltung von Straßen und Wegen, für Ent= und Bewässerungsanlagen" geleistet werden, und andere Ausgaben zu sog. wirthschaftlichen Zwecken, weil diese nach den §§ 4, 9, 55, 56 denjenigen, namentlich Grundbesitzern und Gewerbetreibenden zur Last gelegt werden sollen welche durch diese Gemeinde=Aufwendungen besondere Vortheile haben. Vgl. die Erläuterungen zu diesen Paragraphen und S. 131 flg., 152 flg., S. 166 flg. S. 2. Anm. 1.

3. „Nach Maßgabe der Bestimmungen dieses Gesetzes" sind die Gemeinden berechtigt, Steuern u. s. w. zu erheben. Durch den § 96 Abs. 5 werden alle diesem Gesetze entgegenstehenden gesetzlichen Bestimmungen außer Kraft gesetzt; es treten also nicht außer Kraft alle mit diesem Gesetz verträglichen Bestimmungen, und die Eingangs angeführten Worte bedeuten also nicht, daß die Gemeinden nur nach den Bestimmungen dieses Gesetzes berechtigt sind. Bei dem umfassenden kodifikatorischen Charakter des K.A.G. werden solche ältere Bestimmungen jedoch nur noch in geringem Umfange in Betracht kommen. Zu erwähnen sind hier als weiter geltend insbesondere die verschiedenen Provinzialgesetze über Vorausleistungen zu Wegebauten. (Vgl. unten S. 266.) Die Begründung (zu § 2) erwähnt besonders als unberührt bleibend „die in vielen Gemeinden bestehende Verpflichtung der Hausbesitzer, den Bürgersteig zu unterhalten". Im Gebiete des Allg. Landr. bleiben daher die §§ 81, 82, Th. I, Tit. 8 maßgebend. „In diesen Landestheilen ist die Verpflichtung zur Unterhaltung der Bürgersteige als eine „Polizeilast" anzusehen, die indessen seitens der Judikatur nicht allgemein, sondern nur da als vorhanden anerkannt ist, wo eine Observanz nachgewiesen werden kann. Diese observanzmäßige Verpflichtung der Hauseigenthümer, den Bürgersteig zu unterhalten, wird durch die Vorschriften dieses Gesetzes nicht beseitigt. Die Gemeinden sind indessen, wie mit

Zustimmung der Königlichen Staatsregierung festgestellt wurde, nach wie vor befugt, sowohl da, wo eine solche observanzmäßige Verpflichtung existirt, als auch in denjenigen Orten, wo das nicht der Fall ist, die Unterhaltung der Bürgersteige auf den Gemeindehaushalt zu übernehmen und nach Maßgabe dieses Gesetzes auch unter Vorbelastung oder Mehr- oder Minderbelastung einzelner Gemeindeangehöriger anderweit umzulegen. Doch ist hierzu ein besonderes Statut oder eine besondere Steuerordnung nicht nöthig; es genügt vielmehr ein Gemeindebeschluß, der allerdings eventuell der Genehmigung unterliegt." (H.H. Komm.-Ber.) — Vgl. unten S. 264, und über den bisherigen Rechtszustand und die Entscheidungen des Oberverwaltungsgerichts Oertel, Städte-Ordnung für die 6 östl. Prov. 2. Aufl. 1893. S. 215, 216.

4. Die Erwähnung der Gebühren und Beiträge ist nicht nur erfolgt, um „der Forderung einer äußeren Vollständigkeit zu genügen, sondern (um) gleichzeitig auch darauf hinzuweisen, daß den Gebühren und Beiträgen im Haushalte der Gemeinden eine größere Bedeutung beizulegen sei als ihnen im Allgemeinen bisher beigelegt worden ist". Begr. Vgl. oben S. 168. 169.

Zu § 2. (R. § 2.)

1. „Die Erhebung von Steuern muß sich schon nach ihrem Begriffe und Wesen auf den nothwendigen Bedarf beschränken. Die Verwendung des Steueraufkommens, wie der Gemeindeeinkünfte überhaupt, zu überflüssigen, nicht durch kommunale Bedürfnisse gebotenen Ausgaben würde ebenso unstatthaft sein, wie die Bestreitung der den Einzelnen zum Vortheile gereichenden oder von ihnen verursachten Aufwendungen aus den von der Gesammtheit aufzubringenden Steuern. Nicht minder würde die Erhebung von Steuern zur Ansammlung von Vermögen, soweit es sich nicht um die Bildung von Fonds zu bestimmten, aus Steuererträgen zu deckenden Bedürfnissen der laufenden Verwaltung handelt (Schulbau-, Pflasterungskosten u. s. w.), dem Begriffe und Wesen der Steuern widersprechen. Das Gesetz hat deshalb im § 2 den allgemeinen Grundsatz an die Spitze gestellt, daß die Gemeinden von der Befugniß der Steuererhebung nur insoweit Gebrauch machen dürfen, als die

sonstigen Einnahmen, insbesondere aus dem Gemeindevermögen aus Gebühren, Beiträgen und vom Staate oder anderen Kommunalverbänden den Gemeinden überwiesenen Mitteln zur Deckung ihrer Ausgaben nicht ausreichen." (Grundzüge S. 45, 46.)

2. Hunde- und Lustbarkeitssteuern beruhen „vornehmlich nicht sowohl auf finanziellen, als vielmehr auf anderweitigen, in der Regel auf polizeilichen Erwägungen" (Begr.) und können daher auch unabhängig vom finanziellen Bedarf erhoben werden. Vgl. §§ 15 und 16. — Auch die Betriebssteuer unterliegt besonderen Bestimmungen (§ 13 des Ges. wegen Aufhebung direkter Staatssteuern) und muß in jedem Falle in der Höhe der staatlichen Veranlagung d. h. mit 100 % erhoben werden.

3. Ueber die für die nichtsteuerlichen Einnahmen maßgebenden allgemeinen Grundsätze bemerken die Grundzüge S. 48, 49:

„1. Die sämmtlichen den Gemeinden außerhalb des steuerlichen Gebietes zur Verfügung stehenden Einnahmequellen sind in vollem Umfange nutzbar zu machen. Es würde der Absicht des Gesetzes zuwiderlaufen, Einnahmen dieser Art gar nicht oder in einem hinter der Angemessenheit zurückbleibenden Betrage zu erheben, sofern solches nicht durch sachliche Rücksichten oder durch besondere gesetzliche Bestimmungen gerechtfertigt ist.

Zu den nichtsteuerlichen Einnahmen gehören insbesondere

a) die Einkünfte aus dem Gemeindevermögen;
b) die Erträge gewerblicher Unternehmungen der Gemeinden;
c) Gebühren;
d) Beiträge;
e) die vom Staate oder von weiteren Kommunalverbänden den Gemeinden überwiesenen Mittel. Die nach dem Gesetze vom 14. Mai 1885 (G.S. S. 128) den Kommunalverbänden für das Jahr 1894/95 zustehenden Antheile an dem Ertrage landwirthschaftlicher Zölle gelangen im Rechnungsjahre 1895 zur Auszahlung; im Uebrigen wird dieses Gesetz mit dem 1. April 1895 außer Kraft treten (§§ 28, 30 Abs. 1 des Gesetzes wegen Aufhebung direkter Staatssteuern vom 14. Juli 1893, G.S. S. 119).

2. Alle im Vorstehenden bezeichneten Einnahmen müssen im vollen Betrage zur Bestreitung der Ausgaben der Gemeinden verwendet, daher zur Gemeindekasse abgeführt, in dem Haushaltsplane veranschlagt und in den Gemeinderechnungen dargestellt werden. Es würde unstatthaft sein, solche Einnahmen ohne einen hierauf bezüglichen Rechtsanspruch einzelnen Gemeindeangehörigen oder einzelnen Klassen von solchen zuzuwenden."

4. In Betreff der, bezüglich der Verwaltung des Gemeindevermögens zu beachtenden Grundsätze bemerken die Grundzüge S. 49:

„1. Das nach seiner Natur zur Erzielung von Einkünften bestimmte oder nach den besonderen Verhältnissen hierzu geeignete bewegliche und unbewegliche Gemeindvermögen muß zu diesem Zwecke gemäß verwaltet werden. Pächte und Miethen für Grundstücke und Gebäude, Kaufpreise für land- und forstwirthschaftliche Erzeugnisse u. s. w. dürfen nicht zum Vortheile der Pächter, Miether, Käufer u. s. w. niedriger bemessen werden, als durch sachliche und wirthschaftliche Rücksichten geboten ist.

Das Baarvermögen der Gemeinden, einschließlich etwaiger Ueberschüsse der laufenden Verwaltung, muß nach Möglichkeit zinsbar angelegt und die Jahreszinsen müssen, sofern sie nicht aus besonderen, im Haushaltungsplane anzugebenden Gründen dem Kapitale zuwachsen sollen, zur Bestreitung der Ausgaben verwendet werden.

2. Die Nutzungen des unbeweglichen Gemeindevermögens im engeren Sinne — des Korporations- oder Kämmereivermögens im Gegensatze zu dem Gemeindeglieder- oder Bürgervermögen und zu dem sog. Interessentenvermögen — müssen zur Bestreitung der Gemeindeausgaben verwendet werden. Die Verwendung solcher Nutzungen zum Vortheile einzelner Gemeindeangehörigen oder einzelner Klassen von solchen kann nur gemäß den bestehenden besonderen Rechtsbestimmungen und in dem hiernach gestatteten Umfange erfolgen.

Der Steuerbedarf der Gemeinde darf erst nach Abzug der für die Bestreitung der Gemeindeausgaben zu verwendenden Nutzungen des Gemeindevermögens von der Gesammtheit der Ausgaben festgestellt werden. Unzulässig würde es sein, ohne Berücksichtigung dieser Nutzungen den Steuerbedarf zu ermitteln und die Naturalnutzungen oder die entsprechenden Geldbeträge einzelnen Gemeindeangehörigen oder einzelnen Klassen von solchen zuzuwenden." Vgl. über städtisches Gemeindevermögen Oertel a. a. O. S. 204 bis 209 und über das Vermögen der Landgemeinden: Verh. d. Abg.-H. von 1890/91. Anl. I S. 338—340.

5. Die Bedeutung unbeweglichen Gemeindevermögens kann kaum hoch genug angeschlagen werden. Die Verkleinerung seines Bestandes ist daher höchst bedenklich. Die vielfach erfolgende Verwendung des Erlöses aus verkauftem Grundbesitz — nicht zum Neuerwerb von Grundbesitz — sondern zur Deckung außerordentlicher Ausgaben oder zur Schuldentilgung ist gleichfalls sehr bedenklich, weil hierdurch thatsächlich eine Vermögensverringerung herbeigeführt wird: wenn jene Ausgaben aus Anlehen bestritten und letztere in bestimmter Frist getilgt wären, würde die Gemeinde nicht nur frei von diesen Schulden, sondern zugleich im Besitz der aus jenem Erlös neu gekauften Ländereien sein. Ueberhaupt ist es in vielen Fällen sehr erwägenswerth, ob die städtische Grundbesitzverwaltung nicht statt zu verkaufen, lieber auf längere Jahre verpachten soll. Das letztere System wird für industrielle Anlagen in großem Umfange z. B. in Hamburg angewandt, bietet aber auch für Wohngebäude, namentlich Arbeiterwohnungen manche Vortheile. (Vgl. „Stadterweiterungen" in Conrad's Handwörterbuch der Staatswissenschaften. Bd. V, S. 849.) Sehr bemerkenswerth sind die Ausführungen von W. Roscher (Fin.-W. § 158 A. 3), welcher lebhaft beklagt, „daß der einseitige Individualismus, welcher die späteren Zeiten des vorigen Jahrhunderts beherrschte, den größten Theil des alten Dorfgemeindebesitzes" beseitigt hat; es wäre in demselben eine Unterlage vorhanden gewesen, auf welcher „alle Gemeindebedürfnisse der höheren Kultur . . ohne Steuererhöhung hätten befriedigt werden können". Rasch wachsenden Städten empfiehlt er rechtzeitigen Ankauf des Geländes, welches in einiger Zeit voraussichtlich zu Bauplätzen gesucht werden wird. „Hierdurch wird nicht nur bloß der so gefährliche und doch so lockende Baustellenwucher verhütet, sondern

auch der natürliche Konjunkturgewinn aus der Vertheuerung der suburbanen Grundstücke in die Kasse derselben gemeinnützigen Kollektivperson gebracht, deren Wachsthum ja eigentlich die Ursache der Vertheuerung war. Selbst die Planmäßigkeit der Stadtvergrößerung wird dabei in der Regel besser fahren. Wir kennen ein suburbanes Rittergut, das sich neuerdings theilweise von einer Stelle zur anderen verschoben hat, indem es nach der Stadt zu Grundstücke verkaufte und an der äußeren Peripherie dafür neue erwarb: natürlich mit sehr großem Gewinne. Warum kann nicht auch die Stadtgemeinde solchen Gewinn machen?" Von großer Bedeutung für die städtischen Finanzen wird es regelmäßig auch sein, ob die Verwaltung bei Schaffung neuer, mit erheblicher Werthsteigerung des benachbarten Geländes verbundener Anlagen (Markt- und Hafenanlagen u. a. m.) sich rechtzeitig in den Besitz des gesammten an der Werthserhöhung betheiligten Grundbesitzes setzt „und dann durch vortheilhaften Verkauf einen wesentlichen Theil der Kosten wieder herauszuschlagen sucht". (E. Bruch, in den 10 Gutachten. 1877. S. 36, 37.) Die früher gegen derartige Maßnahmen, wie auch gegen jede gewerbliche Thätigkeit der Gemeinden erhobenen Einwendungen, daß derartige Spekulationen und Geschäftsbetriebe den Privaten zu überlassen seien, können mehr und mehr als überwunden gelten. Vgl. Gneist, Die Preußische Finanzreform. 1881. S. 63.

6. Zur Erhebung von Gebühren und Beiträgen können die Gemeinden in den durch die §§ 4 und 9 gegebenen Grenzen gezwungen werden, dagegen ist, wie in der Begr. (vgl. oben S. 171) bereits ausgesprochen war, in Folge eines im Abgeordnetenhause eingefügten Zusatzes im jetzigen § 78 (Abs. 3) aber auch gesetzlich festgelegt ist, ein Zwang zur Einführung oder Erhöhung indirekter Steuern unzulässig. Vgl. Min. Miquel, im Abgeordnetenhause 22. April 1893 (Verh. S. 1955).

Zu § 3. (R. § 3. A. H. Komm.)

1. Die Bestimmungen des § 3 über die Verwaltung der gewerblichen Unternehmungen, welche sich sowohl auf die bestehenden als die zu errichtenden beziehen, haben auf

Städtetagen wie innerhalb der parlamentarischen Körperschaften lebhafte Anfechtungen erfahren, weil sie mit ihrer unbestimmten und dehnbaren Fassung den Aufsichtsbehörden in zu hohem Maße Gelegenheit zu Eingriffen in die Selbstverwaltung der Gemeinden bieten könnten. Ueber die Frage der Zweckmäßigkeit von Verwaltungsmaßregeln könne und werde in zahlreichen Fällen die Möglichkeit von Meinungsverschiedenheiten sein und „hier sei es unzulässig, den Aufsichtsbehörden die endgültige Entscheidung einzuräumen, zumal dieselben eine Garantie dafür, daß ihre Anordnungen den gewünschten Erfolg haben und eine Verpflichtung zur Deckung der etwaigen durch ihre Anordnungen direkt veranlaßten Ausfälle zu übernehmen nicht bereit sein könnten. Auch seien die Gemeinden da, wo Konkurrenzunternehmungen vorhanden seien, durch diese oft genöthigt, vorübergehend billigere Preise zu stellen, als zur Deckung der Kosten erforderlich seien". (H. H. Komm.-Ber.) Ferner sei der Begriff des gewerblichen Unternehmens im Unterschiede zu den im § 4 behandelten Veranstaltungen zweifelhaft und die Vorschrift, daß die Unternehmungen grundsätzlich so zu verwalten seien, daß u. s. w. — durchaus unklar.

Diesen Bemängelungen gegenüber wurde regierungsseitig sehr großer Werth auf die Beibehaltung dieser Bestimmungen gelegt. Durch dieselben solle keineswegs ausgeschlossen werden, „daß unter besonderen Verhältnissen[1]) oder auch vorübergehend Zuschüsse für gewerbliche Unternehmungen aus der Gemeindekasse geleistet werden" (Begr.), „der Paragraph wolle die Gemeinden gar nicht an Unternehmungen hindern, welche sich eventuell nicht rentirten, sondern nur an solchen, bei denen von vornherein die Erzielung einer Rente gar nicht beabsichtigt werde. In diesem Sinne sei die Bestimmung des § 3 durchaus nothwendig, um auszuschließen, daß durch eine zufällige Mehrheit in den Gemeindebehörden z. B. die Gaspreise so niedrig gestellt würden, daß zur Deckung der Unkosten allgemeine Steuern erhoben werden müßten zum Nutzen weniger Interessenten, aber zum Nachtheil der Nichtbetheiligten. . . . Der Begriff des

[1]) Nach dem H. H. Komm.-Ber. S. 402 gehört hierher namentlich der Fall, daß Konkurrenzunternehmungen zu bekämpfen sind.

Gewerbebetriebes sei durch Wissenschaft und Rechtsprechung im Wesentlichen dahin festgestellt, daß er eine fortgesetzte, auf Erzielung eines Gewinnes gerichtete Thätigkeit in sich schließe", insbesondere seien Gasanstalten als solche gewerbliche Unternehmungen anzusehen. (Abg.-H.-Komm.-Ber.) Die Anträge auf Beseitigung des Paragraphen wurden in Folge dessen abgelehnt, dagegen in der Komm. des Abg.-H. der zweite Absatz hinzugefügt, um einer in der Begründung enthaltenen Bemerkung gesetzlichen Ausdruck zu geben. Vgl. übrigens zu § 28.

2. In der Komm. des Abg.-H. war überdies zur Verhinderung des Falles, daß die Gemeinden aus ihren Betrieben zu hohe Ueberschüsse erzielen wollten und dadurch z. B. bei zu hohen Gaspreisen die Abnehmer des Gases (Ladenbesitzer, Fabrikanten u. s. w.) unbillig belasteten, die Einfügung einer entsprechenden Bestimmung angeregt. „Man hielt es jedoch in Uebereinstimmung mit dem Finanzminister für bedenklich, hier in die Freiheit der Gemeinden einzugreifen; da müsse die öffentliche Meinung und das Wahlrecht regelnd eingreifen." (A. H. Komm.-Ber.)

3. Zu den gewerblichen Unternehmungen gehören auch Eisenbahnen aller Art, insbesondere auch Pferdebahnen, Vorortbahnen und andere Kleinbahnen. Vgl. Anm. 9 zu § 4. — Ueber Gemeinde-Sparkassen, welche oft erhebliche Ueberschüsse zur Befriedigung außerordentlicher Bedürfnisse gewähren, vgl. Oertel, St. O. S. 272—279 und unten zu § 28.

4. Die weitere Uebernahme gewinnbringender gewerblicher Unternehmungen auf die Gemeindeverwaltungen wird vielfach empfohlen. Außer A. Wagner, der seit Langem für die Ausdehnung des „gemeinwirthschaftlichen Systems" eingetreten ist (vgl. die Kommunalsteuerfrage. 1878. S. 12 flg. und seine dort angeführten älteren Arbeiten), E. Bruch, Gutachten. 1877. S. 22 (vgl. oben S. 40), hat auch R. Gneist, Die Preußische Finanzreform durch Regulirung der Gemeindesteuern (1881. S. 60 flg.) mit Nachdruck diese Seite der Gemeindefinanzen betont. Er nennt als zum Selbstbetrieb der Gemeinde nach den Erfahrungen geeignet: Gas- und Wasserwerke, Pferdebahnen und Omnibusunternehmungen, Markthallen, Waarenhallen, Lagerhäuser, Schlachthäuser, Bade- und

Waschanstalten, Docks- und Hafenanlagen, und bezeichnet es als ein vielleicht nicht unerreichbares Ziel, wenn man durch derartige Einkünfte die volle Hälfte der Gemeindeausgaben decke. Indessen hängt die Räthlichkeit solcher ausgedehnteren gewerblichen Thätigkeit doch sehr von der Gesammtlage der Verhältnisse in einer Gemeinde ab, und jedenfalls gehören die angeführten Unternehmungen zum Theil nicht zu den regelmäßig gewinnbringenden, z. B. Badeanstalten und Hafenanlagen im Binnenlande. Vielfach mag auch eine Kombination von städtischem Eigenthum und privatem Betrieb den finanziellen Interessen am besten dienen. — Insoweit erheblichere Ueberschüsse, d. h. über den den Risiken entsprechenden Betrag hinausgehende Gewinne erzielt werden, handelt es sich in den meisten Fällen um eine „verhüllte Verbrauchssteuer". (G. Cohn, Fin.-Wiss. 1889. S. 648.)

5. Daß die Aufsichtsbehörde auf Grund des § 78 nicht eingreifen kann, ist nach dessen Fassung nicht zweifelhaft; ebenso zweifellos ist auf der anderen Seite das Recht zum Eingreifen, wenn eine Genehmigung zur Erhebung von Steuern (§§ 55 flg.) oder zur Aufnahme von Anleihen erbeten wird. Daß darüber hinaus auf Grund des allgemeinen Aufsichtsrechtes Eingriffe erfolgen, erscheint der in den Verhältnissen liegenden Schwierigkeiten wegen im Allgemeinen kaum wahrscheinlich. Die über die Ausübung dieses Rechtes in dem Komm.-Ber. des H. H. S. 402 enthaltenen Erklärungen der Minister sind nachträglich in der Sitzung des H. H. vom 30. Juni 1893 (Ber. S. 314) von dem Min.-Präsidenten wieder abgeschwächt worden.

Vorbemerkungen zum Zweiten Titel.

Über Gebühren, Beiträge (§§ 4—12) und Mehrbelastung.

1. Die Erhebung von Abgaben für die Benutzung von Gemeindeanstalten ist ebenso wie die Erhebung von Gebühren für Verwaltungs- und andere Amtshandlungen in den deutschen Gemeinden im Zusammenhange mit der allgemeinen Entwicklung (A. Wagner, Fin.-Wiss. II. S. 35—56) von Alters her üblich. Auch die Vertheilung von Lasten nach Maßgabe des Vortheiles ist eine hergebrachte und vielfach (oben

S. 6—8 und Neumann, Progressive Einkommensteuer. 1874. S. 46—58) noch jetzt zu Recht bestehende Ordnung. Aber erst die energische Hinweisung der Freihandelsschule auf die Nothwendigkeit einer Berücksichtigung des Grundsatzes von Leistung und Gegenleistung bei Vertheilung der Gemeindelasten im Gegensatz zu der immer zunehmenden Belastung der Einkommensteuer (S. 3) und die wachsenden Bedürfnisse der Gemeindehaushaltungen (S. 9. 10. 26) haben seit den 70er Jahren zu eingehenden theoretischen Erörterungen der prinzipiellen Bedeutung des wissenschaftlichen Charakters und der praktischen Gestaltung jener Gebühren, Gefälle und Beiträge geführt.[1])

Die neuere Gesetzgebung ist bislang der Entwicklung dieser Art von Gemeindeeinnahmen nicht günstig gewesen. Die vielfachen Mißbräuche bei Erhebung von Verwaltungsgebühren (Sporteln) führten insbesondere zur Aufnahme des Art. 102 in die Preußische Verfassung: „Gebühren können Staats- oder Kommunalbeamte nur auf Grund des Gesetzes erheben", in Folge dessen, Mangels entsprechender gesetzlicher Bestimmungen, jede weitere Ausbildung von Verwaltungsgebühren ausgeschlossen war; und auch in Bezug auf Benutzungsgebühren und Sonderbeiträge beschränkte sich die Gesetzgebung in weitgehender Sorge für die Freiheit des Verkehrs vielfach darauf, die Erhebung von Gebühren über die Selbstkosten hinaus bei einer Reihe von Einrichtungen zu verbieten, so hinsichtlich der Schlachthausgebühren durch Gesetz vom 18. März 1868, hinsichtlich der Marktstandsgelder durch Gesetz vom 26. April 1872, hinsichtlich der Abgaben von den Seeschiffen in den Seehäfen in Art. 54 der Reichsverf. u. s. w. Daneben ergingen einige besondere Bestimmungen über einzelne Arten von Beiträgen (§ 15 des Ges. vom 2. Juli 1875 und Provinzialgesetze über Vorausleistung für den Wegebau) und Gebühren (Aichungs-, Standesamts-Gebühren und Gebühren der Verwaltungszwangsvollstreckung.)

---

[1]) Außer den S. 41—43. 47 Genannten vgl. Ad. Wagner a. a. O. S. 35 bis 46. 123 flg. 130 flg. Frhr. v. Reitzenstein a. a. O. 694—700. Fr. J. Neumann, Die Steuer und das öffentliche Interesse. 1887. bes. S. 107 flg. 325 flg. 391 flg.

Im Uebrigen fehlte aber eine positive Regelung dieses Zweiges der Gemeinde-Einnahmen durchaus. Die Folge war, daß die Gemeinden bei ihren zahlreichen Versuchen, die Kosten der in neuerer Zeit unternommenen großen öffentlichen Bauten (Kanalisationen, Wasserwerke u. s. w.) durch besondere derartige Abgaben[1]) zu decken, durch die Unsicherheit des bestehenden Rechtes vielfach gehemmt wurden. Das Oberverwaltungsgericht erkannte freilich solche Benutzungsgebühren als rechtlich zulässig an (Friedhofsgebühr für Aufstellung von Gittern oder Kreuzen. 19, S. 210 flg. Kanalisationsabgaben. Vgl. unten S. 252), und ließ auch besondere Beiträge in Form besonderer direkter Abgaben (vgl. unten Nr. 8) zu; wegen der Unsicherheit der erst in den letzten Jahren außer Zweifel gestellten öffentlich-rechtlichen Grundlagen kommen indessen häufig Fälle vor, in welchen städtische Statute oder Regulative für ungültig erklärt wurden. (Ueber Bürgersteige Bem. 3 zu § 1, und über Kanalabgaben unten S. 252.)

Auch fehlte es hinsichtlich der Verjährung u. a. m. an klaren Vorschriften, so daß das Oberverwaltungsgericht (19. S. 210) die Gebühren für indirekte Steuern im Sinne des § 2 des Ges. v. 18. Juni 1840 erklärte.

Der Entwurf von 1877 enthielt keine Bestimmungen über Gebühren und Beiträge, und erst auf Veranlassung der Kommissionsberathung von 1877 wurde in die Entwürfe von 1878 und 1879 die oben S. 80 wiedergegebene kurze Bestimmung mit der Begründung aufgenommen, daß zwar eine spezielle Regelung aller sehr verschiedenartigen Abgaben, Beiträge, Gebühren und Sporteln im Kommunalabgabengesetz nicht möglich sei, daß aber die Berechtigung der Gemeinden zur Erhebung solcher Abgaben ausgesprochen werden müsse, „da in gewissen Fällen, z. B. bei der Durchführung der Schwemmkanalisation und bei Wasserversorgungsanstalten eine solche Vorschrift nur schwer zu entbehren sei“. Im Entwurf von 1879 war auch unter gewissen Voraussetzungen die Einziehbarkeit im Verwaltungswege zugelassen (oben S. 82).

---

[1]) Vgl. über den Umfang der 1878 erhobenen Abgaben dieser Art Herrfurth, Ergänzungsheft. VI, zur Zeitschr. d. Kgl. Pr. Stat. Bureaus. 1879. S. 143–224, u. oben S. 80.

Eine Erweiterung des Rechtes zur Erhebung von Verwaltungsgebühren war nicht vorgesehen [1]).

Das neue Gesetz unterscheidet sich [2]) dadurch, daß es die Schranken des Gesetzes vom 18. März 1868 über Schlachthausgebühren weiter hinausrückt (§ 11), über Beiträge und Benutzungsgebühren bestimmte Vorschriften (§§ 4. 9) trifft, Verwaltungsgebühren in erweitertem Maße zuläßt (§ 6), neben der Einziehbarkeit auch die Verjährung dieser Abgaben regelt (§§ 87. 90), ferner auch eine Mehrbelastung durch direkte Steuern gestattet (§ 20), und vor Allem dadurch, daß es die Gemeinden zur Erhebung solcher Gebühren und Beiträge in erheblichem Umfange nicht nur berechtigt, sondern verpflichtet (§§ 4. 9).

2. Die Realsteuern sollen ebenso wie Gebühren und Beiträge nach der Absicht des K. A. G. (vgl. S. 133. 167) dem

[1]) Die Abneigung der Aufsichtsbehörden gegen Verwaltungsgebühren führte noch vor wenigen Jahren zur Beseitigung der in vielen Gemeinden erhobenen Gebühren für Baubescheide. Oertel, Schles. Städtetag. S. 14.

[2]) Um die prinzipielle Bedeutung der im K. A. G. niedergelegten Bestimmungen über die Beiträge und Gebühren im Gegensatz zu früheren Anschauungen richtig zu würdigen, wird neben dem Rückblick auf die Verhandlungen von 1877 (oben S. 80. 82) eine Verweisung auf die vor den Verhandlungen des Vereins für Soz.-Pol. (oben S. 42) liegenden Verhandlungen des Abg.-H. bei Gelegenheit des Ges.-Entw. über die Anlegung und Veränderung von Straßen (Verh. v. 5. Februar 1875. S. 77. 79) von Interesse sein. Während der Abg. Miquel hinsichtlich der Frage: „Kann die Gemeinde, wenn ihre Handlungen einzelnen Eigenthümern auf Kosten der übrigen besonders zu Gute kommen, die betreffenden Bevortheilten separat heranziehen zur Deckung der Kosten?" die vorsichtig gehaltene Antwort gab: „Generell möchte ich einen solchen Satz nicht aussprechen; denn generell ausgesprochen würde er zu einer Auflösung der Gemeindegemeinschaft führen. Ob man aber nicht in diesem krianten Fall dennoch zweckmäßige Bestimmungen in das Gesetz hineinbringen kann — es handelte sich um die Straßenbaubeiträge der Anlieger — das würde die Kommission zu erwägen haben", meinte der Abg. Baehr: „Will man überhaupt den Grundsatz aufstellen, daß derjenige, der durch eine öffentliche Anlage eine Vermehrung seines Vermögenswerthes erlangt hat, zu einer Steuer herangezogen werden kann, dann kommen wir in die abenteuerlichsten Folgen; dann müssen wir auch den umgekehrten Satz aufstellen, daß derjenige dessen Vermögenswerth sich durch öffentliche Anlagen verringert hat . . . was ja auch vorkommen kann — auf eine Entschädigung von Seiten des Staates Anspruch hat."

Prinzip von Leistung und Gegenleistung die zulässige bezw. gebotene Verwirklichung verschaffen. Beide treffen den pflichtigen Grundbesitz und Gewerbebetrieb ohne Rücksicht auf die persönliche Leistungsfähigkeit des jeweiligen Inhabers und insbesondere ohne Rücksicht auf die auf den Objekten ruhenden Schulden. Und das mit gutem Grund bei einer Abgabenvertheilung nach dem Vortheil, da auch die Vortheile dem Grundbesitz und Gewerbebetrieb als solchem ohne Rücksicht auf ihren Inhaber und dessen Leistungsfähigkeit zu Gute kommen, wenn auch der Inhaber vielleicht wegen mangelnder Mittel selbst die Vortheile nicht auszunutzen vermag. Nur müssen es wirklich erkennbare, der Belastung entsprechende Vortheile sein (vgl. S. 200 A. 1). Denn, wie Gen.-St. Dir. Burghart (Verh. S. 60) unter Zustimmung des Min. Miquel (S. 104) bemerkte, können „die Realsteuern ihrer Natur nach nur eine sehr beschränkte Höhe vertragen . . . Jede Steuer, bei der Sie die individuellen Verhältnisse nicht berücksichtigen, jede Steuer, die Sie ohne Rücksicht auf den Schuldenstand auflegen und entrichten lassen, jede solche rücksichtslose Steuer hat in sich selbst eine Schranke, die nicht überstiegen werden darf". Allerdings unterliegt dabei städtischer, namentlich großstädtischer Grundbesitz wesentlich anderer Beurtheilung als ländlicher, und viele Städte beweisen die Zulässigkeit einer verhältnißmäßig hohen Belastung, namentlich wenn deren Anfänge weiter zurückliegen. (Vgl. zu § 24 flg.) Noch wichtiger ist eine andere Schranke: viele der gemeindlichen Veranstaltungen kommen nicht allen Grundbesitzern, nicht allen Gewerbetreibenden zu Gute, sondern nur einem Theile, bringen vielleicht den anderen geradezu Schaden, so insbesondere die Aufwendungen für neue Stadttheile, Durchbrüche im Innern, welche anderen Gegenden Miether entziehen u. a. m. In allen diesen Fällen — vgl. Neumann in Holtzendorff-Brentano's Jahrbuch 1877, S. 601 — versagen die allgemeinen Realsteuern, und der gebotene Ausgleich kann nur durch besondere Entgelte (Gebühren, Beiträge, Mehrbelastungen) herbeigeführt werden. Hierüber handeln die folgenden Bemerkungen, welche bei der vielfach unklaren und schwankenden Fassung des Gesetzes und dem noch in vollem Flusse befindlichen Gegenstande etwas ausführlicher gehalten werden mußten.

3. **Gebühren, Beiträge, Mehrbelastungen** — und das **öffentliche Interesse**. „Soweit als es möglich ist, für die eine oder andere Veranstaltung der Gemeinde einen **Kreis** von **besonders Interessirten** nachzuweisen, insoweit darf die Gemeinde letztere nach dem Grade des Interesses auch besonders zinspflichtig machen."[1]) Das K. A. G. stellt zur Durchführung dieses von ihm (vgl. oben S. 166) aufgenommenen Gedankens abgesehen von den allgemeinen Realsteuern — drei Mittel zur Ver-

[1]) So bezeichnet zutreffend Stadtkämmerer **Hoffmann**-Königsberg (Gutachten. 1877. S. 4) die Aufgabe. Auch seine übrigen Ausführungen sind sehr beachtenswerth, insbesondere folgende Bemerkungen (S. 3): Der Kreis der Gemeindeaufgaben „ist kein fest umgrenzter. Was in der einen Gemeinde zum Gegenstande der öffentlichen Fürsorge gemacht ist, bleibt im anderen oft noch lange den Privaten überlassen. Als Beispiel genügt es, die Abfuhr der Fäkalstoffe, die Straßenreinigung, die Einquartierungslast anzuführen. Je lebhafter, je verzweigter sich das privatwirthschaftliche Getriebe entwickelt, desto mehr pflegt der Kreis der Kommunal-Verwaltungsaufgaben zu wachsen. Dort findet man, daß die Leistung der Privaten billiger oder besser durch das Gemeindewesen besorgt wird, hier erzeugt das engere Zusammenleben ganz neue, bisher nicht gefühlte Bedürfnisse. Diese größere Beweglichkeit der Ausgabeseite des Budgets ist einer der Unterschiede zwischen Gemeinde- und Staatshaushalt. **Jedesmal aber, wenn die Uebernahme einer bisher von Privaten oder Einwohner-Klassen bestrittenen Ausgabe auf den Gemeindehaushalt in Frage steht**, wird in der Bürgerschaft das Gefühl wach, daß öffentliche Veranstaltungen sehr wohl Allen und doch wiederum in hervorragendem Grade Einzelnen zu Gute kommen können; man sucht nach einem Steuersystem, welches die **stärkere Heranziehung der nunmehr befreiten Einwohner** zu den Kosten des Gemeindehaushalts ermöglicht. **Derselbe Wunsch** regt sich, wenn es sich um **Befriedigung neuer**, bis jetzt von Niemand befriedigter **Bedürfnisse**, z. B. um Senkung des Grundwasserstandes durch Entwässerung, um Beseitigung lästiger Wasserläufe, um Errichtung höherer Schulen handelt. Im Kreise der Steuerzahler wird es empfunden, daß, wie sehr auch durch solche Einrichtungen das Allgemeine gefördert wird, daneben doch gewissen Personen oder Klassen, sei es vermöge ihrer sozialen Lage, sei es wegen der geographischen Lage ihrer Besitzungen, ein Separat-Vortheil zugewendet wird. Viele Einrichtungen unterbleiben gerade deshalb, weil die Gemeindevertretung den Separat-Vortheil der Interessirten höher schätzt, als letztere selbst es thun, oder weil die Kommunalsteuer-Gesetzgebung kein Mittel an die Hand giebt, das Spezial-Interesse auch vorzüglich kontribuiren zu lassen.

Die Abwägung des allgemeinen Interesses und des hinzutretenden Interesses Einzelner ist der Kernpunkt vieler Fragen, welche das Gemeindeleben

fügung: Benutzungsgebühren (§ 4), Beiträge (§ 9)[1]) und Mehrbelastungen (§ 20). Der im Entwurf fast vollständig fehlende äußere Parallelismus derselben ist in der jetzigen, in der Kommission des Abg.-H. bewirkten Fassung wenigstens insoweit hergestellt, als in allen drei Fällen gleichmäßig der Ausdruck „Veranstaltungen" angewandt und im § 4, in welchem er zum ersten Male vorkommt, durch die eingeklammerten Worte „Anlagen, Anstalten und Einrichtungen" näher erläutert wird. Im Uebrigen verursacht die verschiedene Fassung vielfache Unklarheiten; zunächst hinsichtlich der Voraussetzung eines öffentlichen Interesses. Der § 4 spricht von „im öffentlichen Interesse unterhaltenen Veranstaltungen", § 9 von „Veranstaltungen, welche durch das öffentliche Interesse erfordert werden", und § 20 erwähnt das öffentliche Interesse überhaupt nicht. Es wird ohne Weiteres als sicher anzunehmen sein, daß durch die Fassung des § 4 die Erhebung besonderer Vergütungen für Benutzung etwaiger nicht im öffentlichen Interesse unterhaltener Veranstaltungen nicht ausgeschlossen sein soll: denn nach dem Grundgedanken des Gesetzes müssen die Interessenten derjenigen Veranstaltungen, welche nicht zugleich auch öffentlichen Interessen dienen, gerade um so mehr zu Sonderleistungen herangezogen werden. Wer die Vergütung nicht bezahlen will, braucht nicht zu benutzen. Wohl aber wird man beim Fehlen des öffentlichen Interesses solche Vergütungen nicht als öffentlich-rechtliche Gebühren mit den in den §§ 87 und 90 hinsichtlich der Verjährung und Einziehbarkeit geordneten und sonst sich ergebenden (vgl. z. B. unten Nr. 7) Konsequenzen, sondern als privatwirthschaftliche Entgelte anzusehen haben, deren Erhebung zwar dem Geiste des Gesetzes durchaus entspricht, von dem § 4 — und insbesondere von dem zweiten, die Verpflichtung zur Erhebung anordnenden

bewegen und deshalb halte ich auch für die vorliegende Untersuchung über die richtige Kommunalbesteuerung diejenige Betrachtung der Gemeinde-Ausgaben für die fruchtbringendste, welche von dem Vorhandensein eines Spezial-Interesses neben dem allgemeinen Interesse ausgeht".

[1]) Im Entwurf von 1878 war der Ausdruck „Beiträge" im Sinne von Benutzungsgebühren angewandt. Vgl. S. 80.

Absatze — indessen nicht getroffen wird. Wenn als Voraussetzung der — zwangsweisen — Erhebung von Beiträgen hingestellt wird, daß die Veranstaltung durch das öffentliche Interesse erfordert sei, so ist hierdurch ein höherer Grad des öffentlichen Interesses als in § 4 verlangt, wenn auch in den Verhandlungen nirgends die Absicht einer derartigen unterschiedlichen Behandlung hervortritt. Indessen wird der Ausdruck „erfordert werden" nicht wohl anders, als die in anderen Gesetzen, z. B. § 1 der Verordnung vom 22. Sept. 1867 betr. die Landgem.-Verf. in den Herzogth. Schleswig und Holstein (Ges.-S. S. 1603) und § 2 der Städte-Ordn. für den Reg.-Bez. Wiesbaden v. 8. Juni 1891 (Ges.-S. S. 107) sich findenden Ausdrücke „im öffentlichen Interesse nothwendig" bezw. „nothwendiges Bedürfniß" verstanden werden können. Der § 4 setzt demnach nur eine im öffentlichen Interesse zweckmäßige, der § 9 aber eine im öffentlichen Interesse nothwendige Veranstaltung voraus. Der § 20 aber wird wie § 4 aufzufassen sein. Allerdings ist in § 20 das öffentliche Interesse überhaupt nicht erwähnt; da aber Steuern überhaupt nur durch das öffentliche Interesse gerechtfertigt werden können, so wird die zur Genehmigung berufene Behörde, wenn der Mehrbelastung gegenüber der Einwand mangelnden öffentlichen Interesses erhoben und begründet wird, zur Versagung der Genehmigung nicht nur berechtigt, sondern verpflichtet sein. Mehrbelastungen setzen daher wie öffentlich-rechtliche Gebühren nur eine irgendwie im öffentlichen Interesse liegende Veranstaltung voraus. Innere Gründe für die hiernach begründete Verschiedenheit von den Beiträgen sind nicht ersichtlich geworden.[1])

4. Auch hinsichtlich der Abgrenzung der in Bezug auf Gebühren, Beiträge und Mehrbelastungen Abgabepflichtigen geben die Bestimmungen durch ihre wechselnden Ausdrücke zu mannigfachen Zweifeln Anlaß.

---

[1]) Gebühren können von den Gemeinden nur hinsichtlich der von ihnen unterhaltenen Veranstaltungen erhoben werden, Beiträge wie Mehrbelastungen (vgl. O.V.G. E. 12. S. 30) aber auch zu den von den Gemeinden durch Betheiligung oder Subvention geförderten Veranstaltungen eines Anderen.

Die Benutzungsgebühr ist nach einer Richtung hin der umfassendste Begriff: sie kann von jedem Benutzenden — einerlei ob physische oder juristische Person oder Gesellschaft, Gemeindeangehöriger oder Fremder — erhoben werden; andererseits kann sie aber auch nur von den Benutzenden erhoben werden: eine Kanalabgabe, welche ohne Rücksicht auf Anschluß des Grundstückes an das Kanalnetz lediglich nach der Frontlänge der an den kanalisirten Straßen liegenden Grundstücke erhoben wird, ist daher keine Gebühr. O.V.G. Entsch. 20. S. 56 (Kiel) und Preuß. Verw.-Bl. 1893. S. 241—243 (Charlottenburg). „Mit der Benutzung und Inanspruchnahme steht und fällt der Begriff der Gebühr." (S. 242.)

Im Gegensatz hierzu ist für Beiträge und Mehrbelastungen nicht die Benutzung, sondern ein besonderer Nutzen Voraussetzung,[1]) und zwar können Beiträge nur von denjenigen Grundeigenthümern und Gewerbetreibenden, denen besondere wirthschaftliche Vortheile erwachsen, erhoben und Mehrbelastungen nur bezüglich eines Theiles des Gemeindebezirkes oder einer Klasse von Gemeindeangehörigen auferlegt werden, wenn Veranstaltungen in besonders hervorragendem Maße einem Theil des Gemeindebezirkes oder einer Klasse von Gemeindeangehörigen zu Statten kommen. Besondere Gründe für die verschiedene Begrenzung der Pflichtigen in § 9 und § 20 sind aus den Verhandlungen und meines Wissens auch sonst nicht ersichtlich. Vielleicht erklärt sich der mangelnde Parallelismus lediglich aus der Entstehungsgeschichte: der § 20 ist im Wesentlichen dem § 8 des Entwurfes von 1877 (oben S. 75) nachgebildet, während der § 9 neu zu gestalten war. Die Ausdrücke „besondere wirthschaftliche Vortheile erwachsen" und „in besonders hervorragendem Maße zu Statten kommen" werden freilich wohl ebenso wie der Ausdruck „vorzugsweise zum Vortheile gereichen" in § 4 Abs. 2 (vgl. unten Nr. 5) als gleichbedeutend anzusehen sein; im Uebrigen aber decken sich die Bezeichnungen für die pflichtigen Personenkreise in § 9 zu § 20 nicht. In beiden Fällen ist zunächst eine

---

1) Vgl. Wagner, Fin. II. § 74. S. 189 flg.

besondere Heranziehung des Grundbesitzes möglich. Bei der Mehrbelastung sind ohne Weiteres alle Grundeigenthümer pflichtig, deren Grundbesitz in einem Theile des Gemeindebezirkes liegt, welchem eine Veranstaltung besonders zu Statten kommt; und zwar in demjenigen Maße, welches für den betreffenden Theil als „entsprechende Mehrbelastung“ beschlossen wird. Indem aber der § 9 die Erhebung von Beiträgen nur „von denjenigen Grundeigenthümern und Gewerbetreibenden, denen ... besondere wirthschaftliche Vortheile erwachsen“, gestattet, und weiter vorschreibt, daß die Beiträge nach den Vortheilen zu bemessen sind, wird die Auffassung möglich, daß für die einzelnen Grundeigenthümer ein Vortheil nachweisbar sein und der Beitrag diesem Vortheil entsprechen müsse, und daß sonach ein Ortsstatut, welches z. B. durch Festsetzung genereller oder durchschnittlicher Beitragssätze hiergegen verstoße, von jedem Einzelnen im Verwaltungsstreitverfahren als rechtsungültig angefochten werden könne. Indessen würde eine solche Auslegung der Absicht des Gesetzes, welches gegenüber dem bestehenden, derartige Schwierigkeiten nicht kennenden Recht (vgl. Nr. 8) die Heranziehung der Interessenten zu Sonderleistungen erleichtern will, durchaus widersprechen; und der Wortlaut gestattet auch, die Worte, in wesentlicher Uebereinstimmung mit § 20 dahin aufzufassen, daß im Allgemeinen die herangezogenen Grundeigenthümer besonderen Vortheil haben müssen, gegenüber welchen die Beiträge eine entsprechende Gegenleistung darstellen.[1])

Für diese Auslegung spricht auch die Auffassung der Komm. des Abg.-H., welche das besondere Verfahren für die Beiträge eingefügt hat (vgl. Bem. 6 zu § 9). — Die Heranziehung der Grundbesitzer würde sich bei dieser Auslegung im Fall des § 9 und des § 20 — abgesehen von der Anwendung des § 24 (Steuerbefreiungen in letzterem Falle) — wesentlich gleichmäßig gestalten.

---

[1]) Eine ziffermäßig genaue und im strengen Sinne kontrollirbare Aufstellung über den Nutzen Einzelner und die demselben entsprechende Vorausbelastung ist regelmäßig überhaupt unmöglich, besonders bei den bisher meist vorgekommenen Fällen der Sonderbeiträge der Anlieger zu Trottoirunterhaltung und Kanalisation (vgl. Nr. 8 und Bem. 6 zu § 9 und Bem. 3 zu § 20).

Der § 20 gestattet aber, indem er einfach die Mehrbelastung des Theiles des Gemeindebezirkes zuläßt, die Heranziehung nicht nur der Grundbesitzer, sondern aller Steuerpflichtigen dieses Gemeindetheiles, wobei allerdings als selbstverständlich anzusehen ist, daß auch ein entsprechender Vortheil der Nicht-Grundbesitzer vorhanden sein muß. (Vgl. Bem. 3 zu § 20.)

Der § 20 gestattet ferner auch die Mehrbelastung „einer Klasse von Gemeindeangehörigen". Ueber den Begriff der Gemeindeangehörigkeit enthält das K. A. G. keine Bestimmung; die Gemeindeverfassungsgesetze bestimmen dieselbe verschieden: während als Gemeindeangehörige im Allgemeinen diejenigen bezeichnet werden, welche innerhalb des Gemeindebezirkes einen Wohnsitz haben, nehmen die Städteordnungen hiervon allgemein „die servisberechtigten Militärpersonen des aktiven Dienststandes", die Landgemeinde-Ordnungen für die östlichen Provinzen und für Schleswig-Holstein nur „die nicht angesessenen servisberechtigten . . ." aus. In allen Fällen sind aber Forensen, juristische Personen, Gesellschaften u. s. w. nicht Gemeindeangehörige im Sinne der Städte- und Landgemeindeordnungen.[1]) Eine Befreiung dieser Personen, Gesellschaften u. s. w. von der Mehrbelastung — welcher andererseits natürlich auch ein Wegfall der Minderbelastung gegenüberstehen würde — wäre indessen mit Sinn und Absicht dieser Bestimmung, welche gerechte Lastenvertheilung nach dem Vortheil (Leistung und Gegenleistung) bezweckt, durchaus unvereinbar. Die Thatsache, daß der Nutzen im einen Falle einem Gemeindeangehörigen d. h. einer in der Gemeinde wohnenden physischen Person, im anderen einem Auswärtigen oder einer Aktiengesellschaft zu Gute kommt, ist offenbar für eine Steuervertheilung nach diesem Prinzip des Vortheils bedeutungslos. Auch deutet schon die Fassung des Abs. 1, welcher nur von der Vertheilung der Steuern auf die „Pflichtigen" spricht, und von dessen Vorschrift der gleichmäßigen Vertheilung der Abs. 2 nur eine Ausnahme bildet, darauf hin, daß der zweite

[1]) Vgl. über den erfolglos gebliebenen Versuch, den Begriff der Gemeindeangehörigkeit für die L.G.O. weiter zu fassen: Halbey, L.G.O. von 1891, zu § 7 S. 30, 31 (1892).

die Besteuerung nach dem Vortheil zulassende Absatz sich gleichfalls auf die „Pflichtigen" bezieht. Wollte man nun den Absatz 2 in diesem Sinne auffassen, müßte man **entweder** — was sprachlich wohl zulässig wäre — unter Gemeindeangehörigen alle **durch** ihre im K. A. G. geregelte **Steuerpflicht** der Gemeinde **Angehörigen** verstehen (vgl. O. V. G. Entsch. 19, S. 82. Personen, welche durch Grundbesitz der Gemeinde angehören), **oder** den Ausdruck „Gemeindeangehörigen" zwar im Sinne der Städte- und Land-Gem.-O. auslegen, dann aber als selbstverständlich ansehen, daß diesen Gemeindeangehörigen — wie in der allgemeinen Steuer, so auch in der Mehr- und Minderbelastung — alle Steuerpflichtigen in den Grenzen ihrer Steuerpflicht gleichgestellt sind. Diese letztere für den Ausdruck „Kreisangehörige" in Kr. O. § 13 mit Rücksicht auf die §§ 6 und 14 flg. wohl unzweifelhafte Auslegung würde auch für § 4 der L. G. O. von 1891 mit Rücksicht auf die §§ 7 und 22 zutreffen. Jedenfalls wird hiernach die von der ratio legis geforderte Auffassung, daß die **Mehr- und Minderbelastung** auf **alle Gemeindesteuerpflichtigen** anzuwenden ist, durch den Wortlaut nicht ausgeschlossen (vgl. über denselben Ausdruck „Gemeindeangehörigen" in § 4 Abs. 2 unten Nr. 5).

Die Bezeichnung „**Klasse** von Gemeindeangehörigen", welche sich auch in § 4 Abs. 2 findet, ist eine nicht nur in der Preußischen Gesetzgebung, sondern auch sonst vielfach übliche, so z. B. in der Hannoverschen Bekanntmachung vom 28. April 1859 (oben S. 8), bei den badischen Soziallisten (§ 97 der Gem.-Ordnung vom 31. Dezember 1831) und in anderen Gesetzen[1]). Schon das A. L. R. II, 7, § 23 spricht von verschiedenen „Klassen der Gemeindeglieder", deren Begrenzung im einzelnen Falle nach der Entsch. des Ober-Verw.-Ger. 5 S. 164 aus den höchst mannigfachen lokalen Rechten heraus zu bestimmen ist (meistens nach den Abstufungen des

[1]) Auch in der Literatur kommt der Ausdruck in Folge dessen in vielfacher Anwendung vor. So bezeichnet z. B. v. **Bilinski**, Die Gemeindebesteuerung 1878 S. 20. Feuerversicherungsgesellschaften, welche zur Erhaltung der Feuerwehren beizutragen verpflichtet sind, als eine solche Klasse von Pflichtigen. Vgl. **Bruch** a. a. O. S. 21 flg. und unten Bem. 9 A. 2.

Grundbesitzes). Aus der späteren Zeit ist außer dem Ausdruck „Klassensteuer" und der Westfälischen Landgemeinde-Ordnung vom 19. März 1856 (§ 59) die Ausführungs-Anweisung zur Städte-Ordnung von 1853 zu erwähnen (Min.-Bl. d. inneren Verw. 1854, S. 128), in welcher wiederholt (zu den §§ 9, 10) von Klassen von Steuerpflichtigen und Gemeindegliedern die Rede ist, und zwar auch gerade im Hinblick auf Einrichtungen, welche gewissen Klassen derselben besonders zum Vortheil gereichen. Das Ober-Verw.-Ger. spricht u. a. auch von einer besonderen Klasse derjenigen, welche durch Grundbesitz der Gemeinde angehören, und bezeichnet unter diesen wieder die „Adjazenten einer Straße als besondere Klasse derselben (Entsch. 19, S. 82)[1]). Der Ausdruck „Klasse" ist hiernach der mannigfaltigsten Anwendung fähig, und gerade daraus entsprangen zum Theil die oben S. 78, 79 wiedergegebenen Bedenken[2]) in den Kommissionen von 1877—80. In der Komm. des Abg.-H. (Bericht zu § 16, jetzt 20) wurde „anerkannt, daß die größere oder geringere Wohlhabenheit der Gemeindeglieder einen Unterschied von Klassen" im Sinne dieses Absatzes nicht begründe und daher z. B. nicht davon die Rede sein könne, zur Deckung der Kosten gewisser Schulen diejenigen, deren Angehörige dieselben hauptsächlich besuchten, im Voraus heranzuziehen", (Vgl. übrigens den Ausdruck „unbemittelte Volksklassen" im § 4 Abs. 4).

5. Eine in den §§ 4 und 9 näher bestimmte Verpflichtung der Gemeinden besteht nur in Bezug auf Erhebung von Gebühren und Beiträgen — die Mehrbelastung ist lediglich ein Recht der Gemeinde, welches sie ausüben und durch dessen Ausübung sie die Verpflichtung zur Erhebung von Gebühren und Beiträgen beseitigen kann.

Diese — im K. A. G. neu eingeführte — Verpflichtung, hat in den Landtagsverhandlungen (A. H. Komm.-Ber, Plenum 2 und 3, H. H.) erhebliche Anfechtungen erfahren; weil diese neuen Bestimmungen „die Autonomie der Gemeinden zu sehr beschränkten

---

1) Vgl. Entsch. 7, S. 106, gewisse Klassen von städtischen Beamten.

2) Vgl. Abg. Hobrecht am 25. November 1892 (Verh. S. 211).

und die Herstellung mannigfacher, für die Gemeinde und ihre Eingesessenen vortheilhaften Anlagen hinderten, auch zu Interessenkämpfen Veranlassung gäben; dazu gäben die Bestimmungen in ihrer dehnbaren Fassung einer ungemessenen Einwirkung der Aufsichtsbehörde Raum". (Komm.-Ber. A. H. S. 2410.) Die Staatsregierung legte jedoch das erheblichste Gewicht auf ihre Aufrechterhaltung. „Die Streichung[1]) bedeute einen vollständigen Eingriff in die organischen Bestimmungen des Gesetzes" (Komm.-Ber. H. H. S. 404), und ohne dieselben sei die Durchführung des Grundsatzes von Leistung und Gegenleistung unmöglich, da die Gemeinden von sich aus vielfach zur Einführung derartiger Beiträge oder Gebühren nicht geneigt seien (vgl. auch oben S. 147 und Erlaß der Min. d. J. und der Fin. vom 30. November 1892. Min.-Bl. d. i. V. S. 321 über die Erhebung solcher Gebühren oder Beiträge als Voraussetzung der Genehmigung von Anleihen für derartige Veranstaltungen).

Die Verpflichtung zur Gebühren-Erhebung tritt nach § 4 Abs. 2 ein, wenn die Veranstaltung einzelnen Gemeindeangehörigen oder einzelnen Klassen von solchen vorzugsweise zum Vortheil gereicht und soweit die Ausgleichnng nicht durch Beiträge (§ 9) oder eine Mehr- oder Minderbelastung (§ 20) erfolgt, während Beiträge von denjenigen Grundeigenthümern und Gewerbetreibenden, denen durch Veranstaltungen besondere wirthschaftliche Vortheile erwachsen, dann erhoben werden müssen, wenn anderenfalls die Kosten einschließlich der Ausgaben für die Verzinsung und Tilgung des aufgewendeten Kapitales durch Steuern aufzubringen sein würden.

Im § 4 Abs. 2 ist zunächst nicht gesagt, gegenüber welchen Personen die Gemeinde zur Gebühren-Erhebung hat verpflichtet werden sollen. Da indessen der Grund der Verpflichtung zur Gebühren-Erhebung in dem besonderen Vortheil Einzelner und in dem dadurch geschaffenen Bedürfniß einer entsprechenden „Ausgleichung" liegt und da ferner nach Nr. 4 Gebühren nur von

---

[1]) Der 2. Absatz des § 9 war in der Komm. des H. H. in erster Lesung gestrichen, wurde aber in zweiter Lesung wieder hergestellt.

den Benutzern erhoben werden können, so scheint hieraus mit Nothwendigkeit zu folgern, daß die Verpflichtung der Gemeinde zur Gebühren-Erhebung gegenüber allen Benutzern besteht, denen die Veranstaltung besondere Vortheile gewährt und daß demnach alle solche Benutzer zu Ausgleichsleistungen herangezogen werden müssen. Dem widerspricht freilich scheinbar der theils weitere, theils engere Ausdruck „Gemeindeangehörige", indessen ist derselbe offenbar ungenau, insofern er jedenfalls beschränkt werden muß auf die die Veranstaltung benutzenden „Gemeindeangehörigen"; vor Allem steht hier wie in § 20 — vgl. S. 200 — die Auffassung dieses Wortes im Sinne der Städte- und Landgem.-Ordnungen im Widerspruch mit dem Grundgedanken der Bestimmung, welche eine Vorausbelastung Aller, welche durch die Benutzung besondere Vortheile haben, bezweckt. Als Gemeindeangehöriger im Sinne dieser Bestimmung wird daher jeder anzusehen sein, welcher durch seine Benutzung der Anlagen der Gemeinde zu ihr in Beziehung tritt. Uebrigens hat die Auslegung dieses Wortes an dieser Stelle geringere Bedeutung, da von derselben nicht — wie in § 20 — der Umfang des Rechtes der Gemeinde zur Abgaben-Erhebung, welches durch Abs. 1 geregelt ist, sondern nur die Verpflichtung derselben abhängt (vgl. Bem. 2. 3. zu § 4). Ungenau ist ferner der in der Komm. des Abg.-H. hinzugefügte, von der Staatsregierung für selbstverständlich gehaltene Zwischensatz: soweit die Ausgleichung nicht durch Beiträge (§ 9) oder eine Mehr- oder Minderbelastung (§ 20) erfolgt", da der Ausgleich nicht nur auf diesen Wegen, sondern auch durch Schenkung, Vermächtniß, freiwillige Beiträge u. a. m. erfolgen kann, und nach dem zweiten Satz des zweiten Absatzes eine Verpflichtung zur Gebühren-Erhebung jedenfalls nur insoweit besteht, als dieselbe zur Deckung der Kosten der Veranstaltung bezw. des den Interessenten zur Last zu legenden Kostenantheils erforderlich ist (vgl. die ähnliche Bestimmung für die Beiträge in § 9 Abs. 2). Die „Ausgleichung" kann nach Wahl der Gemeinde durch Beiträge oder Gebühren oder eine gleichzeitige Anwendung beider erfolgen. Zwar könnte eine Aeußerung des Finanzministers (Komm.-Ber. A. H. S. 2412): „daß sich Beiträge und Steuern" (d. h. Mehrbelastung) „nicht nach den Gebühren, sondern daß sich umgekehrt: die Bemessung der Gebühren nach den Beiträgen und Steuern richten muß, die die Gemeinde bereits erhoben hat", zu der Auffassung Anlaß geben, als ob Gebühren und Beiträge nicht in gleichem Range ständen, vielmehr die Regelung der letzteren als das Wichtigere voraufgehen müsse; indessen stehen einer solchen Auffassung nicht nur innere Gründe, sondern vor Allem der völlig klare Wortlaut von § 9 Abs. 2, wonach die Verpflichtung zur Erhebung von Beiträgen nur dann vorhanden ist, wenn ohne dieselben Steuern[1]) erhoben werden müßten — was im Fall der Erhebung von Gebühren aber nicht der Fall ist —, entgegen.

Die „Ausgleichung" nach § 9 erfolgt dadurch, daß im Verhältniß der „besonderen wirthschaftlichen Vortheile" entsprechende Beiträge erhoben werden (vgl. unten S. 289). „Der Entwurf spricht . . nur von „Beiträgen behufs Deckung der Kosten" und deutet damit an, daß . . nicht nothwendig sämmtliche Kosten einer Veranstaltung von den im Entwurfe bezeichneten Grundbesitzern u. s. w. zu fordern sind." (Begr. zum K. A. G. zu § 7, jetzt § 9.) Andererseits ist die Auferlegung sämmtlicher Kosten in denjenigen Fällen, in denen die besonderen Vortheile so erhebliche sind, daß nur die Uebernahme sämmtlicher Kosten ein genügendes Entgelt bildet, wohlberechtigt, wenn auch die Veranstaltung zugleich „durch das öffentliche Interesse erfordert" war.[2]) In jedem Fall sind die Selbstkosten der Gemeinde die obere Grenze für die Höhe der Beiträge.

Die Gestaltung der „Ausgleichung" im Fall der Gebühren-Erhebung ist verwickelter, da neben der Verpflichtung zu derselben gegenüber denjenigen, welche besondere Vortheile genießen, also z. B. gegenüber gewissen Grundbesitzern die allgemeine Berechtigung zur Gebühren-Erhebung von allen Be

[1]) Auch dieser Ausdruck ist ungenau, da er die „Mehrbelastung" mit umfaßt, während nur die „allgemeinen Steuern" nach § 20 Abs. 1 gemeint sind.

[2]) Ungenau der Bericht der H. H.-Komm. S. 404. Vgl. Bem. 2 zu § 9.

nutzern unberührt bestehen bleibt. Es sind daher zu unterscheiden: auf gesetzlichem Zwang beruhende: nothwendige — und auf freiem Gemeindebeschluß beruhende: autonome Gebühren. Soweit also nicht schon durch Beiträge (oder Mehrbelastung) eine Ausgleichung erfolgt ist, müssen in denjenigen Fällen, in welchen von allen Benutzern Gebühren erhoben werden, zwei verschiedene Arten von Gebühren: eine — autonome — allgemeine Benutzungsgebühr und eine — nothwendige — Zusatzgebühr für diejenigen, welche besondere Vortheile genießen, zur Erhebung kommen. Für die Bemessung der nothwendigen Gebühren ist daher — wie für die Beiträge — der Gesichtspunkt entscheidend, daß dieselben bezw. die Zusatzgebühr ein zutreffendes Entgelt für die besonderen Vortheile sein sollen. Im Uebrigen haben die Gemeinden hinsichtlich der Höhe der Gebühren — im Gegensatz zu Beiträgen (§ 9) und Mehrbelastungen (§ 20) freie Hand. Vgl. Bem. 2 zu § 4.

6. a) Die einzelnen Fälle eines abgabepflichtig zu machenden Sonderinteresses sucht Bruch (Gutachten. 1877, S. 21 bis 40) ohne die Absicht erschöpfender Zusammenstellung in folgender Weise zu gliedern:

I. Beiträge, welche keine bestimmt abgegrenzte Klasse der Bevölkerung treffen und zwar
   a) Schulgelder, nämlich 1. in höheren, 2. in mittleren, 3. in Elementarschulen,
   b) Ueberschüsse kommunaler Kredit-Institute, nämlich 1. von Bankanstalten, 2. von Sparkassen, 3. von Leihämtern,
   c) Beiträge für allgemeine Verkehrsanlagen, nämlich 1. Chausseegelder, 2. Brückenzölle, 3. Ueberschüsse von Pferdebahnen, Anschlagssäulen u. s. w.

II. Beiträge, welche zunächst und direkt bestimmte Klassen von Gemeindeangehörigen treffen, und zwar
   a) den Grundbesitz, nämlich
      1. Beiträge von Adjazenten zur Herstellung neuer Straßen, zu Straßenverbreiterungen und Durchbrüchen,

2. Beiträge für Straßenreinigung und Besprengung,
3. Beiträge für allgemeine Entwässerungs- und Kanalisirungskosten,
4. Beiträge für Wasserleitung,
5. Beiträge für Gas,
6. Beiträge für Einquartierungskosten im Frieden,
7. Beiträge städtischer Feuersozietäten und Pfandbrief-Institute zur Unterhaltung städtischer Feuerwehren;

b) den Pferdebesitz (Vorspann-Leistung);

c) den Handel, nämlich
1. Beiträge von Privat-Versicherungsgesellschaften zur Unterhaltung der städtischen Feuerwehr,
2. Hafen-, Krahn-, Waagegelder, Packhofs- und Magazin-Gefälle,
3. Jahr-, Wochen- und Viehmarkts-Standgelder,

d) das Gewerbe und die Industrie, nämlich
1. Schlachthofgefälle;
2. Beiträge für Versicherungsanstalten der Arbeiter u. s. w. (außer Betracht gelassen, weil nicht in direkter Beziehung zu dem jetzigen Stadthaushaltsetat; vgl. auch unten Anm. 8).

Die von Bruch genannten „Beiträge"[1]) sind offenbar zum Theil nicht Gebühren und Beiträge im Sinne des K.A.G., sondern Erträgnisse privatwirthschaftlicher oder gewerblicher Unternehmungen (I, b. 1. 2., II, a. 5.), zum Theil auch Einnahmen aus Grundbesitz, andererseits fehlen wichtige Fälle, insbesondere die Benutzung kommunaler Friedhöfe und Krankenanstalten, ferner zahlreiche Veranstaltungen zu Gunsten des Grundbesitzes, wie Eindeichungen, Brücken, Eisenbahnunterführungen, Beseitigung lästiger Wasserläufe u. a. m. und vor allem Stadterweiterungen. Die Kosten der letzteren sind freilich bislang meist mit denjenigen der Straßenanlagen zusammengeworfen und als durch § 15 des Gesetzes vom 2. Juli 1875 erledigt angesehen. Hierdurch wird aber den in Betracht kommenden Gesichtspunkten

[1]) Ueber den Ausdruck vgl. S. 250 A.

und den von dem K.A.G. aufgestellten leitenden Gedanken nicht Genüge gethan.[1])

Die Verwandlung von Acker- und Gartenland vollzieht sich regelmäßig mit großem, den Eigenthümern zufallendem Gewinne, und es ist daher eine Forderung der Gerechtigkeit, daß die Kosten der zu dieser Verwandlung unentbehrlichen Anlagen, insbesondere von Straßen, Plätzen, Brücken u. s. w. nicht von der Gesammtheit der Steuerzahler oder der Gesammtheit der Grundbesitzer — welche zum Theil vielleicht geradezu durch die Neuanlagen geschädigt werden —, sondern durch die Interessenten aufgebracht werden (vgl. oben S. 4 A. 2, 41. 55 und 169). Das Gesetz vom 2. Juli 1875 gewährt die Möglichkeit dieser Heranziehung der Interessenten nicht, da es — abgesehen von dem Fall der durch Unternehmer beschafften Anlagen — nur die Beitragspflicht der Anlieger, durch welche nur ein Theil der Kosten gedeckt wird, regelt und in Folge dessen zur Zeit regelmäßig der meist von den Anliegern getragene Theil der Straßenbaukosten den gesammten Steuerzahlern zur Last fällt. Die Beseitigung dieser Ungerechtigkeit ist — namentlich in den schnell wachsenden, größeren wie kleineren Gemeinden — eine der dringendsten, bei Ausführung des K.A.G. zu lösenden Aufgaben, auf welche bei den §§ 10 und 13 zurückzukommen sein wird.

b) Die Kosten der Errichtung der Veranstaltung umfassen insbesondere auch die bis zur Fertigstellung aufgelaufenen und nicht durch Beiträge oder sonstwie gedeckten Bauzinsen.

7. Die Abgrenzung der Gebühren von den privatwirthschaftlichen Einnahmen aus Gewerbebetrieben und deren städtischen Unternehmungen, sowie aus der Verwaltung des städtischen Grundbesitzes ist eine sehr schwierige und wird in weitem Umfange davon abhängen, in welcher Weise im einzelnen Falle die Verwaltung seitens der städtischen Verwaltung geschaffen und

---

[1]) Vgl. meine Aufsätze: „Stadterweiterungen" im Handwörterbuch der Staatswissenschaften von Conrad, Elster, Lexis, Loening. Bd. V S. 849. 1893 und „Umlegung und Zonen-Enteignung als Mittel rationeller Stadterweiterung" in Braun's Archiv für soziale Gesetzgebung. Bd. VI (1893) S. 357—385; ferner Stübben, Städtebau. 1890 S. 259 flg.

organisirt ist. Insbesondere können nach § 3 Abs. 2 städtische Gewerbebetriebe ihren Charakter auch dann bewahren, wenn sie zugleich einem öffentlichen Interesse irgend welcher Art neben dem Interesse der städtischen Finanzen dienen, während andererseits auch Veranstaltungen im Sinne des § 4 ihren Charakter als Unternehmungen öffentlichen Interesses nicht verlieren, wenn sie in der Absicht der Erzielung von Gewinnen begonnen oder verwaltet werden (Begr. zu § 4). Wenn z. B. Gasanstalten (vgl. oben S. 243) im Komm.-Ber. des Abg.-H. als gewerbliche Betriebe bezeichnet sind, so mag dies für diese wie für Elektrizitätswerke meistens zutreffen (vgl. O.V.G.Entsch. 20 S. 22—25), auch wenn sie z. B. durch Abgabe billigen Gases oder Stromes für Motoren zugleich in hervorragendem Maße öffentlichen Interessen dienen. Ebenso mögen Wasserwerke in manchen Fällen nur als gewerbliche Unternehmungen unternommen und verwaltet werden. Regelmäßig aber dienen sie zugleich erheblichen Interessen der Gesundheitspflege. Und sie sind dann wohl als Veranstaltungen öffentlichen Interesses anzusehen, wenn der Anschluß an die Leitung zur Pflicht gemacht ist und können gleicher Beurtheilung unterworfen werden, wenn das Wassergeld — ebenso wie vielfach auch Kanalisationsgebühren — nicht einfach nach dem Umfang der Benutzung, sondern — unter dem Einfluß hygienischer und sozialpolitischer Gesichtspunkte — nach festen Merkmalen, wie Miethwerth, erhoben oder wenn das Wasser den Aermeren (z. B. in Frankfurt a. M. bei Miethen unter 250 Mk.) unentgeltlich geliefert wird. Bei Bade- und Desinfektionsanstalten wird regelmäßig von vornherein die Absicht der Erzielung von Gewinnen überhaupt ausgeschlossen sein. Die von Pferdebahnen und anderen Kleinbahnen für Benutzung der Straßen erhobenen Vergütungen sind zwar vom Reichsgericht (Hilse, Straßenbahnkunde I. S. 218. II. S. 121) als — mit $^1/_{10}$ o des Jahresbetrages stempelpflichtige — Miethseinnahmen bezeichnet; nach der jetzigen Fassung von § 4 Abs. 1 werden jedoch ihrer Behandlung als Gebühren kaum Bedenken entgegenstehen können, da die benutzten Straßen offenbar im öffentlichen Interesse unterhaltene Veranstaltungen sind. Insbesondere kann auch die etwaige

Höhe der Vergütungen kein Bedenken erregen (vergl. Bem. 2 zu § 4).

Die für Hergabe öffentlicher Anlagen (Straßen, Plätze, Gartenanlagen) zur Aufstellung von Anschlagsäulen, öffentlichen Uhren, Stühlen u. a. m. erhobenen Vergütungen werden gleichfalls als öffentlich-rechtliche Gebühren behandelt werden können.

Ueber Sparkassen, Eisenbahnen vgl. S. 243 und 282.

Ueber die, den öffentlich-rechtlichen Abgaben gegenüber den privatwirthschaftlichen Einnahmen zustehenden Vorzugsrechte vgl. unten Bem. 13 und § 90. Andererseits kommen für Veranstaltungen im Sinne des § 4 auch eine Anzahl anderer, die Gemeinden einengender Bestimmungen, z. B. hinsichtlich des Benutzungsrechtes der Gemeindeangehörigen in Betracht, welche für privatwirthschaftliche Betriebe nicht zutreffen (O.V.G.Entsch. 20, 22—25).

8. Besondere Realsteuern nach bisherigem Recht.

Kanalabgaben, welche ohne Rücksicht auf Anschluß des Grundstückes an das Kanalnetz lediglich nach der Frontlänge der an den kanalisirten Straßen liegenden Grundstücke erhoben werden und daher keine Gebühr sind (oben Nr. 4) hat bislang das Ober-Verw.-Ger. (a. a. O.) ebenso wie die den Straßenanliegern auferlegten Abgaben für Trottoirunterhaltung (Bd. 13 S. 473, 16. S. 52) als besondere, die Klasse der Adjazenten prägravirende Realsteuern, welche nach § 16 Abs. 5 des Zuständigk.-Ges. v. 1. Aug. 1883 ministerieller Genehmigung bedürfen, aufgefaßt und als zuläßig anerkannt.

Und auch die obersten Verwaltungsbehörden, welche früher die Vorausbelastung einzelner Klassen von Gemeindeangehörigen für Gemeindezwecke nur insoweit für zuläßig gehalten hatten, als die Gesetze, insbesondere die Gemeindegesetze, eine solche Ausnahme gestatteten, verließen in Folge dieser Entscheidungen jenen Grundsatz und erklärten (Erl. d. Fin.-Min. u. d. Min. d. J. vom 5. November 1888, Min.-Bl. d. i. V. S. 213) eine solche stärkere Heranziehung einzelner Klassen für statthaft, wenn sie durch Gründe der Billigkeit empfohlen werde. „Wo bei einer Gemeindeeinrichtung das Interesse einer bestimmten Kategorie der Gemeindeangehörigen erheblich in den Vordergrund tritt, erscheint auch eine diesem höheren Interesse entsprechende stärkere Heranziehung derselben zu den Kosten der Einrichtung als gerechtfertigt. Was insbesondere die Kosten für die Anlegung der städtischen Bürgersteige betrifft, so läßt sich nicht in Abrede stellen, daß die Herstellung guter Bürgersteige nicht nur dem öffentlichen Verkehr und damit der Gesammtheit der Gemeindeangehörigen zu Gute kommt, sondern daneben auch in der Regel eine Steigerung des Werthes der anliegenden Hausgrundstücke zur Folge hat. Eine entsprechende höhere Betheiligung der Hausbesitzer bei der Aufbringung der Kosten durch Auferlegung höherer Abgaben wird hiernach um so mehr für zulässig und angemessen zu erachten sein, als in vielen Städten die Anlegung und Unterhaltung der Bürgersteige auf Grund der bestehenden Lokalrechte den Hausbesitzern allein oder wenigstens zum größten Theil obliegt, wodurch das hervorragende Interesse derselben an dieser Einrichtung deutlich erwiesen wird."

Solche besondere Realsteuern (Zwecksteuern) werden künftighin mit Rücksicht auf § 20 Abs. 1 des K.A.G. nur noch als Mehrbelastungen nach § 20 Abs. 2 oder aber in der Form der Beiträge unter Wahrung der Vorschriften des § 9 erhoben werden können. Die bisherige große Freiheit in der Gestaltung solcher besonderen Steuern, deren einzige Schranke die ministerielle Genehmigung war, wird aber für die Auslegung der §§ 9 und 20 Abs. 2 insofern von Bedeutung sein, als die neuen Bestimmungen nicht eine Erschwerung, sondern eine Erleichterung in der Auferlegung solcher besonderen Abgaben bezwecken (vgl. oben Nr. 4).

9. Besondere Arten von Beiträgen nach geltendem Recht.

„Beiträge" von Interessenten sind auch dem bestehenden Recht schon bekannt. Nicht alle solche Beiträge aber sind Gemeindelasten; insbesondere nicht die auf Grund der Gewerbegesetzgebung festgesetzten Beiträge der Gewerbetreibenden zu Krankenkassen, gewerblichen Fortbildungsschulen u. s. w. (O.Verw.Ger. 20 S. 58—64).

Als Gemeindelasten sind dagegen anzuerkennen die beiden der bestehenden Gesetzgebung bekannten Arten von „Straßenbaubeiträgen". Die eine Art derselben, die Beiträge auf Grund des § 15 des Gesetzes vom 2. Juli 1875 sind im K.A.G. in § 10 erwähnt und werden bei diesem näher zu berücksichtigen sein. Die andere Art ist im K.A.G. nicht erwähnt: diejenigen Beiträge, welche auf den für die einzelnen Provinzen erlassenen Spezialgesetzen über Heranziehung der Fabriken u. s. w. mit Vorausleistungen für den Wegebau beruhen. Daß sie aber neben dem K.A.G. unberührt bestehen bleiben, folgt schon aus allgemeinen Grundsätzen. Es ist dies überdies regierungsseitig gegenüber einem in der Komm. des H.H. gestellten Antrage auf Aufnahme einer entsprechenden gesetzlichen Bestimmung ausdrücklich als selbstverständlich nnd vom Entwurf gewollt bezeichnet. In allen diesen Provinzialgesetzen[1]) wird — in der S. 267 A. dargelegten Aus-

[1]) Außer den für die einzelnen Provinzen erlassenen Gesetzen ist ein allgemeines „Ergänzungsgesetz, betr. die Vorausleistungen zu Wegebauten vom 11. Juli 1891" erlassen, welches zur Beseitigung entstandener Zweifel namentlich folgende Bestimmungen traf: (§ 1.) „Die Vorausleistungen dürfen nur vom Beginn desjenigen Kalenderjahres ab in Anspruch genommen werden, welches dem Jahre, worin die Klage erhoben wird, unmittelbar vorausgeht" (anders O.V.G. 19 S. 235 flg. von 1890); „auf rückständig gebliebene oder kreditirte Vorausleistungen finden die Bestimmungen des § 8 des Gesetzes über die Verjährungsfristen bei öffentlichen Abgaben vom 18. Juni 1840 (Ges.-S. für 1840 S. 140 ff.) Anwendung" (anders O.V.G. 19 S. 238 von 1890); ferner (§ 2): „Bei dauernder Abnutzung eines Weges kann für die Vorausleistung ein Beitrag oder ein Beitragsverhältniß mit der Maßgabe festgesetzt werden daß die Festsetzung so lange gilt, bis der Beitrag oder das Beitragsverhältniß im Wege gütlicher Vereinbarung oder anderweiter Festsetzung geändert ist" und (§ 3): „Die Behörden haben . . . nach freiem billigem Ermessen zu entscheiden". — Der angeführte § 8 des Gesetzes vom 18. Juni 1840, welchem der § 88 des K.A.G. nachgebildet ist, lautet: „Zur Hebung gestellte direkte oder indirekte Steuern, welche im Rückstand geblieben oder kreditirt sind, verjähren in 4 Jahren, von dem Ablaufe des Jahres an gerechnet, in welches ihr Zahlungstermin fällt. — Die Verjährung wird durch eine an den Steuerpflichtigen erlassene Aufforderung zur Zahlung, sowie durch Verfügung der Exekution oder durch bewilligte Stundung der Steuer unterbrochen. — Nach Ablauf des Jahres, in welchem die letzte Aufforderung zugestellt, Exekution verfügt worden oder die bewilligte Frist abgelaufen ist, beginnt eine neue vierjährige Verjährungsfrist."

dehnung — dem Wegebaupflichtigen,[1]) nicht nur den Gemeinden, und theilweise (Brandenburg, Schleswig-Holstein) nicht allen Gemeinden, das Recht gegeben, in dem Fall, daß ein öffentlicher Weg in Folge der Anlegung von Fabriken, Bergwerken, Steinbrüchen, Ziegeleien oder ähnlichen Unternehmungen vorübergehend oder durch deren Betrieb dauernd[2]) in erheblichem Maße abgenutzt wird, zu beantragen, daß dem „Unternehmer nach Verhältniß dieser Mehrbelastung[3]) . . . ein ange-

---

[1]) Die zur Stellung von Anträgen berechtigten Wegebaupflichtigen werden in den älteren Gesetzen — vgl. das Hannoversche Gesetz vom 18. Juli 1851, § 42 bezw. das diesen Paragraphen abändernde Gesetz vom 28. Februar 1877, Gesetz v. 16. März 1879 für R.-B. Cassel und Wegeordnung für Lauenburg v. 7. Februar 1879 § 7 — nach dem Charakter der Wege (Gemeindewege, Landstraßen u. s. w.), in den neueren (Sachsen 28. Mai 1887, Westfalen 14. Mai 1888, Schlesien 16. April 1889, R.-B. Wiesbaden 27. Juni 1890, Schleswig-Holstein 2. Juni 1891, Brandenburg 7. Juli 1891) nach der Rechtspersönlichkeit der Träger der Wegelast bestimmt (O.V.G. 21 S. 289). Von den verschiedenen „Klassen der Unterhaltungspflichtigen" (ebenda S. 291) sind in diesen neueren Gesetzen als nicht berechtigt bezeichnet: in allen: Staat und Provinz; in Wiesbaden, Sachsen, Brandenburg, Schleswig-Holstein: auch die Kreise; in Brandenburg und Schleswig-Holstein auch die Stadtgemeinden, welche einen Stadtkreis bilden (vgl. O.V.G. 19 S. 231, 21 S. 291). Das Gesetz für die Rheinprovinz vom 4. August 1891 hat ganz besondere Bestimmungen (§ 2): „Der Staat ist zur Stellung derartiger Anträge nicht befugt. — Der Provinz steht dieses Recht nur bezüglich solcher von den Gemeinden ausgebauten Straßen zu, deren Unterhaltung von ihr mit der Befugniß übernommen worden ist, dieselben jederzeit auf die Gemeinden zu übertragen. — Stadtgemeinden haben dieses Recht nur für solche Wege, welche nicht zu den eigentlich städtischen Straßen gehören." — Der Staat ist in keinem Fall berechtigt, auch nicht, wenn er (Eisenbahnfiskus) als Rechtsnachfolger einer Privat-Eisenbahngesellschaft zur Unterhaltung eines öffentlichen Weges verpflichtet ist. O.V.G. 21 S. 287. — Die Gesetze beziehen sich auch auf die bei deren Erlaß schon vorhandenen Fabriken u. s. w. O.V.G. 19 S. 234. —

[2]) „Dauernd" ist Gegensatz zu „vorübergehend", nicht zu „einmalig" oder „zu einigen Malen". Eine Abnutzung, die nach der besonderen Art des Unternehmens nur für einen im Voraus absehbaren kürzeren Zeitraum sich vollzieht, fällt nicht unter die Bestimmung. O.V.G. 20 S. 256.

[3]) Es ist hiernach der Nachweis gestattet, daß die durch das Unternehmen veranlaßten Transporte an Stelle anderer getreten seien, welche vor Beginn des Unternehmens den Weg ebensosehr abgenutzt haben. O.V.G. 20 S. 200. Pr. Verw.-Bl. IX S. 413.

messener Beitrag zu der Unterhaltung des betreffenden Weges auferlegt" werde, wenn und insoweit nicht die Mehrbelastung durch Erhebung von Chausseegeld gedeckt wird.

Bemerkenswerth ist der von den Beiträgen des § 9 durchaus verschiedene Maßstab für die Bemessung der Höhe der Beiträge: dort der besondere Vortheil, hier das besondere Maß der Abnutzung, d. h. der verursachten Kosten.

Diese Vorausleistungen für Wege können ferner sowohl für die Zukunft, als auch — mit der in A. 1 angegebenen Beschränkung — für die Vergangenheit in Anspruch genommen werden (O.V.G. 19 S. 237), während die Beiträge nach § 9 wohl nur für die Zukunft festgesetzt werden können.

Indem endlich das Recht auf diese Vorausleistungen nicht nur Gemeinden, sondern auch anderen Wegebaupflichtigen gegeben ist, sind die Beiträge an sich keine Gemeindelast. Da sie jedoch als öffentliche Abgabe ausdrücklich durch das Gesetz vom 11. Juli 1891 (Anm. 1) anerkannt sind, werden sie, insoweit sie von Gemeinden zur Erleichterung der ihnen obliegenden Verpflichtungen erhoben werden, als Gemeindeabgaben anzuerkennen sein.

In den betreffenden Gesetzen werden diese besonderen Beisteuern als Beiträge bezeichnet, während z. B. A. Wagner, Fin.-W. II. S. 134, sie als „bauschalisirte Gebühren" bezeichnet. Da sie nicht nach dem Vortheil, sondern nach dem Maß einer besonders starken Abnutzung bestimmt werden sollen, stehen sie allerdings den Benutzungsgebühren näher; indessen steht der § 7 (Gebühren sind im Voraus nach festen Normen und Sätzen zu bestimmen) der Einfügung in die letzteren entgegen, und sie werden daher wohl als besondere Art von Beiträgen aufzufassen sein.

10. Beiträge und Mehrbelastungen.

a. Mehr- oder Minderbelastungen gewisser Steuerpflichtiger bedeuten Ausnahmen von dem Grundsatz der Allgemeinheit und Gleichmäßigkeit der Besteuerung. Das K.A.G. sieht dieselben an verschiedenen Stellen seiner Bestimmungen über die direkten Steuern vor. Zunächst enthält § 20 im Anschluß an den allgemeinen Satz, daß „die direkten Gemeindesteuern . . auf alle der Besteuerung unterworfenen Pflichtigen nach festen und gleichmäßigen Grundsätzen zu vertheilen" sind, die allgemeine Ausnahme, daß bei Veranstaltungen, welche in besonders hervorragendem oder geringem Maße einem Theile des Gemeindebezirkes oder einer Klasse von Gemeindeangehörigen zu Gute kommen, eine entsprechende Mehr- oder Minderbelastung dieses Theiles des Gemeindebezirkes oder dieser Klasse von Gemeindeangehörigen beschlossen werden kann.

Der § 27, welcher im ersten Satz im Anschluß an § 20 Abs. 1 vorschreibt, daß „die Steuern vom Grundbesitz . . nach gleichen Normen und Sätzen zu vertheilen" sind, fügt im Abs. 2 eine Ausnahme für die „Liegenschaften, welche durch die Festsetzung von Baufluchtlinien in ihrem Werthe erhöht sind (Bauplätze)" hinzu und gestattet, daß dieselben „nach Maßgabe dieses höheren Werthes zu einer höheren Steuer als die übrigen Liegenschaften" herangezogen werden.

Nach § 31, welcher die Regel der gleichmäßigen Abstufung der Gewerbesteuersätze und Prozente freilich nicht ausdrücklich aufstellt, ist eine verschiedene Abstufung derselben zulässig:

1. wenn die einzelnen Gewerbearten in verschiedenem Maße von den Veranstaltungen der Gemeinde Vortheil ziehen oder der Gemeinde Kosten verursachen, und soweit die Ausgleichung nicht nach §§ 4, 9, 10 oder 20 erfolgt;
2. wenn die gewerblichen Gebäude in stärkerem Verhältniß zur Gebäudesteuer herangezogen werden, als es auf Grundlage der staatlichen Gebäudesteuer der Fall sein würde, oder wenn die gewerblich benutzten Räume einer Miethssteuer unterliegen.

Bei der Einkommensteuer ist nur in § 39 eine zeitweilige Minderbelastung der Ausländer gestattet.

Endlich sieht hinsichtlich der Vertheilung des Steuerbedarfes im Anschluß an den Satz, daß „zur Deckung des durch Realsteuern aufzubringenden Steuerbedarfes . . die veranlaßten Grund-, Gebäude- und Gewerbesteuern in der Regel mit dem gleichen Prozentsatze heranzuziehen" sind, der § 56 Abs. 2 eine Ausnahme dahin vor, daß, wenn „die Grund- (Haus-)

Besitzer oder Gewerbetreibenden von Veranstaltungen der Gemeinde besondere Vortheile (genießen) . . oder der Gemeinde besondere Kosten" verursachen, alsdann eine entsprechende anderweite Untervertheilung der drei Realsteuern eintreten soll, ebenso eine anderweite Heranziehung der Grundsteuer im Verhältniß zur Gebäudesteuer, wenn zwischen Grund- und Hausbesitzern ähnliche Verschiedenheiten vorliegen.

Von diesen Sonderbestimmungen ist die Minderbelastung der Ausländer auszuscheiden, weil sie nur zeitweilig ist und auf einem ganz besonderen Grunde ruht: dem besonderen Vortheil, welchen die Steuerpflichtigen der Gemeinde bringen.

In Bezug auf die übrigen aber fällt zunächst auf, daß während im Allgemeinen, wie bei den Beiträgen, der besondere Vortheil entscheidet (§§ 9, 20 auch 27), in den Fällen der §§ 31 und 56 auch die verursachten Kosten mit in Betracht kommen.

Es bedeutet dies, daß zwar im Allgemeinen den Gewerbetreibenden und Grundbesitzern nicht besondere Leistungen nach Maßgabe der von ihnen verursachten Kosten auferlegt werden dürfen (§§ 9, 20), daß aber innerhalb des von den Gewerbetreibenden aufzubringenden Gewerbesteuerbetrages eine verschiedene Belastung der einzelnen Klassen von Gewerbetreibenden (§ 31) und ebenso innerhalb des gesammten Realsteuerbetrages eine verschiedene Belastung der Grundbesitzer, der Hausbesitzer und der Gewerbetreibenden (§ 56) nach Maßgabe der von ihnen verursachten Kosten zulässig sein soll.

Eine Begründung dieser Verschiedenheit ist in den Landtagsverhandlungen nicht ersichtlich geworden. Nach den oben S. 237 zu § 2 abgedruckten „Grundzügen" ist dieselbe anscheinend auch nicht beabsichtigt.[1])

Zu beachten ist ferner, daß im Gegensatz zu § 20, wonach im Allgemeinen die Mehr- und Minderbelastung im freien Willen

[1]) Neumann in Holtzendorff-Brentano's Jahrb. 1877, S. 591 bemerkt mit Recht, daß das Prinzip von Leistung und Gegenleistung richtiger heißen müsse: Leistung nach dem Werthe der Gegenleistung bezw. dem Umfange der verursachten Kosten. In der Komm. des H. H. war ein Antrag auf anderweite Fassung des § 9 gestellt, wurde aber abgelehnt. (Ber. S. 404.)

der Gemeinden liegt, in den Fällen des § 56 Abs. 2, 4 die Mehr- und Minderbelastung erfolgen muß, obwohl gerade in diesen Fällen der Nachweis besonderen Vortheils oder besonderer Kosten regelmäßig gerade besonders schwierig sein wird.

Endlich ist die Mehrbelastung im Fall des § 27 (Bauplatzsteuer) nicht wie die Mehrbelastung nach § 20 und die Beiträge des § 9 in ihrer Höhe durch einen gewissen Kostenaufwand der Gemeinde, sondern nur durch das Maß der Werthsteigerung beschränkt.

b. Beiträge im Sinne der §§ 9 und 10 und Mehrbelastungen auf Grund des § 20 schließen sich gegenseitig aus. Letztere dürfen nicht auferlegt werden, wenn — im Gegensatze zu „insoweit" — Beiträge erhoben werden (§ 20), wobei selbstverständlich ist, daß die Beiträge für dieselbe Veranstaltung erhoben sein müssen. In der Komm. des Abg.-H. „gab der Finanzminister ohne Widerspruch seitens der Kommission die Erklärung ab, daß die Erhebung von Beiträgen nach § 7 — jetzt 9 — und eine Mehrbelastung nach § 16 — jetzt 20 — nicht gleichzeitig stattfinden dürften; eine Verbindung beider Arten von ungleicher Heranziehung der Abgabepflichtigen zu den Gemeindelasten würde leicht zur Verwirrung und zu nicht gewollter Doppelbelastung führen. Der Umstand, daß der Kreis der nach § 16 Verpflichteten mit demjenigen der nach § 7 Verpflichteten nicht immer zusammenfällt, stehe dem nicht entgegen. Es sei Sache der Gemeinden, von Fall zu Fall zu prüfen, welcher der beiden vom Gesetze offen gelassenen Wege der geeignetere sei". (Bericht zu § 7.)

Der Vorzug der Beiträge besteht vor Allem darin, daß die Steuerbefreiungen der §§ 24 und 28 nicht in Betracht kommen; dieser Umstand wird für städtische Kanalisationsanlagen je nach dem Vorhandensein steuerfreier Grundstücke mehr oder weniger belangreich sein.

Ferner werden Kapitalbeiträge regelmäßig wohl nur auf Grund des § 9 eingezogen werden können, obwohl auch bei der Mehrbelastung Kapitalzahlungen in gewissem Umfange möglich erscheinen.

Dagegen hat die Mehrbelastung (S. 252 flg.) den Vorzug weiterer Anwendbarkeit; auch wird der Umstand, daß nicht wie in § 9 ein Vorverfahren vorgeschrieben ist, sich vielfach als Vortheil geltend machen. Vor Allem bedarf es bei der Mehrbelastung nicht des Nachweises, daß die Veranstaltung vom öffentlichen Interesse erfordert, d. h. nothwendig ist (oben S. 251).

Uebereinstimmung besteht, da für die Mehrbelastung weder die bisher für Kreis- und Provinzialverwaltung vorgeschriebene Form derselben (nach Quoten der direkten Staatssteuern) noch eine andere besondere Gestaltung vorgeschrieben ist, für Beiträge wie Mehrbelastungen darin, daß die Gemeinden — vorbehaltlich der Genehmigung — in der Gestaltung beider freie Hand haben; jedoch wird, wenn die Mehrbelastung die Form einer besonderen direkten Gemeindesteuer hat, zu ihrer Neu-Einführung oder wesentlichen Veränderung nach § 77 ministerielle Zustimmung erforderlich sein. Ueberdies hat die Form der Beiträge vor den Mehrbelastungen nach § 20 den Vorzug, daß erstere nur als direkte Steuer erhoben, letztere aber auch in einer der indirekten Besteuerung nachgebildeten Gestaltung erhoben werden können (vgl. unten c.).

Beiden Arten von Abgaben gemeinsam ist ferner der Charakter öffentlich-rechtlicher Abgaben (Nr. 13); jedoch gelten für die Mehrbelastungen auf Grund des § 20 in Folge ihrer Eigenschaft als direkte Steuern eine Reihe von Bestimmungen, welche auf die Beiträge nicht anwendbar sind — (§§ 60—67, 79—86) —; für die Verjährung der Beiträge — wie der Gebühren — gilt § 87.

c. Außer der im K.A.G. allein erwähnten Mehrbelastung durch direkte Steuern ist auch eine Mehrbelastung durch indirekte Steuern auf Grund des § 13 möglich und statthaft. In der Komm. des H. H. (Ber. S. 406) war angeregt, dies im Gesetz ausdrücklich vorzusehen, indem insbesondere darauf hingewiesen wurde, daß zur Aufbringung der Kosten von Stadterweiterungen — vgl. S. 261, 262 — es vielfach sehr zweckmäßig sein würde, die betheiligten Grundbesitzer durch eine Immobiliar-Umsatzsteuer oder Zuschläge zu einer solchen in besonderem Maße heranzuziehen, da eine solche Besteuerung, welche gerade in dem Augenblicke eintrete, in welchem der Besitzer sein Land als Baustelle zu einem ohne sein Zuthun erhöhten Preise verkaufe, offenbar am leichtesten und insbesondere leichter als eine Bauplatzsteuer zu tragen und daher auch besonders ergiebig zu gestalten sei. Die Anregung wurde jedoch nicht weiter verfolgt, nachdem von Seiten des Ministerpräsidenten die Zulässigkeit derartiger Mehrbelastung durch eine indirekte Steuer als selbstverständlich bezeichnet war, da „durch das Wesen der indirekten Steuer eine Mehr- oder Minderbelastung einzelner Gemeindeangehöriger oder einzelner Gemeindetheile oft ohne Weiteres gegeben" und die besondere Bestimmung des § 20 Abs. 2 lediglich durch die nur für die direkten Steuern geltende Regelbestimmung des § 20 Abs. 1 nothwendig geworden sei, während es für die indirekte Besteuerung bei der Fassung des § 13 einer ähnlichen Bestimmung wie § 20 Abs. 2 nicht bedürfe.

Es ist demnach in dem oben Nr. 4 besprochenen Satze des § 4 Abs. 2 „soweit die Ausgleichung nicht — erfolgt" auch dieser Fall der Mehrbelastung durch indirekte Steuern einzuschalten. Ebenso scheint es nicht zweifelhaft, daß man in § 9 Abs. 2 unter dem übrigens auch sonst ungenauen (oben Nr. 5) Ausdruck: „Steuern" solche Mehrbelastung durch indirekte Steuern nicht mit verstanden hat.

Uebrigens werden Beiträge nach Art indirekter Steuern (vgl. unter b) und Mehrbelastung durch indirekte Steuern vielfach gar nicht zu unterscheiden sein; in solchen Fällen werden dann die Vorschriften des § 9 über das Verfahren zu beachten, andererseits aber wird auch ministerielle Zustimmung, wie sie für Einführung oder wesentliche Veränderung indirekter Gemeindesteuern nach § 77 vorgeschrieben ist, bei einem Vorgehen auf Grund des § 9 nicht nothwendig sein.

d. Die Bestimmungen über Beiträge (§ 9) und Mehrbelastung (§ 20) finden ebenso wie der § 4 (Gebühren) nicht nur auf neu zu unternehmende, sondern auch auf schon bestehende Veranstaltungen Anwendung. (Vgl. O.V.G. E. 7 S. 49.)

11. Die vertragsmäßige Festsetzung von Gebühren und Beiträgen wird im K.A.G. nicht erwähnt, während für indirekte Steuern (§ 13 Abs. 2) und für Steuern vom Einkommen und vom Gewerbebetriebe (§ 43) die Zulässigkeit solcher Vereinbarungen ausdrücklich gestattet ist. Wenn für Steuern von Grundbesitz eine solche Ausnahme von allgemeinen Rechtsgrundsätzen — vgl. S. 308 — nicht vorgesehen ist, hat dies wohl darin seinen Grund, daß für Grundsteuern eine solche Bestimmung überflüssig erschien. Immerhin erweckt die Fassung des § 43 Zweifel, ob eine vertragsmäßige Festsetzung einer Mehrbelastung aus § 20 nur in dem in § 43 gegebenen Umfange zulässig ist. Anders liegt jedoch die Sache für Gebühren und Beiträge, betreffs welcher ein arg. e. contr. aus § 43 nicht gezogen werden kann. Für die besonderen Beiträge zur Wegeunterhaltung ist die vertragsmäßige Regelung ausdrücklich vom Gesetz gestattet (oben S. 266), und innere Gründe sprechen sehr bestimmt dafür, dieselbe auch für andere Beiträge und Gebühren zuzulassen, da diese Arten öffentlicher Abgaben doch einen von den Steuern unterschiedenen besonderen Charakter haben Insbesondere scheint es nicht ausgeschlossen, in der Gebühren-Ordnung von vornherein zu bestimmen, daß in gewissen Fällen und in bestimmten Grenzen die Gebühren durch Vereinbarung festzusetzen sind, wie dies schon jetzt vielfach in Wassergeld-Tarifen geschieht. Der Gesetzgeber hat — so wird man sagen dürfen — nur deshalb keinen besonderen dem § 13 Abs. 2 entsprechenden Zusatz zu § 7 gemacht, weil er dessen Fassung an sich für ausreichend hielt, um auch solche Fälle zu decken. (Vgl. den ähnlich liegenden Fall der Mehrbelastung durch indirekte Steuern S. 273.) Was aber die Beiträge anlangt, so gewährt die zweite Fassung des § 9 noch größere Freiheit, und die Uebergänge zwischen freiwilligen und erzwungenen Beiträgen sind so unbestimmte, daß die Zulassung einer vertragsmäßigen Festsetzung ihrer Höhe geradezu dem Charakter der Beiträge zu entsprechen scheint. (Vgl. auch Wagner, Fin.-W. II, §§ 57—73. S. 134, 188.)

12. Die Dinglichkeit der Gebühren, Beiträge und Mehrbelastungen.

Der besondere Nutzen gewisser Veranstaltungen für Grundbesitz und Gewerbebetrieb ist regelmäßig unabhängig von der Person des jeweiligen Eigenthümers oder Geschäftsinhabers. Die Verpflichtung ruht daher auf dem Grundstücke oder Gewerbebetriebe, welchem der Nutzen erwächst oder von welchem die Veranstaltung in Anspruch genommen wird. Am Klarsten tritt dies im Fall einer Mehrbelastung aller Grundbesitzer oder gewisser Klassen derselben nach § 20 hervor: wie die Grund- und Gebäudesteuer, ist auch der Zuschlag zu derselben von dem jeweiligen Eigenthümer zu entrichten, und zwar haftet das Grundstück sowohl für die während der Dauer der Mehrbelastung fällig werdenden als auch in den gesetzlichen Grenzen für die bereits fällig gewordenen Beträge. Ein Gleiches wird auch für Benutzungsgebühren und Beiträge zu gelten haben, welche für Veranstaltungen erhoben werden, welche von den Grundstücken als solchen in Anspruch genommen werden oder ihnen Vortheile gewähren — wie dies auch für die Beiträge auf Grund des § 15 des Ges. vom 2. Juli 1875 gilt. (Vgl. Friedrichs, das Gesetz betr. Anlegung u. s. w. Bem. 10c zu § 15. S. 121—124. 2. Aufl.) Etwas anders liegt die Sache bei den Gewerbebetrieben. Allerdings ist auch hier insofern eine unpersönliche Verpflichtung vorhanden, als in dem Falle, daß allen Gewerbebetrieben bezw. gewissen Klassen derselben Beiträge oder Mehrbelastungen für eine gewisse Zeitdauer auferlegt sind, alsdann alle jeweils bestehenden bezw. jeweilig zu der pflichtigen Klasse gehörigen Betriebe ohne Weiteres abgabepflichtig werden; indessen kommt hier im Fall einer Veräußerung des Geschäftes die Haftung des Erwerbes für die bereits vorher fällig gewordenen Abgaben in Wegfall.

13. Gebühren und Beiträge sind ebenso wie Mehrbelastungen öffentliche Abgaben und genießen daher insbesondere auch die Vorzugsrechte der öffentlichen Lasten im Konkurs und bei der Zwangsvollstreckung. Konkurs-O. f. d. Deutsche Reich vom 10. Febr. 1877. § 54 Nr. 2 und Pr. Ges. über die Zwangsvollstreckung in das unbewegliche Vermögen, vom 13. Juli 1883. § 28. (Vgl. über Gebühren jedoch S. 250.)

14. Ueber die Rechte der Aufsichtsbehörden in Bezug auf Erfüllung der den Gemeinden in den §§ 4 Abs. 2 und 9 Abs. 2 auferlegten Verpflichtung zur Erhebung von Gebühren und Beiträgen haben eingehende Erörterungen stattgefunden. Daß im Fall des Antrages auf Genehmigung einer Anleihe, sowie bei Anträgen auf Genehmigung von Einkommensteuerzuschlägen über 100 % hinaus oder ausnahmsweiser Vertheilung des Steuerbedarfes (§ 55) die Behörden befugt sein sollten, auf Erhebung von Gebühren und Beiträgen hinzuwirken, war freilich nicht eigentlich bestritten. (Verh. d. Abg.-H. S. 1959, 1960.) Der Finanzminister (S. 1960) verlangte aber Aufrechterhaltung der jetzigen Fassung, weil auch über die eben genannten Fälle hinaus zum Schutz der Minderheiten es unerläßlich sein könne, im Aufsichtswege einzugreifen, indem er sich besonders auf Fälle bezog, in denen für Kanalisationen keine besonderen Abgaben von den Hausbesitzern und für ein Luxusbad keine Gebühren erhoben seien. Im Komm.-Ber. des H. H. (S. 404) findet sich sodann die Bemerkung, daß ein Zwang zur Erhebung von Beiträgen nur in besonderen Ausnahmefällen, wo wesentliche Gefahren für die Steuerkraft herbeigeführt würden, zulässig sei. Das Gesetz selbst enthält jedoch keinerlei derartige Beschränkung des Aufsichtsrechtes und der Min.-Präsident lehnte in der Sitzung vom 30. Juni 1893 (oben S. 162) ab, die Ausführungen des Berichtes in allen Punkten als für die Auslegung maßgebend anzuerkennen.

15. In Bezug auf die Begriffsbestimmung der Gebühren und Beiträge hat neuerdings Fr. J. Neumann eingehende Untersuchungen (Die Steuer und das öffentliche Interesse. 1887. 562 S.) angestellt. Er nennt (S. 391, 392, vgl. 107 flg., 325 flg.) im Gegensatz zu Steuern, die kein spezielles Entgelt für Gegenleistungen seien,

Gebühren: die zur Gewinnung von Staats- oder Gemeinde-Einnahmen (im eigentlichen Sinn) nach Maßgabe von Vorgängen angeordneten Zahlungen, soweit sie Entgelte für spezielle Gegenleistungen des Staats- oder der Gemeinde von öffentlichem Interesse sind, und

Beiträge: die zur Gewinnung von Staats- oder Gemeinde-

Einnahmen nach Maßgabe zuständlicher Verhältnisse angeordneten Zahlungen, soweit sie Entgelte u. s. w. (wie vorstehend).

Diese Begriffsbestimmung, gegen welche auch Frhr. v. Reitzenstein, S. 696 und A. Wagner, Fin. II. S. 42, 43 Bedenken erheben, wird sich jedenfalls für das K. A. G. nicht verwenden lassen,[1]) da dasselbe der Frage, ob es sich um zuständliche dauernde Verhältnisse oder nur vorübergehende Dinge und Vorgänge handelt, keine Bedeutung beimißt. So können z. B. Kanalisationsabgaben, je nachdem sie nur von den benutzenden Grundstücken oder aber unabhängig von der Benutzung von allen Grundstücken, denen die Kanalisation Vortheil bringt, erhoben werden, sowohl Gebühren als Beiträge sein (vgl. oben S. 252). Auch ist der der Erhebung von Friedhofsgebühren zu Grunde liegende Vorgang der Beerdigung wohl eher als ein länger dauerndes Verhältniß zu bezeichnen. Andererseits paßt die Definition auch nicht für die Beiträge zu den Straßenunterhaltungskosten nach Maßgabe der Abnutzung (S. 267). Im Uebrigen kann die Frage der Begriffsbestimmung hier nicht weiter verfolgt werden. Es ist nur noch — auch gegen Wagner, S. 43 — darauf hinzuweisen, daß Entgelte für spezielle Gegenleistungen auch im Wege der Besteuerung erhoben werden können, z. B. durch Mehrbelastungen nach § 20 oder durch besondere Art der Untervertheilung der Realsteuern nach § 56 oder auch durch indirekte Steuern (oben Nr. 10c, S. 272).

Zu § 4 (R. § 4. A. H.-Komm.) und § 5 (A. H.-Komm.).

1. Gebühren sind ein Entgelt für die Benutzung: ohne Benutzung auch keine Gebühr. Interessenten, welche von

---

[1]) Nach der Begr. S. 558 soll es sich allerdings bei den Beiträgen um Zuschüsse zu den Kosten solcher Anlagen handeln, durch welche Einzelnen besondere Vortheile erwachsen, welche „durch Auferlegung von Gebühren für die Benutzung der Anlagen überhaupt nicht oder doch nicht vollständig erfaßt werden“ können. Nach dem § 9 des K. A. G. können Beiträge indessen auch in solchen Fällen erhoben werden, in denen eine Benutzung vorliegt und deshalb der Ausgleich durch Gebühren vollständig erfolgen kann. Erst die weitere Erfahrung wird lehren können, ob und inwieweit es geboten war, die Gemeinden in solchen embarras de richesse in Bezug auf die Formen der Vorausbelastung zu versetzen, und welche dieser Formen sich als die lebensfähigsten und nützlichsten erweisen.

Veranstaltungen — ohne sie zu benutzen — besondere Vortheile haben, sind durch Beiträge oder Mehrbelastungen heranzuziehen. Hierauf ist namentlich bei der Abfassung von Statuten über Kanalisationsabgaben zu achten; vgl. S. 252.

2. Der erste Absatz stellt das Recht der Gemeinde zur Erhebung von Benutzungsgebühren allgemein, für alte wie neue Veranstaltungen fest; die folgenden 5 Absätze handeln von der Verpflichtung der Gemeinden zur Gebührenerhebung in den Fällen, in welchen die Veranstaltung Einzelnen besonders zum Vortheil gereicht (nothwendige Gebühren, vgl. oben S. 260). Daß der 2. Satz im 2. Absatze „die Gebührensätze sind u. s. w." sich nur auf diese Fälle bezieht, geht schon äußerlich aus der Art seiner Einfügung in den 2. Absatz hervor. Allein auch der, anscheinend sich auf beide vorhergehende Absätze beziehende 3. Absatz betrifft in Wirklichkeit nur diesen Fall des Abs. 2, indem er unter gewissen Umständen eine Ermäßigung bezw. den Wegfall der nach Abs. 2 Satz 2 zu erhebenden Gebühren gestattet. Ebenso beziehen sich — ausweislich ihres Inhaltes — trotz ihrer äußeren Stellung die Absätze 4, 5, 6 nur auf die Fälle der nothwendigen Gebühren.

Es kann hiernach kein Zweifel sein, daß das Gesetz für den Fall des Abs. 1 — autonome Gebühren — keinerlei Vorschriften über die Höhe und die Art der Festsetzung der Gebühren enthält, und daß die Vorschrift des zweiten Satzes im Abs. 2, wonach die Gebühren in der Regel die Verwaltungs- und Unterhaltungskosten decken sollen, sich nur auf die nothwendigen Gebühren bezieht und naturgemäß auch nur beziehen kann, da eine Verpflichtung zur Erhebung von Gebühren in bestimmter Höhe immer voraussetzt, daß überhaupt eine Verpflichtung zur Gebührenerhebung besteht. Auch ist es durchaus gerechtfertigt, daß eine Verpflichtung zur Erhebung von Gebühren — ebenso wie zur Erhebung von Beiträgen (§ 9 Abs. 2) — nur soweit besteht, als es sich um Deckung der Kosten handelt, daß dagegen ein Zwang, aus Gebühren Gewinn zu ziehen, nicht vorgesehen ist.

Die Höhe der nothwendigen Gebühren hat also ihre obere Grenze an den durch die Veranstaltung erwachsenden Kosten, darüber hinaus können aber autonome Gebühren in beliebiger Höhe erhoben werden, soweit nicht besondere gesetzliche Bestimmungen entgegenstehen. (§§ 5. 11.) Mit dieser Auffassung stimmt auch diejenige der Grundzüge und der Begründung[1]) überein, während der Bericht der H. H.-Komm. S. 403 den Unterschied zwischen autonomen und nothwendigen Gebühren übersieht und dadurch zu unklaren Bemerkungen über die Gebühren, welche für die im öffentlichen Interesse unterhaltenen Veranstaltungen erhoben werden, gelangt.

3. Das K. A. G. begründet eine Verpflichtung zur Gebührenerhebung — und zwar nicht nur für die neu unternommenen, sondern auch für die schon bestehenden Veranstaltungen —

a) in Bezug auf höhere Lehranstalten und Fachschulen, für deren Besuch ein angemessenes Schulgeld erhoben werden muß; nicht aber in Bezug auf andere Unterrichts-

---

[1]) Grundzüge. S. 51, 52. „1. Die Erhebung von Gebühren muß erfolgen, wenn die Veranstaltung einzelnen Gemeindeangehörigen oder einzelnen Klassen von solchen vorzugsweise zum Vortheile gereicht. Diese Regel erleidet folgende Ausnahmen: ....

2. Sofern nach den Bestimmungen zu Nr. 1 die Erhebung von Gebühren erfolgen muß, sind die Gebührensätze so zu bemessen, daß die Verwaltungs- und Unterhaltungskosten der Veranstaltung, einschließlich der Verzinsung und Tilgung des aufgewendeten Kapitals, gedeckt werden.

Besteht jedoch eine Verpflichtung zur Benutzung einer Veranstaltung für alle Gemeindeangehörigen oder für einzelne Klassen derselben, oder sind die Genannten auf die Benutzung der Veranstaltung angewiesen, so ist unter Berücksichtigung des öffentlichen Interesses, welchem die Veranstaltung dient, und der den Einzelnen gewährten besonderen Vortheile eine entsprechende Ermäßigung der Gebührensätze gestattet; auch kann in Fällen dieser Art die Erhebung von Gebühren unterbleiben. Die Ermäßigung der Gebührensätze und die Befreiung von den Gebühren bedürfen der Genehmigung.

Eine Ermäßigung der Gebührensätze muß ferner insoweit erfolgen, als die den Einzelnen erwachsenden Vortheile durch Beiträge oder steuerliche Mehrbelastung ausgeglichen worden sind.

Im Uebrigen sind Abweichungen von der vorgeschriebenen Bemessung der Gebühren nur aus besonderen Gründen und mit dem Vorbehalte der Genehmigung gestattet.

3. Soweit nach den Bestimmungen zu Nr. 1 eine Verpflichtung zur Erhebung von Gebühren nicht besteht, können die Gemeinden über die Er-

und Bildungsanstalten. „Zu den Fachschulen im Sinne dieses Gesetzes gehören Fortbildungs-, Näh-, Haushaltungs- und ähnliche Schulen niederer Art nicht“; (Begr.) „Die Angemessenheit des Schulgeldes ist nicht im Verhältniß zu der Höhe des Schulgeldes an den Staatsschulen, sondern zu den Kosten der Anstalt und der finanziellen Lage der Gemeinden zu verstehen.“ Komm.-Ber. A. H. S. 2412. „Hier hat nur vorgeschrieben werden sollen, daß nicht zu Gunsten des Besuches der höheren Schulen die gesammte Steuerkraft der Gemeinden in unverhältnißmäßiger Weise in Anspruch genommen werden darf.“ (Begr. S. 560.)

b) wenn die Veranstaltung einzelnen Gemeindeangehörigen oder einzelnen Klassen von solchen vorzugsweise zum Vortheile gereicht (Abs. 2), jedoch mit folgenden Ausnahmen:

1. Die Verpflichtung besteht nicht in Bezug auf Krankenhäuser, Heil- und Pflegeanstalten, sowie auf vorzugsweise den Bedürfnissen der unbemittelten Volksklassen dienende Veranstaltungen. (Abs. 4.)
2. Die Verpflichtung besteht ferner nicht in Bezug auf Wege, Straßen und Brücken. (Abs. 6.)

---

hebung von Gebühren für die Benutzung der von ihnen im öffentlichen Interesse unterhaltenen Veranstaltungen, sowie über die Bemessung der Gebührensätze selbständig befinden. Dieses Recht erleidet jedoch entsprechende Einschränkungen durch die auch ferner in Kraft bleibenden Vorschriften.“ ....

und Begr. S. 560. „Dagegen wird im Abs. 2 als Regel die Verpflichtung der Gemeinden zur Gebührenerhebung in dem durch die Einschränkung des Steuerbedarfes bedingten Umfange angeordnet. Hiernach sind die Gemeinden in der Erzielung höherer Gebühreneinnahmen der Regel nach nicht behindert. Die obere Grenze der Gebührenbemessung entzieht sich einer allgemeinen gesetzlichen Feststellung, ist auch der Regel nach einer solchen nicht bedürftig. Vielmehr muß den Gemeinden, um den konkreten Verhältnissen überall Rechnung tragen zu können, ein freierer Spielraum gelassen werden. Eine erhebliche Ueberschreitung der Billigkeit ist bei Veranstaltungen, deren Benutzung in das Belieben der Gemeindeangehörigen gestellt ist, schon deshalb nicht zu befürchten, weil übermäßige Gebührensätze den finanziellen Ertrag beschränken würden.“ ....

3. Gebühren brauchen ferner gar nicht oder doch nur in ermäßigter Höhe (vgl. oben Nr. 2) erhoben zu werden, wenn die Gemeindeangehörigen oder einzelne Klassen derselben zur Benutzung der Veranstaltung verpflichtet oder auf dieselbe angewiesen sind oder wenn bezw. insoweit in anderer Weise eine Ausgleichung der, Einzelnen zufallenden besonderen Vortheile erfolgt ist.

4. Ueber den Begriff von „Gemeindeangehörigen" und „Klassen von solchen" vgl. oben S. 254 und 258.

5. Der Satz „soweit die Ausgleichung nicht . . . erfolgt" in Abs. 2 ist zu eng gefaßt, da auch noch andere Möglichkeiten des Ausgleichs als durch Beiträge und Mehrbelastung vorliegen. Vgl. S. 258 und 273.

6. Gebühren und Beiträge schließen sich gegenseitig nicht aus; ebensowenig Gebühren und Mehrbelastungen; vgl. die Worte „insoweit die Ausgleichung nicht . . . erfolgt", und oben S. 258. Da die Gemeinden bei der Bemessung der Gebühren freie Hand haben (Nr. 2), hinsichtlich der Beiträge und Mehrbelastungen aber mehr oder weniger gebunden sind (S. 252), so wird die Erhebung von Gebühren in den Fällen, in denen diejenigen, welche besondere Vortheile von den Veranstaltungen haben, zugleich Benutzer sind, im Allgemeinen das einfachste Mittel zur Heranziehung der Interessenten sein (vgl. jedoch oben Nr. 1). In manchen Fällen wird aber eine Verbindung von Gebühren und Beiträgen (oben S. 258) das Angemessene sein, wie sie sich auch zur Zeit schon bei Kanalisationsabgaben[1]) findet.

[1]) Eine zutreffende Bemessung der den Grundbesitzern aus einer Kanalisation erwachsenden Sondervortheile bietet erhebliche Schwierigkeiten. In der Komm. des Abg.-H. erklärte der Fin.-Min. es im Allgemeinen für ungerecht, den Hausbesitzern alle Lasten anfzuerlegen, da es sich um ein allgemeines öffentliches Interesse handele. (Ber. S. 2411.) Im einzelnen Fall wird festzustellen sein, inwieweit die Grundbesitzer, etwa durch Befreiung von Abfuhrkosten, erleichtert werden, inwieweit der Miethwerth durch Anlage von Wasserklosets steigt u. a. m. — Eine Uebersicht über die zur Zeit bestehenden Systeme von Kanalisationsabgaben giebt auf Grund einer von der Münchener Stadtverwaltung angestellten Erhebung (Münchener Gem.-Zeitung 1893 Nr. 19) Dr. Brückner in den Blättern für soziale Praxis. 1893. S. 39, 40. — Ueber die zweckmäßigste Art der Bildung der Wassergeldtarife vgl. Verh. d. Vereins f. öffentl. Gesundheitspflege in der Vierteljahrsschr. f. öff. Ges.-Pfl. 1893.

7. In der Komm. des Abg.-H. wurde, „unter spezieller Bezugnahme auf die Kölner und Neußer Hafenverhältnisse“ in Bezug auf die Höhe der Gebühren im Besonderen geltend gemacht, daß es nicht angängig sei, in solchen Fällen, wo von der Höhe der Gebühren die für die ganze Entwicklung der Stadt wichtige Möglichkeit des Wettbewerbes mit anderen Hafenplätzen abhänge, stets eine so hohe Bemessung der Gebühren zu verlangen, daß dadurch der Hafen rentabel gemacht würde; unter die mildernden Bestimmungen des Abs. 3 würden Hafenanlagen wohl kaum fallen, weil die Betheiligten schließlich nicht gerade absolut auf den Hafen angewiesen seien. In letzterer Beziehung wurde regierungsseitig erwidert: wenn Gewerbetreibende auch nur thatsächlich auf die Benutzung von Hafen-, Kai- und ähnlichen Anlagen angewiesen seien, fände Abs. 3 Anwendung; Anlagen aber, die nur zur Bequemlichkeit dienten, wie Speicher, Niederlagen u. s. w. fielen nicht unter Abs. 3. Komm.-Ber. A. H. S. 2410.

8. Bade- und Desinfektionsanstalten, welche Jedem zugänglich sind, fallen nicht unter Abs. 2, sondern unter Abs. 1 (Finanzminister im A. H. Verh. S. 1963). — Städtische Arbeitsämter (Arbeitsvermittelungsstellen) brauchen nach Abs. 3 Gebühren nicht zu erheben.

9. Hinsichtlich der Tarife für die von Gemeinden betriebenen Eisenbahnen und Kleinbahnen bleiben die bestehenden Bestimmungen, insbesondere der § 13 des Kleinbahnengesetzes vom 28. Juli 1892 unverändert in Geltung. „Eine besondere Bestimmung hierüber in das Gesetz aufzunehmen, wurde nicht für nöthig erachtet, weil die Fahrgelder und Frachtgebühren der Kleinbahnen nicht als Vergütungen im Sinne des § 4, sondern als Vergütungen für Leistungen gewerblicher, wenn auch zugleich dem öffentlichen Interesse dienender Unternehmungen (§ 3) anzusehen sind.“ Komm.-Ber. A. H. S. 2412, 2413. Vgl. S. 243.

10. Hinsichtlich der Aufrechterhaltung der bestehenden Vorschriften über Chausseegelderhebung, Wege-, Brücken-, Hafen- und andere Verkehrsabgaben enthält § 5 einen ausdrücklichen, in der Komm. des Abg.-H. hinzugefügten Vorbehalt, um nicht die

Gemeinden anders zu stellen, als andere Verbände, auf welche sich das K. A. G. nicht bezieht.

11. Einer Genehmigung (§ 8 Abs. 1) bedarf es nur bei nothwendigen Gebühren, und zwar auch nur dann, wenn eine Ermäßigung der in § 4 Abs. 2 vorgesehenen Höhe der Gebühren in Frage steht, sei es, weil alle Gemeindeangehörigen oder einzelne Klassen derselben zur Benutzung der Veranstaltung verpflichtet oder auf dieselbe angewiesen sind, sei es aus anderen besonderen Gründen. § 4 Abs. 3 und 5 vgl. oben Nr. 2 und unten zu § 8. Eine Genehmigung ist nicht erforderlich, wenn die Ermäßigung auf Grund von Abs. 2 wegen anderweit erfolgter Ausgleichung eintreten muß.

12. Gebühren im Sinne des § 4, d. h. für Benutzung der im öffentlichen Interesse unterhaltenen Veranstaltungen — vgl. S. 250 — unterliegen nach § 90 der Beitreibung im Verwaltungswege und genießen als „Gemeindeabgaben" die Vorrechte der öffentlichen Lasten im Konkurs und in der Zwangsvollstreckung (vgl. oben S. 275).

Zu § 6 (R. § 5 Abg.-H.-Komm.).

1. Der § 6 handelt von den Verwaltungsgebühren, welche für die in Abs. 1 genannten Verwaltungszweige allgemein für zulässig erklärt werden. Dies bezieht sich „an erster Stelle auf die baupolizeiliche Aufsichtsführung, welche nicht selten die Anstellung eigner Beamten, die Einrichtung besonderer Bureaus u. s. w. nothwendig macht, und den Gemeinden hierdurch erhebliche Kosten, wesentlich im Interesse der einzelnen Bauherren verursacht. Auch die daneben erwähnte Handhabung der Ordnungs- und Feuerpolizei bei Lustbarkeiten aller Art kann bedeutende Kostenaufwendungen im Gefolge haben." Begr. Derartige Gebühren bestehen z. B. auf Grund älterer Bestimmungen in Frankfurt a. M., während sie im Allgemeinen bisher mit Rücksicht auf Art. 102 der Verf.-Urk., wonach Kommunalbeamte Gebühren nur auf Grund eines Gesetzes erheben können, unzulässig erschienen (vgl. oben S. 245).

2. Die Gemeinden u. s. w. sind zur Erhebung solcher Gebühren berechtigt, aber nicht verpflichtet. (Begr. zu § 5 a. E.)

3. „Von dieser Befugniß der Gebührenerhebung kann nur dann Gebrauch gemacht werden, wenn auch der betreffende Verwaltungszweig in den Händen der Gemeinde selbst, nicht in denen einer Königlichen Behörde — wie dies in Gemeinden mit Königlicher Polizeiverwaltung der Fall ist — sich befindet." (Begr.)

4. „Der Aufführung der Amtsbezirke, der Aemter in Westfalen und der Landbürgermeistereien in der Rheinprovinz bedurfte es, weil — abgesehen von dem Falle, daß das Amt oder die Landbürgermeisterei nur aus einer Gemeinde besteht — die polizeiliche Verwaltung in allen diesen Fällen nicht bei den Gemeinden, sondern beim Amtsbezirke, beim Amte und der Landbürgermeisterei beruht, wogegen für die Kosten der Polizeiverwaltung dieser Verbände die Gemeinden in denselben aufzukommen haben. Auf die Amtsbezirke findet das Gesagte um so mehr Anwendung, als sie nach dem Erlasse der L.G.O. vom 3. Juli 1891 (§ 146) überhaupt keine kommunalen Verbände mehr sind." (Begr.)

5. Einem Antrage, nur die öffentlichen Lustbarkeiten zu erwähnen, wurde in der Komm. des Abg.H. widersprochen: „auch bei privaten Lustbarkeiten, z. B. Schützenfesten mit allerlei Buden und großem Verkehr könne eine Kontrole aus ordnungs- und feuerpolizeilichen Gründen durchaus nöthig sein; übrigens solle die Beaufsichtigung nur dann stattfinden können, wenn dies aus polizeilichen Gründen zu fordern sei." Uebrigens wird im einzelnen Fall zu erwägen sein, ob es nicht angemessener ist, Lustbarkeitssteuern — welche nach dem 2. Satz des Abs. 1 die Gebühren ausschließen — zu erheben (vgl. § 15).

6. In Bezug auf die für die Erhebung von Verwaltungsgebühren seitens der Gemeinden zur Zeit maßgebenden Bestimmungen — welche für andere als die in Abs. 1 genannten Verwaltungszweige auch ferner gelten — äußerte sich in der Komm. des Abg H. ein Vertreter des Ministers des Innern (S. 2413. 2414) folgendermaßen:

„Die Verwaltungsgebühren, auf welche sich § 5 des Entwurfs bezieht, sind namentlich diejenigen, welche durch den § 17 der Sporteltaxordnung vom 25. April 1825 getroffen werden, wonach es wegen der von den Unterbehörden in den Provinzen zu erhebenden Sporteln bis auf Weiteres bei der bestehenden Verfassung sein Bewenden behalten soll. Diese Verfassung kann auf besonderen Privilegien, auf Verleihungen, Sporteltaxordnungen u. s. w. oder auch auf dem Herkommen beruhen. Zahlreiche Sporteln, deren Erhebung hiernach früherhin zulässig war, sind jedoch durch die neuere Gesetzgebung ausdrücklich in Fortfall gekommen oder doch als mit den Bestimmungen derselben unvereinbar anzuerkennen. Beispielsweise gehören hierin die Gebühren für die Ausfertigung von Gesindebüchern ꝛc. (§ 3 des Gesetzes vom 21. Februar 1872, Gesetzsamml. S. 160) für polizeiliche Strafverfügungen wegen Uebertretungen (§ 6 des Gesetzes vom 23. April 1883, Gesetzsamml. S. 65) u. s. w.

„Als gestattet sind — sofern überhaupt die Voraussetzung im § 17 a. a. O. zutrifft, also zur Zeit des Erlasses der Sporteltaxordnung die Ortsverfassung damit einverstanden war — im Allgemeinen verblieben: die Gebühren für die Ertheilung von Attesten in reinen Privatangelegenheiten, wie Führungsatteste, Marktpreis- und Holzwerthatteste, Holz- und Wildursprungsatteste, Bescheinigungen über Besitzverhältnisse zum Privatgebrauche u. s. w.

„Auf Gebühren, die gesetzlich eingeführt oder auf Grund der bestehenden Gesetzgebung von den zuständigen Behörden festgestellt worden sind, wie Paßgebühren, Aichgebühren u. s. w. beziehen sich die Vorschriften des Entwurfs überhaupt nicht."

In der Komm. des H.H. wurde angeregt die Erhebung von Gebühren auch für die Ausstellung von Zeugnissen, Bescheinigungen, Beglaubigungen und für die Ertheilung von Auskünften in reinen Privatangelegenheiten zuzulassen. „Seitens der Königl. Staatsregierung wurde dem Antrage widersprochen. Die Frage der Erhebung von Sporteln sei eine so komplizirte, daß ihre Lösung insbesondere bei den häufig konkurrirenden und oft kollidirenden Interessen des Staates, der Gemeinden und der Privaten große Schwierigkeiten herbeiführe. Auch ständen der Erhebung von Sporteln auch vom Standpunkte der Gemeinden in manchen Fällen Bedenken entgegen, da die Kontrole eine außerordentlich schwierige sei, beispielsweise könnten die Beamten bei mündlicher Auskunftsertheilung unkontrolirbar von der Erhebung von Gebühren Abstand nehmen und so die Bestimmungen der etwa bestehenden Gebührenordnungen umgehen." Komm.-Ber. H.H. S. 403.

7. Der letzte Absatz in Betreff der Höhe der Gebühren soll einerseits verhindern, daß die Verwaltung als solche zu einer Einnahmequelle gemacht wird, welche Ueberschüsse abwirft, „andererseits jedoch auch die Gemeinden der Nothwendigkeit entheben, bezüglich jeder einzelnen Verwaltungsgebühr eine auf die Kosten des betreffenden Verwaltungsaktes zugeschnittene Berechnung aufzustellen. Wo derselbe Verwaltungszweig gebührenpflichtige und gebührenfreie Geschäfte umfaßt, sind behufs Bemessung der Gebührensätze die Kosten der Verwaltung auf beide Arten von Geschäften im Ganzen zu vertheilen". (Begr.) Die Bedeutung der Vorschrift wurde im Abg.-Plen. II. S. 1966 vom Abg. v. Buch zutreffend dahin erläutert, daß „unter normalen Verhältnissen und planmäßig die Kosten des bezüglichen Verwaltungszweiges nicht überstiegen werden dürfen", daß es aber nicht gegen das Gesetz verstoße, wenn „in einem einzelnen Falle unter anormalen Verhältnissen einmal die Gebühren in ihrem Ertrage die Kosten des Verwaltungszweiges übersteigen".

8. Verwaltungsgebühren bedürfen nach § 8 stets der Genehmigung.

Zu § 7. (R. § 4 Abs. 5.)

1. „Die . . vorgeschriebene Festsetzung von festen Normen und Sätzen für die Gebührenerhebung schließt ungleichartige Forderungen und Bemessungen im einzelnen Falle aus. Die Vorschrift bezieht sich aber nur auf die Bestimmung fester Normen und Sätze, steht also einer verschiedenen Abstufung der Gebührensätze, insbesondere einer angemessenen Berücksichtigung unbemittelter Personen, nicht entgegen." (Begr.) Es wird hiernach auch zulässig sein, bei Festsetzung von Gebühren das Prinzip der Besteue-

rung nach der Leistungsfähigkeit in gewissem Umfange mit zur Geltung zu bringen, wie denn auch zur Zeit schon an manchen Orten, z. B. in Hamburg, das Volksschulgeld je nach der von dem Vater gezahlten Einkommensteuer in verschiedener Höhe festgestellt ist und in anderen Städten, z. B. Frankfurt a. M. das Wassergeld unabhängig von dem Verbrauch nach der Höhe der Miethe berechnet wird. Eine Ausbildung des Gebührenwesens in dieser Richtung entspricht einer sozialpolitisch berechtigten Forderung, und es wird hierauf auch bei der Begriffsbestimmung der Gebühren entsprechende Rücksicht zu nehmen sein. Vgl. S. 276.

2. Ueber Vereinbarung von Pauschalsummen vgl. S. 274.

Zu § 8. (R. § 6 Komm. A.H.)

1. Der in der Komm. des Abg.H. abgeänderte § 8 könnte seiner Fassung nach zu der Annahme führen, als ob eine Genehmigung der Benutzungsgebühren immer erfolgen müsse, wenn im Sinne des § 4 Abs. 3 rechtlicher oder thatsächlicher Zwang zur Benutzung besteht oder Abweichungen von der Bestimmung des § 4 Abs. 2 über die Höhe der Gebühren in Frage sind. Diese Auffassung würde jedoch irrig sein, da die Abs. 3 und 5 des § 4 nur von den nothwendigen Gebühren und zwar von den Fällen handeln, in denen eine Verpflichtung zur Gebührenerhebung gegeben ist, aus besonderen Gründen aber eine Ermäßigung oder Erlaß der Gebühren gerechtfertigt erscheint (S. 278). Nur auf diese Fälle kann sich also auch die Vorschrift der Genehmigung beziehen. Hierfür spricht auch die Ausführung, durch welche in der Begr. zu § 4 das Bedürfniß der Genehmigung motivirt ist:

„Bei den im Abs. 3 bezeichneten Veranstaltungen kann der Vortheil des Einzelnen gegenüber dem öffentlichen Interesse in solchem Maße zurücktreten, daß es unbillig erscheinen würde, die Kosten der Veranstaltung oder auch nur einen Theil derselben durch Gebühren aufzubringen. Auf der anderen Seite läßt sich nicht verkennen, daß die im Abs. 3 vorgesehene Zulassung einer Ermäßigung oder eines Erlasses der Gebührensätze zu einer Begünstigung Einzelner auf Kosten der Gesammtheit führen kann. Um dieser Gefahr vorzubeugen, ist die Festsetzung der Gebühren für

Fälle dieser Art in § 6 — jetzt § 8 — von der Genehmigung der Aufsichtsorgane (§ 62 – jetzt § 77 —) abhängig gemacht." (Begr. S. 560.) Allerdings erweckt die Fassung des § 6 — jetzt § 8 — im Reg.-Entw. sowie die dazu gegebene Begründung (S. 561) gewisse Bedenken. Der erste Abs. des § 6 lautete nämlich:

„Die Festsetzung von Gebühren für die Benutzung der von den Gemeinden zu öffentlichen Zwecken unterhaltenen Veranstaltungen bedarf, sofern eine Verpflichtung zur Benutzung der Veranstaltungen besteht (§ 4 Absatz 3) oder wenn es sich um Verkehrsanlagen handelt, der Genehmigung",

während die Begründung desselben Folgendes sagte:

„Das Erforderniß der Genehmigung, welches im § 17 der Landgemeindeordnung vom 3. Juli 1891 ausnahmslos festgehalten ist, wird ohne Bedenken auf diejenigen Fälle beschränkt bleiben können, in welchen für die Bevölkerung eine Nöthigung besteht, die Veranstaltungen der Gemeinden zu benutzen und die gebührenpflichtigen Handlungen der Gemeindeorgane in Anspruch zu nehmen; in diesen Fällen wird das Erforderniß der Genehmigung jedoch auch nicht zu umgehen sein; theils um die richtige Abmessung der Gebühren für die Benutzung der Veranstaltungen zu sichern, theils um einer kleinlichen oder übermäßigen Ausbildung des Sportelwesens im Bereiche der Verwaltungsgebühren vorzubeugen."

Indessen steht genau betrachtet diese Ausführung nicht im Widerspruch zu der Begr. des § 4, da auch sie die Genehmigung nur behufs richtiger (d. h. im Sinne der Begr. zu § 4 richtiger) Abmessung der Gebühren, nicht auch — wie bei den Sporteln — behufs Verhinderung übermäßig hoher Gebühren vorschreibt (vgl. auch S. 243). Die Fassung des § 6 und seiner Begründung war hiernach allerdings ungenau, sie erhielt jedoch durch die Anführung des § 4 Abs. 3 ihre — in der Fassung der Komm. noch entscheidender zum Ausdruck gebrachte — Klarstellung. — Mit der hier vertretenen Auffassung stimmt auch diejenige der Grundzüge S. 52 (vgl. S. 279 unter Nr. 2 und 3) überein.

Zu § 9. (R. § 7, A. H. Komm. H. H.)

1. Die Komm. des Abg.-H. hat den § 7 des Reg.-E. in zwei Paragraphen — jetzt 9 und 10 — getheilt, den ersten Absatz des jetzigen § 9 nur in seiner Fassung geändert, den zweiten Absatz unverändert gelassen, und die Absätze 3—6 neu hinzugefügt. (Vgl. Nr. 6). Das Herrenhaus hat nur in Abs. 3 eine redaktionelle Aenderung vorgenommen.

2. Der Ausdruck „Beiträge" bezeichnet lediglich eine besondere Art von Gemeindeabgaben, welche nicht von den Steuerpflichtigen als solchen, sondern von gewissen Interessenten erhoben werden, weil dieselben von Veranstaltungen der Gemeinde besondere Vortheile haben. Da die Beiträge nach § 9 nur behufs Deckung der Kosten für Herstellung und Unterhaltung der Veranstaltungen erhoben werden dürfen, bezeichnet die Höhe dieser Kosten die obere Grenze für den Gesammtbetrag, welcher durch solche Beiträge aufgebracht werden darf. Ob aber die Interessenten zur Deckung der Gesammtkosten oder aber nur eines Theiles derselben heranzuziehen sind, ist nach Lage des einzelnen Falles im Hinblick auf den Umfang der den Pflichtigen erwachsenden besonderen Vortheile zu bestimmen. Die Begr. bemerkt in dieser Richtung zutreffend (S. 561), „der Entwurf spricht übrigens nur von „Beiträgen" und deutet damit an, daß in Fällen der beregten Art nicht nothwendig sämmtliche Kosten einer Veranstaltung von den im Entwurfe bezeichneten Grundbesitzern u. s. w. zu erfordern sind". Hiernach ist es unrichtig, wenn der H.H.-Komm.-Ber. S. 404. die Auffassung vertritt, daß die Gesammtkosten nicht gefordert werden dürften, da das Gesetz nur von Beiträgen spreche. Vgl. Strutz, S. 45 und oben S. 259.

3. Die Beiträge können sowohl als Kapitalbeiträge als auch in Rentenform, und zwar auch als ablösbare Renten erhoben werden; auch kann eine Verbindung beider Formen: zunächst Rentenzahlung und später, in einem irgendwie bestimmten Zeitpunkt (z. B. Errichtung von Bauten, Verkauf eines Grundstückes) Kapitalzahlung zweckmäßig sein. (Vgl. Finanzminister im Abg.-H. Verh. 2287.) Es trifft dies namentlich in Bezug auf Kanalisationsbeiträge für alte Stadttheile zu, da hierbei eine so-

fortige Einforderung von Kapitalbeiträgen leicht zu großen Härten führen könnte.

4. Die Festsetzung von Beiträgen wird regelmäßig vor Herstellung der Veranstaltung erfolgen; indessen ist auch eine nachträgliche Feststellung gesetzlich nicht ausgeschlossen. Der Fin.-Min. äußerte in dieser Richtung in der Komm. des Abg.-H. (Ber. S. 2417): „Wenn z. B. eine Gemeinde im Interesse von Gewerbetreibenden ein Lagerhaus in der Voraussetzung errichte, daß sich dasselbe rentire, und diese Voraussetzung nicht einträte, so müsse die Gemeinde doch von den Betheiligten Beiträge erheben können. Es komme ja auch nicht bloß der Fall der Errichtung, sondern auch der der Unterhaltung der betreffenden Veranstaltung in Betracht; die Kosten der Unterhaltung ließen sich oft erst nach Fertigstellung ermitteln." (Vgl. die gleichlautenden Aeußerungen im Abg.-H. Verh. S. 1967, 1972, 1974 und die zustimmende Auffassung des H.-H.-Komm.-Ber. S. 404.)[1]) Der Ausdruck „Nachweis der Kosten" im 4. Absatz soll (Verh. des Abg.-H. S. 1967, 1974) eine allgemeinere Bedeutung haben und sowohl den Kostenüberschlag vor begonnenem Werk als die Kostenrechnung nach Ausführung der Veranstaltung umfassen. Nach den Beschlüssen des Abg.-H. stand an Stelle des Wortes „Kostennachweis" in Zeile 5 des 4. Absatzes „Kostenüberschlag". Die H.-H.-Komm. hat zur Vermeidung von Zweifeln hierfür den in Zeile 1 gebrauchten Ausdruck wiederholt.

5. Die Heranziehung der Feuerversicherungsanstalten zur Deckung der Kosten des Feuerlöschwesens ist von Beginn der Kommunalsteuer-Erörterungen an als einer der zur Erhebung von Beiträgen geeigneten Fälle behandelt worden, vgl. z. B. Bruch in den Gutachten S. 21, 22, 34, 35 (vgl. oben S. 261). v. Bilinski, Gemeindebesteuerung 1878, S. 20 und später Ad. Wagner, Fin.-Wiss. II S. 162 und in Schönberg's Handbuch

---

[1]) Der § 9 bezieht sich daher auch auf die schon bestehenden Veranstaltungen (vgl. oben S. 273). Doch wird die Erhebung von Beiträgen zu den Kosten der Herstellung jetzt schon bestehender Anlagen wohl nur in besonderen Fällen angängig sein bezw. erzwungen werden können (vgl. den Ausdruck: „Vortheile erwachsen" — nicht: „erwachsen sind").

II, Versicherungswesen, § 31 S. 1001. Da aber der Wortlaut des § 9 („Gewerbetreibende") Zweifel über die Zulässigkeit einer solchen Heranziehung der Feuerversicherungsanstalten, namentlich in Bezug auf öffentliche Anstalten und Gegenseitigkeitsgesellschaften zuzulassen schien,[1]) war vom Magistrat Frankfurt a. M., dem sich „die Gemeindevorstände und zum Theil auch die Vertretungen einer größeren Anzahl von anderen Städten angeschlossen haben", eine entsprechende andere Fassung bezw. Klarstellung beantragt, während in Folge dessen der Verband Deutscher Privat-Versicherungsanstalten eine Klarstellung in der Richtung erbat, daß die Feuerversicherungsanstalten nicht zu den Gewerbetreibenden gehören, denen besondere wirthschaftliche Vortheile aus der Veranstaltung der Feuerwehr erwachsen, da dieselben in Folge besserer Löscheinrichtungen um so niedrigere Prämien erhöben.[2]) In der Komm. des Abg.-H. traten verschiedene Meinungen hervor (Ber. S. 2418, 2419): eine ablehnende, der auch der Finanzminister beitrat (die Angelegenheit gehöre in das Versicherungswesen, die öffentlichen Gesellschaften unterstützten schon jetzt vielfach, namentlich die freiwilligen Feuerwehren, wenn sie die Gewähr einer guten Regelung hätten; diese letztere fehle aber hier; auch sei die Gerechtigkeit zu bezweifeln) und eine grundsätzlich zustimmende (die Sache gehöre wohl hierhin; die freiwilligen Beiträge würden nicht überall und nicht in genügendem Maße gegeben). Beiden Petitionen wurde in der Komm. weitere Folge nicht gegeben; im Plenum des Abg.-

---

[1]) Der Zweifel bezog sich auch darauf, ob auf Grund des § 9 eine Angabe der in der Gemeinde übernommenen Versicherungssummen oder eingezogenen Prämien mit Erfolg werde verlangt werden können. (Vgl. § 63.)

[2]) Die Frankfurter Petition bemerkt dagegen:

„Daß die Güte der Löscheinrichtungen in erster Linie den Feuer-Versicherungs-Anstalten zu Gute kommt, wird keines weiteren Beweises bedürfen. Denn wenn es auch wahrscheinlich sein mag, daß in Folge der Konkurrenz die Prämien an Orten mit guten Feuerlösch-Einrichtungen sich ermäßigen, so fehlt doch jede Sicherheit dafür, daß diese Ermäßigung auch wirklich im richtigen Verhältniß und im entsprechenden Umfange eintritt. Eine Heranziehung der Feuer-Versicherungsanstalten zu den ihnen besonders zu Gute kommenden Kosten des Feuerlöschwesens erscheint daher gerade vom Standpunkt des Entwurfes des Kommunalabgaben-Gesetzes aus unzweifelhaft nothwendig."

H. kam der Abg. Barth auf die Sache zurück, erklärte eine Besteuerung durch die einzelnen Gemeinden auf Grund des § 9 für durchaus unzulässig, wenn er auch anerkannte, daß eine Regelung im Ganzen wünschenswerth sei (Verh. 1968—1970), und der Abg. Alex. Meyer stimmte ihm im Ganzen zu (1971). In der Komm. des H.H. wurde die Frankfurter Petition nur kurz erwähnt, nach dem Bericht „wurde indessen anerkannt, daß die Regelung dieser Frage im Rahmen dieses Gesetzes unthunlich sei und daher von Stellung eines Antrages Abstand genommen, dagegen beschloß die Kommission, indem sie materiell die in der Petition gestellten Anträge für zutreffend erachtete, dem Herrenhause zu empfehlen, die kgl. Staatsregierung zu ersuchen, baldmöglichst einen Gesetzentwurf vorzulegen, welcher die Heranziehung der öffentlichen und privaten Feuerversicherungsanstalten zu den Feuerlöschkosten regelt". (S. 404, 405.) Das Plenum beschloß demgemäß (Ber. S. 322).

Richtig ist, daß in vielen Staaten die von den Versicherungsanstalten gezahlten Beiträge in eine Centralkasse fließen, von der aus an die einzelnen Gemeinden Beiträge zu den Löschkosten gezahlt werden, und daß eine solche Regelung über das K.A.G. hinausgeht. In anderen Bundesstaaten (z. B. Kgr. Sachsen, Ges. v. 28. Aug. 1876 § 18) besteht indessen auch eine Verpflichtung zur Zahlung von Beiträgen unmittelbar an die Gemeinden, welche bald nach der Gesammtsumme der laufenden Versicherungen, bald nach der Summe der Prämien bemessen wird. Diese Beiträge beliefen sich z. B. in Dresden auf 39 993 Mk., in Leipzig auf 43 804 Mk. und in Chemnitz auf 19 692 Mk. (Stat. Jahrb. deutscher Städte 1892 S. 99).

6. Die in der Komm. des Abg.-H. (vgl. oben S. 289) eingeführten Vorschriften über ein besonderes Verfahren (Abs. 3—6), welches der Erhebung von Beiträgen voraufgehen muß, sind dem Wunsch entsprungen, den Betheiligten die Möglichkeit zu schaffen, rechtzeitig Kenntniß von den geplanten Veranstaltungen und Beiträgen zu nehmen und in geordnetem, vor Ertheilung der Genehmigung durchzuführendem, dem Baufluchtengesetz nachgebildetem Verfahren Einwendungen gegen dieselben zu erheben. Im Ver-

waltungsgerichtsverfahren könne der Gemeindebeschluß oder das Ortsstatut, welches die Beiträge regele, allerdings „incidenter aus dem Grunde angefochten werden, daß dasselbe nicht rechtsbeständig sei, weil es beispielsweise gegen bestehende Gesetze verstoße oder nicht in formell gültiger Weise erlassen sei", indessen würde „eine Prüfung darüber, ob das Statut materiell für den betreffenden Fall der Gerechtigkeit und Billigkeit entspreche, . . ausgeschlossen sein. Einem einmal genehmigten Gemeindebeschluß gegenüber seien auch die Aufsichtsbehörden machtlos". (Ber. S. 2415—2417.) Vgl. oben S. 253 und zu § 20.

7. Daß in Abs. 6 — im Gegensatz zu Abs. 3 und 5 — unter den Betheiligten auch die Gemeinde mit verstanden ist, dürfte selbstverständlich sein.

Zu § 10. (R. § 7, Abs. 3. A. H.-Komm.)

1. Die Bedeutung des § 10 ist trotz seiner eingehenden Erörterung im Landtage in mehrfacher Hinsicht unklar. Außer Zweifel ist zunächst, daß er in einem Punkte eine Abänderung des 15 des Ges. vom 2. Juli 1875 enthält. Dieser § 15 bestimmt:

> „Durch Ortsstatut kann festgesetzt werden, daß bei der Anlegung einer neuen oder bei der Verlängerung einer schon bestehenden Straße, wenn solche zur Bebauung bestimmt ist, sowie bei dem Anbau an schon vorhandenen bisher unbebauten Straßen und Straßentheilen von dem Unternehmer der neuen Anlage oder von den angrenzenden Eigenthümern — von letzteren, sobald sie Gebäude an der neuen Straße errichten — die Freilegung, erste Einrichtung, Entwässerung und Beleuchtungsvorrichtung der Straße in der dem Bedürfnisse entsprechenden Weise beschafft, sowie deren zeitweise, höchstens jedoch fünfjährige Unterhaltung, beziehungsweise ein verhältnißmäßiger Beitrag oder der Ersatz der zu allen diesen Maßnahmen erforderlichen Kosten geleistet werde. Zu diesen Verpflichtungen können die angrenzenden Eigenthümer nicht für mehr als die Hälfte der Straßenbreite, und wenn die Straße breiter als

26 Meter ist, nicht für mehr als 13 Meter der Straßenbreite herangezogen werden.

Bei Berechnung der Kosten sind die Kosten der gesammten Straßenanlage und beziehungsweise deren Unterhaltung zusammen zu rechnen und den Eigenthümern nach Verhältniß der Länge ihrer, die Straße berührenden Grenze zur Last zu legen.

Das Ortsstatut hat die näheren Bestimmungen innerhalb der Grenze vorstehender Vorschrift festzusetzen."

Nach den gesperrt gedruckten Worten in Abs. 2 konnten die Beiträge der angrenzenden Eigenthümer bislang nur nach der Straßenfrontlänge ihrer Grundstücke bemessen werden. Dieser Maßstab bedingt eine verhältnißmäßig stärkere Heranziehung der Grundstücke mit geringer Tiefe oder mit schwacher Bebauung gegenüber tiefen oder stark bebauten Grundstücken. Eine Aenderung desselben war schon auf der Versammlung des deutschen Vereins für öffentliche Gesundheitspflege in Frankfurt a. M. 1887 von dem Referenten, Oberbürgermeister Miquel, empfohlen, um kleinere Gebäude, Einfamilienhäuser u. s. w. gegenüber Miethskasernen, Hofwohnungen und sonstigen stark ausgenutzten Grundstücken angemessen entlasten zu können (Deutsche Vierteljahrsschrift für öffentliche Gesundheitspflege 1888 S. 15). Diese Schranke einer freien Bemessung der Beiträge ist nunmehr beseitigt. (Vgl. Friedrichs a. a. O. Bem. 9b zu § 15, 3. Aufl.)

2. Im Uebrigen bietet die Auslegung des § 10 erhebliche Schwierigkeiten. Freilich scheint der Wortlaut an sich völlig klar. Indem er nämlich besagt, daß das Gesetz vom 2. Juli 1875 und insbesondere also auch der vorstehend abgedruckte § 15 — mit der unter 1 erörterten Maßgabe — in Kraft bleibt, so heißt das zunächst offenbar nur, daß, trotz der Bestimmungen des K. A. G. (§ 9) auch fernerhin ortsstatutarisch Straßenbaubeiträge in der Begrenzung und nach Maßgabe des § 15 auferlegt werden können.[1])

[1]) Die Beiträge auf Grund des § 9 des K. A. G. unterscheiden sich in den wesentlichsten Beziehungen von den Beiträgen auf Grund des § 15 des Ges. v. 2. Juli 1875. Vgl. Bem. 6.

Nach Ausweis der Landtagsverhandlungen soll der § 10 aber nach der Auffassung der Staatsregierung und der Majoritäten der Kommissionen und Häuser des Landtages eine erheblich weitergehende Bedeutung haben.

Der Reg.-Entw. hatte in dem § 7 (jetzt § 9) nach Abs. 2 folgenden 3. Absatz. „Im Uebrigen bewendet es bei den Vorschriften des Gesetzes betreffend die Anlegung u. s. w. vom 2. Juli 1875 mit der Maßgabe, daß die gemäß § 15 desselben einzuziehenden Beiträge u. s. w." In der Komm. des Abg.-H. wurde dieser Wortlaut unklar befunden: die Anfangsworte „im Uebrigen bewendet es", könnten „der Vermuthung Raum geben, daß die Absätze 1 und 2 sich auch auf die Fälle der Anlegung und Veränderung von Straßen und Plätzen in Städten und ländlichen Ortschaften beziehen sollen, daß also in solchen Fällen auch über die Bestimmungen des Baufluchtengesetzes hinaus die Eigenthümer bei Anlegung und Veränderung derartiger Straßen auf Grund der Absätze 1 und 2 des § 7 — jetzt 9 — zu Beiträgen herangezogen werden könnten und müßten. Nach dem K.-Ber. wurde jedoch „festgestellt", daß dies nicht die Absicht des Entwurfes ist, daß es vielmehr in Bezug auf die Anlegung und Veränderung von Straßen und Plätzen — mit der am Schlusse des Absatzes 3 der Vorlage selbst festgesetzten Maßgabe (Bemessung der Beiträge auch nach Flächeninhalt) — lediglich bei den Bestimmungen des Baufluchtengesetzes bewenden soll. . . . Demgegenüber wurde von einer Seite ein sachlich abweichender Standpunkt vertreten und gewünscht, daß zwar nicht der Grundsatz des Absatzes 2 (Verpflichtung zur Hebung von Beiträgen), aber doch der des Absatzes 1 (Befugniß zur Hebung) auch auf die durch das Baufluchtengesetz getroffenen Verhältnisse und über die beengenden Vorschriften dieses Gesetzes hinaus Anwendung finden solle. Warum solle man nicht auch Besitzer von Häusern, welche vor Anlegung der Straße gebaut waren, zu Leistungen heranziehen, wenn diese Besitzer etwa durch Verbreiterung oder Verbesserung der Straße erheblichen Vortheil hätten? Nach dem Baufluchtengesetz sei das aber nicht zulässig. Der Finanzminister wünschte Aufrechthaltung des Sinnes der Regierungsvorlage. Die

Regierung überlege, ob das Gesetz von 1875 geändert werden solle; unter allen Umständen könne dies aber nur allein und nicht bei dieser Gelegenheit geschehen. Man dürfe hier nicht die Grundlagen des gedachten Gesetzes dadurch aufgeben, daß man den Gemeinden in dieser Beziehung volle Freiheit gebe und ihnen überlasse, dies schwierige Problem ihrerseits zu lösen. — Darauf wurde erwidert, man wolle ja nur eine provisorische Ausdehnung des Rechts, Beiträge zu erheben, bis zur endgültigen Regelung bei Revision des Baufluchtengesetzes, welche doch für absehbare Zeit noch nicht in Aussicht gestellt sei. — Die Kommission trat dem Standpunkte des Finanzministers, daß durch dieses Gesetz keine weitere Aenderung des Baufluchtengesetzes von 1875 erfolgen solle, bei, indem sie einem zur Klarstellung dieses Gedankens gestellten Antrage entsprechend die Fassung in der jetzt vorliegenden Gestalt des § 10 feststellte. (Bericht S. 2414, 2415.) Der Berichterstatter erläuterte dies im Plenum in der zweiten Lesung Verhandl. S. 1975), ohne daß in dieser oder der dritten Lesung weitere Bemerkungen von anderen Seiten dazu gemacht wurden, dahin, daß „die allgemeinen Bestimmungen des § 7 — jetzt 9 — über Beiträge auf die im Baufluchtengesetze geregelten Verhältnisse keine Anwendung finden sollen". In der Komm. des Herrenhauses wurde gegenüber den, die Richtigkeit dieser Auslegung bezweifelnden Aeußerungen mehrerer Mitglieder, sowie gegenüber den gestellten Abänderungsanträgen regierungsseitig bemerkt: „Nach der Absicht des Gesetzentwurfs solle überall da, wo es sich um die Veränderung oder die Anlage von Straßen und Plätzen in Städten und ländlichen Ortschaften handele, ausschließlich das Gesetz vom 2. Juli 1875 maßgebend bleiben. Darüber hinaus dürften daher Beiträge für Anlegung und Veränderung von Straßen u. s. w. nicht erhoben werden. In dem Gesetzentwurf sei nach der positiven und der negativen Seite festgestellt, daß an diesem Gesetze — abgesehen von dem Schlußsatz des § 10, betreffend die Anwendung eines anderweitigen Maßstabes — nichts geändert werden solle." (Bericht S. 404.)

Gegen diese Auffassung wurde jedoch auch im Plenum (Verh. S. 315—317) Widerspruch erhoben. Oberbürgermeister Struck=

mann bestritt die Richtigkeit der Ansicht, daß „es nun überhaupt nicht zulässig sein sollte, auf Grund des gegenwärtigen Gesetzes irgend einen Fall, wobei es sich um die Veränderung oder Anlage einer Straße handelt, zu behandeln", und bezog sich dabei insbesondere auf die Fälle der sog. historischen Straßen, welche durch das Gesetz von 1875 nicht geregelt seien, und auf die Unterhaltungspflicht der Fußsteige, deren besondere Regelung außerhalb des Gesetzes von 1875 als rechtlich zulässig anerkannt sei. Er erklärte demgemäß das K. A. G. für unanwendbar, „wo die Materie der Heranziehung der Anlieger in Anlaß der Anlage und Veränderung von Straßen und Plätzen durch das Gesetz von 1875 geregelt ist", dagegen für anwendbar in denjenigen Fällen, für welche eine solche positive Regelung fehle. Der Finanzminister bemerkte hingegen, daß durch diese Aeußerungen die Sache kaum klarer gemacht sei, aus denselben vielmehr Anlaß zu unrichtigen Interpretationen entnommen werden könne, wenn man solchen Aeußerungen einzelner Mitglieder überhaupt ein entscheidendes Gewicht beilege. [1])

---

[1]) Der Finanzminister fuhr dann fort:

„Die Aeußerungen des Herrn Oberbürgermeister Struckmann könnten dahin verstanden werden, daß besondere Beiträge von den Gemeinden beschlossen werden können in allen Fällen, auch selbst wenn es sich um Anlegung oder Veränderung von Straßen handelt, wo nach der Meinung der betreffenden Gemeinde das Gesetz vom 2. Juli 1875 eine Lücke gelassen hat. Wenn er die Sache so versteht, so würde ich allerdings dies für eine irrige Auffassung der fraglichen Bestimmung halten. Wir haben in der Kommission seitens der Staatsregierung betont, daß man zuerst feststellen muß, ob auf den gegebenen Fall das Gesetz vom 2. Juli 1875 überhaupt Anwendung findet, dabei aber sich nicht damit begnügen könne, nun zu sehen, welche positiven Bestimmungen das Gesetz enthält, sondern man müsse auch untersuchen, welche negativen Bestimmungen das Gesetz nach seiner ganzen ratio enthält, d. h. in welchem Falle nach der Ansicht des Gesetzes Beiträge seitens der Anlieger für die Veränderung oder Hersteller neuer Straßen nicht erhoben werden sollen. Soweit dies im einzelnen Falle klargestellt wird, dürfen nach der Auffassung der Staatsregierung besondere Beiträge seitens der Gemeinden nicht erhoben werden. Kommen dagegen Fälle vor auch in Beziehung auf Straßen und deren Unterhaltung, Trottoir, wie man sagen muß: auf diese Fälle hat das Gesetz vom 2. Juli 1875 überhaupt keine Anwendung, ja, da liegt die Sache ganz anders, da tritt die allgemeine Bestimmung in Bezug auf die Beschlußfassung der Gemeinden über Beiträge in Kraft."

In derselben Sitzung des Herrenhauses traten auch in Bezug auf das Verhältniß des § 10 zum § 20 (Mehrbelastung) Meinungsverschiedenheiten hervor. Der Finanzminister betonte wieder: „Das Gesetz vom 2. Juli 1875, entsprechend meiner vorhin ausgesprochenen Auffassung (vgl. S. 297) regelt die Beitragspflicht der Anlieger erschöpfend . . . wo das Gesetz von 1875 überhaupt nicht geregelt hat, weder positiv, noch negativ, da treten die allgemeinen Bestimmungen ein." (Verh. S. 316. 317.)

Die von der Majorität der Komm. des Abg.-Hauses wie vom Finanzminister bei Feststellung der Fassung des § 10 verfolgte Absicht ist hierdurch zwar im Allgemeinen klargestellt, wenn auch im Einzelnen Zweifel bleiben. Diese Absicht würde indessen nach bekannten Auslegungsgrundsätzen bedeutungslos sein, wenn sie nicht auch im Gesetze selbst den erforderlichen Ausdruck gefunden hat. Nun kann aber der Ausdruck: „die Vorschriften des Gesetzes von 1875 bleiben in Kraft" in dem gewollten Sinne überhaupt nur dann verstanden werden, wenn dieses Gesetz die Straßenbaulast der Anlieger in der That sowohl positiv wie negativ allgemein regelt, d. h. jede über den Rahmen des § 15 hinausgehende Festsetzung von Beiträgen zu den Kosten der Anlage oder Veränderung von Straßen und Plätzen verbietet, und es ist daher zunächst zu untersuchen, ob die Bedeutung dieses Gesetzes eine solche ist. M. E. ist diese Frage indessen in dieser Allgemeinheit zu verneinen.

Allerdings hat das O. V. G. am 23. Februar 1892 (nach Friedrichs a. a. O. zu § 19 3. Aufl.)[1]) ausgesprochen, daß die vor Erlaß des Gesetzes vom 4. Juli 1875 vorhanden gewesene — vom Gesetzgeber freilich in Uebereinstimmung mit der damaligen Verwaltungspraxis (oben S. 264) als nicht vorhanden angenommene — Berechtigung der Gemeinden zur Belastung einzelner Klassen

---

[1]) Durch die Güte des Herrn Verfassers und der Verlagsbuchhandlung war mir Einsicht in das Manuskript der dritten Auflage gestattet, wofür ich auch an dieser Stelle verbindlichsten Dank sage. Es wurde mir auf diese Weise möglich, durch Annahme der zum Theil auf ungedruckte Urtheile des O.V.G. gestützten Ausführungen des Herrn Verfassers wenigstens einen sicheren Ausgangspunkt für die Erörterung dieser schwierigen Materie zu gewinnen.

von Gemeindeangehörigen mit Präcipualbeiträgen durch den § 19 des Gesetzes vom 2. Juli 1875 insoweit aufgehoben sei, als eine solche Belastung mit den Normen des letzteren Gesetzes nicht vereinbar sei. Zugleich aber hat das O.V.G. (vgl. Friedrichs a. a. O.) andererseits anerkannt, daß sich das Gesetz von 1875 nur auf „neue" Straßen beziehe und deshalb eine Heranziehung von Anliegern zu den Kosten anderer Straßen (durch „Zwecksteuern") trotz dieses Gesetzes durchaus zulässig sei. Insbesondere ist eine solche Zweckbesteuerung zur Deckung der Kosten der Bürgersteige als zulässig anerkannt. Vgl. oben S. 264.

Wenn somit das Gesetz vom 2. Juli 1875 seinem bisherigen Inhalte nach keineswegs alle Fälle der Anlegung und Veränderungen von Straßen und Plätzen mit Ausschluß anderweiter Verordnung regelt, so kann offenbar durch den § 10, nach welchem dieses Gesetz in Kraft bleibt, demselben kein anderer Inhalt als der bisherige gegeben sein. Auch fernerhin also ist, in demselben Umfange wie bisher, außer den Beiträgen des § 15 eine Heranziehung von Grundbesitzern zu Straßenbaubeiträgen allerdings rechtlich zulässig — wenn auch nicht mehr in der Form der Zwecksteuer, sondern in derjenigen der Beiträge oder Mehrbelastung (vgl. oben S. 265).

Eine solche Heranziehung ist nur insoweit ausgeschlossen, als sie durch das Gesetz von 1875 auch zur Zeit schon ausgeschlossen ist.[1]) Hiernach wird im Einzelnen folgendes festzuhalten sein:

a) Das Gesetz von 1875 regelt erschöpfend — positiv wie negativ — die Vertheilung von Anlage- und Unterhaltungskosten neuer Straßen (vgl. darüber Friedrichs Bem. 2 und 3 zu § 15) auf die Anlieger. Eine Heranziehung der bei Anlage neuer Straßen schon bebauten Grundstücke, welche nach § 15 des Gesetzes von 1875 nicht statthaft erscheint (Friedrichs a. a. O. Anm. 7a zu § 15) ist daher

[1]) Mit dieser Auffassung stimmen, genau betrachtet, auch die Aeußerungen des Finanzministers im Plenum des H.H. — vgl. oben S. 298 — durchaus überein. Die Unklarheiten rühren nur daher, daß den „negativen Bestimmungen" des Ges. vom 2. Juli 1875 in den Verhandlungen der Kommissionen irrthümlich eine zu große Ausdehnung beigemessen war.

auch auf Grund des § 9 trotz der den Eigenthümern erwachsenden wirthschaftlichen Vortheile nicht zulässig, ebenso wenig können durch Anwendung des § 9 etwaige anderweite „Lücken" des § 15 in Bezug auf neue Straßen ausgefüllt werden.

b) Andererseits steht nichts entgegen, Straßenbaubeiträge zu bestehenden Straßen auf Grund des § 9, soweit dessen Voraussetzungen gegeben sind, zu erheben. Dies ist namentlich bei Straßenverbreiterungen von Bedeutung, für welche das Gesetz von 1875 bisher versagte. (Friedrichs a. a. O. Anm. 5b. a. E. zu § 12, vgl. übrigens auch ebd. Anm. zu § 19.)

c) Wie hinsichtlich der Bürgersteige mit Rücksicht auf die besonderen Verhältnisse derselben zur Zeit die Zulässigkeit einer Zweckbesteuerung anerkannt ist, so werden auch fernerhin Beiträge auf Grund des § 9 zulässig sein.

d) Das Gesetz vom 4. April 1875 gestattete bisher nicht, den Anliegern

   1. die bis zum Eingang der — erst bei Errichtung von Gebäuden fällig werdenden — Beiträge auflaufenden Zinsen der Aufwendungen für neue Straßen, und
   2. die Kosten der über 26 m Straßenbreite hinausgehenden Theile von neuen Straßen und Plätzen

   zur Last zu legen.[1]) Es wird daher auch fernerhin nicht statthaft sein, diese Aufwendungen auf die Anlieger zu vertheilen. Der Finanzminister wies in der H.H.Komm. (Ber. S. 404) darauf hin, „daß die Gemeinden für den Zinsverlust einen Ersatz durch die Vorschrift des § 27 Abs. 2, betr. die besondere Besteuerung von Bauplätzen erhalten hätten". Indessen fragt es sich, wie weit dieser

[1]) Ueber die mißliche Folge dieser Bestimmungen, welche die Gemeinden vielfach behufs Kostenersparniß veranlassen, öffentliche Plätze und breitere Straßen in den Bebauungsplänen in unzureichendem, gesundheitlich und sozialpolitisch bedenklich eingeschränktem Umfange vorzusehen und mit der Anlegung von Straßen zögerlich vorzugehen, vgl. Adickes in Braun's Archiv. Bd. VI (1893) S. 380.

Ersatz reicht, vgl. zu § 27. Jedenfalls ist festzuhalten, daß der § 15 nur darüber Bestimmung trifft, welche Straßenbaulast den Anliegern als solchen auferlegt werden kann, daß er den Anliegern aber kein Privilegium in Bezug auf solche öffentliche Abgaben ertheilt, welche von Grundbesitzern als solchen erhoben werden. Vgl. die folg. Bem.

3. In der Komm. des Abg.H. wurde „zur Sprache gebracht, ob unter Veranstaltungen auch die Anlagen und Einrichtungen zu verstehen seien, die eine Stadt bei Aufhebung oder Erweiterung einer Festung mache, und ob zur Deckung der Kosten derartiger Unternehmungen auch die Eigenthümer derjenigen benachbarten Privatgrundstücke, welche durch die Aufhebung der Rayonbeschränkungen erheblich im Werthe gestiegen, in der Form von Beiträgen (§ 7) oder durch Vorbesteuerung (§ 16) herangezogen werden könnten. Die Fälle wären zur Zeit oder würden demnächst z. B. in Köln, wo die Stadt zehn Millionen für den Ankauf des ehemaligen Festungsgürtels ausgegeben, sowie in Wesel und Koblenz praktisch. In der Kommission ergab sich keine Uebereinstimmung der Meinungen über die angeregte Frage. Auf der einen Seite wurde die Ansicht vertreten, daß derartige Unternehmungen der Gemeinden sehr wohl als „Veranstaltungen" angesehen werden könnten, während man andererseits dem jedenfalls insoweit widersprechen zu sollen glaubte, als es sich nur um den Ankauf des Festungsgeländes und die Kosten dieses Ankaufs, und nicht auch um die Einebnung und Regulirung des Geländes und die dadurch erwachsenden Kosten handele. Der Finanzminister war der Ansicht, daß eine gesetzliche Festlegung der Entscheidung nicht angängig sei, die Entscheidung vielmehr wesentlich von der Lage des Einzelfalls abhänge. Es sei jedenfalls zu unterscheiden, ob eine Stadt das Gelände zu Spekulationszwecken erwerbe oder, um im allgemeinen Interesse auf demselben Verschönerungs- und andere Anlagen zu errichten". (S. 2418.)

M. E. ist diese Frage nur ein Theil der umfassenderen Frage, ob und ev. auf welchem Wege die Kosten der Stadterweiterung überhaupt auf Grund des K.A.G. den Interessenten zur Last gelegt werden können. Es ist oben S. 262 bereits darauf hingewiesen, daß zur Zeit ein großer Theil dieser Kosten sehr mit Unrecht nicht von den Interessenten, sondern regelmäßig von der Gemeindekasse, d. h. den gesammten Steuerzahlern getragen wird, und daß eine Abänderung dieser ungerechten Lastenvertheilung dringend erforderlich ist. Nach Stübben, Städtebau 1890 S. 259, 260 lassen sich die Kosten der Stadterweiterung „in zwei Gruppen zerlegen: die eine Gruppe umfaßt alle jene Ausgaben, welche geleistet werden müssen, um das Gelände überhaupt dem städtischen Anbau zugänglich zu machen, z. B. Ausgaben für Flußverlegungen, Brücken, Eindeichungen, Hauptentwässerungs-Kanäle, Verlegung von Festungswerken, Aufhebung von Rayon-Beschränkungen, während die zweite Gruppe sich aus den Aufwendungen für diejenigen Arbeiten zusammensetzt, welche zur Ausführung der Straßenanlagen nebst deren Zubehör im Einzelnen erforderlich sind". (Vgl. auch S. 300 d 2.) Stübben beklagt zugleich, daß zur Zeit, trotz der großen, den einzelnen Grundbesitzern zufallenden Vortheile deren Heranziehung zu den Kosten meistens unausführbar ist; auch in Köln hat die Gemeinde „schließlich nothgedrungen die Geldforderungen der Festungsbehörde für die Verlegung der Stadtumwallung allein befriedigen und das ganze Risiko des Unternehmens allein tragen müssen — den Besitzern von 385 ha bisherigen Rayonlandes fiel die Verdoppelung bis Verzehnfachung ihrer Werthe als Geschenk in den Schooß! Eine gesetzliche Bestimmung, daß die Grundbesitzer bei Aufhebung von Rayonbeschränkungen wenigstens denjenigen Geldbetrag zurückzuzahlen hätten, den sie bei Auferlegung der Beschränkung als Schadenersatz empfingen, wäre doch das Geringste, was man verlangen müßte."

M. E. kann es nicht wohl zweifelhaft sein, daß die Stadterweiterungen bezw. die einzelnen Abschnitte derselben städtische Veranstaltungen im Sinne des § 9 sind, aus deren Durchführung regelmäßig allen im Stadterweiterungsgebiet belegenen Grundstücken in Folge der Verwandlung von Ackerland in Baugelände große wirthschaftliche Vortheile erwachsen, und daß demnach behufs Deckung der Kosten die Eigenthümer dieser Grundstücke zu Beiträgen herangezogen werden können — es müßte denn der § 10 entgegenstehen. Daß in dieser Richtung bezüglich der Kosten von Eindeichungen, Entwässerungs-Anlagen, Brücken- und Flußverlegungen kein Bedenken besteht, leuchtet ohne Weiteres ein. Zweifel entstehen erst bezüglich der oben erwähnten Kosten für den städtischen Ankauf von Festungsgelände. Offenbar können die Gemeinden für den ihnen als verwerthbar übrig bleibenden Theil dieses angekauften Geländes keine Beiträge erheben, da dieser städtische Grundbesitz nicht anders als der private Besitz behandelt werden kann und somit selbst zu den wirklichen Kosten der Stadterweiterung als beitragspflichtig mit heranzuziehen ist. Richtig gestellt lautet also die Frage dahin, ob die auf das zu Straßen und Plätzen bestimmte Gelände zu verrechnenden Kosten in die Kosten der Stadterweiterung als städtische Veranstaltung einzubeziehen sind, oder ob dies aus dem Grunde unzulässig ist, weil die Anlieger zu den Kosten von Straßen und Plätzen nur in einer Breite von 26 m herangezogen werden dürfen. In ähnlicher Weise war in der H. H.-Komm. (S. 403, 404) die Frage angeregt, auch ein Abänderungsantrag in der Richtung, die Zulässigkeit solcher Einrechnung völlig klar zu stellen, eingebracht, derselbe wurde aber nach regierungsseitiger Bekämpfung abgelehnt. Es wird hierauf aber um so weniger Gewicht zu legen sein, als die diesem Widerspruch zu Grunde liegende Anschauung (vgl. oben S. 298) als irrthümlich erwiesen ist. Meines Erachtens ist das Entscheidende, daß das Gesetz vom 4. Juli 1875 nur die Beitragspflicht der Anlieger für gewisse Straßenbaukosten geregelt hat und hat regeln wollen, daß aber die Frage, inwieweit alle Grundbesitzer eines bestimmten Theiles des Gemeindegebietes für die Kosten gewisser Veranstaltungen beitragspflichtig sind, von der Frage der Beitragspflicht der Anlieger ganz unabhängig ist. Allerdings ist ein mehr oder minder großer Theil jener Grundbesitzer mit den Anliegern künftiger Straßen identisch; hieraus kann aber nicht wohl gefolgert werden, daß nun dieser Theil der Grundbesitzer anders und günstiger als der andere, nicht an Straßen angrenzende Theil, dessen Beitragspflicht zu den Kosten öffentlicher Plätze in den Grenzen des § 9 außer Zweifel steht, zu behandeln ist. In Konsequenz dieser Anschauung, welche die Stadterweiterung bezw. deren selbständige Abschnitte als eine einheitliche, wenn auch in Jahren sich vollziehende Veranstaltung auffaßt, sind die Kosten der bauplanmäßig im Stadterweiterungsgebiet anzulegenden öffentlichen Plätze und Straßen — soweit sie breiter als 26 m sind — in die Kosten der Stadterweiterung, ebenso wie die Kosten der Brücken und Eisenbahnunterführungen, die Bauzinsen (vgl. S. 262) u. s. w. einzubeziehen und bei der Berechnung der Beiträge mit zu berücksichtigen. Die Anlieger — darunter auch die Gemeinde für den verwerthbar bleibenden Theil ihres Geländes — haben in diesem Fall ortsstatutarische Straßenbaubeiträge nach Maßgabe des § 15 des Gesetzes vom 4. Juli 1875, außerdem aber als Eigenthümer von Grundstücken in einem bestimmten Stadttheil gemeinsam mit allen anderen Eigenthümern dieses Stadttheiles Beiträge zu den Stadterweiterungskosten zu entrichten.[1])

Diese Bemerkungen treffen selbstverständlich nicht nur zu, wenn es sich um Stadterweiterungen als einheitliche Unternehmungen handelt, sondern auch bei Anlage von einzelnen Plätzen, Promenaden u. dergl., welche nicht nur den Anliegern, sondern einem umfassenderen Theile des Stadtgebietes zu Gute kommen, und zu deren Kosten daher alle Eigenthümer dieses Stadttheiles herangezogen werden.

Die Theilung zwischen den besonderen Anliegerbeiträgen und den allgemeinen Eigenthümerbeiträgen mag im einzelnen Falle

[1]) Die Unrichtigkeit der Annahme, daß Anlieger in keinem Fall über die Anliegerbeiträge hinaus zu weiteren Beiträgen für Kosten von Platzanlagen und für andere mit Straßenanlagen in Verbindung stehende Aufwendungen herangezogen werden dürfen, erhellt auch daraus, daß nach § 55 diese Stadterweiterungskosten jedenfalls (Abs. 2) nicht den Einkommensteuerpflichtigen, sondern den Grundbesitzern aufzuerlegen sind, und daß auch in diesem Falle die Anlieger den auf sie als Grundbesitzer entfallenden Theil mit tragen müßten. Es würde aber geradezu ungerecht sein, zu diesen Stadterweiterungskosten alle Grundbesitzer heranzuziehen, da die Grundbesitzer der alten Stadt durch die Stadterweiterung vielfach geradezu geschädigt werden (vgl. S. 248). Im letzten Grunde ist also die Frage nicht, ob die Anlieger in ihrer Eigenschaft als Grundbesitzer beitragspflichtig sind, sondern nur, in welchem Umfange sie es sind.

gewisse Schwierigkeiten bieten; indessen wird gerade in solchen Fällen das Verfahren des § 9 Abs. 3 flg. eine zutreffende Verrechnung sichern. Immerhin würde es unter Umständen vielleicht das Zweckmäßigste sein, auf die Erhebung der Anliegerbeiträge, welche ja nach dem Gesetz vom 4. Juli 1875 nur eine fakultative ist, ganz zu verzichten und die gesammten Stadterweiterungskosten, einschließlich der Straßenbaukosten unter die Eigenthümer des Stadterweiterungsgebietes nach Maßgabe des § 9 zu vertheilen. Ein solches Verfahren würde auch m. E. nach § 19 des Gesetzes von 1875 nur insoweit unzulässig sein, als es dazu dienen sollte oder könnte, den § 15 dieses Gesetzes zu umgehen, denn an sich ist eine solche Vertheilung der gesammten Stadterweiterungskosten unter alle betheiligten Eigenthümer ein so durchaus anderer Gegenstand als die Vertheilung von Straßenbaukosten unter die Anlieger, daß sie durch den § 19 und die Regelung der Anliegerbeiträge in § 15 nicht ausgeschlossen erscheint.[1])

4. In enger Verbindung mit den unter Nr. 3 erörterten Fragen steht die Frage des Verhältnisses von § 20 — Mehrbelastungen — zu § 10. In der Komm. des H. H. (Verh. S. 404) war regierungsseitig erklärt, daß es „keineswegs ausgeschlossen (sei), in diesen Fällen, d. h. wenn die Voraussetzungen des Gesetzes vom 2. Juli 1875 vorlägen, Mehr- oder Minderbelastungen auf Grund des § 20 dieses Gesetzes eintreten zu lassen". In der Plenarsitzung vom 30. Juni 1893 schwächte der Finanzminister diese Erklärung indessen in gewissem Umfange wieder ab (vgl. oben S. 244), und es ist nicht zu verkennen, daß das in der Komm. des H. H. hinzugefügte Citat des § 10[2]) die Frage, unter welchen

[1]) Die Entsch. d. O.V.G. v. 17. März 1891. II. Sen. (Pr. Verw.-Bl. 12. S. 509) bezeichnet es schon als anderen Gegenstand, wenn ein Gesetz nur die Kosten der Pflasterung von Straßen und ein anderes die gesammten Straßenbaukosten regelt. Dagegen Friedrichs a. a. O. zu § 19, weil beide sich auf denselben Gegenstand: die Heranziehung der Anlieger zu den Straßenherstellungskosten beziehen.

[2]) Diese in der Komm. des H. H. veranlaßte Einfügung beruhte nach der Erklärung des Antragstellers, Oberbürgermeisters Struckmann in der Plenar-

Voraussetzungen und in welchem Umfange Stadterweiterungskosten im Wege der Mehrbelastung auferlegt werden können, einigermaßen zweifelhaft macht. Am leichtesten löst sich die Schwierigkeit, wenn man, die am Schluß der vorigen Nummer vorgetragene Auffassung als richtig anerkennend, von der Erhebung von Anlieger-Beiträgen auf Grund des § 15 des Gesetzes vom 2. Juli 1875 überhaupt absieht und alle Kosten der Stadterweiterung, einschließlich der Straßenbaukosten durch Mehrbelastung aufbringt. Will man dies nicht so steht freilich nach der in Bem. 2 wiedergegebenen Auffassung nichts entgegen, solche Stadterweiterungskosten, zu deren Deckung Anliegerbeiträge nicht erhoben sind und nicht erhoben werden können, im Wege der Mehrbelastung aller Interessenten, mit Einschluß der Anlieger, aufzubringen. Zweifelhaft aber erscheint es, ob dies auch auf die Kosten einer einzelnen Anlage, z. B. einer breiten Promenade, deren Anlage einen größeren Theil des Stadtgebietes zu Gute kommt, insoweit als sie nicht durch Anliegerbeiträge gedeckt sind, anwendbar ist. Denn die Promenade ist als ein Ganzes, als eine einheitliche Straße im Sinne des Gesetzes vom 2. Juli 1875 anzusehen (Friedrichs, a. a. O. Bem. 8 zu § 1, 2. Aufl. S. 30), und wenn hierfür Anliegerbeiträge erhoben werden, ist nach dem Wortlaute des § 20 die Mehrbelastung überhaupt ausgeschlossen. Mit der ratio der Hinzufügung des Citates vom § 10 (S. 305 Anm. 2) deckt sich dies freilich nicht. Zulässig erscheint dagegen die Mehrbelastung jedenfalls, wenn es sich um die Anlage eines — von der Straße, für welche Anliegerbeiträge erhoben werden — getrennten öffentlichen Platzes handelt, welcher gleichfalls einem gewissen Theile des Stadtgebietes vorzugsweise zu Gute kommt. Denn in diesem Fall ist die Anlage des öffentlichen Platzes eine selbstständige Veranstaltung, für welche Anliegerbeiträge überhaupt nicht erhoben werden konnten. (Ebenso Struckmann, a. a. O. S. 317.)

---

sitzung vom 30. Juni 1893 (Ber. S. 317) auf der Absicht, die doppelte Heranziehung eines Interessenten zu verhindern, Niemand „soll nochmals für dasjenige, für was er bereits gezahlt hat, ... zahlen“.

Angesichts der hiernach sowohl hinsichtlich der Beiträge nach § 9 als der Mehrbelastung nach § 20 vorhandenen Unklarheiten und Schwierigkeiten, welche sich einer rationellen Lösung der Frage, wie die Stadterweiterungskosten auf Grund des K. A. G. in gerechtester und zweckmäßigster Weise zu vertheilen sind, entgegenstellen, und welche durch die Praxis und die Rechtsprechung sich erst allmählich werden überwinden lassen, gewinnt die rechtliche Möglichkeit der Aufbringung dieser Kosten durch indirekte Besteuerung eine erhöhte Bedeutung. Vgl. unten S. 315.

5. Der § 15 des Gesetzes vom 2. Juli 1875 bezieht sich auch auf die Entwässerung der Straße. Hierunter fallen jedoch nicht diejenigen Anlagen, welche zur Entwässerung der angrenzenden Grundstücke dienen, „da sich nicht behaupten läßt, daß die Straße begrifflich eine Anstalt behufs Entwässerung der anliegenden Grundstücke sei". (Friedrichs, a. a. O. Bem. 8b zu § 15. 2. Aufl. S. 113.) Der § 15 stellt also einer Heranziehung der Eigenthümer zu den Kosten der Entwässerung ihrer Grundstücke, d. h. der Erhebung von Kanalisationsbeiträgen kein Hinderniß entgegen. Inwieweit bei neuen Straßenanlagen eine Trennung der durch die Entwässerung der Straße erwachsenden Kosten von den durch die Entwässerung der Grundstücke hervorgerufenen durchführbar ist und welche ortsstatutarischen Bestimmungen in dieser Hinsicht vorzusehen sind, wird allgemein nicht zu entscheiden sein. „Die Entwässerung einer neuen Straße bezweckt und umfaßt die Abführung der zufolge atmosphärischer Niederschläge auf sie fallenden, der von höher belegenem Terrain auf sie gelangenden und der ihr vor der Anlegung mittelst künstlicher Leitung bereits zugeführten Flüssigkeiten." O. V. G.-Entsch. Pr. Verw.-Bl. 13. S. 289.

6. Die Beiträge nach dem Gesetz von 1875 sind einfach nach bestimmten äußeren Merkmalen zu bemessen, die Beiträge des § 9 jedoch nach den besonderen Vortheilen, welche die Anlage gewissen Eigenthümern gewährt. Das Gesetz von 1875 geht gewissermaßen von der unausgesprochenen gesetzlichen Präsumtion aus, daß Straßenanlagen den Anliegern Vortheile bringen, und regelt nur die Vertheilung der Beiträge nach einem festen Maß-

stab, während es für die Beiträge des § 9 vor Allem erst einer, Last und Vortheil in richtiges Verhältniß setzenden Ordnung bedarf. Die Aufstellung einer solchen Beitragsordnung bietet demnach weit größere Schwierigkeiten, als der Erlaß eines Ortsstatutes auf Grund des § 15. In letzterem Fall können ferner Beiträge von den angrenzenden Eigenthümern erst: „sobald sie Gebäude an der neuen Straße errichten," erhoben werden, während für die Beiträge des § 9 eine solche Beschränkung nicht gilt. Andrerseits genügt die Errichtung eines Gebäudes an der „neuen" Straße, um den Bauenden nach Ortsstatut pflichtig zu machen, auch wenn Vortheile aus der Straßenanlage für die Anlieger, insbesondere den Bauenden nicht mehr ersichtlich sind, während die Thatsache des Bauens für die Erhebung von Beiträgen des § 9 an sich gleichgültig ist. Aus diesen Bemerkungen folgt, daß eine Heranziehung der Anlieger zu den Kosten „historischer Straßen" auf Grund des § 9 nicht ohne Schwierigkeiten ist.

7. Bei Annahme der in Bemerkung 2 und 3 vertretenen Auffassung, daß auch auf Grund des § 9 in gewissem Umfange Beiträge für Straßen und größere, mit Straßenbauten verbundene Unternehmungen (Stadterweiterungen) erhoben werden können, entsteht die Frage, ob auf diese Fälle auch § 9 Abs. 2 anzuwenden ist, d. h. ob die Gemeinden zur Erhebung solcher Beiträge in den Grenzen des § 9 verpflichtet sind. Meines Erachtens ist die Frage jedoch zu verneinen. Daß in der Kom. des Abg. H. die Absicht allgemein dahin ging, eine solche Verpflichtung auszuschließen, erhellt aus dem S. 295 abgedruckten Satz des Berichtes. Auch hat diese Absicht genügenden Ausdruck dadurch gefunden, daß die in dieser Richtung sehr mißverständliche Fassung des Entw. — oben S. 295 — „im Uebrigen bewendet es" abgeändert ist; und der § 10 besagt demnach im Sinne der Verfasser dieses abgeänderten Wortlautes, daß das bestehende Recht in Bezug auf die fakultative Erhebung von Beiträgen zu den Anlagekosten von Straßen und öffentlichen Plätzen aufrecht erhalten bleiben solle.

8. Die Beiträge auf Grund des § 15 des Ges. vom 2. Juli 1875 haben die rechtliche Natur von Gemeindeabgaben; sie

unterliegen daher vom 1. April 1895 an den allgemeinen, sich sowohl auf Steuern als Beiträge beziehenden, Bestimmungen des K.A.G. über Rechtsmittel (§§ 69. 70), Nachforderung und Verjährung (§§ 87 und 88.), Kosten und Zwangsvollstreckung (§§ 89, 90). Vgl. hierüber sowie über die Unklarheiten des bestehenden Rechtes: Friedrichs a. a. O. Bem. 10 insbesondere unter d. zu § 15.

Zu § 11. (R. § 8 Abg.H. Komm. Plen. II.)

1. „Nach § 5 des Ges. vom 18. März 1868 (durften) die Gebühren für die Schlachthausbenutzung den zur Unterhaltung der Anlagen, für die Betriebskosten, sowie zur Verzinsung und allmählichen Amortisation des Anlagekapitals und der etwa gezahlten Entschädigungssummen erforderlichen Betrag nicht übersteigen. Hierbei durfte ein höherer Zinsfuß als 5 Prozent jährlich und eine höhere Amortisationsquote als Ein Prozent nebst den jährlich ersparten Zinsen nicht berechnet werden." (Begr.) Zur Abschneidung der hierdurch vielfach hervorgerufenen Differenzen mit den Schlächtern und zur Beförderung der gesundheitlich so wichtigen öffentlichen Schlachthäuser ist nunmehr eine andere Maximalgrenze gesetzt, welche den Gemeinden die Erzielung von angemessenen und das Risiko deckenden Ueberschüssen gewährt und zugleich den besonderen Vortheilen entspricht, welche dem Schlächtergewerbe aus der Einrichtung öffentlicher Schlachthäuser erwachsen. Vgl. S. 71.

2. Die 8 Prozent sind vom Anlagekapital einschließlich der Entschädigung zu berechnen, einerlei wie dasselbe beschafft und ob es ganz oder theilweise schon amortisirt ist. Kom.-B. A.H. S. 2420.

3. Der letzte Satz in Abs. 2 ist im Abg.-H. in der zweiten Lesung (Verhandl. S. 1976—1984) auf Antrag der Abg. Dr. Kelch und Tzschocke hinzugefügt, um nicht in den Städten mit Schlachtsteuern (vgl. § 14) eine weitere Belastung des Fleischkonsums eintreten zu lassen. Diese Städte sind nunmehr zunächst ungünstiger als bisher gestellt, da sie nach dem bestehenden Schlachthausgesetz Gebühren von 6 Prozent erheben durften (Verhandlungen S. 1979) — allerdings nur bis zur Amortisation des Anlagekapitales.

4. „Die Zulassung einer Erhöhung der im Abs. 3 bezeichneten Untersuchungsgebühren", — welche nach § 5 des Ges. vom 18. März 1868 nur in Höhe der Kosten der Untersuchung erhoben werden durften — „ist erforderlich, um einen angemessenen Ausgleich herzustellen zwischen denjenigen Gewerbetreibenden, welche bei der Ausübung des Schlächtergewerbes zur Benutzung eines öffentlichen Schlachthauses genöthigt sind, und denjenigen, für welche es bei dem Verkaufe des ausgeschlachteten Fleisches, weil von auswärts eingeführt, einer solchen Benutzung nicht bedarf." (Begr.)

Zu § 12. (Abg.H.-Komm. § 8a Pl. II S. 1984.)

1. „Nach der bisherigen Lage der Gesetzgebung und der Rechtsprechung wurde den Kurtaxen die Natur der Gebühren abgesprochen, wodurch die Gemeinden bei der Erhebung von Kurtaxen ebenso gestellt werden, wie Privatunternehmer von Bade- und ähnlichen Anstalten. . . Man verkannte . . nicht, daß die Kurtaxen, indem sie vielfach nicht den wirklichen Mitgenuß der in Badeorten getroffenen Veranstaltungen zur Voraussetzung haben, nicht eigentlich zu den Gebühren im Sinne des § 4 zu rechnen sind. Demgemäß nahm die Kommission eine besondere materielle Bestimmung über die Berechtigung der Gemeinden zur Hebung von Kurtaxen . . . auf." Komm.-Ber. Abg.H. S. 2420.

2. Kurtaxen können, wenn sie von der Aufsichtsbehörde — nicht Beschlußbehörde wie bei anderen Gebühren — genehmigt sind, im Verwaltungsverfahren beigetrieben werden. Vgl. § 91.

3. Für die Nachforderung von Kurtaxen sind, da der § 87 sich nicht auf den § 12 bezieht, die allgemeinen Bestimmungen maßgebend; und zwar nach der Auffassung der Regierungsvertreter (K.Ber. Abg.H. S. 2499) die civilrechtlichen Verjährungsvorschriften. Die Komm. des Abg.-H. „sah von einer besonderen Bestimmung in dieser Beziehung ab, weil die Forderung der Kurtaxen regelmäßig sofort erfolgt und der Fall von Nachforderungen kaum eintreten dürfte". Eintretendenfalls aber wären, da die Kurtaxen in Th. I „Gemeindeabgaben" eingefügt sind, wohl die öffentlich-rechtlichen Vorschriften zu beachten, nach welchen

eine Nachforderung — weil nicht in § 87 erwähnt — ausgeschlossen, für die Verjährung aber § 88 maßgebend ist.

4. J. Jastrow hat die reichsrechtliche Zulässigkeit der Kurtaxen angezweifelt, weil sie in Wirklichkeit eine nach § 8 des Ges. über die Freizügigkeit vom 1. Novbr. 1867 unstatthafte Aufenthaltssteuer seien. (Braun's sozialpolitisches Centralblatt 1893 S. 301 und 371.) Dieser Zweifel kann für einzelne Fälle begründet sein; er ist es aber nicht, insoweit die Gemeinde den Fremden wirklich besondere Veranstaltungen zur Verfügung stellt. So auch Jastrow, Preuß. Steuerbuch 1894 S. 70.

Zum dritten Titel (Gemeindesteuern).

1. Die durch das Gesetz für steuerpflichtig erklärten Personen und Objekte müssen in dem gesetzlichen Umfange von den Gemeinden zur Steuer herangezogen werden.[1]) Befreiungen von den Steuern sind nur in den im Gesetz vorgesehenen Fällen zulässig, und zwar können freigelassen oder mit einem ermäßigten Satz herangezogen werden:[2])

a) in Betreff der Grundbesitzsteuer: Gebäude milder Stiftungen, welche für deren Zweck unmittelbar nicht benutzt werden und deshalb nicht an sich steuerfrei sind, falls die Stiftung nicht bloß zu Gunsten bestimmter Personen oder Familien besteht (§ 24 h.),

b) in Betreff der Einkommensteuer: Neuanziehende, welche in der Gemeinde keinen Wohnsitz haben, sich aber mehr als drei Monate in derselben aufhalten (§ 33 Abs. 4), Steuerpflichtige mit einem Einkommen von nicht mehr als 900 Mk. (§ 38) und
Ausländer und Angehörige anderer Bundesstaaten in den Grenzen des § 39. Außerdem besteht auch
im Falle des § 49 Abs. 2 wohl nur ein Recht, keine Verpflichtung der Gemeinde, das den Forensalgemeinden zur Besteuerung zu überlassende Einkommen zu kürzen.

---

[1]) Vgl. Grundzüge S. 48.

[2]) Im Entw. war außerdem eine mäßigere Heranziehung der Waldungen und eine Freilassung der Gewerbetreibenden der Klasse IV zugelassen. Das Abg.H. beseitigte beide Ausnahmen in den jetzigen §§ 27 und 31.

Die vertragsmäßige Zusicherung von Steuerfreiheit ist — jedenfalls für das öffentliche Recht — nichtig. O.V.G.Entsch. S. 12, 120. Vgl. Entsch. des Reichsgerichts von 1885 im Preuß. Verw.-Bl. 6 S. 64, 80.

Vereinbarungen mit Steuerpflichtigen, durch welche der Steuerbetrag für mehrere Jahre im Voraus fest bestimmt wird, sind für indirekte Steuern allgemein (§ 13 Abs. 2), für Einkommen- und Gewerbesteuern, so weit es sich um Steuern von fabrikmäßigen Betrieben und von Bergwerken handelt (§ 43), für zulässig erklärt. Vgl. über deren Zulässigkeit in Bezug auf Gebühren, Beiträge und Mehrbelastungen S. 274 und S. 325.

2. Insoweit die Steuerpflicht unmittelbar durch das Gesetz geregelt ist, bedarf es ergänzender Gemeindebeschlüsse nur in Betreff der Höhe der Steuer, so bei allen in Form von Zuschägen erhobenen Gemeindesteuern. Ermäßigung oder Erhöhung der prinzipalen Veranlagungssätze zieht ohne Weiteres auch eine entsprechende Abänderung der Veranlagung zur Gemeindesteuer nach sich. (Vgl. wegen der Grund- und Gebäudesteuer § 26 Abs. 2, wegen der Gewerbesteuer § 30 Abs. 2 und wegen der Einkommensteuer § 36 Abs. 3.) Die Zuschläge müssen regelmäßig gleichmäßig sein. Nur in Betreff der Gewerbesteuer sind für die Fälle des § 31 Ausnahmen zugelassen. Vgl. § 27 Abs. 1 und § 36 Abs. 1, jedoch auch § 20 Abs. 2. (Mehrbelastung.)

Die Einführung neuer und die Veränderung bestehender direkter Gemeindesteuern, welche nicht in Prozenten der vom Staate veranlagten Steuern erhoben werden, kann nur durch Steuerordnungen erfolgen, welche der Genehmigung bedürfen [1])

[1]) Vgl. Begr. S. 563, 564. „Die Autonomie der Gemeinden kann auf dem Gebiete der Vertheilung der Steuern keine unbedingte sein. Einestheils konkurriren hierbei wesentliche staatliche Interessen, anderentheils fehlt oft die nothwendige Unbefangenheit und Objektivität der interessirten Mehrheiten der Selbstverwaltungskörper. Da das Gesetz nicht für alle einzelnen Fälle Entscheidung treffen kann, so wird hier ein Eintreten der Aufsichtsinstanz unentbehrlich sein. Insbesondere bedarf der Staat der Garantie, daß die von ihm zu Gunsten der Gemeinden aufgegebenen Realsteuern auch in der richtigen Weise in den Gemeinden zur Anwendung gelangen.“

(§ 23 Abs. 5, 6.) Die Einführung neuer und die Veränderung bestehender indirekter Gemeindesteuern setzt in jedem Fall den Erlaß einer Steuerordnung voraus. (§ 18, vgl. jedoch Bem. 2 zu § 18.)

Insbesondere bedarf auch die Bauplatzordnung einer Regelung durch die Steuerordnung. (§ 27.)

Die Beschlüsse hinsichtlich der Heranziehung oder Freilassung der unter 1a und b genannten Steuerpflichtigen erfordern die Form der Steuerordnung nicht.

Ueber den zulässigen Inhalt der Steuerordnung treffen, abgesehen von den für jede Steuerart geltenden besonderen Vorschriften (insbesondere §§ 13, 14, 23, 25, 27, 29, 37, 38) die §§ 63 und 64 nähere Bestimmung und zwar § 63 für die Regelung der Rechte des Gemeindevorstandes und die Obliegenheiten der Steuerpflichtigen in Bezug auf die für die Forensalbesteuerung wie die besonderen Gemeindesteuern sehr wichtige Auskunfts-Erforderung und Ertheilung, und § 64 über die Zulässigkeit der Veranlagung besonderer Realsteuern auf mehrere Jahre.

Die Steuerordnungen können (§ 82) Zuwiderhandlungen mit Strafe bis zu 30 Mk. bedrohen.

Der § 78 regelt das Recht der Aufsichtsbehörden, die für die Aufbringung der Steuern, Gebühren, Beiträge und Dienste erforderlichen Ordnungen zu erlassen.

§ 93 handelt von der für die Kreishundesteuer zu erlassenden Steuerordnung.

„Nach der Judikatur des O.V.G. bedürfen Steuerordnungen zu ihrer Gültigkeit der Bekanntmachung nicht, wo es das Gesetz nicht ausdrücklich vorschreibt, was z. B. wegen der auf Grund des Gesetzes vom 2. Juli 1875 zu erlassenden Ortsstatute vorgeschrieben ist . . .

Seitens des Herrn Ministerpräsidenten wurde erklärt, daß an sich die Publikation der Steuerordnungen und anderer ortsstatutarischer Vorschriften nothwendig sei; der Aufnahme einer solchen Bestimmung in das Gesetz stehe aber die Gefahr entgegen, daß dann diese Bestimmung benutzt werden könne, um sich bestehenden Steuerordnungen zu entziehen, an deren Rechtsgültigkeit an sich Niemand zweifle, bei denen aber wegen der Länge der Zeit, die seit ihrem Erlaß verflossen wäre, nachträglich der Beweis der Publikation schwer zu erbringen sei. Es empfehle sich daher, von einer desfallsigen Ergänzung des Gesetzes Abstand zu nehmen; es würde indessen in den Ausführungsbestimmungen zum Gesetze auf die Publikation der Steuerordnungen hingewirkt werden.

Mit Rücksicht auf diese Erklärungen des Herrn Ministerpräsidenten wurde von einem Abänderungsantrage Abstand genommen." H.H.Komm.-Ber. S. 406.

Vorbemerkung zum dritten Titel. Abschn. I.
(Indirekte Steuern.)

Obwohl die Begr. ein großes Gewicht auf Einfügung indirekter Steuern in den Gemeindehaushalt legt (vgl. S. 170—172), ist die Gewinnung erheblicherer Beträge aus denselben in Folge der reichs- und landesgesetzlichen Beschränkungen (zu §§ 13, 14) doch sehr erschwert.

Von den Getränkesteuern kommt hiernach zur Zeit[1]) nur die Biersteuer[2]) in Betracht, welche neuerdings auch in einer größeren Anzahl von Städten neu eingeführt ist. Der Ertrag derselben ist in Folge des Verbotes höherer Sätze ein verhältnißmäßig nicht bedeutender: er blieb in allen Städten außer Erfurt (mit etwa 1,20) unter 1 Mk. pro Kopf der Bevölkerung. In Magdeburg und Halle belief er sich auf etwa 0,85, in Düsseldorf auf nur 0,25 Mark pro Kopf.

Von sonstigen Verbrauchssteuern sind wohl nur noch eine Steuer auf Gas und elektrisches Licht (vgl. Bem. 3 zu § 14) — in den Orten ohne eigene Anstalten — und eine Baumaterialiensteuer, welche in den elsaß-lothringischen Städten von Belang ist, zu nennen; außerdem die — freilich finanziell weniger einträglichen — Luxus- oder Aufwandssteuern (Equi-

[1]) Im Entwurf eines Reichsgesetzes über die Weinsteuer ist auch eine kommunale Besteuerung des Weines zugelassen.

[2]) Über die Frage, wer eine neu eingeführte oder erhöhte Biersteuer endgültig trägt, und inwieweit sie insbesondere den Konsumenten trifft vgl. die auf umfassendes bayrisches Material gestützte Arbeit von G. Schanz in Schmoller's Jahrb. 1882. S. 563 flg.

pagen-, Pferde-, Hunde-, Billard-, Dienstboten- u. s. w. Steuern), über welche sich nähere Angaben in Schönberg's Handbuch, III. 3. Aufl. 1891 S. 426—428 finden.

Größere Erträge würde eine Entwickelung indirekter Verkehrssteuern bieten, als deren wichtigste eine Umsatzsteuer von Immobilien, daneben auch eine Abgabe von Mobiliar-Versicherungen — als theilweiser Ersatz für die den Gemeinden versagte Vermögenssteuer — genannt sein mag. Die Umsatzsteuer, welche sich wegen der bezirksweise aufzulegenden Zuschläge besonders auch zur Deckung der Kosten von Stadterweiterungen und Entfestigungen eignet (vgl. S. 272. 307), erbrachte bei Annahme von 1 % vom Kaufpreis — die wirklich erhobenen Sätze schwanken zwischen 0,50 bis 1,50 % — in den letzten Jahren z. B. in Emden durchschnittlich 0,31 Mk., in Danzig 0,50 Mk., in Hildesheim zwischen 0,70 und 1,18 Mk., in Altona zwischen 1,10 und 1,50 Mk., in Kiel zwischen 1,43 und 2,02 Mk. und in Frankfurt a. M. (1881—1892) zwischen 1,42 und 2,84 Mk. pro Kopf der Bevölkerung. — Ausführlichere Erörterungen über die Fortbildung indirekter Gemeindesteuern, für welche hier der Platz fehlt, werde ich in der Tübinger Zeitschrift für die gesammte Staatswissenschaft 1894 geben. Vgl. oben S. 172 und 272; ferner Schall in Schönberg's Handbuch, III. S. 504—507, 515, 516 und A. Wagner, Fin.-W. II. S. 578 flg. (Besteuerung der Konjunkturgewinne).

Zu § 13. (R. § 9 Abg.H. Pl. II.)

1. Die reichsgesetzlichen Beschränkungen der kommunalen Verbrauchsabgaben (Art. 5, I. und II. § 7 des Zollvereinigungsvertrages vom 8. Juli 1867 — B.G.Bl. S. 81 —) sind nach den „Grundzügen" S. 55, 56:

„Ausländische Erzeugnisse, die bereits mit einem Zolle von mehr als 15 Groschen für den Zentner (3 Mark für 100 Kilogramm) belegt worden sind, sollen keiner weiteren Abgabe für Rechnung der Kommunen unterliegen; indessen ist diese Einschränkung durch das Reichsgesetz vom 27. Mai 1855 (B.G.Bl. S. 109) insoweit in Fortfall gekommen, als es sich um die Besteuerung von Mehl und anderen Mühlenfabrikaten, von Back waaren, Fleisch, Fleischwaaren und Fett, Bier und Branntwein handelt.

Bezüglich der inländischen und der vereinsländischen Erzeugnisse gelten folgende Beschränkungen:

a) Kommunale Verbrauchssteuern, mögen sie in Zuschlägen zu den Reichs-(Staats-)steuern oder für sich bestehen, dürfen nur von folgenden zur örtlichen Konsumtion bestimmten Gegenständen: Bier, Essig, Malz, Cider (Obstwein) und den der Mahl- und Schlachtsteuer unterliegenden Erzeugnissen, ferner Brennmaterialien, Marktviktualien und Fourage erhoben werden. Eine Verbrauchssteuer von Wein ist nur in den eigentlichen Weinländern gestattet; hierzu gehören im Gebiete des Preuß. Staates ausschließlich die vormals Bayerischen, Großherz. Hessischen und Nassauischen Landestheile.

b) Die Besteuerung des Branntweins ist nur ausnahmsweise und nur denjenigen Gemeinden gestattet, welche schon vor dem Abschlusse des Zollvereinigungsvertr. vom 8. Juli 1867 und seitdem ununterbrochen bis zur Gegenwart eine solche Abgabe erhoben haben, und zwar zu demjenigen Betrage, zu welchem die Abgabe innerhalb der Grenze des vertragsmäßigen Maximalsatzes (8,73 Pfennige für 1 Liter 50prozentigen Branntwein) erhoben worden ist. Die Einführung neuer und die Erhöhung bestehender kommunaler Branntweinsteuern ist ausgeschlossen.

c) Die Besteuerung des Bieres ist allen Gemeinden mit der Beschränkung gestattet, daß der Steuersatz 20 % des im Zollvereinigungsvertrage für die Staatssteuer vereinbarten Maximalsatzes nicht überschreitet; der höchste Satz der kommunalen Bierbesteuerung beträgt hiernach für das in eine Gemeinde eingeführte Bier 65 Pfennige für 1 Hektoliter und für das in einer Gemeinde gebraute Bier 50 % der nach dem Reichsgesetze vom 31. Mai 1872 (R.G.Bl. S. 153) zu erhebenden Brausteuer. Soweit in einzelnen Gemeinden schon vor dem Abschlusse des Zollvereinigungsvertrages und seitdem ununterbrochen bis zur Gegenwart höhere Abgaben vom Biere erhoben worden sind, ist die Forterhebung in dem bisherigen Betrage zulässig.

d) Soweit die Besteuerung des Weines den Gemeinden gestattet ist (vgl. zu a), dürfen die Steuersätze 20 % der im Art. 5 II. § 2c für die Staatssteuer vereinbarten Maximalsätze nicht übersteigen; der höchste Steuersatz für Weine beträgt, wenn die Abgabe ohne Rücksicht auf den Werth des Weines festgesetzt wird, 1,22 Mark für 1 Hektoliter. Höhere Abgaben können forterhoben werden, soweit sie schon vor dem Abschluß des Zollvereinigungsvertrages und seitdem ununterbrochen bis zur Gegenwart besteuert worden sind.

e) Für alle kommunalen Verbrauchssteuern gilt der allgemeine Grundsatz, daß die sämmtlichen vereinsländischen Erzeugnisse der betreffenden Art gleichmäßig besteuert werden müssen. Hiernach sind z. B. Befreiungen des im Bezirke der besteuernden Gemeinde gebrauten Bieres, des für den Haushaltungsbedarf geschlachteten Viehs bezw. des hiervon verwendeten Fleisches, des dort gebackenen Brodes und des selbsthergestellten Obstweins nicht zulässig."

2. Der 2. Absatz enthält eine ähnliche Bestimmung, wie § 43. Vgl. oben S. 312.

Das Erforderniß der Genehmigung ist im Abg.H. in 2. Lesung (Verh. S. 1986) hinzugefügt, um nach dem Ausdruck des Antragstellers v. Strombeck „die Möglichkeit ungerechtfertigter plutokratischer Einflüsse" zu beseitigen.

Zu § 14. (R. § 10 Abg.H.Komm. red.)

1. § 14 enthält die landesgesetzlichen Schranken des Rechtes der Gemeinden zur Hebung indirekter Steuern. Durch dieselben soll grundsätzlich die Besteuerung der unentbehrlichen Lebensmittel, mit Einschluß der Brennmaterialien ausgeschlossen werden, eine Ausnahme jedoch in denjenigen Gemeinden gestattet sein, in welchen eine Besteuerung derselben bisher schon stattgefunden hat." (Begr.)

2. Ueber die zur Zeit bestehenden indirekten Verbrauchsabgaben vgl. S. 124. Eine Schlachtsteuer, für welche das Gesetz vom 25. April 1873 mit den darin enthaltenen besonderen Bedingungen der Forterhebung (erneute Beschlußfassung nach je 3 Jahren und Genehmigung der Minister) gilt, wird

gegenwärtig noch in Posen, Gnesen, Breslau, Potsdam, Koblenz und Ehrenbreitstein, Aachen und Burtscheid mit theilweise erheblichen Beträgen (etwa 3,70 Mk. pro Kopf) erhoben. — Außerdem wird Mahl- und Schlachtsteuer noch in einigen Städten der Provinz Hannover und in einer größeren Zahl von Gemeinden in Hessen-Nassau erhoben. Für diese gelten die Beschränkungen des Gesetzes vom 25. April 1873, welches sich nur auf die Orte bezog, in welchen für den Staat Mahl- und Schlachtsteuer erhoben wurde, nicht. — In Gemeinden, welche 1873 von der Berechtigung der Forterhebung der Schlachtsteuer keinen Gebrauch machten (oben S. 28), ist die Wiedereinführung derselben unzulässig. Abg.H.Komm.-Ber. S. 2423.

3. Beleuchtungsstoffe sind von der Besteuerung nicht ausgeschlossen. Insbesondere ist eine Gassteuer, wie sie auf Grund des Württemb. Ges. vom 23. Juli 1877, welches bei gewisser Höhe der direkten Steuern Verbrauchsabgaben auf Bier, Fleisch und Gas gestattet, z. B. in Stuttgart eingeführt ist, zulässig. Petroleum unterliegt seit 1879 einem Zoll von 6 Mk. für 100 kg Bruttogew. und ist deshalb nach § 14 frei zu lassen.

Zu § 15. (R. § 11.)

1. Das Recht der Gemeinden, öffentliche Lustbarkeiten zu besteuern, ist zur Zeit durch § 74 des Gesetzes vom 8. März 1871 ausdrücklich anerkannt. „Bei der Ausübung dieses Rechtes ist bisher davon ausgegangen worden, daß mit der Besteuerung diejenigen öffentlichen Lustbarkeiten zu verschonen seien, bei welchen ein höheres wissenschaftliches oder Kunstinteresse obwalte." (Begr.)

2. Das Besteuerungsrecht ist — nach der Begr. — nunmehr auch auf private Lustbarkeiten ausgedehnt,[1]) da „es nicht selten an einem inneren Grunde fehlt, Lustbarkeiten von geringem Umfange — lediglich, weil öffentlich — zu besteuern und dagegen die Lustbarkeiten großer geschlossener Gesellschaften steuerfrei zu lassen. Imgleichen sieht der Entwurf davon ab, diejenigen Lustbarkeiten grundsätzlich von der Besteuerung auszuschließen, bei

[1]) Nach der O.V.G.E. 12 S. 147 war indessen auch bislang schon eine Steuer auf Grund des § 53 II. der St.O. von 1853 u. s. w. zulässig.

welchen ein höheres wissenschaftliches oder Kunstinteresse obwaltet. Die Beschlußfassung darüber, in welchen Fällen die Besteuerung einer Lustbarkeit stattzufinden habe, soll den einzelnen Gemeinden um so mehr überlassen bleiben, als hierbei die örtlichen Verhältnisse wesentlich mitzuberücksichtigen sind." (Begr.) In den Verhandlungen des Abg.H. (Komm.-Ber. S. 2424 und Plen.-Sitzungen vom 24. April S. 1992—1996) wurde ein Antrag (v. Strombeck) auf Freilassung privater Lustbarkeiten gestellt — es werde sonst ein lästiges Eindringen in Privatverhältnisse stattfinden —, aber abgelehnt.

3. „Auch wurde gefragt, ob ständige öffentliche Theater unter den Paragraphen fielen. Der Fin.-Min. meinte, die Feststellung des Begriffes könne und müsse durch die Ortsstatute geschehen. Etwaige Fehlgriffe dabei würden bei der Genehmigung derartiger Steuerordnungen zu beseitigen sein." (Komm.-Ber. A.H.)

4. In Frankfurt a. M. besteht eine Theater-Billetsteuer mit einem Ertrag von etwa 100 000 Mk. Es mag zweifelhaft sein, ob sie unter diesen Paragraphen oder unter den allgemeinen § 13 fällt.

5. Wegen Erhebung von Gebühren für Beaufsichtigung von Lustbarkeiten vgl. § 6 Abs. 1 a. E. S. 284.

Zu § 16. (R. § 12 Abg.H.Komm.)

1. Bisher war nur den schleswig-holsteinischen Landgemeinden durch die Landgemeinde-Ordnung vom 4. Juli 1892 (§ 10) ohne Beschränkung in Bezug auf die Höhe des Steuersatzes die Besteuerung der Hunde gestattet. Für die älteren Landestheile war durch Gesetz vom 1. März 1891 der zulässige Höchstbetrag der Hundesteuer von 9 Mk. auf 20 Mk. erhöht. Im Uebrigen gelten bislang zahlreiche verschiedene und vielfach veraltete Bestimmungen.

2. „Durch die Aufhebung der bestehenden gesetzlichen Vorschriften (hat) das örtliche Recht der Steuerregulative nicht getroffen werden sollen." (Begr.)

3. Auf eine in der Komm. des Abg.H. gestellte Anfrage bemerkte der Finanzminister, „daß die Frage, ob künftig auch die zu gewerblichen Zwecken verwendeten Hunde der Steuer unter-

liegen, beim Erlaß der einzelnen Steuerordnungen zu erledigen sein würde, für welche in jedem Falle die Genehmigung der Aufsichtsbehörde erforderlich sei. Die Regierung sei der Ansicht, daß in dieser Beziehung auch künftig an der bestehenden Praxis festzuhalten sei." Komm.-Ber. Abg.H. S. 2424.

4. Neben der Kommunal-Hundesteuer kann nach § 94 eine Kreis-Hundesteuer bis zur Höhe von 5 Mk. erhoben werden.

Zu § 17. (R. § 13 Komm. Abg.H.)

1. Der Entw. hatte die Bestimmungen (Kab.-O. vom 29. April 1829, Ziffer 7) wegen Verwendung der von den Militärpersonen zu entrichtenden Hundesteuer unberührt lassen wollen, weil das jährliche Gesammtaufkommen aus dieser Steuer von etwa 17 000 Mk. für die einzelnen Gemeinden von untergeordneter Bedeutung sei, dagegen für die Militärverwaltung, welche dasselbe zu Wohlthätigkeitszwecken verwenden, erhebliche Wichtigkeit habe. Die Komm. des Abg.H. beseitigt jedoch diese „in den Kommunen große Unzufriedenheit erregende Ausnahmebestimmung, welche zudem nur von geringer finanzieller Bedeutung für die Militärverwaltung sei." Komm.-Ber. S. 2425.

2. Unter den aufgehobenen Bestimmungen befindet sich außerdem z. B. der Erlaß vom 24. April 1848 (G.S. S. 131), wonach die Steuer vom Wildpret zum Besten der Armenkassen zu verwenden ist. (Begr.)

Zu § 18. (R. § 14 Komm. Abg.H.)

1. Die bestehenden indirekten Gemeindesteuern bleiben, auch wenn keine Steuerordnung für sie erlassen ist, zunächst unverändert fortbestehen. Wenn sie den Vorschriften dieses Gesetzes zuwiderlaufen, sind sie in Gemäßheit der §§ 79 und 97 durch Gemeindebeschluß oder Anordnung der Aufsichtsbehörde abzuändern. — (Komm.-Ber. Abg.H. S. 2425.)

2. „Das Erforderniß der Genehmigung solcher Steuerordnungen entspricht dem bestehenden Rechte (vgl. §§ 16, 31 des Zuständigkeitsgesetzes vom 1. August 1883)." (Begr.) Der Zustimmung der Minister (§ 77) bedarf es nicht, wenn lediglich die

Höhe, der Satz der Steuer verändert wird, sondern nur dann, wenn die Steuer „in ihren Grundsätzen verändert wird".

Auch die jeweilige Höhe der Steuer, d. h. der zur Erhebung gelangende Prozentsatz der Normalsätze bedarf einer Festsetzung durch eine der Genehmigung unterliegende Steuerordnung, falls nicht in dieser selbst die Feststellung dieses Prozentsatzes — in irgendwie bestimmten Grenzen — durch Gemeindebeschluß vorgesehen ist. Freilich wird zur Aufnahme einer solchen Bestimmung in die Steuerordnung regelmäßig kein so dringender Anlaß vorliegen, wie bei den Steuerordnungen für direkte besondere Gemeindesteuern. Vgl. Bem. 2 zu § 23.

Zu § 19. (R. § 15.)

1. „Die Befreiung der Militär-Speiseanstalten u. s. w. von Verbrauchsabgaben, welche auf den Kab.-Ordres vom 12. Aug. 1824 und 13. Febr. 1836 (v. Kamptz, Annalen. Bd. 8 S. 1200 und Bd. 20 S. 151) beruht, ist in den älteren Landestheilen durch die Gemeindeverfassungsgesetze (vgl. z. B. § 4 Abs. 4 der St.O. vom 30. Mai 1853, G.S. S. 261) bestätigt, in den neu erworbenen Landestheilen durch den § 11 der Verordnung vom 23. Septbr. 1867 (G.S. S. 1648) eingeführt worden." Letztere ist durch Verordnung vom 22. Dezbr. 1868 (B.G.Bl. S. 571) auf das ganze Bundesgebiet, soweit sie in demselben noch nicht Geltung hatte, übertragen worden. (Begr.)

Zu diesen befreiten Anstalten gehören nicht die besonders bestehenden Offizier-Speiseanstalten. Min.-Reskr. vom 7. Febr. 1825. Vgl. im Uebrigen Oertel, St.O. S. 49.

Vorbemerkungen zu den direkten Steuern.

1. Im Anschluß an § 11 der L.G.O. von 1891 und unter Beseitigung der bisherigen, nur durch das Erforderniß der Genehmigung beschränkten Freiheit der Städte, auf Grund des § 53 II. der St.O. von 1853 und der ihr nachgebildeten Gesetze alle möglichen direkten Steuern einzuführen (vgl. S. 264) bestimmt das K.A.G., daß direkte Gemeindesteuern nur[1]) vom Einkommen

[1]) In § 23 Abs. 1 fehlt freilich das in § 11 der L.G.O. stehende „nur" Der kodifikatorische Charakter des K.A.G. machte es entbehrlich. Vgl. Grundzüge S. 57.

oder vom Grundbesitz und Gewerbebetrieb eingeführt werden dürfen (§ 23). Vermögenssteuern sind danach ebenso wie Zuschläge zur Ergänzungssteuer (§ 36) unzulässig. Wohl aber können nach § 26 Grundbesitzsteuern „nach dem gemeinen Werth der Grundstücke und Gebäude", nach § 27 Bauplatzsteuern und nach § 29 Gewerbesteuern „nach dem Werthe des Anlagekapitals" umgelegt werden. Die Bauplatzsteuer ist im Abg.H. geradezu als Ausgleich für die versagte Vermögenssteuer bezeichnet. Komm.Ber. S. 2436. Verh.. S 2026.

Die Vorschriften der Vertheilung der Steuern auf alle Steuerpflichtigen mit festen und gleichmäßigen[1]) Grundsätzen (§§ 20, 27, 31) machen zugleich besondere Vorschriften für die steuerliche Vorausbelastung nöthig (vgl. S. 269).

Der Begriff der Pflichtigen erhält seinen Inhalt durch § 24 § 28 und § 33.

2. Von besonderer Wichtigkeit (vgl. S. 168, 169) ist die Ausbildung besonderer Steuern vom Grundbesitz und Gewerbebetrieb. In der Wahl und Verbindung der Maßstäbe für die Besteuerung ist den Gemeinden in den §§ 25 und 29 völlige Freiheit gegeben, da die im Gesetz angeführten nur Beispiele sind. In den Verhandlungen genannt sind außerdem für den Grundbesitz: Verkaufswerth, der sich nicht immer mit dem gemeinen Werth deckt, Fläche, Normalmorgen, Lageklassen (Verh. A.H. S. 2022, 2024, 2029) und für den Gewerbebetrieb: Arbeiterzahl und Motoren (S. 2046, 2145 und Komm.-Ber. A.H. S. 2442). Maßgebender Gesichtspunkt bei dieser Ausbildung muß die thunlichste Durchführung der Besteuerung nach dem Vortheil und den Kosten sein. Als Vortheile sind hierbei nicht nur die durch eigene Leistungen der Gemeindeverwaltung geschaffenen, sondern auch diejenigen anzusehen, welche durch die Gesammtentwickelung der Gemeinde überhaupt zur Entstehung gelangen. (§ 27 Bauplatzsteuer und oben S. 262. 302.)

---

[1]) Die Vorschrift des § 27, daß Steuern vom Grundbesitz nach gleichen Normen und Sätzen zu vertheilen seien, kann auch nur dahin verstanden werden, daß gleiche Verhältnisse gleich behandelt werden sollen, wie denn auch jetzt schon Gebäude und Grundstücke verschiedener Besteuerung unterliegen. Vgl. § 25 Abs. 2 über die zugelassene Verbindung mehrerer Maßstäbe.

Wenn auch die Grundbesitz- und Gewerbesteuer im Ganzen alle Pflichtigen erfassen muß, so kann doch die besondere Besteuerung auf einen Theil derselben beschränkt werden (S. 2042 bis 2046). In den Verhandl. ist dabei besonders hervorgehoben, daß eine solche Beschränkung der besonderen Gewerbesteuer auf die großen, der Gemeinde meistens erhebliche Kosten verursachenden Gewerbebetriebe unter Beibehaltung von Zuschlägen für die übrigen vielfach empfehlenswerth sein werde. (Vgl. hierzu oben Nasse S. 37 flg.)[1]) Ebenso ist es zulässig, die besondere Besteuerung auf einzelne Punkte, z B. jährliche Veranlagung der Gebäudesteuer, Beseitigung der Begünstigung der Gewerbelokale bei derselben u. s. w. zu beschränken. — Ueber die Form vgl. §§ 26, 30.

Uebrigens kommen für die, auch von städtischen Interessenten in Petitionen lebhaft bekämpfte „Doppelbesteuerung" des Grundbesitzes und des mit Grundbesitz verbundenen Gewerbebetriebes noch zwei andere, namentlich von Gneist, Die Preuß. Finanzreform. 1881. S. 124—132 treffend hervorgehobene Gesichtspunkte in Betracht: vor Allem der natürliche und untrennbare Zusammenhang zwischen Grundbesitz und Gemeindeverband und die besondere Stellung der Grundbesitzer in der Gemeinde, — Gneist nennt es mit Recht (S. 128) einen staatsrechtlichen Widersinn, die Gemeindelasten jedes Jahr nach Maßgabe der persönlichen Mittel der jeweiligen Einwohner zu vertheilen —, und in engem Zusammenhang damit die überkommene Belastung des Grundbesitzes, deren Ertrag bislang nur an die unrechte Stelle abgeführt sei. Die große Tragfähigkeit des Grundbesitzes wird durch die Höhe der in einzelnen Städten (Altonaer Gemeindesteuer von 12% des Ertrages, Berliner Haussteuer von $2^2/_3$ %, Hamburger Grundsteuer von 12% u. s. w.) bestehenden Belastung erwiesen. Die der Erhöhung entgegenstehenden Schwierigkeiten (vgl. S. 248) fallen weg, wenn die Erhöhung zur Zeit einer Werthsteigerung und in angemessenem Verhältniß zu derselben erfolgt. (Gneist a. a. O. S. 127.) Ueber die meistens zweckmäßige Verbindung direkter

[1]) Vgl. dazu die kritischen Bemerkungen von Fr. J. Neumann in v. Holtzendorff-Brentano's Jahrb. 1877 S. 602 flg. und ferner Gneist, Die Preuß. Finanzreform 1881. S. 158—161.

und indirekter Besteuerung (durch Umsatzsteuern) vgl. meine Ausführungen in der Tüb. Zeitschrift für die gesammte Staatswissenschaft 1894.

3. Eine wichtige Frage ist, ob und inwieweit die Ministerialinstanz die besonderen Realsteuern an und durch die Bestimmungen der §§ 54 und 56 über die Vertheilung des Steuerbedarfes auf die staatlich veranlagten Steuern für gebunden erachtet. Der Reg.-Vertreter bejahte die Anfrage, ob gebunden? einfach mit Ja (Verh. A.H. S. 2153). Der Worlaut zwingt aber nicht zu dieser — vom Entw. anscheinend nicht getheilten — Auffassung, welche der Entwickelung der besonderen Steuern große Schwierigkeiten bereiten würde, da es alsdann — abgesehen von dem Ausnahmefall des § 56 Abs. 2 — nicht möglich wäre, die einzelnen Realsteuern den Bedürfnissen entsprechend selbständig auszubilden und thunlichst ertragreich zu gestalten, ohne gleichzeitig nach § 56 Abs. 1 auch immer die anderen Staatssteuern entsprechend heranzuziehen. Eine verständige Neugestaltung der Grundsteuer in städtischen Feldmarken (nach dem gemeinen Werth oder Lageklassen oder auf andere Weise) würde außerdem leicht mit § 54 Abs. 4 in Widerstreit kommen. Auch alles andere spricht dafür, die für alle Gemeinden, für Stadt und Land bestimmten Durchschnittsvorschriften über die Erhebung von Prozenten der staatlich veranlagten Steuern nicht ohne Weiteres für die mit ministerieller Genehmigung zu erlassenden, auf dem Prinzip von Leistung und Gegenleistung beruhenden Steuerordnungen für die einzelnen Gemeinden maßgebend zu machen. Praktische Schwierigkeiten können freilich auch bei der entgegengesetzten Auffassung beseitigt werden, nachdem durch den im H.H. hinzugefügten § 56 Abs. 3 die Ministerialinstanz ermächtigt ist, Ausnahmen auch von § 56 Abs. 1 zuzulassen.

Zu § 20. (R. § 16 A.H.Komm. H.H.)

1. Während die Bemessung der Lasten nach dem Vortheil dem älteren Recht vielfach als selbstverständlich erscheint und — vielleicht in Folge der ausgedehnten Lage vieler Westfälischen Dorfschaften — auch in der L.G.O. für die Provinz Westfalen vom

19. März 1856 (Ges.=S. S. 283)[1]) die Vorausbelastung ohne besondere Beschränkungen für zulässig erklärt wird, ist sie in die Entwürfe von 1878 und 1880 (S. 74 flg.) nur als eine ganz ausnahmsweise aufgenommen (vgl. S. 247), und obwohl die L.G.O. von 1891 (§ 14) in ihrem Text hierzu keinen Anlaß bietet, hat doch die Anweisung III zur Ausführung der L.G.O. vom 29. Dezember 1891 unter B. V gleichfalls die Mehr= oder Minderbelastung bezeichnet als eine Maßnahme, „welche nur dann gerechtfertigt erscheint, wenn besondere Einrichtungen zu Gunsten einzelner, wie z. B. ein eigener Nachtwachtdienst für einzelne entfernt gelegene Ausbauten, getroffen werden müssen, oder wenn es sich darum handelt, Straßen=, Entwässerungs=, Beleuchtungs= und Trottoiranlagen auszuführen, welche außergewöhnliche Kosten verursachen und vorzugsweise den Hausbesitzern oder einem Theile von ihnen zu Gute kommen. Die Bestimmung des § 14 darf nicht verallgemeinert und insbesondere nicht dazu benutzt werden, die sogenannte Zweckbesteuerung als regelmäßiges Verhältniß in das Gemeindeabgabenwesen einzuführen".

Eine solche Auffassung wird trotz der dem § 14 der L.G.O. gegenüber nur wenig veränderten Fassung des § 20 Abs. 2 im Hinblick auf die ganze Tendenz des K.A.G. und den § 9 künftighin ausgeschlossen sein.

2. In größerem Umfange war die Vorausbelastung bisher nur der Kreis= und Provinzialbesteuerung bekannt, und zwar konnte nach den Kreisordnungen (§ 13) und Provinzialordnungen (§ 82) nur für einzelne Theile des Kreises oder der Provinz (des Bezirks in Hessen=Nassau) eine Mehr= oder Minderbelastung eintreten, welche nach Quoten der Kreisabgaben bezw. der direkten Staatssteuer zu bemessen war. In Folge der letzteren Vorschrift — welche nunmehr auch für Kreis= und Provinzialsteuern durch § 91 (3) K.A.G. beseitigt ist — mußte die Mehr= oder

[1]) Vgl. § 59: „Alle zur Gemeinde gehörigen Einwohner sind zu den Gemeindebedürfnissen beizutragen verpflichtet; betrifft aber das Bedürfniß nur das Interesse einzelner Klassen von Gemeindemitgliedern oder einzelner für sich bestehender Abtheilungen des Gemeindebezirks, so leisten auch nur diese die zur Befriedigung desselben nöthigen Geldbeiträge und Dienste."

Minderbelastung für sämmtliche Steuerpflichtige des betreffenden Gebietstheiles und für alle Steuern eintreten. (Min.-Erl. vom 31. Oktober 1873. Min.-Bl. d. i. V. S. 332.)

Nach Beseitigung der zwingenden Vorschrift der Bemessung nach Quoten wird es nunmehr auch zulässig sein, nur diejenigen in dem bevorzugten Gebietstheile begüterten oder ansässigen Steuerpflichtigen stärker zu belasten, welche in der That „entsprechende Vortheile" haben. Es wird also auch eine Verbindung in dem Sinne statthaft sein, daß in einem bevortheilten Gebietstheile nur die bevortheilte Klasse von Steuerpflichtigen mehrbelastet wird.

3. Die „entsprechende Mehr- oder Minderbelastung" kann nur in großen Zügen ziffernmäßig, im Uebrigen aber nur nach billiger Bemessung aller Umstände festgesetzt werden. Wie vielfach jetzt in den Kreisen üblich, wird auch in den Gemeinden die Bildung von Interessentenklassen in allen geeigneten Fällen — z. B. bei Brückenanlagen, Wegeunterführungen unter Eisenbahnen, Eindeichungen u. s. w. — zu empfehlen sein. Nach O.V.G.E. 5 S. 56 ist die Zuweisung in die Interessentenklassen im Verwaltungsstreitverfahren nicht angreifbar. (Vgl. S. 253.)

Nach dem Min.-Erl. vom 11. Aug. 1875 (M.Bl. S. 211) kann den Interessenten gestattet werden, an Stelle der steuerlichen Leistung Naturalbeiträge zu leisten. Auch werden mit Rücksicht auf die den Beiträgen (vgl. S. 274) verwandte Natur der Mehrbelastungen trotz § 43 Vereinbarungen über dieselben wohl als rechtlich statthaft anzuerkennen sein.

4. Eine Heranziehung der Feuerversicherungsanstalten zu den Feuerlöschkosten durch Mehrbelastung ist in den Verh. nicht zur Erörterung gelangt. Vgl. S. 290—292. Rechtliche Bedenken dürften nicht entgegenstehen.

5. Die besonderen Bestimmungen des § 3 der L.G.O. von 1891 über die Vorausleistungen, welche bei den Auseinandersetzungen in Folge einer Veränderung von Gemeinde- oder Gutsbezirksgrenzen einzelnen Betheiligten zur Ausgleichung der öffentlich-rechtlichen Interessen auferlegt werden, bleiben unberührt.

6. In der Komm. des H.H. (Ber. S. 406, 407) war ein Zusatz beantragt, welcher die Zulässigkeit einer Mehrbelastung

auch für den Fall feststellen sollte, daß eine Eingemeindung nicht der ganzen eingemeindenden oder einzugemeindenden Gemeinde, sondern — was nicht selten zutreffe — nur einzelnen Theilen derselben besondere Vortheile bringe. Da die Eingemeindung nicht wohl als „Veranstaltung" anzusehen sei, fehle auf Grund dieses Gesetzes die Möglichkeit einer Vorausbelastung, so sehr dieselbe auch innerlich und im Interesse der Eingemeindung gerechtfertigt sein könne.

Der Minister-Präsident widersprach jedoch dem Antrage, welcher sich nur auf einzelne Spezialfälle beziehe und nicht in dieses allgemeine Gesetz, sondern in die bei den mit Kreisveränderungen verbundenen Eingemeindungen doch unerläßlichen Spezialgesetze hineingehöre. „Zutreffendenfalls stände nichts im Wege, in dieses Gesetz Bestimmungen der beregten Art aufzunehmen."

7. In der Komm des H.H. (S. 407) war außerdem beantragt, für die Mehr- oder Minderbelastung jedesmal den Erlaß einer Steuerordnung vorzuschreiben, um zu verhindern, daß bei jeder Etatsberathung der Frieden in der Gemeinde durch Anträge auf Mehr- oder Minderbelastung gestört werde. Dem gegenüber wurde jedoch darauf hingewiesen, daß eine Vorausbelastung nicht nur wegen dauernder, sondern auch wegen vorübergehender Vortheile angezeigt sein könne.

8. Die Verweisung auf § 10 wurde in der Komm. des H.H. hinzugefügt, nachdem der Antragsteller darauf aufmerksam gemacht hatte, „daß nach der Regierungsvorlage die §§ 9 und 10 einen einzigen Paragraphen, den § 7, gebildet hätten, dieser § 7 sei durch die Beschlüsse des Abg.H. in zwei Paragraphen zerlegt; es müsse daher überall, wo der § 7 der Regierungsvorlage citirt sei, nunmehr der § 9 und § 10 angezogen werden." (Ber. S. 407.) Ueber die hierdurch entstandenen Schwierigkeiten vergl. oben S. 305.

Zu § 21. (R. § 17.)

1. „Der Entwurf entspricht — wie die Begründung sagt, vgl. jedoch Nr. 3 — dem bestehenden Rechte, beispielsweise den Vorschriften im § 4 Abs. 9, 10 der St.O. vom 30. Mai 1853 und im § 27 der L.G.O. vom 3. Juli 1891. — Zu den besonderen Rechts-

titeln im Sinne des Entwurfs gehören auch solche des öffentlichen Rechts, wie die von den Auseinandersetzungsbehörden bestätigten Rezesse, die Abgabenvertheilungspläne und die in Folge von Kommunalbezirksveränderungen eintretende Auseinandersetzung zwischen den Betheiligten. — Dem entsprechend wird unter anderem auch das Verhältniß der Rittergüter und der ehemals adeligen geschlossenen Freigüter im vormaligen Kurfürstenthum Hessen, auf welches sich der § 5 Abs. 4 der Gemeindeordnung für die Städte und Landgem. Kurhessens vom 23. Oktober 1834 in Verbindung mit § 47 der Kurhess. Verf.-Urk. vom 5. Jan. 1831 bezieht, zu beurtheilen sein." (Begr.) — Nach der L.G.O. von 1891 (§ 27) ist der Durchschnitt der letzten zehn Jahre zu Grunde zu legen.

2. In der Komm. des A.H. wurde „klargestellt, daß § 17 sich nicht bloß auf öffentlichrechtliche, sondern auch auf privatrechtliche Titel bezieht." Komm.-Ber. A.H.

3. Aus Anlaß einer Petition der Stadt Emden erklärte ein Vertreter des Min. d. Inn. u. a. Folgendes: „Als derartige besondere Rechtstitel seien beispielsweise Gemeinheitstheilungsrezesse, Abgaben-Regulirungspläne, Auseinandersetzungen zwischen den Betheiligten über die Regelung der Gemeindeabgabenpflicht der einer Eingemeindung unterworfenen Grundstücke anzusehen. Die Rechtsgültigkeit solcher Vereinbarungen sei an und für sich nicht zweifelhaft, wie dies in einer größeren Anzahl verwaltungsgerichtlicher Entscheidungen anerkannt sei, beispielsweise: O.V.G.E. VII S. 137, VIII S. 192, IV S. 109, VII S. 186, XIV S. 186." Das O.V.G. habe allerdings den Rechtsgrundsatz aufgestellt, daß solche Regelungen durch spätere Gemeindebeschlüsse ohne Entschädigung der Berechtigten wieder beseitigt werden könnten. Indessen sei diesem Rechtsgrundsatz bereits durch die L.G.O. für die östl. Prov. und Schl.-H. (§ 146 Abs. 2) derogirt und für die übrigen Theile der Monarchie solle er nun durch § 17 beseitigt werden. Komm.-Ber. A.H. S. 2427.

Zu § 22. (Komm. A.H. § 17a.)

1. Diese von der Komm. A.H. hinzugefügten Bestimmungen beziehen sich lediglich auf die den Standesherren in dem vor-

maligen Kurf. Hessen nach der Rechtsprechung des O.V.G. bislang zustehende Freiheit von kommunalen Gewerbesteuern, welche nunmehr durch diesen § 22 rücksichtlich neuer Betriebe aufgehoben, und bezüglich der bestehenden Betriebe für ablösbar erklärt ist. Die Ablösung durch Zahlung des 13⅓fachen Jahreswerthes erschien angemessen, weil es sich hier nicht um Rechte, wie die in § 17 genannten, handle, weil ferner die Gemeindesteuerfreiheit nicht mit der Grundsteuerfreiheit auf gleiche Stufe zu stellen sei, da der Grundbesitz dauernde Erwerbsquelle sei, der Gewerbebetrieb aber eingehen könne, und weil endlich auch die Lasten, welche das Gewerbe der Gemeinde verursache, in Betracht zu ziehen seien. Im Uebrigen ergeben sich die in Frage kommenden Rechtsverhältnisse aus der S. 2455 des Komm.-Ber. wiedergegebenen Erklärung eines Vertreters des Ministers des Innern.

Zu § 23. (R. § 18 A.H.Komm. Pl.)

1. Der erste Absatz entspricht nach der Begr. (S. 563) „dem bestehenden Rechte, wie dasselbe insbesondere auch im § 11 der L.G.O. vom 3. Juli 1891 zum Ausdruck gelangt ist." Er enthält jedoch zugleich auch — durch den Ausschluß anderer Steuern — eine erhebliche Einschränkung des Rechts der Städteordnungen, vgl. oben S. 321 (Vorbem. 1 zu den dir. Steuern.)

2. Während die Abs. 2, 3, 4 von einem besonderen Ersatz der Einkommensteuer handeln (vgl. Nr. 3, 4) geben die Abs. 5 und 6 wieder allgemeine Bestimmungen. Zum Abs. 5, welcher im Entw. folgende Fassung hatte:

> „Soweit die direkten Gemeindesteuern nicht in Prozenten der vom Staate veranlagten Steuern erhoben werden, müssen sie durch Steuerordnungen der Gemeinden geregelt werden",

bemerkt die Begr. S. 563:

„Werden die direkten Gemeindesteuern in Prozenten der staatlich veranlagten Steuern erhoben, so bedarf es zu diesem Zwecke unbeschadet der Vorschriften in den §§ 45—49 — jetzt 54—59 — des gegenwärtigen Entwurfs, nur eines Beschlusses der Gemeinde, welcher den Prozentsatz für das Etatsjahr feststellt. Die Nothwendigkeit, diejenigen direkten Gemeindesteuern, welche sich an die staatlich veranlagten Steuern nicht anschließen, mittelst besonderer Steuerordnungen zu regeln (Absatz 4), liegt in der Natur der Sache."

Die veränderte Fassung der Komm., wie sie der Gesetzestext giebt, bezeichnet der Bericht (S. 2431) als „eine weiterer Erläuterung nicht bedürfende redaktionelle Aenderung" im Anschluß an die veränderte Fassung des § 14 — jetzt § 18.

Diese bestimmte Vorschrift, daß jede Veränderung einer besonderen Gemeindesteuer durch Steuerordnung geregelt werden muß und somit der Genehmigung unterliegt, entspricht bei wörtlicher Auslegung keineswegs „der Natur der Sache". Denn es ist nicht abzusehen, warum die Festsetzung des Prozentsatzes der besonderen Gemeindesteuer, wenn sie innerhalb der Grenzen der in den §§ 54 und 55 den Gemeinden gegebenen Bewegungsfreiheit bleibt, der Genehmigung bedürfen soll, während die Festsetzung des Prozentsatzes der staatlich veranlagten Steuer keiner Genehmigung bedarf. Indessen wird über den Wortlaut kaum hinwegzukommen sein. Dagegen erscheint der Ausweg unbedenklich, in die Steuerordnungen für besondere direkte Gemeindesteuern die Bestimmung aufzunehmen, daß die Feststellung des jeweils zur Erhebung kommenden Prozentsatzes in den gesetzlichen Grenzen durch Gemeindebeschluß erfolgt. Ohne Zulassung einer solchen Bestimmung wäre der Entwickelung besonderer Gemeinde-Realsteuern (vgl. oben S. 322) ein durchaus ungerechtfertigtes Hinderniß in den Weg gestellt. Auch entspricht nur eine solche Auslegung der in der Begr. zum Ausdruck gebrachten Absicht des Gesetzgebers bei Einfügung dieser Bestimmung. Vgl. Bem. 2 zu § 18.

3. Nach Abs. 2 kann die Einkommensteuer zum Theil durch Aufwandssteuern ersetzt werden.

Als solche direkte Aufwandssteuer — die Hunde-, Pferde-, Equipagen- und andere indirekte Aufwandssteuern (oben S. 314) gehören nach der zutreffenden Bemerkung der Reg.-Vertreter im K.B. des H.H. S. 407 nicht hierher — hatte der Entwurf insbesondere die nach dem § 18 des Entw. allgemein zulässige Wohnungs- oder Miethssteuer namhaft gemacht.[1]) Nachdem im Abg.H. die Neu-Einführung von Wohnungs- oder Miethssteuern beseitigt war, wurde in der H.H.Komm. gefragt, ob nunmehr nicht diese Bestimmung über die Aufwandssteuern überflüssig geworden sei. Regierungsseitig wurde aber erwidert (S. 407), daß, wenn auch die Wohnung ein besonders gebräuchlicher Maßstab sei, um nach dem für sie gemachten Aufwand das Einkommen zu schätzen, doch immerhin noch andere Maßstäbe zur Schätzung des Einkommens zu finden seien. Ein Beispiel ist indessen nicht angeführt und auch wohl in verwendbarer Gestalt kaum zu ermitteln, da die Hauptaufwendungen außer der Wohnung (für Kleidung, Essen u. s. w.) ziffermäßig noch schwerer als das Einkommen selbst festzustellen sind und deshalb nicht wohl als Maßstab für die Ermittelung verwandt werden können und auch der Mobiliarbesitz sich hierfür wenig eignet. Nur solche Aufwandssteuern aber, bei denen nach der Bemerkung der Reg.-Vertr. in der Komm. des H.H. (S. 407) „die Absicht besteht, das Einkommen zu treffen, bei denen aber diese Absicht nicht unmittelbar . . ., sondern mittelbar" erreicht wird, sind als direkte Aufwandssteuern, welche die Einkommensteuer ersetzen, anzuerkennen; und nur solche Steuern, wie vor allem die bestehenden Miethssteuern, sind demnach in Gemäßheit des § 57 bei der Vertheilung des Steuerbedarfes in Anrechnung zu bringen und nach § 41 dem Beamten-Privileg unterworfen.

Der Berichterstatter der Komm. des Abg.H. bemerkte auf Anfrage (am 24. April 1893, Verh. S. 2013), daß seines Erachtens die Kommission dem Begriff Aufwandssteuer keine von der Reg.-Vorlage abweichende Bedeutung habe beilegen wollen. Wenn er dann hinzufügte, daß nach seiner persönlichen Ansicht „nach der allgemeinen Fassung auch andere Steuern gemeint sind, soweit sie den Gesichtspunkt des Aufwandes als Besteuerungsgrundlage in Betracht ziehen", so wird diese Auffassung nach den oben mitgetheilten Klarstellungen in der H.H.Komm. schärferer Begrenzung bedürfen. A. M. Strutz zu § 23 A. 2.

---

[1]) § 18 Abs. 2 des Entw. lautete: „Die Einkommensteuer kann ganz oder zum Theil durch Aufwandssteuern (Miethssteuer, Wohnungssteuer u. s. w.) ersetzt werden."

4. Die nach dem Entwurf (S. 331 A. 1) allgemein gestattete **Miethssteuer** verursachte schon in der Komm. des Abg.-H. eingehende Erörterungen, welche ihren Abschluß in der Annahme einer dem jetzigen Gesetzestext entsprechenden Fassung fanden. (Ber. S. 2429.) Im Plenum wurde jedoch in zweiter Lesung ein Antrag **Friedberg** (vgl. oben S. 48) angenommen (mit 126 gegen 124 Stimmen, Verh. S. 2015), wonach die bestehenden Miethss- und Wohnungssteuern spätestens am 1. April 1900 außer Kraft treten sollten, in 3. Lesung (mit 149 gegen 142 Stimmen, Verh. S. 2297) dieser Zusatz der 2. Lesung indessen wieder beseitigt und der ganze Paragraph in der Komm.-Fassung angenommen.

Da hiernach die **Miethssteuer nicht neu eingeführt** werden darf und das praktische Interesse an derselben auf die Städte Berlin, Frankfurt a. M., Danzig und Halle a. S., in denen sie zur Zeit besteht, beschränkt ist, kann hier nur auf den Komm.-Ber. S. 2428 flg. und die Verh. S. 1997—2016 und S. 2288—2297 verwiesen werden, in denen die für und wider die Miethssteuer sprechenden Gründe eingehend — wenn auch nicht erschöpfend — behandelt sind.

Zu § 24. (R. § 19 A.H.Komm. Pl. III H.H. red.)

1. Die **Befreiungen von der Grundbesitzsteuer**, wie sie in § 24 ausgesprochen sind, entsprechen im Allgemeinen dem Rechte der alten Provinzen und dem § 17 der Kreisordnungen. In einzelnen Landestheilen, namentlich in der Prov. **Hannover**, bestanden **bisher** Befreiungen in solchem Umfange **nicht**, namentlich waren die den **Provinzen** und anderen kommunalen Verbänden gehörigen Grundstücke nicht steuerfrei, ebensowenig Krankenhäuser, ähnliche Anstalten und milde Stiftungen. Die in der Richtung der Beschränkung der Steuerfreiheit mit Rücksicht auf die auch diesem Grundbesitz zu Gute kommenden kommunalen Aufwendungen im Abg.H. wie in der Komm. des H.H. gestellten Anträge wurden jedoch abgelehnt unter Hinweis einerseits auf die Nothwendigkeit der Schaffung einheitlichen Rechtes und andererseits auf die Vortheile, welche die Gemeinden regelmäßig von solchen Anstalten hätten.

In der Komm. des H.H. wurde außerdem der Antrag gestellt, die befreiten Grundstücke wenigstens in dem Fall der Mehrbelastung (§ 20 Abs. 2) für steuerpflichtig zu erklären, — jedoch abgelehnt, nachdem regierungsseitig widersprochen war. Vgl. oben S. 271.

Die Grundstücke des Reiches sind nach § 1 des Reichsgesetzes vom 25. Mai 1873 den Grundstücken der Bundesstaaten gleichgestellt.

2. Gegenüber der in einer Petition gegebenen Anregung wurde es vom Finanzminister in der Komm. des Abg.H. (Ber. S. 2433) mit Recht für völlig selbstverständlich erklärt, daß Grundstücke von Vereinen und Gesellschaften aller Art — auch wenn die letzteren nicht als juristische Personen anerkannt sind der Grundsteuerpflicht unterliegen.

3. „Daß der werbende Grundbesitz von Stiftungen, z. B. der Grundbesitz des hannoverschen Klosterfonds zu den befreiten Grundstücken nicht gehöre", wurde auf Anfrage in der Komm. des H.H. (Ber. S. 408) vom Minister-Präsidenten ausdrücklich festgestellt.

4. Die Anlagen der Ent- und Bewässerungsverbände (unter e) sind erst im Abg.H. in dritter Lesung für steuerfrei erklärt (Verh. S. 2298), und zwar waren irrthümlich die Worte „im öffentlichen Interesse unterhaltenen" hinter „der", statt vor „Anlagen" gesetzt. In der Komm. des H.H. wurde der Berichtigungsantrag erst in 2. Lesung angenommen, „da anerkannt wurde, daß es wünschenswerth sei, offenbare Irrthümer aus dem Gesetz zu beseitigen". Ber. S. 408.

5. a) Der Absatz h ist im Abg.H. erheblich umgestaltet. Einerseits ist vor „Krankenanstalten" das Wort „öffentlichen" hinzugefügt, um die „vielfach sehr gewinnbringenden ärztlichen Kliniken" (Ber. S. 2431) auszuschließen (vgl. unten e); andererseits ist — abgesehen von Hinzufügung der Wohlthätigkeitsanstalten, wie Mägdehäuser und dergl. — im Plenum des Abg.H. in 2. Lesung S. 2018 der letzte Satz, wonach durch Gemeindebeschluß die Steuerfreiheit in gewissen Grenzen ausgedehnt werden kann, hinzugefügt. Der Abg. v. Jagow (Verh. S. 2019) bezeichnete die Francke'sche

Stiftung in Halle (vgl Nr. c) als Anlaß zu dieser Bestimmung: eine solche Steuerbefreiung sei meistens leichter zu erreichen, als eine Gemeindesubvention. Der Antrag war auch regierungsseitig „als zu weitgehend und zu Streitigkeiten in den Gemeinden führend bekämpft" (Komm.-Ber. A.H. S. 2432). In der H.H.Komm. wurde jedoch ein Antrag auf Wiederbeseitigung dieses Zusatzes — die in ihm enthaltene „Bestimmung sei auch deshalb verwerflich, weil hiermit offenbar solche Gebäude gemeint seien, welche den Zwecken einer bestimmten Konfession oder Religionsgesellschaft zu dienen bestimmt seien. Hierdurch würde je nach den wechselnden Majoritäten in der Gemeindevertretung die Besteuerung dieser Gebäude bald zugelassen, bald ausgeschlossen werden, und es würde dadurch ein unnöthiger Hader in die Gemeindeverwaltung getragen" — abgelehnt.

b) Im Gegensatze zu einer in dem Komm.-Ber. A.H. S. 2421 enthaltenen Bemerkung wurde hinsichtlich der unter h genannten Anstalten im Plenum des A.H. vom Berichterstatter (Verh. S. 2016) und auch von anderer Seite (Abg. Sperlich S. 2017) ausdrücklich erklärt, daß alle Anstalten dieser Art, auch wenn sie nicht die Rechte einer milden Stiftung hätten, sondern auf den Namen einer einzelnen Person geschrieben sind, Steuerfreiheit haben sollen.

c) In der Komm. des Abg.H. wurde ferner von „einer Seite unter spezieller Bezugnahme auf die Franke'schen Stiftungen, welche eine Druckerei betreiben, gefragt, ob auch die bei dieser Anstalt gewerblichen Zwecken dienenden Gebäude befreit seien. Regierungsseitig wurde erklärt, soweit diese Gebäude unmittelbar den wohlthätigen Zwecken der Anstalt (unentgeltliche Verbreitung von Bibeln) dienten, seien sie befreit; soweit sie zur Betreibung des Buchhandels dienten, steuerpflichtig. Auch Oekonomiegebäude (z. B. Kuhställe), die zur Erfüllung des milden Zweckes einer Anstalt erforderlich seien, blieben frei". (S. 2432.)

d) Gebäude, welche milden Stiftungen angehören und für deren Zweck unmittelbar benutzt werden, sind auch dann steuerfrei, wenn sie bloß zu Gunsten bestimmter Personen oder Familien bestehen. Die in der H.H.Komm. beantragte Beseitigung dieser Bestimmung wurde abgelehnt (S. 408).

e) In der 2. Lesung des Abg.H. (Verh. S. 2016, 2020) wurde festgestellt, daß als öffentliche Krankenhäuser alle dem öffentlichen Interesse dienenden und nicht des Erwerbes wegen betriebenen Krankenanstalten zu verstehen seien, auch wenn darin nicht alle Kranken aufgenommen würden, vielmehr im einzelnen Fall von der Verwaltung eine Abweisung erfolgen könne; insbesondere seien darunter einbegriffen die Krankenhäuser des Johanniter- und Malteserordens.

6. Während die Absätze f, g, h nur für Gebäude Befreiungen gewähren, werden in Abs. i auch alle für die Zwecke der unter f, g, h genannten Anstalten unmittelbar benutzten Grundstücke befreit, nicht aber sonstige werbende Grundstücke (vgl. oben Nr. 3). Eine Ausdehnung dieser Befreiung durch Gemeindebeschluß ist nicht vorgesehen und deshalb nach § 20 unzulässig (vgl. S. 311).

7. Die Befreiung der Dienstgrundstücke der Beamten ist beseitigt, dagegen ist in Bezug auf Dienstwohnungen und Dienstgrundstücke der Geistlichen, Kirchendiener und Volksschullehrer das bisherige Recht unter Hinweis auf die beschränkte Leistungsfähigkeit der Pflichtigen und die vielfach nicht ausreichenden Dotationen der betreffenden Stellen (Begr. S. 564) aufrecht erhalten (vgl. oben S. 89, 175).

a) „Soweit ihnen bisher Steuerfreiheit zugestanden", das heißt: „Kommunalsteuerfreiheit"; der Abg. Dr. Sattler stellte dies (Verh. S. 2019) ausdrücklich und unter Hinweis auf die Prov. Hannover fest, wo für solche Dienstgrundstücke bisher Staatssteuer, aber keine Kommunalsteuer gezahlt sei und künftighin nun volle Steuerfreiheit eintrete. Vgl. Komm.-Ber. A.H. S. 2432 und im Uebrigen die Gem.-Verf.-Gesetze.

b) Volksschullehrer im Sinne dieser Bestimmung sind nur die an den Elementarschulen angestellten Lehrer.

c) Geistliche. Vgl. O.V.G.E. 12 S. 133—141.

d) Das Allg. Landr. II. 11 § 556 spricht von „Küstern und anderen dgl. niederen Kirchenbedienten".

8. Die Worte „zu einem öffentlichen Dienst oder Gebrauch bestimmten“ (Nr. e) entsprechen der Kr.O. § 17. Das Wort „öffentlichen“ bezieht sich auch auf Gebrauch. Gebäude, welche dem Gewerbebetriebe des Staates oder eines Verbandes gehören, fallen daher nicht darunter; auch nicht die zu den Staatsbahnen gehörigen Gebäude. (O.V.G.E. 4, 15. Vgl. Bem. zu § 33.) Die Schienenwege sind nach Nr. d steuerfrei.

9. Die Kab.-O. v. 8. Juni 1834[1]) sollte nach dem Entwurf „unberührt bleiben“. Dadurch würde die jetzige Ungleichheit unbilliger Weise aufrecht erhalten sein. Denn sie gilt z. B. in Schleswig-Holstein wohl für die Landgemeinden nach der L.G.O. § 26, nicht aber für die Städte, in den übrigen neuen Provinzen überhaupt nicht; außerdem gilt sie auch nicht in allen alten Provinzen (nicht in der Rheinprov.).

10. Ueber die Heranziehung der unbewohnten landwirthschaftlich benutzten Gebäude zur Gebäudesteuer ist in der H.H.Komm. (Ber. S. 408) verhandelt. Dieselbe ist jedenfalls dann zulässig, wenn sie durch Steuerordnung für besondere Grundbesitzsteuern geregelt wird. So lange aber Zuschläge zu den staatlich veranlagten Steuern erhoben werden, ist die Besteuerung nach Auffassung der Staatsregierung unzulässig.

Zu § 25. (R. § 20 Abg.H.Komm.)

Vgl. S. 322—324.

Zu § 26. (R. § 21 Abg.H.Komm.)

1. Die Worte: „Sind besondere Steuern vom Grundbesitz nicht eingeführt“ entsprechen dem Eingang des § 30, und haben in der Komm. des Abg.H. die jetzige Fassung enthalten. Der Entwurf sagte: „So lange besondere . . . nicht eingeführt sind“. Es

---

[1]) Die Kab.-O. bestimmt, daß „bei neuen Erwerbungen zu öffentlichen oder gemeinnützigen Zwecken die Realverpflichtungen, die vermöge des Kommunalverbandes vor der Erwerbung geleistet worden sind, ferner davon geleistet werden sollen, doch sollen die Verpflichtungen des Fiskus oder der betreffenden Anstalt auf die Erwerbung von Gebäuden beschränkt und nicht auf Grundstücke bezogen werden, welche nicht mit Gebäuden besetzt sind, wie beispielsweise bei der Anlage von Festungswerken, Chausseen u. s. w.“ Vgl. hierzu Oertel, St.O. S. 102.

kann zweifelhaft sein, ob man die Worte auch als gleichbedeutend mit: „Insoweit . . . nicht eingeführt sind" auffassen kann — was am erwünschtesten wäre, da alsdann die Steuerordnungen sich darauf beschränken könnten, auch einzelne, zweckmäßig erscheinende Abänderungen der bestehenden Grund- und Gebäudesteuer einzuführen, wie z. B. Veränderungen in der Art der Reinertragsermittelung, der Berücksichtigung des Kulturzustandes, der Gleichstellung gewerblicher und anderer Gebäude u. a. m. Sollte die Auslegung unzulässig sein, eine Steuerordnung mithin immer die gesammte Grundbesitzsteuer begreifen müssen, so wäre in die Steuerordnungen ein Satz aufzunehmen, welcher im Uebrigen die jetzigen staatlichen Vorschriften aufrecht erhält. Vgl. oben S. 323.

2. Die staatliche Veranlagung hat sich nach den §§ 3 und 4 des Ges. wegen Aufheb. dir. Staatssteuern auf sämmtliche Grundstücke zu erstrecken, mit Ausnahme nur derjenigen, welche nach § 24 befreit sind. — Die im Ges. v. 21. Mai 1861 neuerbauten u. s. w. Häusern gewährte zweijährige Steuerfreiheit ist durch Abs. 4 aufgehoben.

Zu § 27. (R. § 22 Abg.H.Komm. Pl. II.)

1. Zu Abs. 1 vgl. S. 322 und über die vom Entw. in einem Abs. 2 zugelassene ermäßigte Besteuerung der Waldungen vgl. S. 311. Die zur Zeit gewährten Vergünstigungen dieser Art sind vom 1. April 1895 an nicht mehr zulässig.

2. Die S. 169 erwähnte Bauplatzsteuer war im Entwurf in folgender Fassung vorgesehen: „Liegenschaften, welche an einer Baufluchtlinie belegen sind (Bauplätze), können mit einem höheren Steuersatz als die übrigen Liegenschaften herangezogen werden." Die jetzige Fassung ist in der Komm. des Abg.H. festgestellt und im Plenum nur in einem Wort: „dieses" statt „ihres" (höheren Werthes) redaktionell verändert. Diese Fassung, durch welche namentlich auch den wegen zu weiter Ausdehnung dieser Steuer erhobenen Bedenken Rechnung getragen werden sollte, kann als eine glückliche nach mehreren Richtungen hin nicht bezeichnet werden.

a) Voraussetzung der erhöhten Steuer ist, daß der Werth der Liegenschaften durch die Festsetzung von Baufluchttlinien erhöht ist. Diese Festsetzung kann auch vor dem Inkrafttreten des K.A.G. erfolgt sein. Nach dem Wortlaut soll die Erhöhung durch diese Festsetzung bewirkt sein. Da aber die Werthsteigerung fast nie durch diesen einen Umstand allein, sondern unter Mitwirkung zahlreicher anderer nach und nach eintretender Umstände (Ausdehnung der Bebauung, Eröffnung von Wegen und Straßen, Eisen- und Pferdebahnen, Brücken u. s. w.) herbeigeführt zu werden pflegt, würde nach dem Wortlaut eine Schätzung erforderlich sein, durch welche die Werthherhöhung, soweit sie nachweislich durch Fluchtlinienfeststellung erfolgt ist, ausgesondert wird. Diese Aufgabe würde aber meist unlösbar sein; die Absicht des Gesetzgebers wird daher nur dahin verstanden werden können, daß die Werthsteigerung in Betracht kommt, welche „erfolgt ist auf Grundlage der Beschlüsse der Gemeinden über die Feststellung der Baufluchtlinien". (Abg. Sattler S. 2027. Anders freilich Abg. Meyer S. 2028 und der Berichterstatter S. 2026.)

Auch bei dieser Auffassung wird indessen die Handhabung des § 27 vielfach schwierig sein; es entscheidet der — oft rein zufällige — Umstand, daß Fluchtlinien festgesetzt sind. Parks und Ackerland in der Nähe von Ortschaften haben aber nicht selten auch ohne Festsetzung von Fluchtlinien denselben gesteigerten Werth als benachbartes Gelände, auf welchen Fluchtlinien ruhen. Eine verschiedene Behandlung beider, sowie überhaupt aller Gelände, für welche die Fluchtlinien zu verschiedenen Zeiten aufgelegt sind, würde als schreiende Ungerechtigkeit empfunden werden — in solchen Fällen muß also von der Bauplatzsteuer überhaupt abgesehen werden. Es bleibt alsdann nur eine rationelle Gestaltung der Grundsteuer überhaupt nach dem gemeinen oder Verkaufswerth und Lageklassen, wie Abg. Dr. Brüel sie andeutet (S. 2029) und thunlichst in Verbindung mit einer Umsatzsteuer. Vgl. oben S. 322.

b) Das Wort „Bauplatz" ist nicht im eigentlichen Sinne gebraucht, da es nach der Absicht der Komm. gerade auch die nicht an geplanten Straßen liegenden, also nicht bebauungsfähigen Grundstücke treffen soll. Zu den „Liegenschaften“ gehören nach dem klaren Wortlaut (vgl. z. B. §§ 34 u. 44) auch die mit Schuppen, Werkstätten oder auch Wohngebäuden besetzten, ebenso auch die im Innern von Ortschaften belegenen Grundstücke, wenn auch die Verhandlungen von den Verhältnissen des Stadterweiterungsgebietes ausgingen. Der § 27 ist also auch auf bebaute Grundstücke sowie Straßendurchbrüche und Erbreiterungen anwendbar.

c) Nach Maßgabe des unter a bezeichneten höheren Werthes kann die höhere Besteuerung erfolgen, und zwar nicht nur durch Anwendung höherer Steuersätze — wie im Entw. — sondern auch durch Verwendung anderer Maßstäbe. (Z. B. Verkaufswerth gegenüber Ertragswerth bei den übrigen Liegenschaften.)

d) Ueber den 1873 in Bremen gemachten, aber mißlungenen Versuch einer Bauplatzbesteuerung vgl. A. Wagner, Kommunalsteuerfrage, 1878, S. 39. Fin.-W. II. S. 567, 587 und über Dresden, Braun's Sozialpolitisches Centralblatt, 1893 S. 380—382.

Zu § 28. (R. § 23 Abg.-H.-Komm. Pl. II. red. Verh. S. 2031 und 2040.)

1. Die bisherige staatliche Veranlagung hat sich nach §§ 3 und 4 des Ges. wegen Aufh. dir. Staatssteuern auf sämmtliche in § 28 genannte stehende Gewerbebetriebe — soweit sie nicht für steuerfrei erklärt sind — zu erstrecken, insbesondere auch auf den Bergbau, dessen bisherige Abgaben auch für die Gemeinden in Wegfall kommen. (Vgl. oben S. 136.)[1])

[1]) Nach dem Entw. des Ges. über Aufh. direkter Staatsst. waren in § 2 die Bestimmungen über die Bergwerksabgaben „aufgehoben“. Die Komm. des Abg.-H. setzte dafür: „außer Hebung gesetzt“, um nicht Zweifel darüber aufkommen zu lassen, daß die theilweise an die staatlichen Abgaben irgendwie angeknüpften Abgaben, welche Privatregalberechtigte zu beziehen haben, durch das Gesetz in keiner Weise berührt werden. Vgl. Komm.-Ber. Abg.-H. S. 2270. Verh. S. 1754.

Die nach Abs. 2 auch ferner steuerfreien, in § 3 Nr. 4 des Gew.-St.-G. vom 24. Juni 1891 für steuerfrei erklärten Gewerbebetriebe der Kommunalverbände sind:

a) die zu gemeinnützigen Zwecken dienenden Geld- und Kreditanstalten, als Sparkassen, Landeskreditkassen, Landeskultur-Rentenbanken, Bezirks- und Provinzial-Hilfs- und Darlehnskassen u. s. w.,
b) Kanalisations- und Wasserwerke, letztere jedoch nur, soweit sich der Betrieb auf den Bezirk der unternehmenden Gemeinde beschränkt;
c) Schlachthäuser und Viehhöfe;
d) Markthallen;
e) Volksbäder;
f) Anstalten zur Beleihung von Pfandstücken.

In Geltung geblieben sind nach der Erklärung des Finanzministers in der Komm. des Abg.H. (Ber. S. 2440) auch die Bestimmungen in § 3 Abs. 2 und 3 des Gew.St.G.[1])

Im Fall der Einführung besonderer Gewerbesteuern wird indessen durch die mit Genehmigung des Finanzministers zu erlassende Steuerordnung wohl eine entsprechende andere Regelung eintreten müssen.

2. In Bezug auf die Begrenzung des Kreises der gewerbesteuerpflichtigen Personen gelten auch für den Fall der Einführung besonderer Gewerbesteuern die Bestimmungen des Gew.-Steuer-Ges. von 1891, soweit sie nicht abgeändert sind (§ 28 Nr. 2—6). Steuerfrei sind in Folge dessen namentlich: Land- und Forstwirthschaft, Viehzucht, Jagd u. s. w. in den Grenzen von § 4

---

[1]) „Der Finanzminister ist ermächtigt, auch für andere im öffentlichen Interesse unternommene gewerbliche Betriebe der Kommunalverbände Steuerfreiheit zu gewähren. So lange solche Betriebe ertraglos sind, muß auf Antrag vom Finanzminister die Steuerfreiheit gewährt werden.

Der Finanzminister ist ermächtigt, vorstehende Bestimmungen auch auf Unternehmungen anderer Korporationen, Vereine und Personen, welche nur wohlthätige oder gemeinnützige Zwecke unter Ausschluß eines Gewinnes für die Unternehmer verfolgen (z. B. öffentliche Volksküchen, Kaffeeschänken, Volksbibliotheken u. dgl.), zu erstrecken, und finden dieselben zugleich in Betreff der Betriebssteuer (§ 59 ff.) Anwendung."

Nr. 1; der Handel außerpreußischer Gewerbetreibender auf Messen und Jahrmärkten und mit Verzehrungsgegenständen des Wochenmarktverkehrs auf Wochenmärkten; die Ausübung eines amtlichen Berufes, der Kunst, einer wissenschaftlichen, schriftstellerischen, unterrichtenden oder erziehenden Thätigkeit, insbesondere auch des Berufes als Arzt, als Rechtsanwalt, als vereideter Land- und Feldmesser, sowie als Markscheider (§ 4 Nr. 1, 5, 7); ferner: Kredit- und Konsumvereine ohne offenen Laden, Molkereigenossenschaften, Winzervereine u. s. w. nach näherer Maßgabe des § 5 des Gew.-St.-Ges. — Die Freilassung der landwirthschaftlichen Brennereien (vgl. Anweisung zur Ausführung des Gew.-St.-G. vom 10. April 1892 Art. 8 II) wurde in der Komm. des Abg.H. wie im Plenum beantragt, aber abgelehnt.

3. „Die Befreiung der Staats- und Privateisenbahnen von kommunalen Gewerbesteuern rechtfertigt sich aus dem Grunde, weil diese Betriebe, abgesehen davon, daß sie für die Gemeinden, in welchen der Betrieb sich vollzieht, von großem Vortheile sind, vorwiegend einen gemeinnützigen Charakter tragen." (Begr. S. 565.) Die Befreiung bezieht sich auf den gesammten Betrieb, auch die Werkstätten. Abg.H.-Komm.-Ber. S. 2440. Kleinbahnen sind nach § 40 des Ges. v. 28. Juli 1892 gewerbesteuerpflichtig.

4. Die kommunale Gewerbesteuerpflicht der Sparkassen kommunaler Verbände wurde in der Komm. des Abg.H. (Ber. S. 2438, 2439) eingehend erörtert. Im Anschluß an die Begr. S. 565 wurde regierungsseitig „erklärt, die Sparkassen hätten durch die hier fragliche Bestimmung nicht allgemein befreit werden sollen; es sei vielmehr Frage des einzelnen Falles, ob ein Gewerbebetrieb vorliege oder nicht. Auf Erwerb sei die Thätigkeit aller Sparkassen gerichtet.[1]) Aus der äußeren geschäftlichen Gebahrung derselben werde sich die Unterscheidung ergeben, z. B.

[1]) Die O.V.G.Entsch. 11 S. 54 sieht die Sparkassen, welche sich nach ihrem Statut nicht als auf Erwerb gerichtete, sondern als öffentliche, gemeinnützige Anstalten darstellen, nicht als Gewerbebetriebe an. Vgl. dazu Herrfurth und Noell. K.A.G. S. 46.

Diskontirung von Wechseln gegenüber der einfachen Unterbringung der Gelder der Sparer."

In der Komm. wurde u. a. allseitig anerkannt, daß z. B. die Kur- und Neumärkische Darlehnskasse und die kommunalständische Oberlausitzer Bank in Görlitz nicht gewerbesteuerfrei seien. — Die Bemerkung des H.H.-Komm.-Ber. S. 408, daß die öffentlichen Sparkassen nicht steuerpflichtig seien, bezieht sich offenbar nur auf die gewöhnlichen Sparkassen. Die Nothwendigkeit eines Sparkassengesetzes wurde von der Komm. des H.H. (S. 408) nicht anerkannt, während das Abg.H. eine Resolution auf Erlaß eines solchen Gesetzes angenommen hatte (Verh. S. 2040). Regierungsseitig war als Aufgabe desselben bezeichnet, den Gemeinden rein gewerbliche Geschäfte ihrer Sparkassen zu verbieten (Komm.-Ber. A.H. S. 2438.)

5. Die Reichsbank ist durch § 21 des Reichsbankgesetzes vom 14. März 1875 nur von staatlichen Gewerbesteuern befreit. — „Daß die Gewerbebetriebe des Reichs nicht gleich denen des Staates zu den kommunalen Gewerbesteuern heranzuziehen sind, findet seine Begründung darin, daß das Reich nicht unter der Finanzhoheit der Einzelstaaten steht und eine Besteuerung der beregten Art seinerseits noch nicht für zulässig erklärt hat." Begr. S. 565. Von allen Seiten wurde die für manche Orte hierin liegende Härte anerkannt und die Herbeiführung einer Aenderung durch Resolutionen im Abg.H. und H.H. angeregt. Der Finanzminister erklärte (Ber. S. 2439), daß bereits Schritte beim Reich in dieser Richtung geschehen seien.

6. „Die Bestimmung im letzten Satze entspricht dem bisherigen Rechte und findet ihre Begründung darin, daß der Gewerbebetrieb im Umherziehen seinen Schwerpunkt außerhalb des Wohnorts des Gewerbetreibenden hat." Begr. S. 565. — Die im Abg.H. gemachten Versuche, unter Hinweis auf die Verhältnisse einzelner Gegenden, wie des Eichsfeldes — eines der Hauptsitze der Hausirer — und die dem stehenden Gewerbebetrieb gemachte Konkurrenz auch die Hausirer der Gewerbesteuer zu unterwerfen, führte zur Annahme einer Resolution (Verh. S. 2040), worin baldige Vorlage eines Gesetzentwurfes über Heranziehung der Hausirer zur

kommunalen Gewerbesteuer erbeten wurde. Der Regierungsvertreter konnte nicht in Aussicht stellen, daß die Staatsregierung im Stande sein würde, der Resolution zu entsprechen (S. 2036). Einstweilen sind Erhebungen eingeleitet.

7. Ein in der Komm. des Abg.H. gestellter Antrag, den Gemeinden die Freilassung milder Stiftungen auch von Gewerbesteuern zu gestatten (vgl. § 24h), wurde vom Finanzminister unter Hinweis auf die daraus unvermeidlich entstehenden Ungleichheiten gegenüber anderen gleichartigen Betrieben (Brauereien u. s. w.) bekämpft und von der Komm. abgelehnt.

Zu § 29. (R. § 24 Abg.H.Komm.)

1. Die §§ 29 und 30 sind aus dem § 24 des Entw.) entstanden, welcher von der Komm. des Abg.H. der besseren Fassung wegen in diese beiden Paragraphen zerlegt wurde. Vgl. im Uebrigen S. 322—324.

Zu § 30. (R. § 24 Abg.H.Komm.)

Vgl. zu Abs. 1 S. 336 und zu Abs. 3 S. 339 und S. 311. A. 2.

Zu § 31. (R. § 25 Abg.H.Komm. Pl. II. S. 2048. HH.)

1. Die zweite Ausnahme des § 31 ist in der Komm. des Abg.H. hinzugefügt, um „eine Ueberlastung der Gewerbe, deren Betrieb große Räume“ erfordert, zu verhindern (Ber. S. 2443).

2. Ueber die Streichung der von dem Entw. § 25[1]) vorgesehenen Zulassung der Befreiung der Gewerbesteuerklasse IV vgl. oben S. 311.

3. Die hier zugelassene „verschiedene Abstufung der Gewerbesteuersätze und Prozente“ bezieht sich nach dem Wortlaut und

---

[1]) § 25 lautet: „Die in der Gewerbesteuerklasse IV veranlagten Betriebe können von der Gewerbesteuer freigelassen oder nach ermäßigten Sätzen veranlagt werden. Diese Bestimmung findet auf besondere Gewerbesteuern sinngemäße Anwendung.

Nach dem Maße, in welchem einzelne Gewerbearten von den Veranstaltungen der Gemeinde Vortheil ziehen oder der Gemeinde Kosten verursachen, ist, sofern die Ausgleichung nicht nach § 7 oder § 16 erfolgt, eine verschiedene Abstufung der Gewerbesteuersätze und Prozente zulässig.

Die verschiedene Abstufung bedarf der Genehmigung.“

Sinn der Bestimmung nur auf den Fall der Erhebung von Prozenten der staatlich veranlagten Gewerbesteuer, da bei einer auf Grund der oben S. 322 genannten Gesichtspunkte einzuführenden besonderen Gewerbesteuer unter Benutzung der im § 29 Abs. 2 gegebenen Bewegungsfreiheit nicht nur eine derartige verschiedene Abstufung, sondern noch andere, weit größere Abweichungen von der staatlichen Veranlagung — unter ministerieller Genehmigung — vorzusehen sein werden.

Selbstverständlich scheint auch, daß, wenn einmal in einer besonderen Gewerbesteuerordnung der Grundsatz von Leistung und Gegenleistung mit ministerieller Genehmigung zur Durchführung gebracht ist, dann nicht wieder auf Grund des § 31 ohne ministerielle Genehmigung eine verschiedene Abstufung der in der Steuerordnung festgesetzten Sätze und Prozente beschlossen werden kann — es müßte denn in der Steuerordnung selbst für gewisse Fälle von vornherein eine gewisse Elastizität der Steuersätze vorgesehen sein. In allen anderen Fällen würde es sich m. E. immer nur um eine Aenderung der Steuerordnung handeln.

Für diese Auffassung spricht auch die Fassung des Entw. (vgl. S. 343 A. 1), nach welcher nur der erste — jetzt weggefallene — Satz, nicht aber die fernere Bestimmung — jetzt § 31 Nr. 1 — auf besondere Gewerbesteuern Anwendung finden sollte.

Zu § 32. (R. § 26.)

1. Wegen der Rechtsmittel im Falle des Abs. 1 vgl. § 76.

2. Wenn besondere Gewerbesteuern eingeführt werden, werden hinsichtlich der über mehrere Gemeindebezirke sich erstreckenden Gewerbebetriebe nach Anleitung von Abs. 2 nähere Vorschriften über Begrenzung und Ermittelung des in der Gemeinde belegenen Theiles des Betriebes zu treffen sein. Die §§ 47 und 48 müssen sinngemäß angewandt werden, wenn die Gewerbesteuer nach dem Ertrage umgelegt wird.

Vorbemerkung zur Gemeindeeinkommensteuer. (§§ 33 flg.)

1. Der Gemeindeeinkommensteuer sind unterworfen (vgl. S. 197):

a) physische Personen und zwar entweder auf Grund eines Wohnsitzes „hinsichtlich des gesammten, auch des aus anderen Bundesstaaten und aus dem Auslande fließenden Einkommens, soweit nicht auf Grund ausdrücklicher Gesetzesvorschrift die Freilassung erfolgen muß" (Grundzüge S. 61 vgl. § 33 Nr. 1), oder auf Grund eines mehr als dreimonatlichen Aufenthalts in gleichem Umfang (§ 33 Abs. 4, vgl. auch § 50 Abs. 2), oder als Forensen hinsichtlich des Einkommens, welches sie in einer Gemeinde, in welcher sie keinen Wohnsitz haben, aus den in § 33 Nr. 2 genannten Quellen beziehen;

b) Erwerbsgesellschaften und juristische Personen, einschließlich des Fiskus und der Kommunalverbände (§ 33 Nr. 3 und 4) hinsichtlich des Einkommens, welches ihnen aus den in § 33, 3 u. 4 genannten Quellen in der Gemeinde zufließt.

2. Die Besteuerung physischer Personen in der Wohnsitz-Gemeinde ist bislang durch die Gemeinde-Verfassungsgesetze, und zwar verschieden geregelt.[1]) Während z. B. nach § 53 der St.O. für die östl. Prov. von 1853 das Einkommen aus außerpreußischem Grundbesitz nicht herangezogen werden kann, gilt das Gegentheil nach der rhein. St.O. von 1856 (§ 49), dem Gemeindeverfassungsgesetze für Frankfurt a. M. von 1867 (§ 62), der schleswig-holst. St.O. von 1869 (§ 72) u. a. m. Der Entw. des K.A.G. ließ es ebenso wie die vom Abg.H. ihm gegebene Fassung zweifelhaft, ob und in welchem Sinne nunmehr einheitliches Recht geschaffen werde. Die H.H.-Komm., welcher eine Klarstellung und zwar in der Richtung des jetzt in Rheinland, Schleswig-Holstein u. s. w. geltenden Rechtes angemessen erschien, fügte daher in den §§ 33 Abs. 1, 47, 49, 50 entsprechende Zusätze ein. (Ber. S. 409, 410.)

„Dabei wurde indessen noch die Frage aufgeworfen, ob es sich nicht empfehle, die Besteuerung des außerpreußischen Einkommens aus Grundbesitz und Gewerbebetrieb Staaten gegenüber auszuschließen, in denen Gegenseitigkeit gewährt werde. Es wurde dabei

---

[1]) Vgl. O.V.G.Entsch. 17 S. 140, 20 S. 25, 21 S. 167, 23 S. 47 und Kommunalabgabengesetz von Herrfurth und Noell. 2. Aufl. 1888. S. 136–139.

auf § 3 des Einkommensteuergesetzes vom 24. Juni 1891 und auf § 40 Abs. 2 dieses Entwurfs verwiesen, indessen mit Zustimmung des Herrn Ministerpräsidenten schließlich anerkannt, daß die Frage der Reziprozität in diesem Gesetze nicht gelöst werden könne. Sollten sich Mißhelligkeiten herausstellen, so müsse ein Reichsgesetz[1]) erlassen werden, welches die Frage der Gemeinde-Doppelbesteuerung für das ganze Deutsche Reich einheitlich zu regeln allein berufen sei." H.H.-Komm.-Ber. S. 410.

Die Gleichstellung des Aufenthaltes von mehr als dreimonatlicher Dauer mit dem Wohnsitz beruht auf der Vorschrift im § 8 des Reichsges. über die Freizügigkeit vom 1. November 1867, wonach die Gemeinde befugt ist,[2]) neu Anziehende gleich den übrigen Gemeindeeinwohnern zu den Gemeindelasten heranzuziehen, sobald die Dauer des Aufenthaltes den Zeitraum von 3 Monaten übersteigt — und zwar alsdann vom Zeitpunkte des Beginnes des Aufenthaltes an. Der § 33 Abs. 4 schließt sich in der jetzigen, in der Komm. des Abg.H. gestalteten Fassung dem gedachten § 8 enger als der Entw. an, um es unentschieden zu lassen, ob die bisherige Auslegung, wonach neu Anziehender Jeder ist, der an einem Orte ankommt und daselbst, sei es auch nur besuchsweise, zur Kur, zur Abwickelung einzelner Geschäfte oder sonst vorübergehend seinen Aufenthalt nimmt (O. V. G. Entsch. 3, S. 102, 12 S. 160, Komm.-Ber. des Abg.H. vom 26. Febr. 1873, Drucksachen Nr. 337, und K.A.G. von Herrfurth und Noell. S. 55, 159, 160, 162, 163), in der That zutreffend ist, was der Abg. Enneccerus (Verh. S. 2060, vgl. dagegen Geh. O.-R.-R. Noell S. 2062) bestritt.

3. Die Einkommensteuerpflicht der Forensen, Erwerbsgesellschaften und juristischen Personen hat ihre Regelung

---

[1]) Daß das Reichsgesetz wegen Beseitigung der Doppelbesteuerung vom 13. Mai 1870 auf die Kommunalbesteuerung keine Anwendung findet, wurde in den Verhandlungen allseitig anerkannt. Vergl. H.H.-Komm.-Ber. S. 410.

[2]) Diese Befugniß beruht unmittelbar auf dem § 8 und bedarf keiner ortsstatutarischen Regelung. Nur muß die Gemeinde beschließen, von diesem ihrem Recht Gebrauch zu machen. Eine Verpflichtung zur Besteuerung besteht für sie nicht. Vgl. S. 311.

im sog. Nothkommunalsteuergesetz vom 27. Juli 1885 (oben S. 100) gefunden.[1]) Die Bestimmungen desselben sind im Wesentlichen, wenn auch mit mannigfachen Umstellungen und Veränderungen, in das neue K.A.G. wieder aufgenommen (vgl. Nr. 7 S 354).

Ueber die wirthschaftlichen und rechtlichen Grundlagen dieser Einkommensbesteuerung vgl. S. 173. Der Finanzminister meinte (Verh. S. 2058, vgl. oben S. 174 A. 2), daß über diese Art der Besteuerung der Erwerbsgesellschaften nicht eher eine Verständigung erfolgen würde, als bis die Realbesteuerung derselben in angemessener Weise geregelt worden wäre.

Einen besonderen Gegenstand des Streites bildete wie bei den parlamentarischen Verhandlungen über das Gesetz von 1885 so auch dieses Mal die Frage, ob das Einkommen der Aktionäre mit Rücksicht auf die Besteuerung der Aktiengesellschaften frei zu lassen ist. Die Gesammtlage war allerdings inzwischen insofern verändert, als durch das Eink.-St.-Ges. von 1891 sowohl die Gesellschaften selbst — unter Freilassung eines Ertrages bis zu $3^1/_2$ Prozent des Aktienkapitals — als auch die Aktionäre zur staatlichen Einkommenbesteuerung herangezogen sind. Der Entwurf (§ 44) hatte im Anschluß an frühere Erklärungen der Staatsregierung (Herrfurth und Noell S. 149) eine solche Freilassung beantragt; schon in der Komm. des Abg.H. (Ber. S. 2469) traten starke Meinungsverschiedenheiten und mehrere Vermittelungsanträge hervor, in 1. Lesung wurde der Paragraph (44) mit Stimmengleichheit abgelehnt, dagegen in 2. Lesung mit 15 gegen 9 Stimmen mit gewissen Veränderungen (die Wohnsitzgemeinde besteuert stets mindestens $^1/_4$ des Gesammteinkommens des Aktionärs und für das Recht des Abzuges ist einjähriger Aktienbesitz Voraussetzung) angenommen. Im Plenum wurde in zweiter Lesung (Verh. S. 2098 bis 2112) das Recht des Abzuges auf die Hälfte des Einkommens aus Aktien von in Preußen domizilirten Gesellschaften beschränkt, und in dritter Lesung (S. 2318—2322) diesem Gedanken eine ge-

[1]) Eine eingehende Erläuterung desselben bietet der Kommentar von Herrfurth und Noell. 286 S. 2. Aufl. 1888. Vgl. außerdem L. Herrfurth, Die Kommunalabgabenpflicht der Aktiengesellschaften, Kommanditgesellschaften auf Aktien u. s. w. systematisch dargestellt. S. 188.

nauere Fassung gegeben. Die Komm. des H.H. (Ber. S. 412, 413) lehnte jedoch zunächst einen Antrag, wie bei der staatlichen, so auch bei der kommunalen Einkommenbesteuerung der Aktiengesellschaft das Einkommen derselben bis zu $3^1/_2$ pCt. freizulassen, und sodann den ganzen Paragraphen ab und das Abg.H. trat dem bei (vgl. oben S. 174). Das zur Zeit geltende Recht, wonach den Gemeinden sowohl die Besteuerung der Aktiengesellschaft als der Aktionäre zusteht, ist sonach aufrecht erhalten.[1])

Außerdem verursachte die steuerliche Behandlung der durch das Reichsgesetz vom 20. April 1892 zugelassenen und in Folge dessen der staatlichen Einkommensteuer auf Grund des Eink.-St.-G. von 1891 nicht unterliegenden Gesellschaften mit beschränkter Haftung längere Erörterungen. Der Entwurf hatte sie einfach den Aktiengesellschaften gleichgestellt, und die Komm.. des Abg.H. hatte unter Ablehnung der auf anderweite Regelung gerichteten Anträge diesen Entwurf angenommen; jedoch wurde im Plenum in 2. Lesung (S. 2051—2065) diese Gleichstellung beseitigt und unter Nr. 2 der Zusatz gemacht, wonach physische Personen auch hinsichtlich des Einkommens, welches sie als Gesellschafter einer solchen Gesellschaft in einer Gemeinde beziehen, steuerpflichtig sind, indem gleichzeitig zur Behebung von Bedenken der § 67 eingefügt wurde, welcher die Einziehung der die einzelnen Steuerpflichtigen treffenden Steuer von der Gesellschaft gestattet. In der 3. Lesung wurde der Zusatz nur redaktionell klarer gefaßt. Die Komm. des H.H. (Ber. S. 409) fügte in Nr. 3 einen gleichen Zusatz hinzu, nach welchem auch Erwerbsgesellschaften und juristische Personen, welche an einer derartigen Gesellschaft sich betheiligen, in gleicher Weise steuerpflichtig werden.

Was insbesondere die Einkommensbesteuerung des Staatsfiskus — das Reich hat bislang eine solche Besteuerung ebenso

[1]) Um außer Zweifel zu stellen, daß bei der kommunalen Besteuerung das Einkommen bis zu $3^1/_2$ pCt. auch fernerhin (vgl. § 16 Abs. 3 des Eink.-St.-G. von 1891) nicht steuerfrei zu lassen, war schon in der Komm. des Abg.H. zu Nr. 3 a. E. ein Zusatz hinzugefügt, durch welchen der genannte § 16 Abs. 3 ausdrücklich aufrecht erhalten wird („vorbehaltlich der Bestimmung des § 16 Abs. 3“).

wenig zugelassen, wie eine Gewerbesteuer, vgl. S. 342 — anlangt, so ist oben S. 89 flg. bereits der Versuche gedacht worden, dieselbe wesentlich umzugestalten; ebenso ist bereits (S. 174) hervorgehoben, daß die im Gesetz von 1885 getroffene Regelung nur „bis zur anderweiten Regelung der Heranziehung des Staatsfiskus zu den auf das Einkommen gelegten Gemeindeabgaben in Verbindung mit der Ueberweisung von Grund- und Gebäudesteuer an die Kommunalverbände", d. h. als eine provisorische gelten sollte, daß man aber zur Zeit allseitig darauf verzichtet hat, diese schwierige Frage zum Austrag zu bringen.

In der Komm. des Abg.H. wurde wie im Plenum der Versuch gemacht, nicht nur das fiskalische Einkommen aus Domänen und Forsten, sondern auch das aus „anderen Liegenschaften" stammende steuerpflichtig zu machen, da zur Zeit nach der Entsch. des O.-V.-G. „werthvoller fiskalischer Grundbesitz, nur weil er nicht unter den technischen Begriff der Domänen und Forsten falle, wie z. B. der Grundbesitz des als Staatsnebenfonds behandelten Münster'schen Studienfonds, von der Besteuerung frei bleibe, was der innerlichen Berechtigung entbehre". Regierungsseitig wurde erwidert, daß bei den Verhandlungen über das Gesetz von 1885 die Beschränkung auf Domänen und Forsten absichtlich gewählt sei, um die Staatsverwaltung nicht Gefahr laufen zu lassen, daß sie wegen jeder einzelnen fiskalischen Parzelle zur Steuer herangezogen und je nachdem in ein Verwaltungsstreitverfahren verwickelt werde; auch diene das Einkommen aus dem genannten und ähnlichen Fonds meistens Schul-, Unterrichts- oder sonstigen gemeinnützigen Zwecken. (Ber. S. 2446. Verh. S. 2050, 2051, 2064, vgl. Herrfurth und Noell S. 54, 55.) Der Antrag wurde hierauf abgelehnt. Steuerpflichtig ist hiernach auch fernerhin nur das Einkommen aus Domänen und Forsten, aber auch alles Einkommen aus solchen, nicht nur aus Grundstückskomplexen (§ 33 Abs. 3), d. h. einheitlich bewirthschafteten Mehrheiten von Domänengrundstücken, sondern auch einzelnen Domanialgrundstücken. O.V.G.Entsch. 16 S. 166.

Die Komm. des Abg.H. hat dagegen in einer anderen Richtung die dem Gesetz von 1885 (§ 1 Abs. 2) entsprechende Fassung des Entwurfs so abgeändert, wie der Text jetzt lautet: „Eisenbahn-Bergbau- und sonstige gewerbliche Unternehmungen", „um klarzustellen, daß der Eisenbahn- und Bergbaubetrieb . . . auch . . . beim Fiskus zu den gewerblichen Unternehmungen im Sinne dieses Paragraphen gehört." Ber. S. 2446 vergl. übrigens § 28 Nr. 3 und 6.

4. Die Begrenzung des steuerpflichtigen Einkommens ist verschieden für die verschiedenen Arten von Steuerpflichtigen. Während physische Personen in ihren Wohnsitz- bezw. in den gleichgestellten Aufenthaltsgemeinden von ihrem gesammten, einerlei wo gewonnenen Einkommen — vorbehaltlich der Bestimmungen gegen die Doppelbesteuerung — zu steuern haben, beschränkt sich die Steuerpflicht der Forensen, Erwerbsgesellschaften und juristischen Personen von vornherein auf das in der Gemeinde, in welcher sie steuerpflichtigen Besitz oder Betrieb haben, aus diesen Quellen gewonnene Einkommen; während ferner (§ 33, 2 u. 3) Forensen, Erwerbsgesellschaften und juristische Personen im Allgemeinen, insbesondere auch Kommunalverbände für alle „Handels- oder gewerbliche Anlagen einschließlich der Bergwerke", welche sie „haben", steuerpflichtig sind, beschränkt sich die Steuerpflicht des Staatsfiskus auf die von ihm betriebenen gewerblichen Unternehmungen (§ 33, 4), so daß also z. B. verpachtete Staatsbahnen steuerfrei sind.

Das Einkommen aus Domänen und Forsten ist jedoch in jedem Fall, möge es durch Verpachtung oder Selbstbetrieb gewonnen sein, steuerpflichtig. (§ 33, 4.)

5. Die Gemeinde-Einkommensteuer muß sich der Staatseinkommensteuer sowohl in Bezug auf die Feststellung des Einkommens, als in Bezug auf die Steuerstufen und den Tarif anschließen, soweit nicht durch die besonderen Bestimmungen über die Gemeinde-Einkommensteuer Abweichungen geboten sind oder in Gemäßheit des § 37 ausnahmsweise Veränderungen der Sätze des Steuertarifes — die Steuerstufen dürfen nicht verändert werden — in Form einer besonderen Gemeinde-Einkommensteuer zugelassen sind.

Die nothwendigen Abweichungen werden bedingt sowohl durch die verschiedene Begrenzung des Kreises der im Staate und in den einzelnen Gemeinden Einkommensteuerpflichtigen, als auch durch die verschiedenen Bestimmungen über das der Steuerpflicht unterworfene Einkommen. In allen diesen Fällen bedarf es, während sonst einfach die Veranlagung zur Staatseinkommensteuer ohne Weiteres für die Gemeinde-Zuschläge maßgebend ist,[1]) einer besonderen Veranlagung, welche nach § 36 Abs. 2 nach den für die Veranlagung zur Staatseinkommensteuer geltenden Vorschriften zu bewirken ist.

Bei den Erwerbsgesellschaften[2]) beschränkt sich die Abweichung darauf, daß der in § 16, 3 des Eink.-St.-G. von 1891 vorgesehene Abzug von $3^{1}/_{2}$ pCt. des Aktienkapitals bei der Gemeinde-Einkommensteuer in Wegfall kommt (oben S. 348 A. 1).

Die subjektive Steuerpflicht deckt sich insbesondere nicht bei den Mitgliedern des vormaligen hannoverschen Königshauses, des vormaligen kurhessischen und des vormaligen herzoglich nassauischen Fürstenhauses, welche nach dem K.A.G. (vgl. § 40) steuerpflichtig, nach dem Eink.-St.-G. (§ 3, 2) aber befreit sind,

bei den Standesherren, deren Privilegien für die Staatssteuern durch das Gesetz vom 18. Juli 1892 beseitigt, für die Gemeinde-Einkommensteuer aber in § 40 des K.A.G. aufrecht erhalten sind (vgl. S. 361),

bei den Ausländern und Angehörigen anderer Bundesstaaten, welche unbedingt kommunalsteuerpflichtig sind, zur Staatseinkommensteuer aber nur unter gewissen Voraussetzungen herangezogen werden können (Eink.-St.-G. § 1 Nr. 2 und 3),

---

[1]) Selbstverständlich ziehen auch die durch Einlegung von Rechtsmitteln herbeigeführten Veränderungen der Veranlagung ohne Weiteres die entsprechende Abänderung des Gemeindezuschlages nach sich. § 36 Abs. 3, vgl. S. 312.

[2]) Bei juristischen Personen und dem Staatsfiskus erfolgt die Feststellung des Einkommens — vorbehältlich §§ 44 flg. — nach den für Veranlagung physischer Personen zur Staatseinkommensteuer geltenden Vorschriften. Grundzüge S. 68.

bei den preußischen Staatsangehörigen, insofern für deren Steuerpflicht in der Gemeinde lediglich Wohnsitz bezw. gleichgestellter Aufenthalt oder forensischer Besitz oder Betrieb entscheidend ist, für die Staatseinkommensteuer dagegen die Bestimmungen des § 1 des Eink.-St.-G. und des Reichsgesetzes über die Doppelbesteuerung vom 13. Mai 1870, nach welchen die preußischen Staatsangehörigen als solche, jedoch mit den festgestellten Ausnahmen steuerpflichtig sind, in Betracht kommen,

bei den Erwerbsgesellschaften und juristischen Personen, indem insbesondere Staatsfiskus, Kommunalverbände und andere juristische Personen nur kommunalsteuerpflichtig, mit Ausnahme der Konsumvereine mit offenem Laden aber nicht staatssteuerpflichtig sind.

Die objektive Einkommensteuerpflicht deckt sich ferner nicht, insofern die Steuerpflicht in der Gemeinde alle Einkommen erfaßt (§ 38), während dieselbe im Staat erst mit einem Einkommen von 900 Mk. beginnt (E.St.G. § 5), und ferner in der Gemeinde auch das außerpreußische Einkommen in vollem Umfange, im Staate aber nur unter Beschränkungen (E.St.G. § 6) herangezogen werden kann;

für die Besteuerung der Beamten und Militärpersonen in der Gemeinde besondere Bestimmungen (§§ 41, 42) gelten.[1])

Außerdem begründet die Forensalbesteuerung in den einzelnen Gemeinden die Nothwendigkeit einer besonderen Veranlagung des in jeder derselben erwachsenden Einkommens. Die Forensalgemeinde hat nach § 36 Abs. 2 das in ihr gewonnene Einkommen nach den Grundsätzen der Staatseinkommen-

---

[1]) Im Abg.H. wurde (Verh. S. 2085) unter Zustimmung des Geh. Ober-Finanzraths Fuisting die Meinung ausgesprochen, daß die in § 6, 5 Eink.St.G. festgestellte Befreiung der „auf Grund gesetzlicher Vorschrift den Kriegsinvaliden gewährten Pensionserhöhungen und Verstümmelungszulagen, sowie (der) mit Kriegsdekorationen verbundenen Ehrensolde" auf Grund des § 36 Abs. 2 auch von der Gemeinde-Einkommensbesteuerung ausgeschlossen seien. Es erscheint dies jedoch kaum zutreffend, da die §§ 5 und 6 des Eink.-St.-G. auch in allen übrigen Bestimmungen auf die Gemeinde-Einkommensteuer nicht anwendbar sind.

steuer selbständig zu ermitteln und zu veranlagen.[1]) Für diese Fälle gewinnt die in § 63 gegebene Ermächtigung, durch Steuerordnung die Steuerpflichtigen zur Auskunftsertheilung zu verpflichten, besondere Bedeutung.

6. Die Frage, wie ist ein Steuersatz zu berechnen, wenn ein Einkommen in einer Gemeinde nur theilweise zu besteuern ist? ist von Bedeutung, weil in Folge der Degression der Steuersätze Verschiedenheiten entstehen, je nachdem das Einkommen zunächst zerlegt und davon der Steuersatz berechnet oder aber zunächst vom Gesammteinkommen der Steuersatz ermittelt und letzterer dann zerlegt wird. Nach dem K.A.G. wird

a) in zwei Fällen vom getheilten Einkommen der Steuersatz ermittelt, nämlich bei der Veranlagung des Diensteinkommens (§ 41) und bei der Forensalbesteuerung (Bem. 2 und 3 zu § 49);

b) der für das Gesammteinkommen ermittelte Steuersatz zerlegt[2]) für die Besteuerung der Wohnsitz- und gleichgestellten Aufenthalts-Gemeinden, und zwar sowohl gegenüber Forensalgemeinden (§ 49 Abs. 1 Satz 2) als gegenüber anderen Wohnsitzgemeinden (§ 50 Abs. 3 Satz 2. § 49 Abs. 2).

---

[1]) In der H.H.Komm. wurde zur Beseitigung von Zweifeln eine bestimmtere Fassung dieses Rechtes der Forensalgemeinde beantragt, aber als unnöthig abgelehnt. Es wurde dabei „ausgeführt, daß das selbständige Recht der Forensalgemeinden zur Einschätzung des Forensaleinkommens durch den Absatz 2 des § 36 ausdrücklich ausgesprochen sei: hier werde hervorgehoben, daß das Einkommen nach den Grundsätzen des Staatseinkommensteuergesetzes veranlagt werden müsse, wenn es nicht bereits „ganz oder zum Theil" zur Einkommensteuer veranlagt sei. „Veranlagt" im Sinne dieses Paragraphen sei nicht gleichbedeutend mit „zur Einkommensteuer herangezogen". Seitens der Veranlagungskommission werde zwar jede Einkommensquelle zur Einkommensteuer herangezogen, veranlagt aber werde nur das Gesammteinkommen eines Steuerpflichtigen. . .

Seitens des Herrn Finanzministers wurde noch ganz besonders darauf aufmerksam gemacht, daß, falls die Anschauung des Antragstellers richtig sei, der § 51 als überflüssig bezeichnet werden müsse." Ber. S. 411.

[2]) Eine solche Berechnung gilt auch für die Gewerbesteuer nach § 32. Vgl. übrigens zu Nr. 6 Abg.-H. Verh. S. 2090, 2092 u. Komm.-Ber. S. 2465.

7. Die Bestimmungen des Noth-Kommunalsteuergesetzes sind zwar im Wesentlichen in das K.A.G. übernommen, doch sind zugleich eine Anzahl von Abänderungen getroffen, welche zum Theil nur Umstellungen, zum Theil Klarstellungen, theilweise aber auch durch die wünschenswerthe Uebereinstimmung mit der Fassung des Eink.-St.-G. von 1891 bedingt sind. In letzterer Beziehung ist namentlich zu bemerken, daß statt des älteren Ausdruckes „Grundbesitz"[1]) im Anschluß an § 13 des Eink.-St.-G. der Ausdruck „Grundvermögen" gewählt ist, um „Einkommen jeder Art aus Grundstücken zu treffen",[2]) und daß „Pachtungen" nicht wieder erwähnt sind, „weil das Einkommen aus solchen entweder Einkommen aus Grundvermögen oder aus Gewerbebetrieb u. s. w. darstellt." (Begr. S. 566 vgl. Komm.-Ber. H. H. S. 409); daß ferner Privateisenbahnen nicht besonders erwähnt sind, „weil dieselben, wenn auch zu einer Belastung mit Gewerbesteuern nicht geeignet, im Sinne des § 27 — jetzt 33 — zu den gewerblichen Anlagen im weiteren Sinne gezählt werden können." (Begr. S. 566.)

Folgende Gegenüberstellung wird eine leichte Uebersicht ermöglichen:

K.A.G.	Gesetz vom 27. Juli 1885	Vgl. Kommentar von Herrfurth und Noell.
§ 33 Abs. 1 Nr. 1.	— (vgl. d. Gem.-Verfassungsgesetze.)	—
Nr. 2.	§ 1 Abs. 3	S. 55—60.
Nr. 3.	§ 1 Abs. 1 Satz 1	S. 35—51.
Nr. 4.	§ 1 Abs. 2	S. 51—55.
Abs. 2 . . .	§ 1 Abs. 1 Satz 2	S. 51.
Abs. 3 . . .	§ 2 Abs. 4 § 5 Abs. 1 . .	S. 70, 97, 98.
Abs. 4 . . .	§ 1 Abs. 3 Zeile 3	S. 55, 159—163.
§ 34	— neu.	—

---

1) Vgl. Herrfurth und Noell. S. 44 und O.V.G. E. 8 S. 57.

2) Vgl. Art. 10—16 der Anw. vom 5. Aug. 1891 zur Ausführung des Eink.-St.-G.; insbesondere über Einkommen des Pächters verpachteter Liegenschaften Art. 15. I.

K.A.G.	Gesetz vom 27. Juli 1885	Vgl. Kommentar von Herrfurth und Noell.
§ 35	§ 2 Abs. 1, 2, 3	S. 60—70.
§ 36[1])	§ 3	S. 71—93.
§ 41 Schluß	§ 12	S. 169—172.
§ 44	§ 6	S. 102—105.
§ 45	§ 5 Abs. 2	S. 98—102.
§ 46	§ 4	S. 94—97.
§ 47	§ 7	S. 105—132.
§ 48	§ 8	S. 132—136.
§ 49 Abs. 1 Satz 1	§ 9 Abs. 1	S. 136—141.
Satz 2	§ 10	S. 149—156.
Abs. 2	§ 9 Abs. 2	S. 141—149.
§ 50	§ 11	S. 156—169.
§§ 51, 52	— (neu)	—
§ 91 Nr. 4	§ 13	S. 172, 173.

Die in den parlamentarischen Verhandlungen herbeigeführten erheblicheren Abänderungen des Entwurfs beschränken sich auf folgende Punkte:

Das Haus der Abg. fügte die, den Umfang der Forensalbesteuerung beschränkenden Bestimmungen des § 51 und den § 52 ein, durch welchen Gutsbezirke in Bezug auf „Vermeidung der Doppelbesteuerung" (§§ 47—51) den Gemeinden gleichgestellt sind, ferner im 5. Titel (Rechtsmittel) die §§ 71—74 über die Art der Vertheilung gemeindesteuerpflichtiger Einkommen auf eine Mehrzahl steuerberechtigter Gemeinden, vgl. auch S. 318.

Das H. H. stellte durch Zusätze zu den §§ 33, 47, 49, 50 völlig außer Zweifel, daß auch das außerpreußische

[1]) Der Abs. 2 des § 3, welcher für das Reineinkommen aus Bergbauunternehmungen die „Maßgabe" hinzufügte, „daß die der jährlichen Verringerung der Substanz entsprechenden Abschreibungen zu den Ausgaben gerechnet werden", hat in § 36 keine Aufnahme wieder gefunden, weil solche Abschreibungen nunmehr schon bei der Veranlagung zur Staatseinkommensteuer nach Art. 20, 1 der Ausf.-Anw. vom 5. Aug. 1891 zu berücksichtigen sind. Vgl. Abg.-H. Komm.-Ber. S. 2453. Verh. S. 2053, 2054, 2301, 2306 und über die Art der Verrechnung O.V.G.-Entsch. 17, S. 128

Einkommen unbedingt gemeindesteuerpflichtig sei (vgl. oben S. 345) und daß die Bestimmungen der §§ 47 flg. sich nur auf preußische Gemeinden beziehen.

Zu § 34. (R. § 28.)

Nach § 28 Abs. 5 des Eink.-St.-G. vom 1. Mai 1851 und § 3 des Ges. vom 27. Juli 1885, welche dem § 13 Abs. 3 des neuen Eink.-St.-G. und dem § 30 Abs. 3 des neuen K.A.G. entsprechen, waren Zweifel entstanden (vgl. O.V.G.-Entsch. 22 S. 21), „ob . . . juristische Personen wegen solcher Gebäude, die einem öffentlichen Dienste oder Gebrauche gewidmet sind, mit einem dem Miethswerthe dieser Gebäude gleichzuschätzenden Einkommen zu den Gemeindeeinkommensteuern heranzuziehen seien. . . . Die Beseitigung der entstandenen Zweifel nach dem Vorschlage des Entwurfs empfiehlt sich schon deshalb, weil es schwer verständlich sein würde, Grundstücke, welche einem öffentlichen Dienste oder Gebrauche gewidmet sind, aus diesem Grunde mit Realsteuern zu verschonen und ungeachtet dieses Grundes als Quellen vom steuerpflichtigen Einkommen anzusprechen". (Begr. S. 566.)

In der Komm. des Abg.H. lagen Petitionen vor, welche um Beseitigung dieser über das bisherige Recht hinausgehenden und in Verbindung mit dem § 24 die Gemeinden größerer Theile der Monarchie, besonders der Provinz Hannover (vgl. oben S. 332) finanziell sehr schädigenden Befreiungen — erfolglos — baten. Regierungsseitig wurde erwidert, daß eine Besteuerung des Miethswerthes von Gymnasial- und Universitätsgebäuden — wie sie z. B. für das Gymnasium in Oels als rechtlich zuläßig anerkannt sei — nicht der Absicht des Gesetzes entspreche, da der Fiskus aus den genannten öffentlichen Zwecken dienenden Gebäuden ein Einkommen nicht habe und deshalb auch für ein solches nicht besteuert werden könne.

Zu § 35. (R. § 29.)

1. Als Betriebsstätte im Sinne des ersten Satzes ist nach Ansicht des Vertr. des Min. d. J. auch eine Annahmestelle für Bestellungen anzusehen (A.H.Komm.Ber. S. 2449). Vgl. im Uebrigen Herrfurth und Noell S. 60—68, Oertel, St.O. S. 61—63 und

O. V. G. 14 S. 120. (Pult des Maklers im Börsenlokal ist Betriebsstätte) 15, S. 124, 17, S. 255 (Röhrennetz einer Gasanstalt, Stellen, wo Ausbesserungen vorgenommen werden, Straßenlaternen sind keine Betriebsstätten), dagegen 17, S. 249 (die gesammten Wassergewinnungsanlagen und Röhrennetze eines Wasserwerks bilden eine Betriebsstätte), 18. S. 131, Betriebsstätte eines Fuhrunternehmens ist da, wo die Gespanne dauernd zum Zweck ihrer gewerblichen Verwerthung untergebracht sind. Bei Bergbauunternehmungen sind nur die oberirdischen als Betriebsstätten im Sinne des § 35 anzusehen. Herrfurth und Noell, S. 63.

2. Nach dem Komm.-Ber. Abg.H. S. 2449 gehören auch die Kleinbahnen zu den Eisenbahnen im Sinne von § 35, Abs. 1 Satz 2, welche nur dort steuerpflichtig sind, wo sie „eine für sich bestehende" Betriebs- u. s. w. Stätte besitzen. (Die Schienen bilden keine solche Betriebsstätte, auch nicht, wenn Bahnarbeiter- oder Bahnwärter-Häuser an ihr liegen. O. V. G. E. 24, S. 105.) — Nach Bem. 2 zu § 46 erscheint diese Auffassung nicht zutreffend: Kleinbahnen sind vielmehr nach § 35 Satz 1 zu behandeln. Für Pferdebahnen hat auch das O. V. G. (Preuß. Verw.-Bl. 13 S. 123) ausgesprochen, daß das Schienennetz, auf dem der Betrieb erfolgt, eine einheitliche Betriebsstätte sei.

3. Auch das durch Verpachtung von Handels- und gewerblichen Anlagen gewonnene Einkommen unterliegt nach Abs. 2 der Besteuerung in allen Gemeinden, in welchen das Einkommen aus dem Betriebe steuerpflichtig ist. Komm.-Ber. S. 2449.

Zu den §§ 36 und 37. (R. § 30. Abg.H.Komm. §§ 30 und 30a Plen. II.)

1. Nach dem Entw. (Abs. 1) durften Gemeindesteuern vom Einkommen nur in Form von Zuschlägen erhoben werden, über welche der Abs. 4 Folgendes bestimmte:

> „Eine verschiedene Bemessung der Zuschläge für die einzelnen Stufen des Steuertarifs bedarf der Genehmigung. In keinem Falle darf der Prozentsatz der Besteuerung in den unteren Stufen höher sein, als in den oberen."

Die Begr. (S. 567) bemerkte dazu, daß in dieser Zulassung verschieden hoher Zuschläge eine Abweichung von der jüngeren Praxis — vgl. L.G.O. § 11 — enthalten sei, dieselbe sich aber rechtfertige, weil sich nicht übersehen lasse, ob der Tarif des § 17 des Eink.-St.-G. — steigend von 0,62 % bis 4 % — auf die örtlichen Verhältnisse überall passe.

In der Komm. des Abg.H. beschloß man, eine stärkere Progression über den staatlichen Tarif hinaus nicht zuzulassen, um nicht ein Agitationsmittel für diejenigen zu schaffen, „welche überall Erhöhung der Geldausgaben und Erleichterung der weniger begüterten Klassen anstrebten" (S. 2451), dagegen eine Abschwächung der Progression bezw. eine weniger starke Degression zu gestatten, weil die starke Degression des Staatstarifes für viele Gemeinden nicht passe und zu einem Wegzug höher Besteuerter führen könne. Gleichzeitig aber hielt man es für einfacher und übersichtlicher, wenn man für die Zuschläge immer die Gleichmäßigkeit, den völligen Anschluß an die Staatssteuer forderte (§ 30 — jetzt 36 —), und die Besonderheiten in eine besondere Gemeinde-Einkommensteuer verwies (§ 30a, jetzt 37), welche freilich in keinem anderen Punkte, als nur in der zugelassenen Abschwächung der Progression der Steuersätze von der Staatssteuer Abweichungen sollte enthalten dürfen.[1]) Die Versuche im Plenum (Verh. 2065 bis 2074 und in dritter Lesung S. 2301—2310 Anträge Hitze,

---

[1]) Die Bedeutung der Bestimmungen ist gegenüber den vom Fin.-Minister geäußerten Zweifeln (Verh. S. 2069) vom Berichterstatter wie allen anderen Rednern festgestellt. (S. 2070—73.) Die Schranken der Tarifbildung sind hiernach:

1. Der Satz für die unteren und mittleren Klassen darf höchstens 4 % betragen.

2. Die Degression darf nicht stärker fallen, als von 4 % bis auf 0,62 %. — Nach den Grundzügen S. 68, 69 würde „für die Zulassung besonderer Gemeindeeinkommensteuern .. eine ausreichende Begründung in dem Nachweise liegen, daß der Anschluß an die Sätze des Staatssteuertarifs ohne Schädigung der Gemeindeinteressen, z. B. wegen des alsdann zu befürchtenden Fortzuges wohlhabender Steuerpflichtiger oder übermäßigen Zuzuges unbemittelter Personen, nicht würde durchgeführt werden können."

Funck und Mies), unter besonderem Hinweis auf die in westlichen Stadt- und Landgemeinden vielfach bestehende stärkere Progression eine solche auch fernerhin freizugeben, blieben erfolglos (vgl. jedoch unten Nr. 3). Angenommen wurde in 2. Lesung nur noch der die Komm.-Beschlüsse klarer zum Ausdruck bringende Antrag (v. Strombeck), im Abs. 1 die Worte: „Diese Zuschläge müssen gleichmäßig sein" einzufügen.

2. Zu § 36 Abs. 2 vgl. S. 351 und zu § 36 Abs. 3 vgl. S. 312. Die im letzten Absatz angeführten §§ 57 und 58 des Eink.-St.-G. beziehen sich auf die Fälle, in denen im Lauf eines Jahres Erbanfälle oder Wechsel von Einkommensfällen bezw. außerordentliche Unglücksfälle eintreten.

3. Der § 37 Abs. 2, welcher dem § 30 Abs. 6 des Entw. entspricht, war in der Komm. des Abg.H. — nicht in der Begr — immer nur auf den besonderen Fall der Stadt Altona, in welcher in Folge der Einwirkung der Hamburger Verhältnisse ein die unteren Klassen stark belastender Tarif besteht, bezogen. (Ber. S. 2453.) In dritter Lesung wurde indessen vom Berichterstatter darauf hingewiesen, daß der Wortlaut alle Fälle bestehender besonderer Gemeindesteuern decke (Verh. S. 2301, 2307), und in der Komm. des H.H. (Ber. S. 411) auch ausdrücklich festgestellt, daß der Absatz 2 diese allgemeine Bedeutung habe. Mit ministerieller Genehmigung können sonach alle bestehenden besonderen Einkommensteuern mit stärkerer Progression aufrecht erhalten werden. Daß die Worte bestehender besonderer Einkommensteuern ohne Weiteres auf alle Gemeinde-Einkommensteuern mit verschieden hohen Zuschlägen zu den einzelnen Steuerstufen bezogen werden könnten, bestritt Geh. O.R.G. Noell (Verh. S. 203) unter Hinweis auf § 53 der St.O. von 1853, wonach zwischen Zuschlägen und besonderen Steuern zu unterscheiden wäre. Es wird indessen statthaft sein, die Worte „besondere Einkommensteuer" als gleichbedeutend mit denselben Worten im ersten Absatz, nach dessen Inhalt die Besonderheit überhaupt nur in einer verschiedenen Belastung der unveränderlich gegebenen Steuerstufen bestehen kann, aufzufassen, und den Fall des Abs. 2 jedenfalls dann als vorliegend anzusehen, wenn diese verschiedene Belastung

nicht nur durch Gemeindebeschlüsse, etwa bei der Etatsberathung verfügt, sondern durch Steuerregulativ festgestellt ist. (Vgl. Abg. Funck, Verh. S. 2301.)

4. Bei der Veranlagung der Reichsbank ist bislang der nach § 24 Nr. 1 des Reichsbankges. v. 14. März 1875 an das Reich zu zahlende Gewinnantheil zur Kommunaleinkommensteuer mit herangezogen. Im H. H. (Ber. S. 318—321) wurde (vom Präs. Dr. Koch) zum Zweck der Aenderung dieses gegenwärtigen Zustandes ein Antrag eingebracht, aber nach längerer Debatte zurückgezogen.

5. Das Verbot von Zuschlägen zur Ergänzungssteuer in § 36 Abs. 1 ist in Petitionen (vgl. z. B. Oertel, Schles. Städtetag S. 25) und in den Verhandlungen (Abg. Herrfurth, Verh. S. 99 . H. H. Komm.-Ber. S. 410) als ungerechtfertigt bezeichnet, und in der That wird es durch die S. 173 wiedergegebene Begr. nicht gerechtfertigt. Denn die Ergänzungssteuer dient dazu, die nach der Leistungsfähigkeit umzulegende Einkommensteuer richtiger zu gestalten (vgl. S. 141—144), während die den Gemeinden überwiesenen Realsteuern die Besteuerung nach Leistung und Gegenleistung verwirklichen sollen (S. 167). Indessen ist die gegenwärtig bestehende Gewerbesteuer jedenfalls noch nicht auf diesem Prinzip aufgebaut (vgl. S. 112), vielmehr ist sie für das in gewerblichen Betrieben angelegte Kapital in gewissem Umfange kaum etwas anderes als eine Art von ergänzender Vermögenssteuer (S. 144). Und deshalb bildet sie allerdings ein Hinderniß, während Grund- und Gebäudesteuer schon jetzt nicht entgegenstehen. Der gegenwärtige Zustand, wie er zunächst unmittelbar durch das K. A. G. geschaffen wird, ist eben ein unfertiger (S. 179), und insbesondere ist auch die Einkommensbesteuerung nach der Leistungsfähigkeit in den Gemeinden zunächst noch in unfertigem Zustande. Vgl. auch S. 322.

Zu § 38. (R. § 31. Abg.H.-Komm.)

1. Die Bestimmungen schließen sich dem § 74 des Eink.-St.-G. und § 13 der L. G. O von 1891 an. Nach der letzteren bedurfte es jedoch eines besonderen Gemeindebeschlusses, um die

Gemeindeabgabepflichtigen mit einem Einkommen von nicht mehr als 900 Mk. zur Steuer heranzuziehen, während nach dem § 38 die Heranziehung zu den festgesetzten Sätzen von selbst erfolgt, falls nicht durch Gemeindebeschluß eine Entbindung von der Steuer oder eine Ermäßigung der Sätze eintritt. Abänderungsanträge in der Komm. und im Plenum des Abg.H. (Verh. S. 2075) wurden abgelehnt, um „etwaigen Mißbräuchen .. einen Riegel vorzuschieben."

Das von der Komm. des Abg.H. eingefügte Citat von § 37 soll darauf hinweisen, daß auch im Fall des § 38 die Grundsätze des § 37 zu beachten sind.

Zu § 39. (R. § 32, Abg.H.-Komm. red.)

Nach der Begr. ist die Bestimmung im Interesse derjenigen Gemeinden hinzugefügt, „welche zu ihrem wirthschaftlichen Gedeihen wesentlich auf den Zuzug von Fremden angewiesen sind." — Ortsfremde, welche sich, ohne Wohnsitz zu nehmen, nur längere Zeit (z. B. an Kurorten) aufhalten, können nach § 33 Abs. 4 nach Wahl der Gemeinde besteuert oder freigelassen werden. Vgl. oben S. 311 und Komm.-Ber. Abg.H. S. 2454.

Zu § 40. (R. § 33, Abg.H.-Komm.)

1. Abs. 1 entspricht dem § 3 Abs. 1 Nr. 1, 3, 4. Ueber Nr. 2 — hannoversches u. s. w. Fürstenhaus — oben S. 351.

2. Der Ausdruck „Ausländer" muß nach dem Zusammenhang auf alle „Nichtpreußen" bezogen werden, während er sonst (z. B. § 39) die Angehörigen anderer Bundesstaaten nicht mit umfaßt.

3. Nur die consules missi (Berufskonsuln), nicht die consules electi (Wahlkonsuln) sind frei. Komm.-Ber. Abg.H. S. 2454.

4. Die Steuerfreiheit der Standesherren ist in der Komm. des Abg.H. eingehend erörtert. Ueber den in Folge dessen eingefügten § 22 vgl. oben S. 328. Eine Ministerialerklärung (Ber. S. 2455) giebt eine ausführliche Darlegung des gegenwärtigen Rechtszustandes hinsichtlich der Einkommensteuer. Hiernach entscheiden in den alten Provinzen die auf Grund der Verordnung vom 21. Juni 1815 (Ges.-S. S. 105) und der hierzu er-

lassenen Instruktionen vom 30. Mai 1820 (Ges.-S. S. 81) § 32 vereinbarten Allerhöchst bestätigten Rezesse. In Hannover findet eine Befreiung von Gemeindeabgaben für das Fürstliche Haus Bentheim nach § 17 des Ges. vom 21. Juni 1848 nicht mehr statt, während sie für das Herzoglich Arenbergische Haus nach § 8g des Ges. vom 27. Juni 1875 fortbesteht. Nach dem Nassauischen Gemeindegesetz vom 26. Juli 1854 sind die Standes- und Grundherren nicht Gemeindebürger, während in den früher Großherzogl. Hessischen Gebietstheilen (Graf Solms-Rödelheim) alle Vorrechte der Standesherren in Bezug auf Entrichtung direkter und indirekter Steuern durch Ges. v. 18. Juli 1858 Art. 36 aufgehoben sind. Die Kurhessischen Standesherren sind nach § 20 des Ediktes vom 29. Mai 1833 weder Mitglieder der Gemeinden, noch es zu werden verpflichtet und zu Gemeindeumlagen nur als Besitzer von Grundeigenthum in den Gemeinden beizutragen verbunden.

Nicht ohne Schwierigkeiten ist die Frage der Besteuerung des Forensaleinkommens. In der Komm. des H. H. (Ber. S. 411) „wurde darauf hingewiesen, daß das Kommunalsteuernothgesetz das Steuerprivileg der Standesherren bezüglich des Forensaleinkommens in den Gemeinden, in denen sie nicht Wohnsitz haben, vielleicht beseitigt habe; die Fassung des letzten Absatzes des § 40 gäbe nun zu Zweifeln Veranlassung, ob das volle Privileg nach diesen Bestimmungen in Kraft bleiben solle. Diese Frage wurde seitens der Vertreter der Königlichen Staatsregierung bejaht". Es erscheint indessen zweifelhaft, ob die Fassung des Gesetzes: „die bestehenden gesetzlichen Bestimmungen" dieser Absicht genügenden Ausdruck gegeben hat.

Eine Ablösung dieser Befreiungen wurde zwar in der Komm. des Abg.H. erwogen, jedoch wegen der großen Schwierigkeiten eine gesetzliche Regelung — abgesehen von § 22 — für unthunlich erachtet. Vertragsmäßig kann die Ablösung selbstverständlich herbeigeführt werden. In 3. Lesung (S. 2313, 2314) ersuchte der Abg. Dr. Arendt die Regierung, demnächst eine Vorlage wegen Ablösung dieser Befreiungen einzubringen im Anschluß an das Ges. v. 18. Juli 1892. (G.S. S. 210.)

Zu § 41. (R. § 35 Abg.H. Komm. Plen. 2. Lesung S. 2075—2083.)

1. Der § 41 verdankt seine jetzige Fassung[1]) einem in 2. Lesung gestellten und angenommenen Antrage des Abg. Frhr. v. Zedlitz, welcher es zum Ausdruck bringen wollte, daß die — in dem Entwurf ohne weiteren Zusatz ausgesprochene — Aufrechterhaltung des Beamtenprivilegs „nicht dauerndes Recht sein, sondern nur einen vorübergehenden Charakter haben soll für die Zeit, bis es möglich ist, an der Hand einer Gehaltsaufbesserung auch die Beamtenprivilegien zu beschränken oder theilweise wenigstens zu beseitigen". (S. 2073.) — Ueber die Verhandlungen von 1877 bis 1880 vgl. oben S. 89 und 157.

2. „Die Schlußbestimmung wegen des nothwendigen Domizils der Beamten entspricht dem § 12 des Kommunalabgabengesetzes vom 27. Juli 1885." — Der § 8 der Verordnung vom 23. September 1867 bleibt also aufgehoben.

3. Die Reichsbeamten stehen nach § 19 des Ges., betr. die Rechtsverhältnisse der Reichsbeamten vom 31. März 1873, den Staatsbeamten gleich.

4. Daß das Privileg auch der Miethssteuer (§ 23) gegenüber Platz greift, ist — früheren Zweifeln und anderweiten Auf-

---

[1]) In formeller Beziehung bemerkt die Begr. (S. 568):

„Wie sich aus dem Eingange der Verordnung vom 23. September 1867 ergiebt, hat bei dem Erlasse derselben die Absicht bestanden, das in den alten Landestheilen bestehende Recht — nicht etwa nur nach seinem Wortlaute, sondern nach seiner grundsätzlichen Bedeutung — auf die neuen Landestheile zu übertragen. Die Verordnung vom 23. September 1867 enthält deshalb nicht eine nur äußerliche Kodifikation des in den alten Landestheilen bestehenden Rechts, sondern eine Zusammenfassung dieses Rechts, wie sich dasselbe im Laufe der Jahre in der als zutreffend erachteten Ausführung der älteren Bestimmungen gestaltet hat. Es ist daher in der Rechtsprechung anerkannt, daß die Verordnung vom 23. September 1867 für die Auslegung der älteren Vorschriften von Bedeutung ist. (Bd. 12 der Entsch. des O.V.G. S. 146 und 147.) Danach wird es keiner weiteren Rechtfertigung bedürfen, wenn der Entw. in der Absicht, an dem bestehenden Rechte festzuhalten und für seinen Geltungsbereich ein auch äußerlich einheitliches Recht zu schaffen, an die Verordnung vom 23. September 1867 angeknüpft hat."

fassungen gegenüber, vgl. Oertel, St. O. S. 38 — im ersten Satz ausdrücklich ausgesprochen.

5. Die Veranlagung der Privilegirten erfolgt in der Weise daß das gemeindesteuerpflichtige Diensteinkommen nur zur Hälfte in Ansatz gebracht und hiervon der Steuersatz ermittelt wird. (Vgl. oben S. 353.) Privateinkommen ist der steuerpflichtigen Hälfte des Diensteinkommens hinzuzurechnen. Ueber die Berechnung, falls Forensaleinkommen in Betracht kommt, vgl. O.V.G. 16 S. 143, und über die Berechnung überhaupt: Oertel, St.O. S. 36—39.

6. Nach den Entsch. des O.V.G. kommt das Privileg u. a. folgenden Personen zu Gute: den Mitgliedern und Beamten des Oberkirchenrathes und der Konsistorien (22, S. 36), den gegen feste monatliche Remunerationen in der Staatsbau- und Eisenbahn-Verwaltung beschäftigten kgl. Reg.-Baumeistern (13, S. 122, 17, S. 234), den Gerichtsvollziehern (18, S. 105), den oberen Werksbeamten (Obersteigern u. s. w.) auf fiskalischen Bergwerken (20, S. 126). Vgl. überhaupt Oertel, St.O. S. 40, 41 und v. Brauchitsch, Verw.-Ges. III. 11. Aufl. 1892 S. 371 flg.

Zu § 42. (R. § 35.)

1. „Die Vorschriften wegen der Kommunalbesteuerung der Militärpersonen sind für die alten Landestheile in dem Gesetze vom 11. April 1822 (Gesetzsamml. S. 184), für die neu erworbenen Landestheile in der Verordnung vom 23. September 1867 (Gesetzsamml. S. 1648), im Uebrigen für sämmtliche Landestheile in den Gesetzen vom 29. Juni 1886 (Gesetzsamml. S. 181) und 22. April 1892 (Gesetzsamml. S. 101) enthalten. Es kann hier auf sich beruhen bleiben, ob auf Grund der Verordnung vom 22. Dezember 1868 (B. Ges.-Bl. S. 571) diejenige vom 23. September 1867 auch in den alten Landestheilen an Stelle des bisherigen Rechts getreten ist." Begr. S. 568.

Die Gesetze von 1886 und 1892 regeln lediglich die Gemeindeabgabepflicht des außerdienstlichen Einkommens. Vgl. hierzu L. Herrfurth, Das Gesetz, betr. die Heranziehung von Militärpersonen zu Abgaben für Gemeindezwecke vom 29. Juni 1886.

2. Der zweite Abs. ist zugefügt, weil das O. V. G. (Bd. 17 S. 197, 22, S. 60) im Widerspruch mit langjähriger Uebung der Verwaltungsbehörden die Mitglieder der Gendarmerie nicht als Militärpersonen im Sinne der hier fraglichen Bestimmungen aufgefaßt hatte.

Zu § 43. (R. § 36.)

1. Regierungsseitig wurde (Abg.H.-Verh. S. 2087) bemerkt, daß bereits zur Zeit mit solchen Vereinbarungen, für welche allerdings gegenwärtig ein sicherer Rechtsboden fehle, günstige Erfahrungen gemacht seien. An Stelle schwankender Einnahmen seien feste getreten.

2. Vgl. im Uebrigen oben S. 311. 312 und § 47 Eing.

Zu § 44. (Reg. § 37. Abg.H.-Komm. red.)

1. Diese, dem § 5 des Ges. von 1885 durchaus entsprechenden Bestimmungen führten in der 2. und 3. Lesung des Abg H. (Verh. S. 2088 und S. 2315–2317) zu Erörterungen über den Umfang der auf den Domänen und Forsten ruhenden Verbindlichkeiten und Verwaltungskosten. Ein Antrag, statt „Verhältniß" im 2. Absatz „Berechnung" zu setzen, um eine verwaltungsgerichtliche Entscheidung über die Richtigkeit der Auslegung der „Verbindlichkeiten" herbeiführen zu können, wurde jedoch abgelehnt. Vgl. über die Einzelheiten Herrfurth und Noell, S. 102–105.

Zu § 45. (R. § 38 Abg.H.Komm. red.)

1. Der § 45 entspricht völlig dem § 5 Abs. 2 des Ges. vom 27. Juli 1885 und führte im Abg.H. zu keinerlei Erörterungen. Vgl. Herrfurth und Noell S. 97–102.

Zu § 46. (Abg.H.Komm.)

1. Der § 46 Abs. entspricht völlig dem § 4 des Ges. vom 27. Juli 1885. Vgl. Herrfurth und Noell S. 94–97.

2. In dem unter Zustimmung der Regierungsvertreter in der Komm. des Abg.H. hinzugefügten Abs. 2 ist ausdrücklich ausgesprochen, daß die Besteuerung der Kleinbahnen, über welche im Abg.H. weitere Erörterungen (S. 2089, 2090) stattfanden, den Bestimmungen des Abs. 1 nicht unterworfen ist. Es ist damit nur wiederholt, was auch in § 40 des Kleinbahnengef. vom 28. Juli

1892 bereits bestimmt war. — Die Kleinbahnen unterliegen nicht der Eisenbahnabgabe, sondern der Gewerbesteuer (§ 40 cit.), und ihre Gemeinde-Einkommensteuerpflicht regelt sich wie die eines jeden gewerblichen Unternehmens (§§ 47, 48). — Ihr gesammtes Einkommen ist als gewerbliches der Steuer zu unterwerfen: die §§ 24d und 34 kommen daher nicht in Betracht. — Da der in Abs. 1 für die Vollbahnen zugelassene Abzug der planmäßigen Schuldentilgungsbeträge ein Sonderrecht darstellt, dieser Abs. 1 für Kleinbahnen aber nicht gilt, so wird die Folgerung nicht zu vermeiden sein, welche der Abg. v. Strombeck ohne Widerspruch zog (S. 2090), daß bei Kleinbahnen die Schuldentilgungsbeträge nach der allgemeinen Bestimmung in § 9 II. des Eink.St.G. von 1891 nicht abzugsfähig sind.

Zu § 47. (R. § 40 Abg.H.Komm. Pl. III red. S. 2317.)

1. Der § 40 des Entw. „schließt sich dem § 7 des Kommunalabgabengesetzes vom 27. Juli 1885 an. Es ist indessen unter Buchstabe b das Beschlußverfahren in Fortfall gekommen, weil dasselbe unter Umständen den Fortgang des Streitverfahrens, wie sich aus der Entsch. des O.V.G. vom 26. Oktober 1887 (Preuß. Verw.-Bl. IX S. 141) ergiebt, hemmt und ein Bedürfniß zu einer so abnormen Ineinanderschiebung zweier wesentlich verschiedener Verfahren nicht besteht. Sodann hat weiterhin derjenige Theil der Bestimmungen unter Buchstabe c keine Aufnahme gefunden, welcher inzwischen veraltet ist." Begr. 568. 569.

Die letztere Bemerkung bezieht sich auf die bereits abgelaufenen Uebergangsjahre (im Ganzen von 1886 bis zum 1. April 1896). — In 3. Lesung wurde zu größerer Klarstellung unter a statt „jenes Einkommens" „des Gesammteinkommens" gesetzt.

Zu § 48. (R. § 41.)

1. Der § 48 entspricht völlig dem § 8 des Ges. vom 27. Juli 1885 und führte im Abg.H. zu keinerlei Erörterungen. Vergl. Herrfurth und Noell S. 132—136.

Zu § 49. (R. § 42.)

1. Der § 49 „schließt sich dem § 9 in Verbindung mit dem § 10 des Kommunalabgabengesetzes vom 27. Juli 1885 an. Es

ist jedoch, abweichend von dem Absatz 1 des § 9, der Pachtungen und des Eisenbahnbetriebs aus den zu § 27 dieses Entwurfes — vergl. oben S. 354 — angegebenen Gründen nicht Erwähnung geschehen." Begr. S. 569.

2. Nach dem geltenden und — trotz der im Abg.H. (Komm.-Ber. S. 2460 Verh. S. 2092) erhobenen Einwendungen — aufrecht erhaltenen Recht hat jede Forensalgemeinde (vgl. oben S. 353) das in ihr erwachsende Einkommen selbständig einzuschätzen und danach den Steuersatz zu bestimmen, welcher in Folge des degressiven Tarifs vielfach geringer sein wird, als wenn der Gesammtsteuersatz auf Wohnsitz- und Forensalgemeinde vertheilt würde, wie dies für die Besteuerung der Wohnsitzgemeinde in § 49 Abs. 1 Satz 1 vorgeschrieben ist.

„Wenn also z. B. Jemand ein Gesammteinkommen von 10 000 Mk. hat, wovon 5000 Mk. aus einer Forensalgemeinde fließen, so bezahlt er zunächst 300 Mk. Staatssteuer. Diese 300 Mark werden für die Besteuerung in der Wohnsitzgemeinde nach dem Verhältniß des Forensaleinkommens zum Gesammteinkommen, also hier auf $^{300}/_{2}$ = 150 Mk. herabgesetzt. Diese 150 Mk. bilden den Prinzipalsteuersatz der Wohnsitzgemeinde. Die Forensalgemeinde erhält dagegen nicht die andere Hälfte mit 150 Mk. als Prinzipalsteuersatz für ihre Besteuerung, sondern kann der letzteren nur den im staatlichen Steuertarif für ein Einkommen von 5000 Mark vorgesehenen — wegen der bestehenden Degression um 32 Mark geringeren — Prinzipalsteuersatz von 118 Mk. zu Grunde legen. Thatsächlich ist hierdurch also derjenige, dessen Einkommen zum Theil aus Forensalbesitz stammt, soweit die Degression des Staatssteuertarifs reicht, besser gestellt als derjenige, dessen Einkommen nur in der Wohnsitzgemeinde zur Besteuerung herangezogen wird." Komm.-Ber. Abg.H. S. 2460.

Man sah indessen die Forensal-Einkommensbesteuerung als eine Ausnahme an und hielt ein anderweites Verfahren für unvereinbar mit dem Grundsatze der selbständigen Einschätzung der Forensalgemeinde; für die letztere komme es überdies lediglich auf das in dieser Gemeinde selbst gewonnene, nicht aber auf etwaiges sonstiges Einkommen an. (Komm.-Ber. Abg.H. S. 2463.)

3. Andererseits wurde in der Komm. des Abg.H. auf die Härten des bestehenden Rechtes für die Steuerpflichtigen hingewiesen. Es wurde zunächst „als mißlich hervorgehoben, daß nach geltendem Rechte und dem Entwurfe ein Steuerpflichtiger, wenn er mit mehreren Gemeinden in Bezug auf seine Heranziehung zur Gemeinde-Einkommensteuer zu thun habe und die Gemeinden über die Vertheilung des steuerpflichtigen Einkommens nicht einig werden könnten, genöthigt sei, seinerseits die erforderlichen Verfahren mit den betreffenden Gemeinden durchzuführen, während die Sache bei gleichen Gemeindesteuerzuschlägen in den verschiedenen Gemeinden ihn garnicht interessire und bei verschiedener Höhe der Zuschläge ihm oft den Streit nicht werth sei. . . .

Weiter wurde Folgendes geltend gemacht: Es könne vorkommen, daß ein Steuerpflichtiger bei einer Forensal- oder Aufenthaltsgemeinde erst so spät zur Einschätzung gelangt, daß dann die Frist zur Erhebung des Einspruchs bei der Wohnsitzgemeinde, die ihn vorher schon von demselben Einkommen herangezogen hat, schon abgelaufen ist. Es sei gerechtfertigt, in solchen Fällen, wo den Steuerpflichtigen kein Verschulden treffe, die Einspruchsfrist zu verlängern."

Endlich wurde die bestehende Unbilligkeit durch folgendes, als zutreffend anerkannte Beispiel erläutert:

„Ein Mann, der z. B. aus einer Forensalgemeinde ein Einkommen aus Grundbesitz von 3000 Mk. und aus einer anderen Forensalgemeinde aus einer Fabrik ein Jahresdefizit von 5000 Mark und im Uebrigen in der Wohnsitzgemeinde kein besonderes Einkommen hat, bezieht im Ganzen überhaupt kein Aktiveinkommen, sondern hat ein Minuseinkommen von 2000 Mk., ist somit überhaupt nicht staatssteuerpflichtig. Trotzdem wird er in der Forensalgemeinde des Grundbesitzes von 3000 Mk. Eikommen mit 60 Mk. Prinzipalstaatssteuer zur Gemeindebesteuerung herangezogen. Verlegt er seinen Wohnsitz nun in die Forensalgemeinde, wo die Fabrik mit dem Minuseinkommen liegt, so bleibt die Sache ebenso; verlegt er denselben dagegen in die Gemeinde mit dem ertragbringenden Grundbesitze, so kommt ihm dann die Ausnahmebestimmung zu Gute, wonach in der Wohnsitzgemeinde der Gesammtstaatssteuersatz berücksichtigt wird, so daß er dann auch von der Gemeinde-Einkommensteuer freibleibt. . . . Man solle daher, wenn es nicht zu erreichen sei, in allen Fällen den Staatssteuersatz auf die verschiedenen Gemeinden zu vertheilen und damit die Unzuträglichkeiten der Degression zu beseitigen, doch mindestens stets das zur Staatssteuer eingeschätzte Gesammteinkommen auch bei der Besteuerung der einzelnen betheiligten Gemeinden für maßgebend erklären und damit auch den vielen Weiterungen, welche den einzelnen Steuerpflichtigen durch die verschiedene Einschätzung in mehreren steuerberechtigten Gemeinden erwüchsen, abhelfen."

Zur thunlichsten Beseitigung dieser Härten wurden in der Komm. des Abg.H. einerseits die materiellen Bestimmungen des § 51, wonach das in den einzelnen Gemeinden steuerpflichtige Einkommen im Ganzen den Höchstbetrag derjenigen Steuerstufe nicht übersteigen darf, in welche der Pflichtige zur Staatseinkommensteuer eingeschätzt worden ist, und andererseits die Vorschriften der §§ 71—74 über das bei Vertheilung gemeindesteuerpflichtiger Einkommen auf eine Mehrzahl steuerberechtigter Gemeinden einzuhaltende Verfahren eingefügt.

Der Finanzminister bemerkte (Ber. S. 2463), daß die unleugbar vorhandenen Unzuträglichkeiten sich „aus der Einkommensteuerpflicht der Forensen als solcher, die man eigentlich nur realiter besteuern sollte", ergäben.

Zu § 50. (R. § 43 Abg.H.-Komm.)

1. „Die Bestimmungen des § 11 des K.A.G. vom 27. Juli 1885 haben in der Ausführung zu erheblichen Zweifeln Anlaß gegeben. . . . (O.V.G. vom 10. Juni 1887, Preuß. Verw.-Bl. VIII S. 322.) Der Entwurf hat deshalb dasjenige, was nach seiner Auffassung dem § 11 als Absicht zu Grunde gelegen hat und in sich begründet erscheint, wie geschehen, anderweitig zum Ausdruck zu bringen (gesucht).

Es ist jedoch hierbei, abweichend von der Vorschrift im Abs. 1 des § 11, dem Aufenthalte der Familie für die Beurtheilung der

Steuerpflicht des Famlienhaupts am Orte, dem dieserhalb im Allgemeinen bestehenden Grundsatze gemäß, eine entscheidende Bedeutung nicht zuerkannt worden.

Es erübrigt noch die Bemerkung, daß der Entwurf bei seiner Regelung des Besteuerungsrechts mehrerer Wohnsitzgemeinden in deren Verhältniß untereinander und zu dem Steuerpflichtigen, nur die inländischen Wohnsitzgemeinden vor Augen hat." Begr.

Zu § 51. (Abg.H.-Komm. § 43a Pl. III S. 2318.)

1. Ueber die Entstehung dieser in der Komm. des Abg.H. hinzugefügten Bestimmungen vgl. oben S. 355. 369. Die Fassung des ersten Satzes verursachte erhebliche Schwierigkeiten und erhielt ihre jetzige Gestaltung erst durch einen in 3. Lesung angenommenen Antrag Krause (S. 2318), dessen Bedeutung dahin bestimmt wurde, „daß das Gesammteinkommen für den Steuerbetrag nur dann maßgebend sein soll, wenn das Gesammteinkommen in Preußen steuerpflichtig ist, und zwar nur preußische Gemeinden dabei in Betracht kommen." Der § 51 greift also nicht Platz, „wenn der Staat nicht das gesammte Einkommen heranzieht, sondern nur einen Theil des Einkommens, weil der übrige Theil aus Gewerbebetrieb u. s. w. herrührt, das in einem außerpreußischen Bundesgebiet liegt".

2. „Der zweite Absatz des neuen § 43a — jetzt 51 — betrifft speziell den Fall der juristischen Personen. Bei diesen erfolgt nämlich, abweichend von dem für die physischen Personen geltenden Grundsatze, die Einschätzung lediglich nach dem Reinertrage der einzelnen Einnahmequellen. Dieser ist für jede Einnahmequelle besonders zu berechnen. Nun ist in der Praxis dieser an sich gerechtfertigte Grundsatz auch auf den Fall angewendet, wo die juristische Person in derselben Gemeinde verschiedene Einnahmequellen hat, die nicht wirthschaftlich zusammenhängen. Auch dann wird also jede Einnahmequelle für sich berechnet und kann ein bei der einen sich ergebendes Defizit nicht auf das Aktiveinkommen aus der anderen Quelle bei der Besteuerung angerechnet werden. Um dies auszuschließen", ist Abs. 2 hinzugefügt. (Komm.-Ber. Abg.H. S. 2464.)

3. Die Bestimmungen des § 51 wurden — wie mehrseitig auch im Abg.H. (z. B. Verh. S. 2318) — in der H.-H.-Komm. (Ber. S. 412) „als unzweckmäßig bezeichnet. Wenn in Folge der selbständigen Einschätzung der Wohnsitz- und der Forensalgemeinden der Höchstbetrag derjenigen Steuerstufen überstiegen werde, zu welchen der Steuerpflichtige bei seiner Veranlagung zur Staatssteuer eingeschätzt sei, so sei diese höhere Einschätzung in der Regel begründet, weil eben die Forensalgemeinden, in welchen die Erwerbsquelle liegt, ein besseres Urtheil über die aus derselben erzielten Einnahmen haben, als die den Verhältnissen ferner stehende staatliche Veranlagungskommission. Von Abänderungsanträgen wurde aber . . . mit Rücksicht auf den Werth, welchen das andere Haus auf diese Bestimmung zu legen scheint, im Interesse des Zustandekommens des Gesetzes Abstand genommen."

Zu § 52. (Abg.H. Pl. III S. 2322, 2323.)

1. Im Abg.H. wurde in 2. Lesung bei dem § 43 — jetzt 50 — vom Abg. v. Eckardstein (S. 2096) darauf aufmerksam gemacht, daß nach der Rechtsprechung unter Wohnsitzgemeinde nicht Wohnsitz schlechthin, sondern nur die Gemeinde, in welcher Jemand einen Wohnsitz habe, verstanden werde, so daß also der Wohnsitz in einem Gutsbezirke nicht in Betracht komme. Jemand, der einen doppelten Wohnsitz in einem Gutsbezirk und einer Gemeinde habe, werde daher mit seinem ganzen Einkommen von letzterer herangezogen. In dritter Lesung (S. 2323) wurde dann zur Beseitigung dieser „Doppelbesteuerung" mit Zustimmung der Staatsregierung der jetzige § 52 eingefügt.

Zu § 53. (Abg.H.-Komm. § 44a H.H.)

1. Ueber die Vorgeschichte dieser Bestimmungen, welche im Wesentlichen das Werk einer Subkomm. der Komm. des Abg.H. sind, vgl. oben S. 87, 88, 161, 175 und Abg. H. - Komm. - Ber. S. 2473, 2521—2529. Man hat sich zunächst darauf beschränkt, dieses neue Recht auf eine Anzahl bestimmter Fälle zu beschränken und von engbegrenzten Voraussetzungen abhängig gemacht.

a) Der Zuschuß fordernden Gemeinde darf kein Besteuerungsrecht nach § 35 wegen Vorhandenseins einer Betriebsstätte u. s. w. zustehen.

b) Nur der Betrieb von Berg-, Hütten- oder Salzwerken, Fabriken oder Eisenbahnen kommt in Betracht.

c) Die Mehrausgaben[1]) müssen für Volksschulen und Armenwesen erwachsen und zugleich durch ihren verhältnißmäßig erheblichen Umfang eine Ueberbürdung herbeizuführen geeignet sein.

d) Der Zuschuß fordernden (Arbeiterwohnsitz-) Gemeinde liegt die Beweislast ob.

e) Bei der Bemessung des Zuschusses sind die der Gemeinde erwachsenden Vortheile[2]) zu berücksichtigen.

f) Den Höchstbetrag des Zuschusses bildet die Hälfte der direkten Gemeindesteuern der betr. Betriebe. (Diesem Satz ist von der Komm. des H.H. eine zutreffendere Fassung gegeben.)

2. In erster Linie ist nach Abs. 3 eine Einigung der Betheiligten anzustreben. „Die Vereinbarung kann sich auch im Voraus auf mehrere Rechnungsjahre erstrecken.

---

[1]) „Der Regel nach werden solche Mehrausgaben nur dann entstehen, wenn eine größere Anzahl der in der Betriebsgemeinde beschäftigten Arbeiter in einer benachbarten Gemeinde Wohnsitz oder Aufenthalt nimmt. Dagegen würde durch die in einem Werke der Betriebsgemeinde stattfindende Beschäftigung der in benachbarten Gemeinden bereits ansässigen Personen ein Anspruch nicht begründet werden." Grundzüge S. 70.

Diesen Voraussetzungen „würde z. B. nicht genügt werden, wenn auch ohne den Zuzug fremder Arbeiter neue Schuleinrichtungen getroffen werden müßten. Die letztere Voraussetzung trifft nur dann zu, wenn die durch die Mehrausgaben verursachte steuerliche Belastung an sich und im Vergleiche mit anderen Gemeinden eine ungewöhnlich hohe sein würde." Begr. S. 71.

[2]) „Unter den ... Vortheilen, sind nicht nur die der Gemeinde selbst, sondern auch die den Gemeindeangehörigen unmittelbar oder mittelbar erwachsenden Vortheile zu verstehen. Hierher gehören z. B. die Abgaben, welche die Gemeinde von den Arbeitern und Angestellten des Betriebes erhebt, die in Folge des Betriebes und der Niederlassung der Arbeiter u. s. w. eingetretenen Werthsteigerungen des Grundbesitzes, Erhöhungen der Miethpreise und gewerblichen Vortheile aller Art." Grundzüge S. 71, 72.

Die nachträgliche Erhebung von Ansprüchen für bereits abgelaufene Rechnungsjahre ist nicht gestattet." Grundz. S. 72.

3. Abs. 4 handelt von dem Falle, daß die betheiligten Grundstücke oder Personen in mehreren Bezirken liegen oder wohnen.

Vorbemerkungen über die Vertheilung des Steuerbedarfs. (§§ 54 flg.)

1. Die §§ 54 und 55 verdanken ihre jetzige Fassung im Wesentlichen einem in der Komm. des Abg.-H. entstandenen „Ausgleichsantrage", welcher im Plenum zwar namentlich von Vertretern westlicher Gemeinden lebhaft angefochten, aber doch nur in einem Punkte verändert wurde. (Verh. S. 2117—2142.)

Nach dem Entw. enthielt der § 45 — jetzt 54 — zwar auch gewisse „mechanische", das Prozentverhältniß von Personal- und Realsteuern zahlenmäßig regelnde Vorschriften[1]); dagegen stellte zugleich § 46 — jetzt 55 — Abs. 2 zwei in allen Fällen anzuwendende allgemeine Regeln auf: nämlich 1., daß bei der Vertheilung die Erleichterungen in Folge Erlasses der Staatsrealsteuern zu berücksichtigen und 2. die Aufwendungen für die sog. wirthschaftlichen Ausgaben[2]) durch Realsteuern zu decken seien. Der Ausgleichsantrag beschränkt die Geltung dieser Regeln auf den Fall des § 55 (Erhebung von mehr als 100 % Einkommensteuer oder Abweichungen von § 54); das Plenum beseitigte weitergehend die erste Regel überhaupt[3]). Hinsichtlich der Zahlenvorschriften in § 54 wurde vom Ausgleichsantrag im 2. Absatz 100 % an Stelle von 150 % gesetzt und Abs. 3 und 4

[1]) Die im Anschluß an theoretische Forderungen (oben S. 6, 14, A. 41, 42, 48) beantragte Beseitigung der „mechanischen" Vorschriften und Vertheilung des Steuerbedarfes nach Ausgabezwecken wurde vom Fin.-Minister wie von der Komm. des Abg.-H. wegen der Schwierigkeit solcher Sonderungen, der unvermeidlich damit verbundenen Schwankungen, der unvermeidlich werdenden Einmischung der Aufsichtsbehörden und anderer Bedenken abgelehnt. Ber. S. 2474, 2475, 2516.

[2]) § 55 Abs. 2 giebt nur Beispiele: („namentlich").

[3]) In der H.-H.-Komm. erklärte der Min.-Präs., daß trotz dieser Streichung der ersten Regel eine Berücksichtigung der Erleichterungen keineswegs ausgeschlossen sei. Ber. S. 414.

neu hinzugefügt. — Alle Aenderungen erfolgten im Interesse der Realsteuerpflichtigen. Die von einer Seite beantragte obligatorische Vorausbelastung der Realsteuern an Stelle der im Entw. und im Gesetz vorgesehenen fakultativen wurde in der Komm. mit 14 gegen 11 Stimmen abgelehnt. Ber. S. 2515. Vgl. auch S. 389.

Der Fin.-Min. hatte sich nicht gegen den Ausgleichsantrag, der seinen Wünschen nicht entspreche, erklärt, weil die Staatsregierung „den vermeintlichen und wirklichen Interessen, die geltend gemacht worden seien, Rechnung trage und auf die Verständigung der Parteien großes Gewicht lege . . (sie glaube auch so) die Ziele der Reform zu erreichen, wenn auch nicht in dem Maße, wie sie gewünscht hätte". (Ber. S. 2480.)

2. Die in Folge dieser Aenderungen den Gemeinden, welche nicht über den vollen Satz der Staatseinkommensteuer hinaus Zuschläge erheben und keine Abweichungen von den Regeln des § 54 vornehmen wollen, zustehende Freiheit in der Forterhebung der ihnen überwiesenen Realsteuern ist eine sehr erhebliche. Vgl. S. 177—178. — Eine Tabelle über den Mindest- und Höchstbetrag der Einkommensteuer in Prozenten der Staatseinkommensteuer bei einer Realsteuerbelastung von 100—200 % der staatlich veranlagten Steuern findet sich in den Grundzügen S. 79, 80.

Beispielsweise seien hier folgende Ziffern wiedergegeben:

Realsteuerbelastung	Mindestbetrag der Einkommensteuerbelastung	Höchster Betrag der Einkommensteuerbelastung
110 %	73 1/3 %	110 %
120 %	80 %	120 %
150 %	100 %	150 %
180 %	120 %	210 %
200 %	133 1/3 %	250 %

3. Während die §§ 54 und 55 — in letzterem ist im H. H. nur die Verweisung auf § 10 eingefügt, vgl. S. 327 — von der Vertheilung zwischen Personal- und Realsteuern handeln, ist in § 56 die Vertheilung zwischen den einzelnen Realsteuern und zwar dahin geregelt, daß dieselben regelmäßig mit

gleichen Prozentsätzen heranzuziehen sind. Eine begrenzte Ausnahme — höchstens doppelt so starke Heranziehung — muß gemacht werden, wenn Grund- oder Hausbesitzer[1]) oder Gewerbetreibende von Veranstaltungen der Gemeinde besondere Vortheile haben oder wenn sie besondere Kosten verursachen, die nicht auf andere Weise gedeckt sind. Vgl. oben S. 269. 270.

Die in § 56 Abs. 3 — allgemein gegebene — Ermächtigung der Minister zur Zulassung von Ausnahmen, und zwar sowohl von Abs. 1 als 2 und 4 ist im H. H. unter Hinweis auf besondere Verhältnisse einzelner Gemeinden namentlich an den Grenzen hinzugefügt, obwohl sie regierungsseitig „nicht für unbedingt nothwendig erachtet" war. (Ber. S. 414, vgl. oben S. 324.)

Die §§ 57 und 58 schreiben die Anrechnung der besonderen Steuern je nach ihrer Einrichtung und Beschaffenheit auf die entsprechenden Steuern, d. h. die Zuschläge zur Einkommensteuer und die weiter zu erhebenden Realsteuern mit der Maßgabe vor, daß die Betriebssteuer und Bauplatzsteuer auf Gewerbe- und Grundbesitzer nicht mit anzurechnen, sondern von dem durch die gewöhnlichen Personal- und Realsteuern aufzubringenden Bedarf — ebenso wie Gebühren, Beiträge, indirekte Steuern und andere Gemeinde-Einnahmen — vorweg abzuziehen sind.[2]) (Vgl. Nr. 7.)

Diese Anrechnung vollzieht sich ohne Schwierigkeit, soweit die besondere Steuer den Betrag der entsprechenden Steuer, auf welche sie zu verrechnen ist (z. B. Miethssteuer auf Einkommensteuer bezw. Gewerbesteuer §§ 23, 57 Abs. 2)[3]) nicht erreicht. Wenn sie diesen Betrag aber übersteigt, wie dies bei der umgestalteten Grund-, Gebäude- und Gewerbesteuer (§§ 25, 29) vielfach, und bei der besonderen Einkommensteuer wegen der verminderten Degression (§ 37) immer eintreten wird, und zwar bei

---

[1]) Der § 56 Abs. 4 ist von der Kommission des Abg.-H. hinzugefügt, ebenso § 57 Abs. 2 und die Einfügung der Bauplatzsteuer in § 58.

[2]) Diese beiden Steuern können auch aus besonderen, nicht bloß finanziellen Gründen zur Erhebung kommen, so daß eine besondere Behandlung derselben gerechtfertigt ist. (Vgl. S. 215 B.)

[3]) Vgl. S. 343 A. 1.

jeder Steuer in verschiedenem Umfang, entstehen die oben S. 324. erörterten Schwierigkeiten.

4. Nach § 55 Abs. 1 bedürfen Zuschläge über den vollen Satz der Staatseinkommensteuer hinaus der Genehmigung; dies wird dahin zu verstehen sein, daß wirklich ein prozentualer Zuschlag von mehr als 100 % dieser Steuer erhoben wird, so daß also z. B. besondere Einkommensteuern mit minder stark degressivem Tarif, auch wenn ihr Ertrag größer ist als der Ertrag eines 100 % igen Zuschlages zur Staatseinkommensteuer, der Genehmigung erst bedürfen, wenn die der Staatssteuer gleichen höheren Steuersätze mit mehr als 100 % belastet werden.

5. Die Vertheilungsregeln der §§ 54 flg. sind bestimmt, die Vertheilung des Steuerbedarfes auf die einzelnen Steuerarten im Ganzen zu ordnen: der einzelne Steuerpflichtige kann nicht verlangen, daß der von ihm zu zahlende Steuerbetrag den Ziffern des § 54 entspricht. (Abg.-H.-Verh. S. 2152, 2153.)

6. Die Berücksichtigung der den Grundbesitz vielfach besonders belastenden Societätslasten (Deich-, Entwässerungslasten u. a. m.) bei Vertheilung des Steuerbedarfes würde zwar in der Komm. des Abg.-H. (Ber. S. 2469 flg.) wie im Plenum (S. 2149 flg.) beantragt, aber abgelehnt. Vgl. oben S. 176, 177. Das Abg.-H. (Verh. S. 2336) ersuchte jedoch die Staatsregierung durch Resolution um Regelung dieser Angelegenheit.

7. Die Betriebssteuer muß — als eine nicht nur finanzielle Steuer — nach § 13 des Ges. wegen Aufhebung direkter Staatssteuern in der vom Gew.St.G. von 1891 festgesetzten Höhe von den Gemeinden erhoben und — in den Landkreisen — an die Kreiskasse abgeführt werden. Die Gemeinden können, unabhängig von den Bestimmungen der §§ 53 flg., Zuschläge zu derselben erheben, welche, wenn sie 100 % übersteigen, der Genehmigung bedürfen.[1]) Wenn besondere Betriebssteuern (§§ 29, 77) an Stelle der im Gew.St.Ges. von 1891 geregelten Steuer eingeführt sind, ist von deren Ertrag der nach letzterem Gesetz sich

[1]) Diese in § 58 Satz 2 enthaltene Bestimmung ist erst im Abg.-H. in 3. Lesung zugefügt. (Verh. S. 2328 vgl. S. 2157—59.)

ergebende Betrag an die Kreiskasse abzuführen. (§ 13 cit.) Die Gemeinden können solche besonderen Betriebssteuern auch neben der staatlich geregelten Betriebssteuer erheben.

8. Gegenüber den gegen die Vorschriften der §§ 54 flg. von verschiedenen Seiten und in verschiedenen Richtungen geltend gemachten Bedenken (wegen zu starker Belastung der Realsteuern, wegen der Gleichstellung der Gewerbesteuern mit den Grundbesitzsteuern u. a. m.) bemerkte der Finanzminister, daß die bisher sehr verschiedene Art der Steuervertheilung — alleinige oder vorwiegende Einkommensbesteuerung im Westen und Realbesteuerung im Norden und Osten — einen Mittelweg nothwendig mache. Das bisherige Verfahren im Westen sei aber irrationell. Verh. A.H. S. 2129—2131. — Vgl. übrigens oben S. 177—180.

Zu § 54. (R. § 45. Abg.-H.-Komm.)

Vgl. S. 373.

Zu § 55. (R. § 46. Abg.-H.-Komm. Pl. II, H. H.)

Vgl. S. 373. Das H. H. hat nur die Verweisung auf § 10 eingefügt. (S. 327.)

Zu § 56. (R. § 47, Abg.-H.-Komm. H. H.)

Vgl. S. 374. 375 und 327.

Zu § 57. (R. § 48, Abg.-H.-Komm.)

Vgl. S. 375.

Zu § 58. (R. § 47, Abg.-H.-Komm. Pl. III.)

Vgl S. 375 A. 2. 376.

Zu § 59. (R. § 49, Abg.-H.-Komm.)

1. Die Bestimmungen schließen sich an § 21 der L. G. O. an. Die in Ermangelung eines Gemeindebeschlusses eintretende Regelung ist jedoch anderweit geordnet. Die von der Komm. des Abg.-H. hinzugefügte Verweisung auf § 96 Abs. 4 bezieht sich auf bestehende, zunächst in Kraft bleibende Ordnungen.

2. Der Schlußsatz im Abs. 1 ist in der Komm. des Abg.-H. hinzugefügt, da es denkbar ist, daß die Regelung des 2. Satzes (150 % Realsteuern und 100 % Eink.-St.) den gesammten Verhältnissen der Gemeinde nicht entspricht. (Ber. S. 2484 H.H.-Komm. Ber. S. 413.)

Zu § 60. (R. § 50.)

1. „Der § 50 — jetzt 60 — schließt sich dem § 25 der Reg.-Vorlage aus der Landtagssession 1870/80 . . . und dem § 33 der L. G. O. an."

2. Der Vorbehalt der anderweitigen Bestimmung in Zeile 2 bezieht sich auf § 26 Abs. 4, wonach die Besteuerung neu erbauter Gebäude u. s. w. mit dem Ablauf des Rechnungsjahres, in welchem Bewohnbarkeit u. s. w. eingetreten ist, beginnt — im Gegensatz zu § 19 des Geb.-St.-G. vom 21. Mai 1861.

3. Die Steuerpflicht in der Aufenthaltsgemeinde (1 b) beginnt nach Ablauf der 3 Monate (§ 33 Abs. 4), tritt dann aber auch für die zurückliegenden Monate ein (also ex tunc). Komm.-Ber. Abg.H. S. 2486.

4. Ueber den Fall, daß Jemand im Lauf eines Jahres einen doppelten Wohnsitz begründet oder aufgiebt, vgl. Komm.-Ber. Abg.H. S. 2486.

Zu § 61. (R. § 51.)

1. „Wird ein Steuerausschuß nicht gebildet, so beruht die Veranlagung kraft Gesetzes beim Gemeindevorstande." (Begr.)

Zu § 62. (R. § 52. Komm. Abg.H. red.)

1. „§ 52 — jetzt 62 — schließt sich dem § 35 Abs. 6 des Eink.St.G. vom 24. Juni 1891 an.

Im Uebrigen ist schon bisher davon ausgegangen, daß die Bestimmung im § 52 Abs. 3 des Einkommensteuergesetzes vom 24. Juni 1891, wonach die bei der Steuerveranlagung betheiligten Beamten zur Geheimhaltung der zu ihrer Kenntniß gelangenden Verhältnisse der Steuerpflichtigen verpflichtet sind, einer Mittheilung dieser Besteuerungsmerkmale an die Gemeindebehörden zum Zwecke der Veranlagung der Steuerpflichtigen zu den Gemeindesteuern nicht entgegenstehe. Der Entwurf verleiht weitergehend den Gemeindebehörden das Recht auf eine solche Mittheilung." (Begr.)

Zu § 63. (§ 53. Abg.H.Komm. red.)

1. „Es schließen sich die Absätze 2 und 3 dem § 35 Abs. 5 es Eink.St.G. vom 24. Juni 1891, Abs. 4 dem § 38 Abs. 2 da-

selbst, endlich Abs. 5 dem § 29 Abs. 1 des Eink.St.G. an. — Wenn die Bestimmungen des Entwurfes im Allgemeinen weniger strenge als diejenigen des Einkommensteuergesetzes sind, so findet dies seine Rechtfertigung darin, daß der Veranlagung zu den hauptsächlichsten Gemeindesteuern die vom Staate bewirkte Veranlagung zu den Realsteuern und zu der Einkommensteuer vorhergeht, daß der Gemeindevorstand (Steuerausschuß) gemäß § 52 des Entwurfs (jetzt 62) unter Anderem berechtigt ist, von den zuständigen Staatsbehörden die Mittheilung derjenigen bei der Veranlagung oder Festsetzung der Realsteuern bekannt gewordenen Besteuerungsmerkmale zu verlangen, deren er für die Veranlagung bedarf und daß somit für die Gemeindebehörde ein Bedürfniß zur Ermittelung aller in Betracht zu ziehenden Besteuerungsmerkmale nicht in dem Umfange besteht, wie dasselbe für die staatliche Veranlagung anzuerkennen ist." (Begr.) Vgl. auch S. 353.

2. In der Komm. des Abg.H. wurde „festgestellt . ., daß die in Abs. 2 vorgesehene Ermächtigung durch die Steuerordnung selbst zu ertheilen ist". Komm.-Ber. Abg.H. S. 2487. Vgl. oben S. 313.

Zu § 64. (R. § 54. Abg.H.Komm. red.)

1. „Satz 1 will die Vermeidung eines unnöthigen Aufwandes an Arbeit, sowie einer nicht nothwendigen Belästigung der Steuerpflichtigen in denjenigen Fällen ermöglichen, in welchen nach der Natur der besonderen Realsteuer erheblichere Veränderungen in den Besteuerungsmerkmalen nur in größeren Abschnitten zu erwarten sind." (Begr.)

Zu § 65. (R. § 55. Komm. Abg.H.)

1. Die Bestimmungen entsprechen im Allgemeinen dem § 34 der L.G.O. vom 3. Juli 1891.

2. Das Erforderniß einer besonderen Mittheilung an die auswärts wohnenden Steuerpflichtigen ist zum Schutze derselben vom Abg.H. (Komm.-Ber.) hinzugefügt.

Zu § 66. (R. § 56. Abg.H.Komm. red.)

1. Dieser Paragraph schließt sich dem § 35 der L.G.O. vom 3. Juli 1891 an.

2. In der Komm. des Abg.H. wurde „angeregt, ob es nicht zweckmäßig sei, die Zahlungstermine, wie im Einkommensteuergesetz — also in vierteljährlichen Theilbeträgen in der ersten Hälfte des zweiten Monates jedes Vierteljahres — festzusetzen". Auch andere Vorschläge, z. B. zum Schutze der kleineren Leute längere als halbjährige Zahlungszeiten auszuschließen, wurden gemacht; alle Anträge jedoch „abgelehnt, nachdem der Fin.-Min. sich dahin ausgesprochen, man solle es getrost den Gemeinden überlassen, ob sie von der Befugniß des Abs. 2 Gebrauch machen wollten". (Komm.Ber. Abg.H. S. 2487, Verh. S. 2161.)

Zu § 67. (Abg.H. Pl. II, § 67 H.H.

Vgl. oben S. 348.

Zu § 68. (Reg. § 57. Abg.-H.-Komm. Pl. II und III.)

1. Dieser Paragraph „schließt sich im Allgemeinen dem § 18 der L.G.O. vom 3. Juli 1891 an. Er geht jedoch davon aus, daß, wenn die Gemeinde beschließt, die Dienste in Geld zu schätzen und leisten zu lassen, in solchem Falle überhaupt nicht mehr die Leistung von Naturaldiensten, sondern lediglich von Gemeindesteuern in Frage steht und wegen der Aufbringung der Abgaben die dieserhalb bestehenden allgemeinen Bestimmungen (§§ 16 flg., jetzt §§ 20 flg.) zur Anwendung zu bringen sind". Begr.

2. Nach dem Entw. hieß der Abs. 2: „Bei der Neuregelung von Naturaldiensten sind Spanndienste ausschließlich von den gespannhaltenden Grundbesitzern u. s. w." Die Komm. des Abg.H. gab dem Paragraph die jetzige allgemeine Fassung, „so daß derselbe nunmehr auch — vorbehaltlich der Bestimmung des § 78 Abs. 4 (jetzt § 97) auf die bereits bestehenden Regelungen dieser Dienste zu beziehen ist". — Die Möglichkeit der Heranziehung aller Gespannhaltenden — nicht bloß der Grundbesitzer — ist erst im Plenum des Abg.H. durch die jetzige Fassung des Abs. 3 zugelassen.

3. „Handdienste" umfassen, wie auch von der Rechtsprechung des O.V.G. anerkannt ist, alle Dienste, „welche durch die Person, die eigene Kraft des Pflichtigen geleistet werden", also z. B. auch Botendienste (Komm.-Ber. Abg.H.) und Nachtwachen. (Begr.) —

Zu den Naturaldiensten gehören nach feststehendem Grundsatze nur „fungible Verrichtungen", nicht „kunst- und handwerksmäßige Arbeiten". O.V.G.E. 19 S. 76.

4. Die in Abs. 2 a. E. enthaltene Vorschrift der Genehmigung soll namentlich verhindern, daß bei Heranziehung anderer gespannhaltenden Steuerpflichtigen unbillig verfahren wird, indem z. B. auch Pferdebahngesellschaften großer Städte, die ihre Ställe in Nachbargemeinden haben, Landdoktoren u. a. m. herangezogen würden. (Vgl. Abg.H. S. 2330.)

Zu § 69. (R. § 58, Abg.H. Komm.)

1. „Die Verkürzung der Einspruchsfrist, welche nach § 1 des Ges. vom 18. Juni 1840 und nach § 37 der L.G.O. vom 3. Juli 1891 drei Monate beträgt, auf 4 Wochen, schließt sich der Vorschrift im § 40 des Eink.St.G. vom 24. Juni 1391 an und liegt im Interesse der Ordnung der Finanzverwaltung der Gemeinden.

Im Uebrigen lehnt sich der Entwurf den Bestimmungen in den §§ 18, 34 des Zuständigk.-Ges. vom 1. August 1883 und im § 37 der L.G.O. vom 3. Juli 1891 an, läßt jedoch im Falle einer Bekanntmachung der zu entrichtenden Steuer mittelst ortsüblicher Verkündigung der zu erhebenden Prozentsätze den Lauf der Einspruchsfrist erst vom Tage nach der Aufforderung zur Zahlung bezw. Leistung beginnen." (Begr.)

2. (Zu Abs. 3.) Einwendungen gegen die vom Staate wenn auch ausschließlich für die Zwecke der kommunalen Besteuerung bewirkte Veranlagung der Grund-, Gebäude- und Gewerbesteuer sind in dem besonderen, für diese Steuern vorgeschriebenen Verfahren geltend zu machen. Vgl. §§ 3, 4 des Ges. wegen Aufhebung direkter Staatssteuern.

3. Zu Abs. 4 vgl. S. 235.

Zu § 70. (R. § 59.)

Die §§ 70 und 75 schließen sich den §§ 18, 21, 34, 37 des Zust.-Ges. vom 1. Aug. 1883 und dem § 38 der L.G.O. von 1891 an, an deren Stelle sie treten. (Begr.) Sie finden insbesondere auch auf die Leistungen auf Grund des Ges. vom 2. Juli 1875 (oben S. 309) Anwendung. H.H.Komm.-Ber. S. 415.

Zu §§ 71—74. (Abg.H.Komm. §§ 59a—d.)

1. Ueber die Entstehung dieser Paragraphen in der Komm. des Abg.H. vgl. oben S. 369 und Abg.H.Komm.-Ber. S. 2466 flg.

In § 7 des K.A.G. vom 27. Juli 1885 fand sich eine besondere Bestimmung über ein Beschlußverfahren bei Vertheilung von Kommunallasten im Fall der Ausdehnung einer Betriebsstätte über mehrere Gemeinden, welche in § 47 (vergl. S. 366) nicht wiederholt ist.

In der H.H.Komm. (Ber. S. 415) wurde die in § 71 erfolgte Einschiebung eines Beschlußverfahrens für alle Fälle der Vertheilung eines steuerpflichtigen Einkommens für keine glückliche erklärt.

Dies Verfahren tritt jedoch nur auf Antrag des Steuerpflichtigen ein. (§ 71 Abs. 1.)

2. Wenn während schwebenden Verwaltungsstreitverfahrens neue Steuerforderungen wegen des dem Verfahren unterliegenden Einkommens erhoben werden, hat das Verw.-Ger. auch hierüber nach § 73 sofort zu entscheiden, ohne daß erst ein Beschluß auf Grund des § 71 erforderlich wäre.[1])

3. Der § 74 findet auch Anwendung, wenn ein im Beschlußverfahren ergangener Beschluß endgültig geworden ist, weil gegen denselben Klage nicht erhoben. H.H.Komm.-Ber. S. 415. Zuständig ist der Kreis- (Bezirks-) Ausschuß, der in erster Instanz entschieden hat; ebenda.

Zu § 75. (R. § 60.)

Vgl. zu § 70.

Zu § 76. (R. § 61.)

Vgl. S. 344 und 353 A. 2.

---

[1]) Nach dem H.H.Komm.-Ber. S. 415 „werden im Uebrigen die formellen Vorschriften des Landesverwaltungsgesetzes durch den § 74 nicht geändert. Das Oberverwaltungsgericht, als Revisionsgericht, hat daher über neue Ansprüche, welche erhoben werden, während die Sache in der Revisionsinstanz schwebt, nur dann zu entscheiden, wenn diese neuen Ansprüche spruchreif sind, und im entgegengesetzten Fall die Sache in die vorige Instanz zurückzuverweisen."

Zu § 77. (R. § 62 Abs. 1—4 Abg.H.Komm.)

1. Die Aufsicht, wie sie in den §§ 77 und 78 geordnet ist, soll Sicherheit geben, daß sowohl die Interessen des Staates als die Rechte der Steuerpflichtigen, insbsondere der Minderheiten in den Gemeinden, nicht verletzt werden. Einen besonderen Gegegenstand der Aufsicht bildet die gerechte Vertheilung der Steuern und sonstigen Abgaben.[1]) (Vgl. oben S. 176, Begr. S. 571 und Abg H.Komm.-Ber. S. 2490 flg.)

2. Die Genehmigung der Selbstverwaltungsbehörden (Kreis- und Bezirks-, Ausschuß- und Provinzialrath) ist daher — vorbehältlich der den Vorsitzenden (nicht den Betheiligten) nach § 77 Abs. 2 zustehenden Anrufung der Ministerialinstanz — vorgeschrieben:

a) für Erhebung von Verwaltungsgebühren §§ 6 und 8 S. 286,

b) bei Erhebung von nothwendigen Benutzungsgebühren in den Fällen des § 4 Abs. 3 und 5 S. 287. 288,

c) bei Vorausbelastung durch Beiträge (§ 9), Mehr- oder Minderbelastung (§ 20, Bauplatzsteuern (§ 27), Vertheilung der Gewerbesteuer (§ 31) oder der Realsteuern (§ 56 Abs. 2, 4),

d) bei Einführung oder Veränderung besonderer direkter oder indirekter Steuern nach Maßgabe der §§ 18, 23 und 37,

e) bei Zuschlägen zu der Einkommensteuer und zur Betriebssteuer von mehr als 100 pCt. (§§ 55, 58) und bei Erhebung von mehr als 200 pCt. der staatlich veranlagten Realsteuern (§ 54),

---

[1]) „Dem Staate müssen ferner Garantien geboten werden, welche die wirkliche Umwandlung der von ihm aufgegebenen Realsteuern in Kommunalsteuern gewährleisten. Wenn der Staat sich der bisher von ihm ausgeübten Besteuerung der Güterquellen begiebt, um den Gemeinden allein die Ausnutzung dieser, für die kommunale Besteuerung besonders geeigneten Steuerquellen zu ermöglichen, so muß ihm auch die Möglichkeit einer entsprechenden Einwirkung auf die Gemeinden eröffnet werden. Nur unter dieser Voraussetzung verzichtet der Staat seinerseits auf die Realsteuern." Begr. S. 571. zu § 62.

f) bei Vereinbarungen über die Höhe von Steuern (§§ 13, 43) und bei Freilassung von Einkommen unter 900 Mk. (§ 38) und von Fremden (§ 39),

g) bei Abweichungen von den Vertheilungsvorschriften der §§ 54 und 56, und den Bestimmungen des § 68 über Naturaldienste, sowie bei ausnahmsweiser Aufrechterhaltung bestehender Einkommen- und Miethssteuern. (§§ 37, 23.)

3. Das Erforderniß ministerieller Zustimmung zur Genehmigung neuer oder veränderter direkter oder indirekter Steuern (litt. a) besteht schon jetzt. Zuständigkeitsgesetz vom 1. Aug. 1883. (§§ 16, 31.) Die Ausdehnung dieses Erfordernisses auf die Fälle unter b und c ist neu und mit Rücksicht auf die Nothwendigkeit einheitlicher Handhabung des Gesetzes begründet. Die Delegation ist nur auf die Aufsichtsbehörden höherer Instanz, d. h. die Oberpräsidenten für die Städte und die Regierungspräsidenten für die Landgemeinden gestattet. Abg.H.Komm.-Ber. S. 1010, 1020, Verh. S. 2172. — Ministerieller Genehmigung bedarf überdies die Forterhebung der Miethssteuer (§ 23) und der dem § 37 Abs. 1 widerstreitenden bestehenden besonderen Gemeindeeinkommensteuern, sowie die Zulassung von Ausnahmen von § 56.

4. Nach dem Komm.-Ber. Abg.H. (S. 2493) ist es nicht zweifelhaft, daß auch „die Genehmigung zu Abweichungen von der Regel des § 54 nicht bloß auf ein Jahr, sondern z. B. bei Ortsstatut auf längere oder kürzere Zeit, auch dauernd, ertheilt werden könne.“ [1])

5. Für Berlin gelten die §§ 41 flg. des Landesverw.-Ges. vom 30. Juli 1893, vgl. Abg.H.Komm.-Ber. S. 2491.

6. In der Komm. des Abg.H. wurde „anerkannt, daß die Betheiligung der Ministerialstellen ... die zur Genehmigung berufenen Selbstverwaltungsstellen nicht der eigenen Prüfung überhebe. Kommen sie bei dieser Prüfung zu einem Genehmigungsbeschlusse, so sei die Sache behufs Ertheilung der Zustimmung an die Minister abzugeben; kommen sie dagegen zu einem ablehnenden Beschlusse,

[1]) Gegenüber den gegen Abs. 5 erhobenen Bedenken erklärte der Min.-Präs., daß von dieser Befugniß nur ganz ausnahmsweise Gebrauch gemacht werden solle. H.H.-Komm.-Ber. S. 416.

so gelange die Sache, ausgenommen im Falle der weiteren Beschwerde, garnicht an die Minister." Ber. S. 2493.

Zu § 78. (R. § 62 Abs. 5—8 Abg.H.Komm. § 62a Pl. II.)

1. Während die in § 77 berufenen Selbstverwaltungsbehörden nur negativ, durch Versagung der Genehmigung einwirken können, giebt § 78 den staatlichen Aufsichtsbehörden (Landrath für Landgemeinden, Regierungs-Präsident für Städte) ein weitergehendes Recht zu positivem Eingreifen behufs Beseitigung gesetzwidriger Ordnungen und Beschlüsse.

Die in Petitionen und im Landtag ihrer Unbestimmtheit wegen lebhaft angefochtenen Worte „Besteuerungsgrundsätze" in Abs. 1 hinter „Vorschriften" sind im Abg.H. (Verh. S. 2175) gestrichen. Vgl. S. 234. 235.

2. Der in der Komm. des Abg.H. hinzugefügte Abs. 2 soll die Möglichkeit geben, gewisse überkommene, aber unhaltbar gewordene Verhältnisse auch gegen den Willen der interessirten Mehrheit ändern zu können. Ber. S. 2497.[1])

3. Zu Abs. 3 vgl. S. 171 und über die Unanwendbarkeit des § 78 auf gewerbliche Unternehmungen S. 244.

4. Die nach Abs. 5 erlassene Verfügung gilt, bis die Gemeinde eine gesetzmäßige Regelung ihrerseits bewirkt hat. H.H.-Komm.-Ber. S. 416.

Zu § 79. (R. § 63 Abg.H.Komm.)

1. Der Ausdruck „Steuerhinterziehung" scheint nach den §§ 83 und 87 auf Gebühren und Beiträge nicht bezogen werden zu können,[2]) er trifft aber auch die indirekten Steuern, was namentlich für die Umsatzsteuer (oben S. 315) von Wichtigkeit ist.

2. Der 2. Absatz trifft namentlich den Fall, in welchem in Folge eines Rechtsirrthums unrichtige Angaben gemacht sind. Vgl. Meitzen, Kommentar zum Eink.-St.-G. § 66.

---

[1]) Angeführt wurden die Fälle, in denen die Bauernhöfe durch Abverkäufe verkleinert sind und deshalb nicht mehr in alter Weise leistungsfähig sind, die Ankäufer der kleinen Stellen aber die Mehrheit haben.

[2]) Der Abg. Bohtz (Verh. S. 2176) bezog die Bestimmung freilich ohne Widerspruch auch auf Beiträge und Gebühren.

3. Der 3. Abs. entspricht vollständig dem § 66 Abs. 3 des Eink.-St.-G. und dem § 43 Abs. 3 des Ges. über die Ergänzungssteuer. Auch im Uebrigen sind die Bestimmungen dieses Paragraphen im Wesentlichen den genannten Paragraphen, insbesondere dem letzteren, nachgebildet. Jedoch beträgt die Strafe im Fall des ersten Absatzes beim Ergänzungssteuergesetze das 10—15fache und im Fall des zweiten Absatzes bei beiden anderen Gesetzen mindestens 20 Mk. Vgl. § 81 Anm. 1.

Zu § 80. (R. § 64.)

1. Diese Strafbestimmungen sind dem § 69 des Eink.-St.-G. vom 24. Juni 1891 nachgebildet.

Zu § 81. (R. § 65 Abg.H. Pl. III.)

1. Diese Bestimmungen sind dem § 70 des Eink.-St.-G. vom 24. Juni 1891 nachgebildet. Die im Entw. dem Gemeindevorstande gewährte Ermächtigung zur Verhängung einer milderen Strafe als im § 79 vorgesehen ist, ist jedoch mit Rücksicht auf die niedrige Bemessung dieser Strafe (vgl. Bem. 3 zu § 79) im Abg.H. bei der 3. Lesung in Wegfall gebracht.

Zu § 82. (R. § 66.)

Entspricht dem § 53 der St.O. von 1853. Nach § 20 der L.G.O. können Strafen nur bis zu 10 Mk. angedroht werden.

Zu § 83. (R. § 67 Abg.H.Komm.)

1. Die Bestimmungen dieses Paragraphen über Einziehung hinterzogener direkter Steuern sind dem § 67 des Eink.-St.-G. vom 24. Juni 1891 nachgebildet. Die Gewährung dieses Rechtes der Nachsteuer für die Gemeinden war schon in den Kommissionsverhandlungen des H.H. über das Eink.-St.-G. (vgl. Bericht vom 13. April 1891) beantragt und vom Fin.-Min. auch für das K.A.G. zugesagt.

Zu § 84. (R. § 68 Abg.H.Komm. red.)

1. Dieser Paragraph ist dem § 80 des Eink.-St.-G. vom 24. Juni 1891 nachgebildet, durch welchen der § 6 des Ges. vom 18. Juni 1840 — nach welchem Nachforderungen an Klassen- und Einkommensteuer nur für das laufende Rechnungsjahr zulässig waren — abgeändert wurde.

2. Der § 84 trifft nur den Fall, in welchem eine strafbare Hinterziehung der Steuer nicht stattgefunden hat, während § 83 den Fall der Steuerhinterziehung behandelt.

3. Die einheitliche Veranlagung der Nachsteuer (Abs. 3) schließt nicht aus, daß „Verschiedenheiten, welche bei der Berechnung der schuldigen Steuer für die einzelnen Jahre sich ergeben, auch bei Berechnung des Gesammtresultates ihren Ausdruck finden." Meitzen, Kommentar zu § 80.

4. Auch die Nachsteuern, welche bei den überwiesenen Realsteuern erwachsen, fließen den Gemeinden zu. § 9 des Ges. über Aufhebung direkter Staatssteuern.

Zu § 85 (R. § 69 Abg.H.Komm. red.) und § 86 (R. § 70 Abg.H Komm. red.).

1. Diese Bestimmungen „sind lediglich die Konsequenz des Anschlusses der Gemeindeeinkommensteuer an die Staatseinkommensteuer". (Begr.)

2. Wegen der einheitlichen Festsetzung (§ 85 Abs. 2) vgl. § 84 Bem. 3.

Zu § 87. (R. § 71 H.H.)

1. Nach dem Entw. waren alle indirekten Steuern unter Ziffer 1 genannt; in der H.H.Komm. ist dies, namentlich im Hinblick auf Umsatzsteuer u. dergl. geändert.

2. Der § 87 erwähnt — im Gegensatze zu den §§ 83 und 84 — der Erben nicht. Auch ist der Beginn der Verjährung der Nachsteuer in allen drei Fällen (§ 83, 84 und 87) verschieden festgesetzt. Aus den Verhandlungen erhellen keine Gründe für diese Verschiedenheiten.

Zu § 88. (R. § 72.)

Entsprechend dem § 8 des Ges. v. 18. Juni 1840 über die Verjährungsfristen bei öffentlichen Abgaben. Vgl. S. 266 A. 1.

Zu § 89. (R. § 73.)

1. Der genannte § 14 legt die Kosten der Veranlagung und Verwaltung der Grund-, Gebäude- und Gewerbesteuer, soweit sie nicht durch die den Gemeinden hierbei übertragenen Geschäfte entstehen, der Staatskasse zur Last.

2. Der zweite Satz schließt sich dem § 71 des Eink.-St.G. vom 24. Juni 1891 an.

Zu § 90. (R. § 74 Abg.H.Komm.)

1. Die Ausdehnung des Verwaltungszwangsverfahrens auf Gebühren und Beiträge ist eine wichtige und erwünschte Neuerung.[1]) Vgl. oben S. 82.

2. Der Tarif der Kurtaxen u. s. w. muß von der „Aufsichtsbehörde" genehmigt sein; die hierin liegende Abweichung von den allgemeinen Bestimmungen des § 77 scheint besondere Gründe nicht zu haben.

Zu § 91. (R. § 75 Abg.H.Komm. Pl. II. III.)

1. Während nach den Prov.-Ordnungen die Provinzialabgaben auf die Kreise als Steuerpflichtige vertheilt werden (Kontingentirung), gilt für die Kreisabgaben der Grundsatz der Individualbesteuerung, d. h. die Kreisangehörigen und nicht die Gemeinden bezw. Gutsbezirke sind die Steuerpflichtigen. Jedoch war bisher allen Städten und in Westfalen, Rheinprovinz und Schleswig-Holstein (Kreisordnungen von 1886, 1887 und 1888) auch den Landgemeinden die Befugniß gegeben, den in der Gemeinde aufzubringenden Betrag an Kreisabgaben auf die Gemeinde zu übernehmen und im Wege der Kommunalbesteuerung aufzubringen, während die Landgemeinden der übrigen Provinzen dies Recht nicht hatten. Der Grund dieser Verschiedenheit lag darin, daß bis zum K.A.G. vom 27. Juli 1885 die Landgemeinden das Recht der Besteuerung der Forensen, Aktiengesellschaften u. s. w. nicht hatten und die älteren Kreisordnungen daher den Landgemeinden die Befugniß zur Übernahme der Kreislasten auf den

---

[1]) Der Fin.-Min. wies in der Berathung darauf hin, daß durch § 74 (jetzt 90) die Freiheit der Städte thatsächlich erweitert werde. Der Gebührenbegriff sei zweifelhaft. Sobald dieselben einen privatrechtlichen Charakter hätten, sei zur Zeit ein Verwaltungszwangsverfahren nicht statthaft. In Folge Weigerung der Zahlung hätten z. B. zur Erzwingung derselben die Behörden das Wasser aus der Wasserleitung abgeschnitten, wogegen dann die Sanitätspolizei eingeschritten sei, so daß die Rückstände durch gerichtliche Klage hätten eingezogen werden müssen. Komm.-Ber. Abg.H. S. 2499. Vgl übrigens oben S. 262—264.

Gemeindeetat versagten. Diese nach Erlaß des K.A.G. von 1885 nicht mehr berechtigte Verschiedenheit ist nunmehr durch § 91, 1 beseitigt. Die Übernahme der Kreisabgaben auf die Gemeinde hat insbesondere die Wirkung, daß die Bestimmungen des § 54 zum Schutz des Realbesitzes (namentlich Abs. 4 „nicht mehr als 200 pCt.") auch für den Betrag der Kreisabgaben anwendbar werden. (Verh. S. 2184, 2188.)

2. Die obligatorische Kontingentirung der Kreisabgaben in den Gemeinden und Gutsbezirken war im Abg.H. schon in erster Lesung angeregt (v. Zedlitz S. 88, Herrfurth S. 101), und wurde in der Komm. des Abg.H. beantragt[1]), aber abgelehnt. Ber. S. 2502, vgl. oben S. 176 und 373. 374.)

3. Nach dem Entw. sollten die Realsteuern (ähnlich wie nach § 54) auch zu den Kreissteuern mindestens mit dem gleichen, höchstens mit dem anderthalbfachen Betrage des zur Erhebung kommenden Prozentsatzes der Einkommensteuer herangezogen werden, vorbehältlich einer Ermäßigung auf die Hälfte[2]) mit Zustimmung der Aufsichtsbehörde. Die jetzige in § 91, 2 enthaltene den Realsteuerpflichtigen günstigere Bestimmung ist in der Komm. des Abg.H. beschlossen und weiterhin festgehalten. — Kreissteuerpflichtige sind, wie im Abg.H. allseitig anerkannt wurde (Verh. S. 2184, 2188—90), alle nach §§ 24 und 25 des K.A.G. pflichtigen und demnach nach § 4 des Ges. über Aufhebung direkter Staatssteuern zu veranlagenden Betriebe und Grundstücke. § 91 Nr. 2 Abs. 3 ist im Abg.H. in 2. Lesung (Antrag v. Zedlitz) hinzugefügt, um im Anschluß an § 96 Abs. 3 den Kreisen zu ermöglichen, die von ihnen zur Zeit angewandten Vertheilungsmaßstäbe zeitig mit dem K.A.G. in Einklang zu bringen. Abweichend von § 96, 4 treten jedoch Maßstäbe, welche dem K.A.G. — gleiche Vertheilung, soweit nicht mit Genehmigung Abweichungen beschlossen sind, — nicht

---

[1]) Eine Untervertheilung sollte danach in Gutsbezirken nur auf die Grundbesitzer und Gewerbetreibenden des Gutsbezirkes stattfinden, weil nur diesen die Aufhebung der direkten Staatssteuern zu Gute kommt.

[2]) Die Ausnahme soll namentlich den Verhältnissen des Westens Rechnung tragen, wo Kreisabgaben überwiegend für andere Zwecke als Verkehrsanlagen erhoben werden.

entsprechen, für Vertheilung der Kreisabgaben mit dem 1. April 1895 ohne Weiteres außer Kraft. Diese abweichende Behandlung ist mit Rücksicht auf die einfacheren Verhältnisse der Kreise erfolgt. (Verh. Abg.H. S. 2189.) Die Bestimmung der Kreisordnungen über geringere Heranziehung der Gewerbesteuerklassen III und IV und die darauf gegründeten Kreistagsbeschlüsse bleiben in Kraft. (S. 2194, 2195.)

5. Die bisherige Vorschrift, daß Mehrbelastung nur in Quoten der direkten Steuern erfolgen durfte, ist in Nr. 3 be- beseitigt, weil sie vielfach unnöthiger Weise zu Schwierigkeiten führte. (Begr.)

6. § 91 Nr. 4 entspricht dem § 13 des K.A.G. von 1885 und ist im Abg.H. Pl. III eingefügt, weil es die einzige in das neue K.A.G. nicht übernommene und neben demselben aufrecht erhaltene Bestimmung des Gesetzes von 1885 war[1]). (Verh. S. 2333, und S. 2198, vgl. Herrfurth und Noell S. 172, 173.) — Der Satz bezieht sich nur auf die Kreisforensen, entsprechend dem bisherigen Recht. Ein Antrag, auch die Gemeindeforensen — für welche eine Doppelbesteuerung in gewissen Fällen möglich ist (Verh. S. 2190, 2191) — zu berücksichtigen, wurde in 2. Lesung gestellt aber zurückgezogen, und in 3. Lesung ebenso wenig weiter verfolgt, wie andere Anregungen (S. 2188, 2192) bezüglich der Abänderung der die Kreisabgaben betreffenden Bestimmungen. Eine die Kreisabgaben betreffende besondere Novelle wurde vom Abg. Frhr. v. Zedlitz für nothwendig erklärt (S. 2188) und vom Finanzminister die Möglichkeit anerkannt, daß die Konsequenzen des K.A.G. vielleicht zu einer „kleinen Novelle" führen könnten. (S. 2191.)

7. Der letzte Absatz ist in der Komm. des Abg.H. hinzugefügt und wird dazu dienen können, die bei der Ausschreibung der Prov.-Abgaben in Folge der gebotenen Zugrundelegung des Solls des laufenden Jahres hervorgetretenen Schwierigkeiten (Verh. S. 2192—2194, H.H.Komm.-Bericht S. 417, O.V.G. Entsch. 7 S. 115, 9 S. 1, 10 S. 4, 11 S. 1) zu beheben.

[1]) In der Komm. A.H. war dieser § 13 in § 78 — jetzt 96 — ausdrücklich aufrecht erhalten.

Zu § 92. (Abg.H. Pl. III.)

Die Einfügung dieser Bestimmungen ist auf Grund der in der 2. Lesung gegebenen Anregungen (Verh. S. 2192, 2194, 2195) in dritter Lesung erfolgt.

Zu § 93. (Abg.H.Komm. § 75a.)

Die Kreishundesteuer — in erster Lesung vom Abg. v. Tiedemann (S. 253) angeregt, in der Komm. des Abg.H. eingefügt, in 2. und 3. Lesung vergeblich lebhaft bekämpft (S. 2195, 2334) — verfolgt gleichfalls (oben S. 238) zugleich finanzielle und polizeiliche Zwecke. Es darf wohl als selbstverständlich angesehen werden, daß die Bestimmungen des Th. I über Steuerordnungen, namentlich § 82 auch auf diese Kreis-Steuer-Ordnung Anwendung finden.

Zu § 94. (R. § 76.)

1. Diese Bestimmung war schon in den früheren Entwürfen von 1877—80 (§ 36) enthalten.

2. Ausnahmebestimmungen finden sich z. B. in dem § 69, vgl. auch §§ 86, 87.

3. Vgl. Civ.-Proz.-O. §§ 199, 200.

Zu § 95. (R. § 77 Abg.H.Komm. red.)

1. Nach dem Gesetz vom 29. Juni 1876, welches die Verlegung des Etatsjahres für den Staatshaushalt auf die Zeit vom 1. April bis 31 März anordnet, stand den Gemeinden die Annahme dieses veränderten Etatsjahres frei. Behufs Vermeidung von Schwierigkeiten bei Erhebung der Zuschläge zu den Staatssteuern, namentlich der Einkommensteuer, ist nunmehr dieses veränderte Etatsjahr allgemein eingeführt. — Ebenso schon der Entwurf von 1877, § 39.

2. Abs. 2 schließt sich im Interesse kleinerer Gemeinden dem § 119 der L.G.O. von 1891 an. Die Rechnung ist jedoch jährlich zu legen. Begr. zur L.G.O. und § 120 Abs. 2 L.G.O.

Zu § 96. (R. § 78 Abg.H.Komm. Pl. II. III.)

1. Nach § 29 des Gesetzes wegen Aufhebung direkter Staatssteuern tritt das Komm.-Abg.-Ges. am 1. April 1895 in Kraft.

2. Die Worte „und Besteuerungsgrundsätze", welche in dem R. hinter „Vorschriften" standen, sind im A.H. Pl. II. gestrichen. Vgl. § 78 Bem. 1 S. 385.

3. Mit dem Inkrafttreten des Gesetzes treten die entgegenstehenden gesetzlichen und die ihnen gleich zu achtenden gewohnheitsrechtlichen Bestimmungen sofort außer Kraft (Abs. 5); nicht jedoch die auf Grund der bisherigen bestehenden Ordnungen des Gemeindesteuerwesens, welche vielmehr bis zur Abänderung durch rechtsgültigen Gemeindebeschluß oder Anordnung der Aufsichtsbehörde (§ 78) zunächst in Kraft bleiben (Abs. 4). — „Auszunehmen von dieser allgemeinen Regelung für die bestehenden Ordnungen waren die besonderen Einkommensteuern, soweit sie den Grundsätzen des § 30 — jetzt 37 — Abs. 1 nicht entsprechen, und die Mieths- und Wohnungssteuern. Letztere sind bis zum 1. April 1898 geduldet (§ 23); erstere verlieren mit dem Inkrafttreten des neuen Gesetzes (§ 37 Abs. 2) ohne Weiteres ihre Gültigkeit, wenn sie nicht bis dahin mit Zustimmung der Minister besonders weiter genehmigt sind". Abg.H.-Komm.-Ber. S. 2507[1]). Dieser Auffassung entsprechend ist Abs. 4 von der Komm. eingefügt und Abs. 5 auf die gesetzlichen Bestimmungen beschränkt.

4. Durch die jetzige, in der Komm. des Abg.H. bewirkte Fassung des Abs. 4 ist § 147 der L.G.O. dahin abgeändert, daß die bestehenden Ordnungen, Ortsstatute u. s. w, welche nach dem genannten § 147 Abs. 1 am 31. März 1895 außer Kraft treten würden, nunmehr in Gemäßheit dieses Abs. 4 in Kraft bleiben. Abg.H.Komm.-Ber. S. 2507.

5. In der Komm. des Abg.H. stellte der Finanzminister auf Anregung eine offiziöse Ausarbeitung über die durch das K.A.G. aufgehobenen oder abgeänderten älteren Gesetze in Aussicht. Ber. S. 2508.

---

[1]) Nach den Grundzügen S. 69 treten freilich besondere Einkommensteuern dieser Art nicht ohne Weiteres am 1. April 1895 außer Kraft. (§ 95 Abs. 4.) Jedoch empfehlen auch die Grundz. baldige Nachsuchung der Genehmigung.

Sachregister.

Die Zahlen weisen auf die Seiten hin.

Druck von Leonhard Simion in Berlin SW.

Das

Kommunalabgabengesetz

vom 14. Juli 1893.

Für den praktischen Gebrauch
mit
einer geschichtlichen Einleitung und Erläuterungen versehen

von

F. Adickes,
Oberbürgermeister in Frankfurt a. Main.

Nachtrag,

enthaltend die durch die Ausführungsanweisung nöthig gewordenen Ergänzungen.

Berlin.
J. Guttentag, Verlagsbuchhandlung.
1894.

I. Die auf Grund des § 97 des Kommunalabgabengesetzes*) vom 14. Juli 1893 unter dem 10. Mai 1894 von den Ministern des Innern und der Finanzen erlassenen Ausführungsbestimmungen enthalten:

1. eine „Anweisung zur Ausführung des K.A.G." (S. 44 bis 131 der in C. Heymann's Verlag erschienenen und mit einem Abdruck des K.A.G. verbundenen „Amtlichen Ausgabe"),
2. „Uebergangsbestimmungen zur Ausführung des K.A.G." (S. 132 bis 143) und
3. „Neuordnungen" (S. 144 bis 162) und zwar
   a) eine Grundsteuer-Ordnung,
   b) eine Biersteuer-Ordnung,
   c) eine Hundesteuer-Ordnung und
   d) eine Ordnung, betr. die Erhebung von Lustbarkeitssteuern.

Die Grundsteuer-Ordnung giebt ein Muster für eine Ertragssteuer, welche nach dem Ertrage des letzten der Veranlagung unmittelbar vorhergegangenen Rechnungsjahres bezw. dem Durchschnittsertrage der drei letzten Jahre für ein Jahr oder mehrere Jahre veranlagt wird, neben welcher aber eine Bauplatzsteuer (§§ 7 und 8) vorgesehen ist. Vgl. dazu unter II. zu S. 337.

Die Uebergangsbestimmungen beziehen sich auf die erstmalige Aufstellung der Gemeindebudgets auf Grund des

*) Der Kommentar ist in folgendem stets angeführt als „K.A.G." mit Seitenzahlen.

neuen K.A.G., auf die Entwerfung entsprechender Finanz- und Steuerpläne und auf die hierfür geltenden materiellen und formellen Bestimmungen. Das nach § 77 des K.A.G. delegirbare ministerielle Recht der Zustimmung zu gewissen Gemeindebeschlüssen ist für das Rechnungsjahr 1895/96 bezüglich der über 150% nicht hinausgehenden Zuschläge zur Einkommensteuer für die Landgemeinden den Regierungspräsidenten, für die Stadtgemeinden den Oberpräsidenten übertragen. Dabei ist (S. 143) ausgesprochen: „Es muß Werth darauf gelegt werden, daß von der im § 77 Abs. 4 zugelassenen Beschränkung der Genehmigung auf eine von vornherein zu bemessende Frist von einem oder mehreren Jahren in allen dazu geeigneten Fällen Gebrauch gemacht werde, namentlich bei der ersten Ausführung des Gesetzes, für welche es an Erfahrungen vielfach fehlen wird. Sollten die Beschlußbehörden dem nicht entsprechen, so ist Beschwerde einzulegen.“ Vgl. Ausf.Anw. Art. 46 S. 114.

Auf die Zusammenfassung aller Steuern in einer Abgaben-Ordnung ist S. 138 (III, 1.) hingewiesen.

Hinsichtlich der Vertheilung des Steuerbedarfes auf Personal- und Realsteuern heißt es S. 140: „Zur Vermeidung jährlicher Wiederholung der sich aus dem Gegensatze der Interessen bei der Steuervertheilung entwickelnden Reibungen empfiehlt es sich aber, in allen denjenigen Fällen, in welchen Gründe zu einer anderweitigen Beschlußfassung voraussichtlich nicht eintreten werden, das Beitragsverhältniß zwischen der Gesammtheit der Realsteuern und der Einkommensteuer, sowie zwischen den einzelnen Arten der Realsteuern im Voraus für mehrere Rechnungsperioden oder dauernd bis auf anderweitige Bestimmung festzusetzen. Eine derartige Festsetzung gewährt zugleich den Vortheil, daß die nach §§ 57 ff., 77 b und c erforderlichen Genehmigungen und Zustimmungen nicht jährlich eingeholt zu werden brauchen, sondern im Voraus für einen längeren Zeitraum ertheilt werden können.“

II. Die Ausführungs-Anweisung, welche sich in erheblichem Umfange an die in meinem Kommentar bereits berücksichtigten „Grundzüge" anlehnt, giebt die zur dauernden Handhabung des K.A.G. erforderlich erschienenen Weisungen und Bestimmungen. Die folgenden Bemerkungen sollen den Kommentar mit dieser Ausf.Anw. in Beziehung setzen und ihn, soweit hiernach erforderlich, ergänzen und berichtigen.

Zu K.A.G. S. 235. Hinsichtlich der Untervertheilung der den Gutsbezirken in der Provinz Westfalen obliegenden Lasten bewendet es bei der Vorschrift in § 26 Abs. 4 der Kreisordnung für die Provinz Westfalen vom 31. Juli 1886. Vergl. § 68 der Landgemeinde-Ordnung vom 19. März 1856.

Zu K.A.G. S. 237. Auch die Bildung eines Betriebsfonds (sog. eisernen Fonds), „aus welchem die Gemeindesteuern alljährlich, so lange Steuern noch nicht erhoben werden können, vorläufig zu decken sind", ist nicht ausgeschlossen. Ausf.Anw. Art. 2 Nr. 4 S. 46.

Zu K.A.G. S. 243 und 263. Wasserwerke werden regelmäßig nur dann als gewerbliche Unternehmungen aufzufassen sein, „wenn der Anschluß an dieselben lediglich durch die freie Entschließung der Mitglieder der Gemeinden bedingt ist". Ausf.Anw. Art. 3 S. 47.

Zu K.A.G. S. 244. „Die Feststellung der Voraussetzungen für die Entrichtung von Gebühren, der Gebührensätze und der Art und Weise der Erhebung erfolgt zweckmäßig durch Gebühren-Ordnungen, in welchen zugleich die geeigneten Bestimmungen wegen Befreiung von den Gebühren oder Ermäßigung der Gebührensätze für unbemittelte Personen zu treffen sind.

Die Gebühren-Ordnungen sind in ortsüblicher Weise bekannt zu machen; die Gebührentarife sind in den geeigneten Fällen durch dauernden Aushang zur Kenntniß der Pflichtigen zu bringen." Art. 4 S. 48. Vgl. K.A.G. S. 313, 314.

Zu K.A.G. S. 249, 271 und 289. „Gebühren sind ferner, jenachdem die Benutzung erfolgt, jedesmalig oder fortdauernd zu entrichten, wogegen es sich bei den Beiträgen um einen einmaligen Zuschuß handelt, der indessen nicht nothwendig in einem Betrage geleistet zu werden braucht, sondern je nach dem Beschlusse der Gemeinde auch in Theil- oder Rentenzahlungen entrichtet werden kann."

Zu K.A.G. S. 278 bis 280. „Eine obere Grenze für die Gebührensätze ist im Uebrigen im Gesetze nicht vorgeschrieben. Besteht hiernach im Allgemeinen auch die Möglichkeit, die Gebührensätze so zu bemessen, daß die Veranstaltung Ueberschüsse abwirft, so würde eine derartige Bemessung der Gebühren doch nur aus besonderen Gründen sich empfehlen. Dementsprechend hat das Gesetz — abweichend von der im § 3 bezüglich der gewerblichen Unternehmungen getroffenen Bestimmung — nicht angeordnet, daß durch die Einnahmen einer Veranstaltung die Kosten der Veranstaltung mindestens zu decken seien."

Zu K.A.G. S. 282. Hinsichtlich der Hafen-, Werft- und ähnlicher Anlagen einerseits und Speicher, Niederlagen u. s. w. andererseits stimmt Art. 5 (2) der Ausf. Anw. mit der S. 282 Nr. 7 wiedergegebenen Erklärung überein.

Zu K.A.G. S. 284. „Die Berechtigung der Amtsbezirke u.s.w. zur Gebührenerhebung schließt die Erhebung von Gebühren seitens der Gemeinden aus." Art. 6 (1.)

Zu K.A.G. S. 287. Art. 5 (4) der Ausf. Anw. giebt lediglich die Begr. des Ges. Entw. wieder.

Zu K.A.G. S. 289 (vgl. auch S. 257). „Ein Zwang zur Erhebung von Beiträgen . . . besteht stets nur bezüglich neu herzustellender Veranstaltungen . ., nicht aber hinsichtlich bereits fertig gestellter." Uebergangsbestimmungen II. 4. S. 135.

Hinsichtlich der zulässigen Höhe der Beiträge weicht die Ausf. Anw. Art. 7 (4) von der Begr. ab: „Die Beitragsleistung darf sich niemals auf den gesammten Kostenbedarf einer Veranstaltung erstrecken. Vielmehr ist der dem öffentlichen Interesse entsprechende Theil des Kostenbedarfes einer Veranstaltung aus den zur Bestreitung der allgemeinen

Ausgaben bestimmten Einkünften der Gemeinde und nur der hiernach verbleibende Restbetrag durch Beiträge zu decken. . .

Sodann aber wird bei der Feststellung darüber, in welcher Form die Beiträge zu leisten sind: ob mittelst Kapitalzahlung oder mittelst Renten, ob die Kapitalzahlung auf einmal oder mittelst Theilzahlungen erfolgen soll u. s. w., Vorsorge zu treffen sein, daß die Auferlegung von Beiträgen für die Betheiligten nicht mit einer finanziellen Beschwerung verbunden ist, die der Absicht des Gesetzes fernliegen würde."

Zu K.A.G. S. 295 folg. Art. 7 der Ausf. Anw. scheint das Recht zur Erhebung von Beiträgen für Verbreiterung bestehender Straßen — ohne Eingehen auf die entgegenstehenden Gründe vgl. S. 299, 300 — zu verneinen. „Im Uebrigen sollen gemäß § 10 die Vorschriften des Gesetzes vom 2. Juli 1875 in Kraft bleiben. Das letztere Gesetz betrifft, wie sich aus der Ueberschrift und dem § 1 desselben ergiebt, die Anlegung und die Veränderung von Straßen und Plätzen in Städten und ländlichen Ortschaften. Nach § 15 dieses Gesetzes kann durch Ortsstatut festgesetzt werden, daß unter den dort angegebenen Voraussetzungen von dem Unternehmer der neuen Anlage oder von den angrenzenden Eigenthümern die dort des Näheren bezeichneten baulichen Ausführungen oder Beiträge zu den Kosten derselben geleistet werden. Handelt es sich somit um die Anlegung oder Veränderung von Straßen und Plätzen in Städten und ländlichen Ortschaften und um die Festsetzung der Leistungen, welche die Gemeinde aus diesem Grunde zu fordern berechtigt ist, so ist der Kreis der Verpflichteten und der Umfang der Verpflichtungen lediglich nach den Vorschriften des beregten Gesetzes zu bestimmen."

Zu K.A.G. S. 310. „Wegen der Gebühren für die Untersuchung des in öffentlichen Schlachthäusern ausgeschlachteten Fleisches hat § 11 es bei dem bisherigen Rechte bewenden lassen, wonach die Höhe der Tarifsätze so zu bemessen ist, daß die für die Untersuchung zu entrichtenden

Gebühren die Kosten dieser Untersuchung nicht übersteigen dürfen."

„Die Nothwendigkeit der Genehmigung von Gemeindebeschlüssen auf Grund des Abs. 3 des § 11 ergiebt sich aus § 131 des Zuständigkeitsgesetzes vom 1. August 1883 in Verbindung mit Art. 1 Abs. 2 des Gesetzes vom 9. März 1881 (G.S. S. 273)." Art. 5 S. 54.

Zu K.A.G. S. 310 vgl. S. 252. Art. 8 der Ausf. Anw. hebt hinsichtlich der Kurtaxen hervor: „Die Verpflichtung zur Leistung der Vergütungen ist nicht, wie bei den Gebühren, durch die Benutzung der Veranstaltungen bedingt." S. 57.

Zu K.A.G. S. 313, 314. „Die Steuerordnungen sind in ortsüblicher Weise bekannt zu machen. Die hierauf bezüglichen Nachweise sind aufzubewahren." Art. 9. Vgl. auch Art. 42. S. 107, 108.

Zu K.A.G. S. 314, 315. „Die Rechtsgültigkeit der bei dem Inkrafttreten des Gesetzes bestehenden Ordnungen (Regulative, Statuten, Beschlüsse u. s. w.) über indirekte Steuern ist unbeschadet der Bestimmungen im § 78 nach dem bisherigen Rechte zu beurtheilen." Art. 9.

Meine im K.A.G. S. 315 in Aussicht gestellte Arbeit über kommunale indirekte Steuern ist inzwischen in der Tübinger Zeitschrift für Staatswissenschaft 1884, Heft 3 und auch im besonderen Abdruck unter dem Titel: „Ueber die weitere Entwicklung des Gemeinde-Steuerwesens" und unter besonderer Behandlung der Umsatzsteuer von Immobilien, der Beleuchtungs- und Baumaterialien-Steuern — über welche die Ausf. Anw. nichts enthält — erschienen. In dem Sonderabdruck sind auch die Regulative über Umsatzsteuern von Immobilien von Altona, Chemnitz und Dresden abgedruckt.

Zu K.A.G. S. 322. Art. 18 behandelt den § 27 des Ges. unter der Ueberschrift: „Gleichmäßigkeit der Veranlagung" und bemerkt dazu: „Der Maßstab der Veranlagung muß somit für alle Grundstücke derselbe sein, und unter im Uebrigen gleichen Voraussetzungen ist von jedem Grundstücke derselbe Steuersatz zu erheben." Zugleich ist in einer Anmerkung zur Grundsteuerordnung S. 148 anerkannt, daß gewerbliche Grundstücke auch fernerhin zu einem anderen (niedrigeren) Satz als andere veranlagt werden können. Die Ausf. Anw. scheint hiernach mit K.A.G. S. 322, Anm. 1 übereinzustimmen. Näheres in meiner Abhandlung in Heft 4 der Tübinger Zeitschrift für Staatswissenschaft 1894.

Zu K.A.G. S. 322. Die Nothwendigkeit einer Entwicklung besonderer, die Mängel der staatlichen Grund- und Gebäudesteuer (Unbeweglichkeit bezw. 15jährige Festlegung nach Maßgabe weit zurückliegender Zeiträume) vermindernder kommunaler Grundbesitzsteuern ist in Art. 17 entschieden betont. Das beigelegte Muster beschränkt sich auf eine Ertragssteuer. — Ueber eine auf den gemeinen Werth bezw. Verkaufswerth begründete Grundsteuer ist zu vgl. meine Abhandlung in der Tübinger Zeitschrift für Staatswissenschaft 1894. Heft 4.

Zu K.A.G. S. 324. Die hier unter 3 berührte Frage ist inzwischen in Heft 4 der Tübinger Zeitschrift für Staatswissenschaft 1894 von mir eingehend behandelt worden, und zwar mit dem Ergebniß, daß das geltende Recht, besonders im Hinblick auf K.A.G. § 58, doch wohl dahin verstanden werden muß, daß auch die besonderen Realsteuern an die §§ 54 und 56 gebunden sind — so auch Art. 39 S. 99 — und demnach nur die ministerielle Gewährung von Ausnahmen helfen kann.

Zu K.A.G. S. 325 vgl. S. 271. Mehr- oder Minderbelastung ist „nur unter der Voraussetzung gestattet, daß die Veranstaltung einem Theile des Gemeindebezirks oder einer Klasse von Gemeindeangehörigen in besonders hervorragendem oder geringem Maße zu Statten kommt. Wo dies nicht zutrifft, wird eine Mehr- oder Minderbelastung um so weniger zur Anwendung zu bringen sein, als es sich um eine Ausnahme von der allgemeinen und gleichmäßigen Heranziehung der Steuerpflichtigen handelt und nur unter der angegebenen

Voraussetzung die räumliche oder persönliche Verschiedenheit des Vortheils der Veranstaltung mit einiger Sicherheit bemessen werden kann." Art. 13 S. 64.

Zu K.A.G. S. 336 Nr. 9. Vgl. hierzu Ausf. Anw. Art. 16 (2) S. 68, 69.

Zu K.A.G. S. 336 Nr. 10. Hierüber bemerkt Art. 16 (S. 67, 68): „Die im § 3 Nr. 7 des Gebäudesteuergesetzes vom 21. Mai 1861 (G.S. S. 317) aufgeführten unbewohnten Gebäude, welche zu landwirthschaftlichen oder gewerblichen Zwecken benutzt werden, sind zwar im § 24 des Kommunalabgabengesetzes ebensowenig wie im § 17 der Kreisordnung vom 13. Dezember 1872 ausdrücklich als steuerfrei aufgeführt worden. Hier wie dort hat es aber nicht in der Absicht der Gesetzgebung gelegen, diese Gebäude der Gebäudesteuer zu unterwerfen."

Zu K.A.G. S. 337. Ueber die Bauplatzsteuer vgl. Art. 18 (S. 72, 73) und die §§ 7 und 8 der Grundsteuer-Ordnung S. 148. — Auch nach diesen Ausführungen scheint mir eine Bauplatzsteuer auf Grund von § 27 Abs. 2 der Regel nach nicht durchführbar. Ebenso Strutz in Hirth's Annalen. 1894, S. 429. Vgl. hierüber meine eingehenden, auch den Bremer Versuch von 1873 behandelnden, Ausführungen in Heft 4 der Tübinger Zeitschrift für Staatswissenschaft von 1894.

Zu K.A.G. S. 339. Nach Art. 18 (1) bezieht sich der § 27 Abs. 2 nur auf „Liegenschaften d. h. unbebaute Grundstücke oder Grundstückstheile." Nach § 7 der Grundsteuerordnung gelten aber als unbebaut „Liegenschaften auch dann, wenn nur Schuppen, Baracken und ähnliche der einstweiligen Benutzung oder anderen vorübergehenden Zwecken dienende Baulichkeiten darauf errichtet sind."

Zu K.A.G. S. 340 und 341 Nr. 4 bemerkt Art. 19, 1: Die in § 3, 4a des Gewerbesteuergesetzes „aufgeführten Geld- und Kreditanstalten, als Sparkassen, Landeskreditkassen, Landeskultur-Rentenbanken, Bezirks- und Provinzial-Hülfs- und Darlehnskassen, genießen stets Steuerfreiheit, ohne daß es einer näheren Feststellung bedarf, ob sie zu gemeinnützigen Zwecken dienen. Dagegen hängt die Steuerfreiheit anderer Geld- und Kreditanstalten der Kommunalverbände von der Feststellung dieser Voraussetzung ab. Es kommt darauf an, daß die Verwaltung der Anstalt an erster Stelle auf die Beförderung der öffentlichen Wohlfahrt oder des gemeinen Nutzens gerichtet ist und die Erzielung eines Gewinnes nur als Nebenzweck, etwa nur insoweit verfolgt, als dies die finanzielle Sicherstellung des Unternehmens erfordert."

Zu K.A.G. S. 340. „Die im § 3 Nr. 4 Abs. 2 und 3 des Gewerbesteuergesetzes vom 24. Juni 1891 dem Finanzminister ertheilten Ermächtigungen bleiben, soweit es sich um die staatliche Veranlagung und die Erhebung von Prozenten der staatlich veranlagten Gewerbesteuer handelt, in Kraft, finden dagegen auf besondere Gewerbesteuern keine Anwendung." Art. 19, S. 74.

Zu K.A.G. S. 344. „Als Wohnsitz gilt jeder Ort, an welchem Jemand eine Wohnung unter Umständen inne hat, die auf die Absicht der dauernden Beibehaltung einer solchen schließen lassen." Art. 22, S. 78.

Zu K.A.G. S. 348. Die Steuerpflicht der Theilhaber einer Gesellschaft mit beschränkter Haftung „ist der Natur der Sache nach in denjenigen Gemeinden begründet, in welchen der Gesellschaft entweder aus Handel und Gewerbe einschließlich des Bergbaues unter analoger Anwendung der im § 25 getroffenen Bestimmungen, oder aus Grundvermögen Einkommen zufließt." Art. 23, S. 81.

Zu K.A.G. S. 352, Anm. 1. „Die subjektive und objektive Steuerpflicht bestimmt sich — soweit sie nicht (für Neuanziehende) reichsgesetzlich geregelt ist — ausschließlich nach den Vorschriften des Kommunalabgabengesetzes und der daselbst aufrecht erhaltenen älteren Gesetze. Die abweichenden Vorschriften des Einkommensteuergesetzes vom 24. Juni 1891 finden ebensowenig Anwendung, wie die Vorschriften des Reichsgesetzes wegen Beseitigung der Doppelbesteuerung vom 13. Mai 1870 (B.G.Bl. S. 119.)" Art. 22, S. 78.

Zu K.A.G. S. 352. Ueber Konsumvereine mit offenem Laden vgl. Art. 23, S. 79.

Zu K.A.G. S. 359, 360. Der Begriff der besonderen Einkommensteuer ist in Art. 29, S. 87, 88 in folgender Weise gefaßt: „Nach dem bisherigen Rechte sind unter besonderen Gemeindeeinkommensteuern solche zu verstehen, die unter Zugrundelegung eines anderen Steuertarifs erhoben werden, als nach welchem die Staatseinkommensteuer erhoben wird. Der Umstand, daß die Stufen des Tarifs der Staatseinkommensteuer mit Zuschlägen von verschiedener Höhe belastet, daß beispielsweise in der untersten Stufe 100 Prozent und in den übrigen Stufen 150 Prozent Zuschläge zur Staatseinkommensteuer erhoben werden — was künftig nicht mehr zulässig ist —, macht die Gemeindeeinkommensteuer noch nicht zu einer besonderen. Die Besonderheit hat zur Voraussetzung, daß die Steuer nach einem anderen Tarife erhoben wird, als demjenigen der Staatseinkommensteuer."

Zu K.A.G. S. 361. Ueber die Rechtsverhältnisse der Standesherren vgl. Art. 25, S. 82 bis 84.

Zu K.A.G. S. 366. „Die Vorschriften des § 47, welche nur für die Vertheilung des gemeindesteuerpflichtigen Einkommens aus dem Besitze oder Betriebe einer sich über mehrere preußische Gemeinden erstreckenden Gewerbe- oder Bergbauunternehmung gegeben sind, müssen analog zur Anwendung gebracht werden, wenn eine Unternehmung der bezeichneten Art sich auch über nichtpreußische Gemeinden erstreckt und die Ermittelung des in der preußischen Gemeinde steuerpflichtigen Einkommens die Vertheilung nothwendig macht." Art. 35, S. 94, 95.

Zu K.A.G. S. 372. Vgl. Art. 38, S. 96—98.

Zu K.A.G. S. 374, 375. Ueber die Frage, „welche Ausgaben der Gemeinde vorzugsweise durch Realsteuern, und welche vorzugsweise durch die Einkommensteuer aufzubringen sind" vgl. Art. 39, S. 100—103. Die Bedeutung des Herkommens ist S. 101 ausdrücklich anerkannt. Abweichungen von den Regeln erfordern „zweifelsfreie Begründung“. S. 103.

Zu K.A.G. S. 376. Ueber die Betriebssteuer vgl. Art. 22, S. 77.

Zu K.A.G. S. 378 (§ 60). Vgl. über die einzelnen in Betracht kommenden gesetzlichen Bestimmungen: Art. 41, S. 106.

Zu K.A.G. S. 378 (§ 61 und § 63). Vgl. Art. 42, S. 107, 108, wonach die Pflicht zur Annahme des Amtes als Mitglied des Steuerausschusses und das Recht zur Bildung von Steuerausschüssen außerhalb der im Gesetz (§§ 18, 23) vorgeschriebenen Fälle z. B. im Fall des § 36 Abs. 2 sich nach dem bestehenden Gemeindeverfassungsgesetze richtet.

Zu K.A.G. S. 379. Ueber die Zustellung der besonderen Mittheilungen innerhalb und außerhalb Preußens, sowie bei unbekanntem Aufenthalt vgl. Art. 43, S. 108, 109.

Zu K.A.G. S. 380. Die in § 67 vorgesehene „Befugniß der Gemeinde tritt nicht ein, sofern das Mitglied einer Gesellschaft mit beschränkter Haftung nicht nur als solches (§ 33 Nr. 2, 3), sondern außerdem noch aus anderem Grunde gemeindeeinkommensteuerpflichtig ist. Denn in diesem Falle erstreckt sich die Steuerpflicht auf das gesammte steuerpflichtige Einkommen in der Gemeinde (vgl. Art. 23)“. Art. 43, S. 109.

Zu K.A.G. S. 381 (§ 70). Ebenso Art. 45, S. 111.

Zu K.A.G. S. 385. Ueber das Verfahren bei Straffestsetzungen (§§ 79—82) vgl. Art. 48—50, S. 117—119 und über Nachforderungen Art. 51—55, S. 120—122.

Zu K.A.G. S. 387. Unter „Jahr“ in den §§ 87 u. 88 ist „Rechnungsjahr“ zu verstehen.

Zu K.A.G. S. 392, Anm. 1. Die irrthümliche Auffassung in der „Grundzüge“ ist in Art. 62, S. 129 berichtigt.

Druck der Norddeutschen Buchdruckerei, Berlin SW., Wilhelmstr. 32.

17. **Gebührenordnung für Rechtsanwälte.** Von R. Sydow. Vierte Auflage. 60 Pf.
18. **Reichsgesetz über die Reichsstempelabgaben** in der Fassung des Gesetzes vom 27. Mai 1894. (Börsensteuergesetz.) Von B. Gaupp. Sechste Auflage. Von P. Loeck. 3 M.
19. **Die Seegesetzgebung des Deutschen Reiches.** Von Dr. jur. W. E. Knitschky. Zweite Auflage. 3 M. 80 Pf.
20. **Krankenversicherungsgesetz vom 15. Juni 1883** in der Fassung der Novelle vom 10. April 1892. Von E. von Woedtke. Fünfte Auflage. 2 M.
21. **Die Konsulargesetzgebung des Deutschen Reiches.** Von Dr. Philipp Zorn. 4 M.
22. **Patentgesetz. Gesetz, betreffend den Schutz von Gebrauchsmustern. Gesetz über Muster- und Modellschutz. Gesetz zum Schutz der Waarenbezeichnungen.** Nebst Ausführungsbestimmungen. Von T. Ph. Berger. Vierte Auflage. Von Dr. R. Stephan. ca. 1 M. 60 Pf.
23. **Unfallversicherungsgesetz** vom 6. Juli 1884 und Ausdehnungsgesetz vom 28. Mai 1885. Von E. von Woedtke. Vierte Auflage. 2 M.
24. **Reichsgesetz, betreffend die Kommanditgesellschaften auf Aktien und die Aktiengesellschaften.** Von H. Keyßner und Dr. H. V. Simon. Dritte Auflage. 1 M.
25. **Reichsgesetz wegen Erhebung der Brausteuer** vom 31. Mai 1872. Von E. Bertho. 1 M. 60 Pf.
26. **Die Reichsgesetzgebung über Münz- und Bankwesen, Papiergeld, Prämienpapiere und Reichsanleihen.** Von Dr. R. Koch. Zweite Auflage. 2 M. 40 Pf.
27. **Reichsgesetzgebung, betr. das Gesundheitswesen.** Von Dr. jur. G. Goesch und Dr. med. J. Karsten. 1 M. 60 Pf.
28. **Gesetz, betreffend die Unfallversicherung der bei Bauten beschäftigten Personen.** Vom 1. Juli 1887. Von Leo Mugdan. 1 M. 25 Pf.
29. **Gesetz, betreffend die Erwerbs- und Wirthschaftsgenossenschaften.** Vom 1. Mai 1889. Von L. Parisius. Fünfte Auflage. 1 M. 25 Pf.
30. **Gesetz, betreffend die Invaliditäts- und Altersversicherung.** Von E. von Woedtke. Vierte Auflage. 2 M.
31. **Gesetz, betr. die Gewerbegerichte.** Vom 29. Juli 1890. Von Leo Mugdan. Dritte Auflage. 1 M. 50 Pf.
32. **Gesetz, betr. die Gesellschaften mit beschränkter Haftung.** Vom 20. April 1892. Von L. Parisius. Zweite Auflage. 1 M.
33. **Das Vereins- und Versammlungsrecht in Deutschland.** Von E. Ball. In Vorbereitung.
34. **Gesetz, betr. die Abzahlungsgeschäfte.** Vom 16. Mai 1894. Von Geh. Reg.-Rath O. Hoffmann. 95 Pf.

FSC
www.fsc.org
MIX
Papier | Fördert
gute Waldnutzung
FSC® C083411

Kolibri 360 GmbH
Ferdinand-Jühlke-Straße 7
99095 Erfurt, Deutschland
produktsicherheit@kolibri360.de